엑스포지멘터리

사도행전 I

Acts

엑스포지멘터리 사도행전 I

초판 1쇄 발행 2023년 5월 15일
2쇄 발행 2023년 5월 18일

지은이 송병현

펴낸곳 도서출판 이엠
등록번호 제25100-2015-000063
주소 서울시 강서구 공항대로 220, 601호
전화 070-8832-4671
E-mail empublisher@gmail.com

내용 및 세미나 문의 스타선교회: 02-520-0877 / EMail: starofkorea@gmail.com / www.star123.kr

ISBN 979-11-86880-98-2 93230

※ 가격은 표지 뒷면에 있습니다.

「이 도서의 국립중앙도서관 출판시 도서목록(CIP)은 서지정보유통지원시스템 홈페이지(http://seoji.nl.go.kr)와 국가자료공동목록시스템(http://www.nl.go.kr/kolisnet)에서 이용하실 수 있습니다. (CIP제어번호:CIP2015000753)」

엑스포지멘터리

사도행전 I

Acts

| 송병현 지음 |

EXPOSItory comMENTARY

예수 그리스도의 생명의 복음

송병현 교수님이 오랫동안 연구하고 준비한 엑스포지멘터리 주석 시리즈를 출간할 수 있도록 인도해 주신 여호와 하나님께 감사와 영광을 돌립니다. 함께 수고한 스타선교회 실무진들의 수고에도 격려의 말씀을 드립니다.

많은 주석이 있지만 특별히 엑스포지멘터리 주석이 성경을 하나님의 완전한 계시로 믿고 순종하려는 분들에게 위로와 감동을 주었으면 하는 바람입니다. 단지 신학을 학문적으로 풀어내어 깨달음을 주는 수준이 아니라 성경을 통해 하나님의 세미한 음성을 들을 수 있도록 돕는 역할을 했으면 좋겠습니다. 예수 그리스도가 내 안에 내가 예수 그리스도 안에 있는 신앙으로 하나님의 말씀에 순종하는 사람을 길러내는 일에도 기여할 수 있기를 바랍니다.

우리 백석총회와 백석학원(백석대학교, 백석문화대학교, 백석예술대학교, 백석대학교평생교육신학원)의 신학적 정체성은 개혁주의생명신학입니다. 개혁주의생명신학은 성경의 가르침과 개혁주의 신학을 계승해, 사변화된 신학을 반성하고, 회개와 용서로 하나 되며, 예수 그리스도께서 주신 영적 생명을 회복하고자 하는 신앙 운동입니다. 그리하여 성령의 도우심으로 삶의 모든 영역에서 예수 그리스도의 주권을 실현함으로써 오직 하나님께 영광을 돌리고, 나눔운동과 기도성령운동을 통해 자신과 교회와 세상을 변화시키는 실천 운동입니다.

송병현 교수님은 백석대학교 신학대학원에서 20여 년 동안 구약성경을 가르쳐 왔습니다. 성경 신학자로서 구약을 가르치면서도 기회가 있을 때마다 선교지를 방문해 선교사들을 교육하는 일을 게을리하지 않았습니다. 엑스포지멘터리 주석 시리즈는 오랜 선교 사역을 통해 알게 된 현장을 고려한 주석이라는 점에서 참으로 의미가 있습니다. 그만큼 실용적입니다. 목회자와 선교사님들뿐 아니라 모든 성도가 별다른 어려움 없이 쉽게 읽을 수 있습니다. 개혁주의생명신학이 추구하는 눈높이에 맞는 주석으로서 말씀에 대한 묵상과 말씀에서 흘러나오는 적용을 곳곳에서 만날 수 있습니다. 그래서 성경을 하나님의 말씀으로 믿고 고백하는 사람이라면 궁금했던 내용을 쉽게 배울 수 있고, 설교와 성경 공부를 하는 데도 도움을 받을 수 있습니다. 이번 구약 주석의 완간과 신약 주석 집필의 시작이 예수 그리스도의 생명의 복음을 온 세상에 전하려는 모든 분에게 도움이 되기를 바라는 마음으로 이 책을 추천합니다.

2021년 9월

장종현 목사 | 대한예수교장로회(백석) 총회장·백석대학교 총장

한국 교회를 향한 아름다운 섬김

우리 시대를 포스트모던 시대라고 합니다. 절대적 가치를 배제하고 모든 것을 상대화하는 시대입니다. 이런 시대를 살아가면서 목회자들은 여전히 변하지 않는 절대적인 계시의 말씀인 성경을 들고 한 주간에도 여러 차례 설교하도록 부름을 받습니다. 그런가 하면 진지한 평신도들도 날마다 성경을 읽고 해석하며 삶의 마당에 적용하도록 도전을 받고 있습니다.

이런 시대 속에서 우리는 전통적인 주석과 강해를 종합하는 도움을 기다리고 있었습니다. 저는 이러한 시대적 요청에 송병현 교수가 꼭 필요한 응답을 했다고 믿습니다. 그것이 구약 엑스포지멘터리 전권 발간에 한국 교회가 보여 준 뜨거운 반응의 이유였다고 믿습니다.

물론 정교하고 엄밀한 주석을 기대하거나 혹은 전적으로 강해적 적용을 기대한 분들에게는 이 시리즈가 다소 기대와 다를 수도 있을 것입니다. 그러나 목회 현장에서 설교의 짐을 지고 바쁘게 살아가는 설교자들과 날마다 일상에서 삶의 무게를 감당하며 성경을 묵상하는 성도들에게 이 책은 시대의 선물입니다.

저는 저자가 구약 엑스포지멘터리 전권을 발간하는 동안 얼마나 자신을 엄격하게 채찍질하며 이 저술을 하늘의 소명으로 알고 치열하게 그 임무를 감당해 왔는지 지켜보았습니다. 그리고 그 모습에 큰 감동을 받았습니다. 그렇기에 다시금 신약 전권 발간에 도전하는 그에게 중보 기도와 함께 진심 어린 격려의 박수를 보내고 싶습니다.

구약 엑스포지멘터리에 추천의 글을 쓰며 말했던 것처럼 이는 과거 박윤선 목사님 그리고 이상근 목사님에 이어 한국 교회를 향한 아름다운 섬김으로 기억될 것입니다. 더불어 구약과 신약 엑스포지멘터리 전권을 곁에 두고 설교를 준비하고 말씀을 묵상하는 주님의 종들이 하나님 말씀 안에서 더욱 성숙해 한국 교회의 면류관이 되기를 기도합니다.

이 참고 도서가 무엇보다 성경의 성경 됨을 우리 영혼에 더 깊이 각인해 성경의 주인 되신 주님을 높이고 드러내는 일에 존귀하게 쓰이기를 축복하고 축원합니다. 제가 그동안 이 시리즈로 받은 동일한 은혜가 이 선물을 접하는 모든 분에게 넘치기를 기도합니다.

2021년 1월

이동원 목사 | 지구촌 목회리더십센터 대표

신약 엑스포지멘터리 시리즈를 시작하며

지난 10년 동안 구약에 관해 주석 30권과 개론서 4권을 출판했다. 이 시리즈의 준비 작업은 미국 시카고 근교에 자리한 트리니티복음주의신학교(Trinity Evangelical Divinity School)에서 목회학석사(M. Div.)를 공부할 때 시작되었다. 교수들의 강의안을 모았고, 좋은 주석으로 추천받은 책들은 점심을 굶어가며 구입했다. 덕분에 같은 학교에서 구약학 박사(Ph. D.) 과정을 마무리하고 한국으로 올 때 거의 1만 권에 달하는 책을 가져왔다. 지금은 이 책들 대부분이 선교지에 있는 여러 신학교에 가 있다.

신학교에서 공부할 때 필수과목을 제외한 선택과목은 거의 성경 강해만 찾아서 들었다. 당시 트리니티복음주의신학교가 나에게 참으로 좋았던 점은 교수들의 신학적인 관점의 폭이 매우 넓었고, 다양한 성경 과목이 선택의 폭을 넓혀 주었다는 점이다. 세계적으로 유명한 구약과 신약 교수들의 강의를 들으면서도 내 마음 한구석은 계속 불편했다. 계속 "소 왓?"(So what?, "그래서 어쩌라고?")이라는 질문이 나를 불편하게 했다. 그들의 주옥같은 강의로도 채워지지 않는 부분이 있었기 때문이다.

주석은 대상에 따라 학문적 수준이 천차만별인 매우 다이내믹한 장르다. 평신도들이 성경 말씀을 쉽게 이해하도록 돕기 위해 출판된 주석들은 본문 관찰에 대한 가장 기본적인 내용과 쉬운 언어로 작성된다. 나에게 가장 친숙한 예는 바클레이(Barclay)의 신약 주석이다. 나는 고등학생과 대학생 시절에 바클레이가 저작한 신약 주석 17권으로 큐티(QT)를 했다. 신앙생활뿐 아니라 나중에 신학교에 입학할 때도 많은 도움이 되었다.

평신도들을 위한 주석과는 대조적으로 학자들을 위한 주석은 당연히 말도 어렵고, 논쟁적이며, 일반 성도들이 몰라도 되는 내용을 참으로 많이 포함한다. 나는 당시 목회자 양성을 위한 목회학석사(M. Div.) 과정을 공부하고 있었기 때문에 성경 강해를 통해 설교와 성경 공부를 인도하는 데 도움이 될 만한 강의를 기대했다. 교수들의 강의는 학문적으로 참으로 좋았다. 그러나 그들이 가르치는 내용을 성경 공부와 설교에는 쉽게 적용할 수 없다는 생각이 들었다. 이러한 필요가 채워지지 않았기 때문에 계속 "소 왓"(So what?)을 반복했던 것이다.

그때부터 자료들을 모으고 정리하며 나중에 하나님이 기회를 주시면 목회자들의 설교와 성경 공부에 실질적인 도움을 줄 수 있는 주석을 출판하겠다는 꿈을 품었다. 그러면서 시리즈 이름도 '엑스포지멘터리'(exposimentary=expository+commentary)로 정해 두었다. 그러므로 『엑스포지멘터리 시리즈』는 20여 년의 준비 끝에 10년 전부터 출판을 시작한 주석 시리즈다. 2010년에 첫 책인 창세기 주석을 출판할 무렵, 친구인 김형국 목사에게 사전에도 없는 'Exposimentary'를 우리말로 어떻게 번역하면 좋겠냐고 물었다. 그는 우리말로는 쉽게 설명할 수 없는 개념이니 그냥 영어를 소리 나는 대로 표기해 사용하라고 조언했다. 이렇게 해서 엑스포지멘터리 시리즈 주석이 탄생하게 되었다.

지난 10년 동안 많은 목회자가 이 주석들로 인해 설교가 바뀌고 성경 공부에 자신감을 얻었다고 말해 주었다. 참으로 감사한 일이다. 나는 학자들을 위해 책을 쓰는 것이 아니라, 목회자들을 위해 주석을 집필하고 있다. 그래서 목회자들이 알아야 할 정도의 학문적인 내용과 설교 및 성경 공부에 도움이 될 만한 실용적인 내용이 균형을 이룬 주석을 출판하기 위해 노력하고 있다. 또한 학문적으로 높은 수준의 주석을 추구하지 않기 때문에 구약을 전공한 내가 감히 신약 주석을 집필할 생각을 했다. 나의 목표는 은퇴할 무렵까지 마태복음부터 요한계시록까지 신약 주석을 정경 순서대로 출판하는 것이다. 이 책으로 도움을 받은 독자들이 나를 위해 기도해 준다면 참으로 감사하고 영광스러운 일이 될 것이다.

2021년 1월 방배동에서

시리즈 서문

"너는 50세까지는 좋은 선생이 되려고 노력하고, 그 이후에는 좋은 저자가 되려고 노력해라." 내가 미국 시카고 근교에 위치한 트리니티복음주의신학교(Trinity Evangelical Divinity School) 박사 과정을 시작할 즈음에 지금은 고인이 되신 스승 맥코미스키(Thomas E. McComiskey)와 아처(Gleason L. Archer) 두 교수님이 주신 조언이다. 너무 일찍 책을 쓰면 훗날 아쉬움이 많이 남는다며 하신 말씀이었다. 박사 학위를 마치고 1997년에 한국에 들어와 신학대학원에서 가르치기 시작하면서 나는 이 조언을 마음에 새겼다. 사실 이 조언과 상관없이 당시에 곧장 책을 출판하기는 불가능한 일이었다. 중학생이었던 1970년대 중반에 캐나다로 이민 가서 20여 년 만에 귀국해 우리말로 강의하는 일 자체가 그 당시 나에게 매우 큰 도전이었던 만큼, 책을 출판하는 일은 사치로 느껴질 뿐이었다.

세월이 지나 어느덧 선생님들이 말씀하신 쉰 살을 눈앞에 두었다. 1997년에 귀국한 후 지난 10여 년 동안 나는 구약 전체에 대한 강의안을 만드는 일을 목표로 삼았다. 나 자신에게 동기를 부여하기 위해 몸담고 있는 신대원 학생들에게 매 학기 새로운 구약 강해 과목을 개설

해 주었다. 감사한 것은 지혜문헌을 제외한 구약 모든 책의 본문 관찰을 중심으로 한 강의안을 13년 만에 완성할 수 있었다는 점이다. 앞으로 수년에 거쳐 이 강의안들을 대폭 수정해 매년 2-3권씩을 책으로 출판하려 한다. 지혜문헌은 잠시 미루어 두었다. 시편 1권(1-41편)에 대해 강의안을 만든 적이 있는데, 본문 관찰과 주해는 얼마든지 할 수 있었지만 무언가 아쉬움이 남았다. 삶의 연륜이 가미되지 않은 데서 비롯된 부족함이었다. 그래서 지혜문헌에 대한 주석은 예순을 바라볼 때쯤 집필하기로 했다. 삶을 조금 더 경험한 후로 미루어 둔 것이다. 아마도 이 시리즈가 완성될 즈음이면, 자연스럽게 지혜문헌에 대한 책을 출판할 때가 되지 않을까 싶다.

이 시리즈는 설교를 하고 성경 공부를 인도해야 하는 중견 목회자들과 평신도 지도자들을 마음에 두고 집필한 책이다. 나는 이 시리즈의 성향을 'expositmentary'('해설주석')이라고 부르고 싶다. Expositmentary라는 단어는 내가 만든 용어다. 해설/설명을 뜻하는 'expository'라는 단어와 주석을 뜻하는 'commentary'를 합성했다. 대체로 expository는 본문과 별 연관성이 없는 주제와 묵상으로 치우치기 쉽고, commentary는 필요 이상으로 논쟁적이고 기술적일 수 있다는 한계를 의식해 이러한 상황을 의도적으로 피하고 가르치는 사역에 조금이나마 실용적이고 도움이 되는 교재를 만들기 위해 만들어낸 개념이다. 나는 본문의 다양한 요소와 이슈들에 대해 정확하게 석의하면서도 전후 문맥과 책 전체의 문형(文形, literary shape)을 최대한 고려해 텍스트의 의미를 설명하고 우리 삶과 연결하고자 노력했다. 또한 히브리어 사용은 최소화했다.

이 시리즈를 내놓으면서 감사할 사람이 참 많다. 먼저, 지난 25년 동안 내 인생의 동반자가 되어 아낌없는 후원과 격려를 해 준 아내 임우민에게 감사한다. 아내를 생각할 때마다 참으로 현숙한 여인(cf. 잠 31:10-31)을 배필로 주신 하나님께 감사할 뿐이다. 아빠의 사역을 기도와 격려로 도와준 지혜, 은혜, 한빛에게도 고마운 마음을 표한다. 평생

기도와 후원을 아끼지 않는 친가와 처가 친척들에게도 감사하다는 말을 전하고 싶다. 항상 옆에서 돕고 격려해 주는 평생 친구 장병환·윤인옥 부부에게도 고마움을 표하며, 시카고 유학 시절에 큰 힘이 되어 주신 이선구 장로·최화자 권사님 부부에게도 이 자리를 빌려 평생 빚진 마음을 표하고 싶다. 우리 가족이 20여 년 만에 귀국해 정착할 수 있도록 배려를 아끼지 않으신 백석학원 설립자 장종현 목사님에게도 감사드린다. 우리 부부의 영원한 담임 목자이신 이동원 목사님에게도 고마움을 표하고 싶다.

2009년 겨울 방배동에서

감사의 글

스타선교회의 사역에 물심양면으로 헌신해 오늘도 하나님의 말씀이 온 세상에 선포되는 일에 기쁜 마음으로 동참하시는 백영걸, 정진성, 장병환, 임우민, 정채훈, 강숙희 이사님들께 감사의 마음을 전하고 싶습니다. 이사님들의 헌신이 있기에 세상이 조금 더 살맛 나는 곳이 되고 있습니다. 온 세상이 코로나19의 억압으로부터 조금씩 자유로워지고 있습니다. 여호와 라파께서 우리에게 일상으로 돌아가는 축복을 주시고, 투병 중인 정채훈 이사님을 온전히 낫게 하실 것을 믿습니다.

2022년 겨울 을씨년스러운 방배동에서

일러두기

엑스포지멘터리(exposimentary)는 '해설/설명'을 뜻하는 엑스포지토리(expository)와 '주석'을 뜻하는 코멘터리(commentary)를 합성한 단어다. 본문의 뜻과 저자의 의도와는 별 연관성이 없는 주제와 묵상으로 치우치기 쉬운 엑스포지토리(expository)의 한계와 필요 이상으로 논쟁적이고 기술적일 수 있는 코멘터리(commentary)의 한계를 극복해 목회 현장에서 가르치고 선포하는 사역에 실질적으로 도움을 주는 새로운 장르다. 본문의 다양한 요소와 이슈에 대해 정확하게 석의하면서도 전후 문맥과 책 전체의 문형(文形, literary shape)을 최대한 고려해 텍스트의 의미를 설명하고 성도의 삶과 연결하고자 노력하는 설명서다. 엑스포지멘터리는 다음과 같은 원칙을 바탕으로 인용한 정보를 표기한다.

1. 참고문헌을 모두 표기하지 않고 선별된 참고문헌으로 대신한다.
2. 출처를 표기할 때 각주(foot note) 처리는 하지 않는다.
3. 출처는 괄호 안에 표기하되 페이지는 밝히지 않는다.
4. 여러 학자가 동일하게 해석할 때는 모든 학자를 표기하지 않고 일부만 표기한다.

5. 한 출처를 인용해 설명할 때 설명이 길어지더라도 문장마다 출처를 표기하지 않는다.
6. 본문 설명을 마무리하면서 묵상과 적용을 위해 “이 말씀은…”으로 시작하는 문단(들)을 두었다. 이 부분만 읽으면 잘 이해되지 않는 것들도 있다. 그러나 본문 설명을 읽고 나면 이해가 될 것이다.
7. 본문을 설명할 때 유대인들의 문헌과 외경과 위경에 관한 언급을 최소화한다.
8. 구약을 인용한 말씀은 장르에 상관없이 가운데 맞춤으로 정렬했으며, NAS의 판단 기준을 따랐다.

주석은 목적과 주된 대상에 따라 인용하는 정보의 출처와 참고문헌 표기가 매우 탄력적으로 제시되는 장르다. 참고문헌 없이 출판되는 주석도 있고, 각주가 전혀 없이 출판되는 주석도 있다. 또한 각주와 참고문헌 없이 출판되는 주석도 있다. 엑스포지멘터리 시리즈는 이 같은 장르의 탄력적인 성향을 고려해 제작된 주석이다.

선별된 약어표

개역	개역한글판
개역개정	개역개정판
공동	공동번역
새번역	표준새번역 개정판
현대	현대인의 성경
아가페	아가페 쉬운성경
BHS	Biblica Hebraica Stuttgartensia
ESV	English Standard Version
KJV	King James Version
LXX	Septuaginta
MT	Masoretic Text
NAB	New American Bible
NAS	New American Standard Bible
NEB	New English Bible
NIV	New International Version
NIRV	New International Reader's Version

NRS	New Revised Standard Bible
TNK	Jewish Publication Society Tanakh
AB	Anchor Bible
ABCPT	A Bible Commentary for Preaching and Teaching
ABD	The Anchor Bible Dictionary, 6 vols. Ed. by D. N. Freedman. New York, 1992
ABR	Australian Biblical Review
ABRL	Anchor Bible Reference Library
ACCS	Ancient Christian Commentary on Scripture
ANET	The Ancient Near Eastern Texts Relating to the Old Testament. 3rd ed. Ed. by J. B. Pritchard. Princeton: Princeton University Press, 1969
ANETS	Ancient Near Eastern Texts and Studies
ANTC	Abingdon New Testament Commentary
AOTC	Abingdon Old Testament Commentary
ASTI	Annual of Swedish Theological Institute
BA	Biblical Archaeologist
BAR	Biblical Archaeology Review
BAR	Biblical Archaeology Review
BBR	Bulletin for Biblical Research
BCBC	Believers Church Bible Commentary
BCL	Biblical Classics Library
BDAG	A Greek–English Lexicon of the New Testament and Other Early Christian Literature, 3rd ed. Ed. by Bauer, W., W. F. Arndt, F. W. Gingrich, and F. W. Danker. Chicago, 2000
BECNT	Baker Exegetical Commentary on the New Testament

BETL	Bibliotheca Ephemeridum Theoloicarum Lovaniensium
BETS	Bulletin of the Evangelical Theological Society
BibOr	Biblia et Orientalia
BibSac	Bibliotheca Sacra
BibInt	Biblical Interpretation
BR	Bible Reseach
BRev	Bible Review
BRS	The Biblical Relevancy Series
BSC	Bible Student Commentary
BST	The Bible Speaks Today
BT	Bible Translator
BTB	Biblical Theology Bulletin
BTC	Brazos Theological Commentary on the Bible
BV	Biblical Viewpoint
BZ	Biblische Zeitschrift
BZNW	Beihefte zur Zeitschrift fűr die neutestamentliche Wissenschaft
CB	Communicator's Bible
CBC	Cambridge Bible Commentary
CBQ	Catholic Biblical Quarterly
CBQMS	Catholic Biblical Quarterly Monograph Series
CGTC	Cambridge Greek Testament Commentary
CurBS	Currents in Research: Biblical Studies
CurTM	Currents in Theology and Missions
DJG	Dictionary of Jesus and the Gospels. Ed. by J. B. Green, S. McKnight, and I. Howard Marshall. Downers Grove, 1992
DNTB	Dictionary of New Testament Background. Ed. by C. A. Evans and S. E. Porter. Downers Grove, 2000

DPL	Dictionary of Paul and His Letters. Ed. by G. F. Hawthorne, R. P. Martin, and D. G. Reid. Downers Grove, 1993
DSB	Daily Study Bible
ECC	Eerdmans Critical Commentary
ECNT	Exegetical Commentary on the New Testament
EDNT	Exegetical Dictionary of the New Testament. Ed. by H. Balz, G. Schneider. Grand Rapids, 1990–1993
EvJ	Evangelical Journal
EvQ	Evangelical Quarterly
ET	Expository Times
FCB	Feminist Companion to the Bible
GTJ	Grace Theological Journal
HALOT	The Hebrew and Aramaic Lexicon of the Old Testament. Ed. by L. Koehler and W. Baumgartner. Trans. by M. E. J. Richardson. Leiden, 1994–2000
Hist. Eccl.	Historia ecclesiastica (Eusebius)
HNTC	Holman New Testament Commentary
HTR	Harvard Theological Review
IB	Interpreter's Bible
IBS	Irish Biblical Studies
ICC	International Critical Commentary
IDB	Interpreter's Dictionary of the Bible
ISBE	The International Standard Bible Encyclopedia. 4 vols. Ed. by G. W. Bromiley. Grand Rapids, 1979–88
JAAR	Journal of the American Academy of Religion
JBL	Journal of Biblical Literature
JESNT	Journal for the Evangelical Study of the New Testament

JETS	Journal of the Evangelical Theological Society
JQR	Jewish Quarterly Review
JRR	Journal from the Radical Reformation
JSNT	Journal for the Study of the New Testament
JSNTSup	Journal for the Study of the New Testament Supplement Series
JTS	Journal of Theological Studies
LABC	Life Application Bible Commentary
LB	Linguistica Biblica
LCBI	Literary Currents in Biblical Interpretation
LEC	Library of Early Christianity
Louw−Nida	Greek−English Lexicon of the New Testament: Based on Semantic Domains, 2nd ed., 2 vols. By J. Louw, and E. Nida. New York, 1989
LTJ	Lutheran Theological Journal
MBC	Mellen Biblical Commentary
MenCom	Mentor Commentary
MJT	Midwestern Journal of Theology
NAC	New American Commentary
NCB	New Century Bible
NIB	The New Interpreter's Bible
NIBC	New International Biblical Commentary
NICNT	New International Commentary on the New Testament
NICOT	New International Commentary on the Old Testament
NIDNTT	The New International Dictionary of New Testament Theology. Ed. by C. Brown. Grand Rapids, 1986
NIDNTTE	New International Dictionary of New Testament Theology and Exegesis. 2nd Ed. by Moisés Silva. Grand Rapids, 2014

NIDOTTE	New International Dictionary of Old Testament Theology and Exegesis. Ed. by W. A. Van Gemeren. Grand Rapids, 1996
NIGTC	New International Greek Testament Commentary
NIVAC	New International Version Application Commentary
NovT	Novum Testamentum
NovTSup	Novum Testamentum Supplements
NSBT	New Studies in Biblical Theology
NTL	New Testament Library
NTM	New Testament Message
NTS	New Testament Studies
PBC	People's Bible Commentary
PNTC	Pillar New Testament Commentary
PRR	The Presbyterian and Reformed Review
PSB	Princeton Seminary Bulletin
ResQ	Restoration Quarterly
RevExp	Review and Expositor
RR	Review of Religion
RRR	Review of Religious Research
RS	Religious Studies
RST	Religious Studies and Theology
RTR	Reformed Theological Review
SacP	Sacra Pagina
SBC	Student's Bible Commentary
SBJT	Southern Baptist Journal of Theology
SBL	Society of Biblical Literature
SBLDS	Society of Biblical Literature Dissertation Series
SBLMS	Society of Biblical Literature Monograph Series

SBT	Studies in Biblical Theology
SHBC	Smyth & Helwys Bible Commentary
SJT	Scottish Journal of Theology
SNT	Studien zum Neuen Testament
SNTSMS	Society for New Testament Studies Monograph Series
SNTSSup	Society for New Testament Studies Supplement Series
ST	Studia Theologica
TBT	The Bible Today
TD	Theology Digest
TDOT	Theological Dictionary of the Old Testament. 11 vols. Ed. by G. J. Botterweck et al. Grand Rapids, 1974–2003
TDNT	Theological Dictionary of the New Testament. Ed. by G. Kittel and G. Friedrich. Trans. by G. W. Bromiley. 10 vols. Grand Rapids, 1964–1976
Them	Themelios
TJ	Trinity Journal
TNTC	Tyndale New Testament Commentaries
TS	Theological Studies
TT	Theology Today
TTC	Teach the Text Commentary Series
TWBC	The Westminster Bible Companion
TWOT	R. L. Harris, G. L. Archer, Jr., and B. K. Waltke (eds.), Theological Wordbook of the Old Testament, 2 vols. Chicago: Moody, 1980
TynBul	Tyndale Bulletin
TZ	Theologische Zeitschrift
USQR	Union Seminary Quarterly Review

VE	Vox Evangelica
VT	Vetus Testament
WBC	Word Biblical Commentary
WBCom	Westminster Bible Companion
WCS	Welwyn Commentary Series
WEC	Wycliffe Exegetical Commentary
WTJ	The Westminster Theological Journal
WUNT	Wissenschafliche Untersuchungen zum Neuen Testament und die Kunde der älteren Kirche
WW	Word and World
ZNW	Zeitschrift für die neutestamentliche Wissenschaft

차례

선별된 참고문헌

(Select Bibliography)

Adams, S. L. *Social and Economic Life in Second Temple Judea*. Louisville, KY: Westminster John Knox, 2014.

Alexander, L. C. A. *Acts in Its Ancient Literary Context: A Classicist Looks at the Acts of the Apostles*. New York: T. & T. Clark, 2005.

Allison, D. C. *The Historical Christ and the Theological Jesus*. Grand Rapids: Eerdmans, 2009.

Anderson, K. L. *But God Raised Him from the Dead: The Theology of Jesus' Resurrection in Luke-Acts*. Milton Keynes: Paternoster, 2006.

Arrington, F. L. *The Acts of the Apostles: An Introduction and Commentary*. Peabody, MA: Hendrickson, 1988.

Aune, D. E. *Prophecy in Early Christianity and the Ancient Mediterranean World*. Grand Rapids: Eerdmans, 1983.

______. *The New Testament in Its Literary Environment*. Philadelphia: Westminster, 1987.

Baird, W. *History of New Testament Research: From Jonathan Edwards to Rudolf Bultmann*. Minneapolis: Augsburg Fortress, 2003.

Barclay, W. *The Acts of the Apostles*. DSB. Edinburgh: Sint Andrew, 1976.

Barrett, C. K. *Luke the Historian in Recent Study*. London: Epworth, 1961.

_____. *A Critical and Exegetical Commentary on the Acts of the Apostles*. 2 vols. ICC. Edinburgh: T. & T. Clark, 1994–98.

Baur, F. C. *Paul Apostle of Jesus Christ: His Life and Works, His Epistles and Teachings*. 2 vols. Trans. by E. Zeller. London: Williams & Morgate, 1846. Repr., Peabody, MA: Hendrickson, 2003.

Beale, G. K.; B. L. Gladd. *The Story Retold: A Biblical-Theological Introduction to the New Testament*. Downers Grove, IL: InterVarsity Press, 2020.

Beasley–Murray, G. R. *Baptism in the New Testament*. Grand Rapids: Eerdmans, 1962.

Béchard, P. *Paul outside the Walls: A Study of Luke's Socio-Geographical Unversalism in Acts 14:8-20*. Rome: Editrice Pontificio Istituto Biblico, 2000.

Bird, M. F. *Jesus and the Origin of the Gentle Mission*. London: T&T Clark, 2006.

_____. "New Testament Theology Re–Loaded: Integrating Biblical Theology and Christian Origins." TynBul 60(2009): 265–91.

Blaiklock, E. M. *The Acts of the Apostles*. TNTC. Grand Rapids: Eerdmans, 1959.

Blomberg, C. L. "The Law in Luke–Acts." JSNT 22(1984): 53–80.

_____. *Making Sense of the New Testament: Three Crucial Questions*. Grand Rapids: Baker, 2004.

Bock, D. L. *Acts*. BECNT. Grand Rapids: Baker, 2007.

Bock, D. L.; M. Glasser. *The Gospel According to Isaiah 53: Encountering the Suffering Servant in Jewish and Christian Theology*. Grand Rapids: Kregel, 2012.

Bockmuehl, M. *Seeing the Word: Refocusing New Testament Study*. Grand Rapids: Baker, 2006.

Bond, H. *Jesus, A Very Brief History*. London: SPCK, 2017.

Bonhoeffer, D. *Discipleship*. Trans. by B. Green and R. Krauss. Minneapolis: Fortress, 2001.

Bonz, M. P. *The Past as Legacy: Luke-Acts and Ancient Epic*. Minneapolis: Fortress, 2000.

Brandon, S. G. F. *Jesus and the Zealots*. New York: Scribner's, 1967.

Brawley, R. L. *Luke-Acts and the Jews: Conflict, Apology, and Conciliation*. Atlanta: Scholars Press, 1987.

_____. *Centering on God: Method and Message in Luke-Acts*. Louisville: Westminster/John Knox, 1990.

Brown, R. E. *The Community of the Beloved Disciple: The Life, Loves, and Hates of an Individual Church in New Testament Times*. New York: Paulist, 1979.

_____. *An Introduction to the New Testament*. New York: Doubleday, 1997.

Bruce, F. F. *The Speeches in the Acts of the Apostles*. London: Tyndale, 1942.

_____. "Is the Paul of Acts the Real Paul?" BJRL 58(1976): 282–305.

_____. *New Testament History*. Garden City, New York: Doubleday & Company, 1980.

_____. *The Book of the Acts: The English Text with Introduction, Exposition and Notes*. Rev. ed. NICNT. Grand Rapids: Eerdmans, 1988.

_____. *The Canon of Scripture*. Downers Grove, IL: InterVarsity Press, 1988.

Buckwalter, H. D. *The Character and Purpose of Luke's Christology*. Cambridge: Cambridge University Press, 1996.

Bultmann, R. *Theology of the New Testament*. 2 vols. Trans. by K. Grobel. New York: Charles Scribner's Sons, 1951.

Burkitt, F. C. *Christian Beginnings*. London: University of London Press, 1924.

Byrskog, S. *Story as History—History as Story: The Gospel Tradition in the Context of Ancient Oral History*. Leiden: Brill, 2002.

Cadbury, H. J. *The Making of Luke-Acts*. London: Macmillan, 1927.

_____. *The Book of Acts in History*. London: Black, 1955.

Caird, G. B.; L. D. Hurst. *New Testament Theology*. Oxford: Clarendon, 1994.

Calvin, J. *Calvin's Commentaries. The Acts of the Apostles 1-13*. Trans. by J. W. Fraser & W. J. G. McDonald. *The Acts of the Apostles 14-28*. Trans. by J. W. Fraser. Grand Rapids: Eerdmans, 1965–66.

Capper, B. "The Palestinian Cultural Context of Earliest Christian Community of Goods." Pp. 323–356 in *The Book of Acts in Its Palestinian Setting*. Ed. by R. J. Bauckham. Grand Rapids: Eerdmans, 1995.

Carrington, P. *The Primitive Christian Calendar*. Cambridge: Cambridge University Press, 1952.

Carroll, J. T. *Response to the End of History: Eschatology and Situation in Luke-Acts*. Atlanta: Scholars Press, 1988.

Carson, D. A., ed. *Teach Us To Pray*. Grand Rapids: Baker, 1990.

Carson, D. A.; Moo, D. J.; Morris, L., eds. *An Introduction to the New*

Testament. Grand Rapids: Zondervan, 1992.

Carson, D. A.; P. T. O'Brien; M. A. Seifrid, eds. *Justification and Variegated Nomism*, Vol. 1: The Complexities of Second Temple Judaism. Grand Rapids: Baker, 2001.

Carter, C. W.; R. Earle. *The Acts of the Apostles*. Grand Rapids: Zondervan, 1973.

Carter, W. *The Roman Empire and the New Testament: An Essential Guide*. Nashville: Abingdon, 2006.

Cassidy, R. J. *Society and Politics in the Acts of the Apostles*. Maryknoll, NY: Orbis, 1987.

Chrysostom, Saint. "Homilies on the Acts of the Apostles." *A Select Library of the Nicene and Post-Nicene Fathers of the Christian Church*. Vol. 11. Ed. by P. Schaff. Grand Rapids: Zondervan, 1989rep.

Clements, R. *The Church That Turned the World Upside Down*. Cambridge: Crossway, 1992.

Conzelmann, H. *The Theology of St. Luke*. New York: Harper & Row, 1960.

_____. *The Acts of the Apostles*. Hermeneia. Trans. by J. Limburg, A. T. Kraabel, and D. H. Juel. Philadelphia: Fortress, 1987.

Cosgrove, C. H. "The Divine *dei* in Luke–Acts: Investigations into Lukan Understanding of God's Providence." NovT 26 (1984): 168–90.

Crossan, J. D. *The Historical Jesus: The Life of a Mediterranean Jewish Peasant*. San Francisco: Harper, 1991.

Cullman, O. *The Christology of the New Testament*. Philadelphia: Westminster Press, 1959.

Culy, M. M.; M. C. Parsons. *Acts: A Handbook on the Greek Text*. Waco:

Baylor University Press, 2003.

Cunningham, S. *"Through Many Tribulations": The Theology of Persecution in Luke-Acts*. Sheffield: Sheffield Academic Press, 1997.

Daube, D. *The New Testament and Rabbinic Judaism*. London: University of London Press, 1956.

Davis, S.; D. Kendall; G. O'Collins, ed. *The Resurrection: An Interdisciplinary Symposium on the Resurrection of Jesus*. Oxford: Oxford University Press, 1997.

De Boer, E. A. *The Gospel of Mary: Beyond a Gnostic and a Biblical Mary Magdalene*. New York: Continuum, 2005.

De Waard, J. *A Comparative Study of the Old Testament Text in the Dead Sea Scrolls and in the New Testament*. Leiden: E. J. Brill, 1965.

deSilva, D. A. *An Introduction to the New Testament: Context, Methods and Ministry Formation*. Downers Grove, IL: InterVarsity Press, 2004.

Derrett, J. D. M. *Law in the New Testament*. London: Dartman, Longman & Todd, 1970.

Dibelius, M. *Studies in the Acts of the Apostles*. Trans. by M. Ling. London: SCM, 1956.

Dickerson, P. L. "The New Character Narrative in Luke–Acts and the Synoptic Problem." JBL 116 (1997): 291–312.

Dix, G. *Jew and Greek: A Study in the Primitive Church*. London: Dacre, 1953.

Dodd, C. H. *The Apostolic Preaching and Its Developments*. London: New York: Harper, 1964rep.

Dunn, J. D. G. *Jesus and the Spirit: A Study of the Religious and Charismatic Experience of Jesus and the First Christians as Reflected in the New Testament*. London: SCM, 1975.

______. *Unity and Diversity in the New Testament: An Inquiry into the Character of Earliest Christianity*. Philadelphia: Westminster Press, 1977.

______. *The Acts of the Apostles*. Valley Forge, PA: Trinity International Press, 1996.

______. *New Testament Theology: An Introduction*. Nashville: Abingdon, 2009.

______. *Beginning from Jerusalem*. Grand Rapids: Eerdmans, 2009.

Dupont, J. *The Sources of Acts: The Present Position*. Trans. by K. Pond. New York: Herder and Herder, 1964.

______. *The Salvation of the Gentiles: Essays on the Acts of the Apostles*. New York: Paulist, 1979.

Ehrhardt, A. *The Acts of the Apostles: Ten Lectures*. Manchester: Manchester University Press, 1969.

Esler, P. *Community and Gospel in Luke-Acts: The Social and Political Motivations of Lucan Theology*. Cambridge: Cambridge University Press, 1987.

Evans, C. A., ed. *Encyclopedia of the Historical Jesus*. New York: Routledge, 2008.

Evans, C. A.; J. A. Sanders. *Luke and Scripture: The Function of Sacred Tradition in Luke-Acts*. Minneapolis: Fortress, 1993.

Faw, C. E. *Believers Church Bible Commentary: Acts*. Scottdale, PA: Herald, 1993.

Fee, G. D. *The First Epistle to the Corinthians*. NICNT. Grand Rapids: Eerdmans, 1987.

Ferguson, E. *Backgrounds of Early Christianity*. Grand Rapids: Eerdmans, 1987.

Fernando, A. *Acts*. NIVNAC. Grand Rapids: Zondervan, 1998.

Filson, F. V. *Three Critical Decades: Studies in the Book of Acts*. Richmond, VA: John Knox Press, 1969.

Finegan, J. *Handbook of Biblical Chronology: Principles of Time Reckoning in the Ancient World and Problems of Chronology in the Bible*. Rev. ed. Peabody, MA: Hendrickson, 1998.

Fitzmyer, J. A. *The Acts of the Apostles: A New Translation with Introduction and Commentary*. AB. New York: Doubleday & Company, 1998.

Foakes-Jackson; F. J.; K. Lake, eds. *The Beginnings of Christianity: The Acts of the Apostles*. 5 vols. Grand Rapids: Baker, 1979rep.

Fornara, C. H. *The Nature of History in Ancient Greece and Rome*. Berkeley: University of California Press, 1983.

France, R. T. *Jesus and the Old Testament*. Grand Rapids: Baker, 1982.

Fuller, M. E. *The Restoration of Israel: Israel's Regathering and the Fate of the Nations in Early Jewish Literature and Luke-Acts*. Berlin: De Gruyter, 2006.

Funk, R. W., R. W. Hoover, Jesus Seminar. *The Five Gospels: What Did Jesus Really Say? The Search for Authentic Words of Jesus*. San Francisco: HarperOne, 1996.

Gaebelein, A. C. *The Acts of the Apostles: An Exposition*. New York: Our Hope, 1912.

Garland, R. *Introducing New Gods: The Politics of Athenian Religion*. London: Duckworth, 1992.

Gasque, W. W. *A History of the Interpretation of the Acts of the Apostles*. Peabody, MA: Hendrickson, 1989.

Gaventa, B. R. *From Darkness to Light: Aspects of Conversion in the New Testament*. Philadelphia: Fortress, 1986.

_____. *The Acts of the Apostles*. Nashville: Abingdon, 2003.

Gehring, R. *House Church and Mission: The Importance of Household Structures in Early Christianity*. Peabody, MA: Hendrickson, 2004.

Gill, D. W. J.; C. Gempf, eds. *The Book of Acts in Its Graeco-Roman Setting*. Grand Rapids: Eerdmans, 1994.

Gooding, D. *True to the Faith: A Fresh Approach to the Acts of the Apostles*. London: Hodder & Stoughton, 1990.

Green, J. "Salvation to the Ends of the Earth: God as the Saviour in the Acts of the Apostles." Pp. 83–106 in *Witness to the Gospel: The Theology of Acts*. Ed. by I. H. Marshall, and D. Peterson. Grand Rapids: Eerdmans, 1998.

Green, J. B., J. K. Brown, N. Perrin, eds. *Dictionary of Jesus and the Gospels*, 2nd ed. Downers Grove, IL: InterVarsity Press, 2013.

Gundry, R. H. *A Survey of the New Testament*. Rev. ed. Grand Rapids: Zondervan, 1981.

Guthrie, D. *New Testament Introduction*. Downers Grove, IL: InterVarsity Press, 1970.

_____. *New Testament Theology*. Downers Grove, IL: InterVarsity Press, 1981.

Haenchen, E. *The Acts of the Apostles: A Commentary*. Trans. by B. Noble et al. Philadelphia: Westminster, 1971.

Hanson, R. P. C. *The Acts*. Oxford: Clarendon, 1967.

Harnack, A. *Luke the Physician: The Author of the Third Gospel and the Acts of the Apostles*. Trans. by J. R. Wilkinson. London: Williams & Norgate, 1907.

_____. *The Acts of the Apostles*. Trans. by J. R. Wilkinson. London: Williams & Norgate, 1909.

_____. *The Date of Acts and of the Synoptic Gospels*. Trans. by J. R. Wilkinson. London: Williams & Norgate, 1911.

Harris, M. J. *Jesus as God: The New Testament Use of Theos in Reference to Jesus*. Grand Rapids: Baker, 1992.

Harrison, E. F. *Interpreting Acts: The Expanding Church*. Grand Rapids: Zondervan, 1986.

Hays, R. B. *The Moral Vision of the New Testament: Community, Cross, New Creation, A Contemporary Introduction to New Testament Ethics*. San Francisco: HarperOne, 1996.

Hedrick, C. W. "Paul's Conversion/Call: A Comparative Analysis of the Three Reports in Acts." JBL 100 (1981): 415–32.

Hemer, C. J. *The Book of Acts in the Setting of Hellenistic History*. Ed. by C. H. Gempf. Tübingen: Mohr Sebeck, 2001rep.

Hengel, M. *Judaism and Hellenism*. 2 vols. Trans. by J. Bowden. Philadelphia: Fortress, 1974.

______. *Crucifixion in the Ancient World and the Folly of the Message of the Cross*. Philadelphia: Fortress, 1977.

______. *Acts and the History of Earliest Christianity*. London: SCM, 1979.

______. *Between Jesus and Paul: Studies in the Earliest History of Christianity*. Trans. by J. Bowden. Philadelphia: Fortress, 1983.

Hengel, M.; M. Schwemer. *Paul between Damascus and Antioch: The Unknown Years*. Louisville: Westminster, 1997.

Hengstenberg, E. W. *Christology of the Old Testament, abridged edition*. Grand Rapids: Kregel, 1970.

Hill, C. C. *Hellenists and Hebrews: Reappraising Division within the Earliest Church*. Minneapolis: Fortress, 1992.

Hoehner, H. W. *Chronological Aspects of the Life of Christ*. Grand Rapids: Zondervan, 1977.

Hooker, M. *Jesus and Servant*. London: SPCK, 1959.

House, H. W. *Chronological and Background Charts of the New Testament*. Grand Rapids: Zondervan, 1981.

Hurtado, L. W. *Lord Jesus Christ: Devotion to Jesus in Earliest Christianity*. Grand Rapids: Eerdmans, 2003.

Isaksson, A. *Marriage and Ministry in the New Testament*. Lund: Gleerup, 19965.

Jeffers, J. S. *The Graeco-Roman World of the New Testament: Exploring the Background of Early Christianity*. Downers Grove, IL: InterVarsity Press, 1999.

Jeremias, J. *Jerusalem in the Time of Jesus*. Trans. by F. H. and C. H. Cave. Philadelphia: Fortress, 1969.

Jervell, J. *Luke and the People of God*. Minneapolis: Augusburg, 1972.

______. *The Theology of the Acts of the Apostles*. Cambridge: Cambridge University Press, 1996.

______. *Die Apostelegeschichte*. Göttingen: Vandenhoeck & Ruprecht.

Jewett, P. "Mapping the Route of Paul's 'Second Missionary Journey' from Dorylaeum to Troas." TynBul 48 (1997): 1–22.

Johnson, L. T. *The Acts of the Apostles*. SacPag. Collegeville, MN: Liturgical, 1992.

Judge, E. A. *Social Distinctives of the Christians in the First Century: Pivotal Essays*. Peabody, MA: Hendrickson, 2007.

Keck, L. E.; J. L. Martyn, eds. *Studies in Luke-Acts*. Nashville: Abingdon, 1966. Repr. Philadelphia: Fortress, 1980.

Kee, H. C. *Good News to the Ends of the Earth: The Theology of Acts*. Valley Forge, PA: Trinity International Press, 1990.

______. "The Transformation of the Synagogue after 70CE." NTS 36

(1990): 1–24.

______. *To Every Nation Under Heaven: The Acts of the Apostles*. Valley Forge, PA: Trinity International Press, 1997.

Keener, C. S. *The IVP Bible Background Commentary: New Testament*. Downers Grove, IL: InterVarsity Press, 1993.

______. *The Historical Christ of the Gospels*. Grand Rapids: Eerdmans, 2009.

Kelly, J. N. D. *Early Christian Doctrines*. London: A. & C. Black, 1977.

Kennedy, G. A. *New Testament Interpretation through Rhetorical Criticism*. Chapel Hill, NC: University of North Carolina Press, 1984.

Kern, P. H. "Paul's Conversion and Luke's Portrayal of Character in Acts 8–10." TynBul 54 (2003): 63–80.

Kilgallen, J. J. *The Stephen Speech: A Literary and Redactional Study of Acts 7,2-52*. Rome: Pontifical Biblical Institute Press, 1976.

Kistemaker, S. J. *Exposition of the Acts of the Apostles*. Grand Rapids: Baker, 1990.

Klauck, H. J. *The Religious Context of Early Christianity: A Guide to Greco-Roman Religions*. Trans. by B. McNeil. Edinburgh: T. & T. Clark, 2000.

______. *Magic and Paganism in Early Christianity: The World of the Acts of the Apostles*. Minneapolis: Fortress, 2003.

Kümmel, W. G. *Introduction to the New Testament*. Trans. by H. C. Kee. Nashville: Abingdon, 1975.

Ladd, G. E. *A Theology of the New Testament*. Grand Rapids: Eerdmans, 1974.

Larkin, W. J. *Acts*. IVPNTC. Downers Grove, IL: InterVarsity Press, 1995.

Le Cornu, H.; J. Shulam. *A Commentary on the Jewish Roots of Acts*. 2 vols. Jerusalem: Academon, 2003.

Le Donne, A. *The Historical Jesus: What Can We Know and How Can We Know It?* Grand Rapids: Eerdmans, 2011.

Leithart, P. J. *Deep Exegesis: The Mystery of Reading Scripture*. Waco: Baylor University Press, 2009.

Lenski, R. C. H. *The Interpretation of the Acts of the Apostles*. Minneapolis: Augsburg. Reprint of 1934 ed.

Lentz, J. C. *Luke's Portrait of Paul*. Cambridge: Cambridge University Press, 1993.

Levinskaya, I. A. *The Book of Acts in Its Diaspora Setting*. Grand Rapids: Eerdmans, 1996.

Levinsohn, S. H. *Textual Connections in Acts*. Atlanta: Scholars Press, 1987.

Lierman, J. *The New Testament Moses: Christian Perceptions of Moses and Israel in the Setting of Jewish Religion*. Tübingen: Mohr Sebeck, 2004.

Lightfoot, J. B. *The Apostolic Fathers*. 5 vols. London: Macmillan, 1869–85.

Litwak, K. D. *Echoes of Scripture in Luke-Acts: Telling the History of God's People Intertextually*. New York: T. & T. Clark, 2005.

Llewelyn, S. R. "The Use of Sunday for Meetings of Believers in the New Testament." NovT 43 (2001): 205–23.

Lohfink, G. *The Conversion of St. Paul: Narrative and History in Acts*. Chicago: Franciscan Herlad, 1976.

Longenecker, R. N. *Paul, Apostle of Liberty*. New York: Harper & Row, 1964. Repr., Grand Rapids: Baker, 1976.

_____. *The Christology of Early Jewish Christianity*. Grand Rapids: Baker,

1981.

______. *Biblical Exegesis in the Apostolic Period*. Grand Rapids: Eerdmans, 1999.

______. "Acts." Pp. 663–1102 in *The Expositor's Bible Commentary Revised Edition*. Vol. 10. Grand Rapids: Zondervan, 2007.

Luther, M. *Luther's Works*. 15 vols. Ed. & Trans. by J. J. Pelikan and H. T. Lehmann. St. Louis: Concordia, 1955–60.

Maddox, R. *The Purpose of Luke-Acts*. Edinburgh: T. & T. Clark, 1982.

Mallen, P. *The Reading and Transformation of Isaiah in Luke-Acts*. New York: T. & T. Clark, 2008.

Manson, T. W. *The Sayings of Jesus*. London: SCM, 1949.

Marguerat, D. *The First Christian Historian: Writing the "Acts of the Apostles."* Trans. by K. McKinney, G. J. Laughery, R. Bauckham. Cambridge: Cambridge University Press, 2002.

Marshall, I. H. *The Acts of the Apostles: An Introduction and Commentary*. TNTC. Downers Grove, IL: InterVarsity Press, 1980.

Marshall, I. H.; D. Petersen, eds. *Witness to the Gospel: The Theology of Acts*. Grand Rapids: Eerdmans, 1998.

Martin, F., ed. *Acts*. Downers Grove, IL: InterVarsity Press, 1998.

Matson, D. L. *Household Conversion Narratives in Acts: Pattern and Interpretation*. Sheffield: Sheffield Academic Press, 1996.

McKelvey, R. J. *The New Temple: The Church in the New Testament*. Oxford: Oxford University Press, 1969.

McKnight, S. *Turning to Jesus: The Sociology of Conversion in the Gospels*. Louisville: John Knox Press, 2002.

Meeks, W. A. *The Prophet King*. Leiden: E. J. Brill, 1967.

Meier, J. P. *A Marginal Jew: Rethinking the Historical Jesus: The Roots of the*

Problem and the Person. New York: Doubleday, 1991.

Menzies, R. P. *The Development of Early Christian Pneumatology with Special Reference to Luke-Acts*. Sheffield: JSOT Press, 1991.

Merida, T. *Christ-Centered Exposition Exalting Jesus in Acts*. Nashville, TN: Broadman & Holman, 2017.

Metzger, B. A *Textual Commentary on the Greek New Testament*. 2nd ed. New York: United Bible Societies, 1994.

Meyer, B. F. *Critical Realism and the New Testament*. Allison Park, PA: Pickwick, 1989.

Miller, J. B. F. *Convinced that God Had Called Us: Dreams, Visions, and the Perception of God's Will in Luke-Acts*. Leiden: E. J. Brill, 2007.

Miller, R. J. *The Jesus Seminar and Its Critics*. Salem, OR: Polebridge Press, 1999.

Mitchell, S. *Anatolia: Land, Men, and Gods in Asia Minor*. Oxford: Oxford University Press, 1995.

Moessner, D. P. "Paul in Acts: Preacher of Eschatological Repentance to Israel." NTS 34 (1989): 96–104.

Moore, T. S. "To the End of the Earth: The Geographical and Ethnic Universalism of Acts 1:8 in Light of Isaianic Influence on Luke." JETS 40 (1997): 389–99.

Moule, C. F. D. *The Phenomenon of the New Testament*. London: SCM, 1967.

______. *An Idiom Book of New Testament Greek*. 2nd ed. Cambridge: Cambridge University Press, 1959.

Moulton, J. H.; W. F. Howard; N. Turner. *A Grammar of New Testament Greek*. 4 vols. Edinburgh: T&T Clark, 1908.

Motyer, J. A. *The Prophecy of Isaiah*. Downers Grove, IL: InterVarsity

Press, 1993.

Munk, J. *The Acts of the Apostles*. Garden City, New York: Doubleday & Company, 1967.

Murphy–O'Connor, J. *St. Paul's Ephesus: Texts and Archaeology*. Collegeville, MN: Liturgical Press, 2008.

Noack, B. "The Day of Pentecost in Jubilees, Qumran, and Acts." ASTI 1 (1962): 73–95.

Ogilvie, L. J. *The Communicator's Commentary: Acts*. Dallas: Word, 1983.

Oswalt, J. N. *The Book of Isaiah*. 2 vols. NICOT Grand Rapids: Eerdmans, 1986, 1998.

O'Brien, P. T. "Prayer in Luke–Acts: A Study in the Theology of Luke." TynBul 24 (1973): 113–16.

_____. "Mission, Witness, and the Coming of the Spirit." BBR 9 (1999): 203–14.

O'Neill, J. C. *The Theology of Acts in Its Historical Setting*. London: SPCK, 1961.

O'Toole, R. F. *Acts 26, the Christological Climax of Paul's Defense*. Rome: Pontifical Biblical Institute Press, 1978.

_____. *The Unity of Luke's Theology: An Analysis of Luke-Acts*. Wilmington, DE: M. Glazier, 1984.

Padilla, O. *The Speeches of Outsiders in Acts: Poetics, Theology and Historiography*. Cambridge: Cambridge University Press, 2008.

Pao, D. W. *Acts and the Isaianic New Exodus*. Tübingen: Mohr Sebeck, 2000.

Parsons, M. C. *Body and Character in Luke and Acts: The Subversion of Physiognomy in Early Christianity*. Grand Rapids: Baker, 2006.

_____. *Acts*. Grand Rapids: Baker, 2008.

Parsons, M. C.; R. I. Pervo. *Rethinking the Unity of Luke and Acts*. Minneapolis: Fortress, 1990.

Pelican, J. *Acts*. Grand Rapids: Brazos, 2005.

Penner, T. *In Praise of Christian Origins: Stephen and the Hellenists in Lukan Apologetic Historiography*. London: T. & T. Clark, 2004.

Pervo, R. I. *Acts: A Commentary*. Hermeneia. Philadelphia: Fortress, 2008.

______. *Profit with Delight: The Literary Genre of the Acts of the Apostles*. Philadelphia: Fortress, 1987.

______. "Direct Speech in Acts and the Question of Genre." JSNT 28 (2006): 285–307.

Peterson, D. G. *The Acts of the Apostles*. Grand Rapids: Eerdmans, 2009.

Polhill, J. B. *Acts*. NAC. Nashville, TN: Broadman, 1992.

Porter, S. E. *Verbal Aspect in the Greek of the New Testament, with Reference to Tense and Mood*. New York: Peter Lang, 1989.

______. *Idioms of the Greek New Testament*. Sheffield: Almond Press, 1992.

______. *The Paul of Acts: Essays in Literary Criticism, Rhetoric, and Theology*. Tübingen: Mohr Sebeck, 1999.

Powell, M. A. *What Are They Saying About Acts?* New York: Paulist, 1991.

Praeder, S. M. "Acts 27:1–28:16: Sea Voyages in Ancient Literature and the Theology of Luke–Acts." CBQ 46 (1984): 683–706.

______. "The Problem of First Person Narration in Acts." NovT 29 (1987): 193–218.

Rackham, R. B. *The Acts of the Apostles: An Exposition*. Grand Rapids: Baker, 1978rep.

Ramsay, W. M. *The Bearing of Recent Discovery on the Trustworthiness of the New Testament*. London: Hodder & Stoughton, 1915.

Rapske, B. M. *The Book of Acts and Paul in Roman Custody*. Grand Rapids: Eerdmans, 1994.

Ravens, D. *Luke and the Restoration of Israel*. JSNTSup. Sheffield: Sheffield Academic Press, 1995.

Reinhardt, W. "The Population Size of Jerusalem and the Numerical Growth of the Jerusalem Church." Pp. 237–265 in *The Book of Acts in Its First Century Setting*, Vol. 4. Ed. by R. Bauckham et al. Grand Rapids: Eerdmans, 1995.

Ridderbos, H. N. *The Speeches of Peter in the Acts of the Apostles*. London: Tyndale, 1962.

Riesner, R. *Paul's Early Period: Chronology, Mission Strategy, Theology*. Grand Rapids: Eerdmans, 1998.

Robinson, A. B.; R. W. Wall. *Called to Be Church: The Book of Acts for a New Day*. Grand Rapids: Eerdmans, 2006.

Robinson, J. A. T. *Redating the New Testament*. Philadelphia: Westminster Press, 1976.

______. *Twelve More New Testament Studies*. London: SCM, 1984.

Rothschild, C. K. *Luke-Acts and the Rhetoric of History*. Tübingen: Mohr Sebeck, 2004.

Rousseau, J. J.; R. Arav. *Jesus and His World: An Archaeological and Cultural Dictionary*. Minneapolis: Fortress, 1995.

Rowe, C. K. *World Upside Down: Reading Acts in the Graeco-Roman Age*. Oxford: Oxford University Press, 2009.

Sanders, E. P. *Jesus and Judaism*. Philadelphia: Fortress, 1985.

Sanders, J. T. *The Jews in Luke-Acts*. Philadelphia: Fortress, 1987.

Schnabel, E. J. *Early Christian Mission*. 2 vols. Downers Grove, IL: InterVarsity Press, 2004.

______. *Paul the Missionary: Realities, Strategies, and Methods*. Downers Grove, IL: InterVarsity Press, 2008.

______. *Acts*. ZECNT. Grand Rapids: Zondervan, 2012.

Schreiner, T. R. *Handbook on Acts and Paul's Letters*. Grand Rapids: Baker, 2019.

Seccombe, D. P. *Possessions and the Poor in Luke-Acts*. Linz, Austria: Fuchs, 1982.

Shauf, S. *Theology as History, History as Theology: Paul in Ephesus in Acts 19*. Berlin: De Gruyter, 2005.

Shelton, J. B. *Mighty in Word and Deed: The Role of the Holy Spirit in Luke-Acts*. Peabody, MA: Hendrickson, 1991.

Shepherd, W. H. *The Narrative Function of the Holy Spirit as a Character in Luke-Acts*. Atlanta: Scholars Press, 1994.

Sherwin–White, A. N. *The Roman Citizenship*. Oxford: Oxford University Press, 1939.

______. *Roman Society and Roman Law in the New Testament*. Winona Lake, IN: Eisenbrauns, 2000rep.

Siker, J. S. *Disinheriting the Jews: Abraham in Early Christian Controversy*. Louisville, KY: Westminster John Knox Press, 1991.

Skinner, M. L. *Locating Paul: Places of Custody as Narrative Settings in Acts 21-28*. Atlanta: Society of Biblical Literature, 2003.

Sleeman, M. *Geography and the Ascension Narrative in Acts*. Cambridge: Cambridge University Press, 2009.

Smallwood, E. M. *The Jews under Roman Rule*. Leiden: E. J. Brill, 1976.

Smith, J. *The Voyage and Shipwreck of Paul*. 4th ed. London: Longman & Green, 1880.

Soards, M. L. *The Speeches in Acts: Their Content, Context, and Concerns*.

Louisville: Westminster/John Knox, 1994.

Spencer, F. S. *The Portrait of Philip in Acts: A Study of Roles and Relations*. JSNTSup. Sheffield: Sheffield Academic Press, 1992.

______. *Acts*. Readings: A New Biblical Commentary. Sheffield: Sheffield Academic Press, 1997.

______. *Journeying through Acts: A Literary-Cultural Reading*. Peabody, MA: Hendrickson, 2004.

Squires, J. T. *The Plan of God in Luke-Acts*. Cambridge: Cambridge University Press, 1993.

Stanton, G. N. *Jesus of Nazareth in the New Testament Preaching*. Cambridge: Cambridge University Press, 1974.

Stein, R. H. *Jesus the Messiah*. Downers Grove, IL: InterVarsity Press, 1996.

Stendahl, K. *Paul Among Jews and Gentiles*. Philadelphia: Fortress, 1976.

Stenschke, C. W. *Luke's Portrait of Gentiles prior to Their Coming to Faith*. Tübingen: Mohr Sebeck, 1999.

Stott, J. R. W. *The Message of Acts*. BST. Downers Grove, IL: InterVarsity Press, 1990.

Strauss D. F. *The Life of Jesus Critically Examined*. Trans. by G. Eliot. London: SCM, 1973.

Strauss, M. L. *The Davidic Messiah in Luke-Acts: The Promise and Its Fulfillment in Luke's Christology*. Sheffield: Sheffield Academic Press, 1995.

Stronstad, R. *The Charismatic Theology of St. Luke*. Peabody, MA: Hendrickson, 1984.

Sweeney, J. P. "Stephen's Speech (Acts 7:2–53): Is It as 'Anti–temple' as Is Frequently Alleged?" TJ 23 (2002): 185–210.

Tajra, H. W. *The Trial of St. Paul: A Juridical Exegesis of the Second Half of the Acts of the Apostles*. Tübingen: Mohr Sebeck, 1989.

Talbert, C. H. *Reading Acts: A Literary and Theological Commentary on the Acts of the Apostles*. Rev. ed. Macon: Smyth, 2005.

Tannehill, R. C. *The Acts of the Apostles*. *The Narrative Unity of Luke-Acts: A Literary Interpretation*. Vol. 2. Minneapolis: Fortress, 1994.

_____. "Israel in Luke–Acts: A Tragic Story." JBL 104 (1985): 69–85.

Theissen, G. *The Miracle Stories of the Early Christian Tradition*. Trans. by F. McDonagh. Philadelphia: Fortress, 1983.

Theissen, G.; A. Merz. *The Historical Jesus: A Comprehensive Guide*. Minneapolis: Fortress, 1997.

Tiede, D. *Prophecy and History in Luke-Acts*. Philadelphia: Fortress, 1980.

Thiselton, A. C. *Thiselton on Hermeneutics: Collected Works with New Essays*. Grand Rapids: Eerdmans, 2006.

Torrey, C. C. *The Composition and Date of Acts*. Cambridge, MA: Harvard University Press, 1916.

Trebilco, P. "Paul and Silas—'Servants of the Most High God.'" JSNT 36 (1989): 51–73.

_____. "Asia." Pp. 291–362 in *The Book of Acts in Its Graeco-Roman Setting*. Ed. by D. W. J. Gill and C Gempf. Grand Rapids: Eerdmans, 1994.

Turner, M. M. B. *Power from on High: The Spirit in Israel's Restoration and Witness in Luke-Acts*. Sheffield: Sheffield Academic Press, 1996.

Turner, N. *Grammatical Insights into the New Testament*. New York: Bloomsbury Academic, 2015.

Twelftree, G. H. *Jesus the Miracle Worker*. Downers Grove, IL: InterVarsity Press, 1999.

_____. *In the Name of Jesus: Exorcism among Early Christians*. Grand Rapids: Baker, 2007.

Tyson, J. B. *Marcion and Luke-Acts: A Defining Struggle*. Columbia: University of South Carolina Press, 2006.

Unnik, W. C. van. "The 'Book of Acts' the Confirmation of the Gospel." NovT 4(1960–61): 26–59.

VanderKam, J. C. *From Joshua to Caiaphas: High Priests after the Exile*. Minneapolis: Fortress, 2004.

Vanhoozer, K. J. *Is There A Meaning in This Text? The Bible, the Reader, and the Morality of Literary Knowledge*. Grand Rapids: Zondervan, 1998.

Veilhauer, P. "On the Paulinism of Acts." Pp. 33–50 in *Studies in Luke-Acts: Essays Presented in Honor of Paul Schubert*. Ed. by L. E. Keck and J. L. Martyn. Nashville: Abingdon, 1966.

Vermes, G. *Jesus the Jew: A Historian's Reading of the Gospels*. Philadelphia: Fortress, 1973.

_____. *The Religion of Jesus the Jew*. Minneapolis: Fortress, 1993.

Vos, C. S. de. "Finding a Charge That Fits: The Accusation against Paul and Silas at Philippi (Acts 16.19–21). JSNT 74 (1999): 51–63.

Walaskay, P. W. *Acts*. WBCom. Louisville: Westminster/John Knox, 1998.

Walker, P. W. *Jesus and the Holy City: New Testament Perspectives on Jerusalem*. Grand Rapids: Eerdmans, 1996.

Walker, W. T. "Urban Legends: Acts 10:1–11:18 and the Strategies of Greco–Roman Foundation Narratives." JBL 120 (2001): 77–99.

Wall, R. W. *The Acts of the Apostles. Pp. 1-368 in The New Interpreter's Bible: A Commentary in Twelve Volumes*. Vol. 10. Nashville: Abingdon,

2002.

Wallace, D. B. *Greek Grammar beyond the Basics: An Exegetical Syntax of the New Testament*. Grand Rapids: Zondervan, 1996.

______. *The basics of New Testament Syntax: An Intermediate Greek Grammar*. Grand Rapids: Zondervan, 2000.

Weatherly, J. A. *Jewish Responsibility for the Death of Jesus in Luke-Acts*. JSNTSup. Sheffield: JSOT Press, 1994.

Weaver, J. B. *Plots of Epiphany: Prison-Escape in Acts of the Apostles*. Berlin: De Gruyter, 2004.

Wedderburn, A. J. M. "Traditions and Redaction of Acts 2:1–13." JSNT 55 (1994): 27–54.

Weiss, J. *Earliest Christianity: A History of the Period AD 30-150*. 2 vols. Gloucester, MA: Smith, 1970.

Weissenrieder, A. *Images of Illness in the Gospel of Luke: Insights of Ancient Medical Texts*. Tübingen: Mohr Sebeck, 2003.

Wenham, G. J. "The Theology of Unclean Food." EQ 53 (1981): 6–15.

Wenk, M. *Community-Forming Power: The Socio-Ethical Role of the Spirit in Luke-Acts*. Sheffield: Sheffield Academic Press, 2000.

Wilkins, M. J. *Following the Master: A Biblical Theology of Discipleship*. Grand Rapids: Zondervan, 1992.

Williams, D. J. *Acts*. NIBC. Peabody, MA: Hendrickson, 1990.

Willimon, W. H. *Acts*. Interpretation. Atlanta: John Knox, 1988.

Wilson, S. G. *The Gentiles and the Gentile Mission in Luke-Acts*. Cambridge: Cambridge University Press, 1973.

______. *Luke and the Law*. Cambridge: Cambridge University Press, 1983.

Winter, B. W.; A. D. Clarke, eds. *The Book of Acts in Its Ancient Literary*

Setting. Grand Rapids: Eerdmans, 1993.

Witherington, B. *The Jesus Quest: The Third Search for the Jew of Nazareth*. Downers Grove, IL: InterVarsity Press, 1995.

______. *The Acts of the Apostles: A Socio-Rhetorical Commentary*. Grand Rapids: Eerdmans, 1998.

Wrede, W. *The Messianic Secret*. Trans. by J. C. G. Greig. Cambridge: James Clarke & Company, 1971.

Wright, A. *Christianity and Critical Realism: Ambiguity, Truth, and Theological Literacy*. New York: Routledge, 2013.

Wright, N. T. *The New Testament and the People of God*. Christian Origins and the Question of God 1. London: SPCK, 1992.

______. *Jesus and Victory of God*. Christian Origins and the Question of God 2. Minneapolis: Fortress, 1996.

______. *The Resurrection of the Song of God*. Minneapolis: Fortress, 2003.

______. *Scripture and the Authority of God: How To Read the Bible Today*. New York: HarperOne, 2011.

Wright, N. T.; M. F. Bird. *The New Testament in Its World: An Introduction to the History, Literature, and Theology of the First Christians*. Grand Rapids: Zondervan Academic, 2019.

Wuest, K. S. *The Practical Use of the Greek New Testament*. Chicago: Moody Press, 1982.

Yamauchi, E. M. *New Testament Cities in Western Asia Minor: Light from Archaeology on Cities of Paul and the Seven Churches of Revelation*. Eugene, OR: Wipf & Stock, 2003rep.

Zeisler, J. A. "The Name of Jesus in the Acts of the Apostles." JSNT 4 (1979): 28–41.

Zeller, E. *The Contents and Origin of the Acts of the Apostles, Critically Inves-*

tigated. 2 vols. Trans, by J. Dare. London: Williams & Norgate, 1875–76.

Zerwick, M. *A Grammatical Analysis of the Greek New Testament*. 5th ed. Trans. by M. Grosvenor. Rome: Biblical Institute Press, 1996.

Zwiep, A. W. *The Ascension of the Messiah in Lukan Christology*. Leiden: E. J. Brill, 1997.

_____. *Judas and the Choice of Matthias: A Study on Context and Concern of Acts 1:15-26*. Tübingen: Mohr Sebeck, 2004.

사도행전

그들이 모였을 때에 예수께 여쭈어 이르되 주께서 이스라엘 나라를 회복하심이 이 때니이까 하니 이르시되 때와 시기는 아버지께서 자기의 권한에 두셨으니 너희가 알 바 아니요 오직 성령이 너희에게 임하시면 너희가 권능을 받고 예루살렘과 온 유대와 사마리아와 땅 끝까지 이르러 내 증인이 되리라 하시니라 이 말씀을 마치시고 그들이 보는데 올려져 가시니 구름이 그를 가리어 보이지 않게 하더라 올라가실 때에 제자들이 자세히 하늘을 쳐다보고 있는데 흰 옷 입은 두 사람이 그들 곁에 서서 이르되 갈릴리 사람들아 어찌하여 서서 하늘을 쳐다보느냐 너희 가운데서 하늘로 올려지신 이 예수는 하늘로 가심을 본 그대로 오시리라 하였느니라

(1:6–11)

그들이 날짜를 정하고 그가 유숙하는 집에 많이 오니 바울이 아침부터 저녁까지 강론하여 하나님의 나라를 증언하고 모세의 율법과 선지자의 말을 가지고 예수에 대하여 권하더라 그 말을 믿는 사람도 있고 믿지 아니하는 사람도 있어 서로 맞지 아니하여 흩어질 때에 바울이 한 말로 이르되 성령이 선지자 이사야를 통하여 너희 조상들에게 말씀하신 것이 옳도다 일렀으되

이 백성에게 가서 말하기를
너희가 듣기는 들어도 도무지 깨닫지 못하며
보기는 보아도 도무지 알지 못하는도다
이 백성들의 마음이 우둔하여져서
그 귀로는 둔하게 듣고 그 눈은 감았으니
이는 눈으로 보고 귀로 듣고 마음으로 깨달아 돌아오면
내가 고쳐 줄까 함이라

하였으니 그런즉 하나님의 이 구원이 이방인에게로 보내어진 줄 알라 그들은 그것을 들으리라 하더라 바울이 온 이태를 자기 셋집에 머물면서 자기에게 오는 사람을 다 영접하고 하나님의 나라를 전파하며 주 예수 그리스도에 관한 모든 것을 담대하게 거침없이 가르치더라

(28:23-31)

소개

학자 중에는 사도행전을 신약에서 가장 중요한 책이라 하는 이가 있는가 하면(Barclay), 신약을 구성하는 정경 순서상 복음서에서 서신서로 이어지는 중간 지점에 있다는 점에서 신약의 중심축(pivot)이라고 하는 이도 있다(Harnack). 사도행전은 예수님이 승천하신 후 교회가 어떻게 시작되었고, 어떤 메시지를 선포했으며, 어떤 사역을 했는지를 연구하는 데 가장 중요한 자료임이 확실하다(cf. Longenecker, Cadbury).

대부분 학자가 누가복음과 사도행전을 집필한 저자는 누가이며, 두 권을 각각 독립적인 책으로 간주하기보다는 한 쌍(전편-후편)으로 취급해야 한다고 주장한다. 초대교회 시대에 누가복음과 사도행전이 함께 유통되다가 세월이 지나 정경을 구성하는 문서들의 장르를 구분할 때 누가복음이 나머지 세 복음서(마태-마가-요한)와 묶이고, 사도행전은

교회의 역사를 기록한 문서로 독립적으로 취급되기 시작한 것으로 보인다(Longenecker).

누가복음과 사도행전은 분량에서도 신약에서 가장 높은 비중을 차지한다. 신약은 총 7,942절로 구성되어 있는데, 그중 누가복음과 사도행전이 무려 2,157절(27%)이나 된다. 바울 서신을 모두 합한 2,032절(26%)보다 더 많다. 요한복음과 요한서신을 합하면 1,416절(18%)이며, 마태복음은 1,071절, 마가복음은 678절에 불과하다. 누가복음과 사도행전을 집필한 누가는 양적으로도 가장 괄목할 만한 신약 저자인 셈이다.

교회는 처음부터 누가복음과 사도행전을 '전편-후편'으로 보았지만, 이 두 권의 책을 통일성을 지닌 한 작품으로 간주하기 시작한 것은 그다지 오래된 일이 아니다. 1927년 캐드버리(Cadbury)가 이 책들은 신학과 흐름에서 일치하므로 한 권으로 취급해야 한다며 '누가복음-사도행전'(Luke-Acts)이라는 말을 처음 사용했다. 이후 학자들은 이 두 정경을 한 권의 책, 혹은 사도행전을 누가복음에서 시작된 이야기를 이어가는 '속편'(sequel)으로 간주한다(Aune, Beale & Gladd, Bock, Keener, O'Toole, Pao, Tannehill, Wright & Bird). 물론 이 같은 학계의 결론과 인식에 반발하며 이 두 책을 연결하는 '붙임표'(-)를 제거해야 한다고 주장하는 이들도 있다(Parsons & Pervo). 그러나 이들의 주장은 학계에서 이렇다 할 공감대를 얻지 못하고 있다(Spencer, cf. Longenecker, O'Toole).

학자들이 이 두 권을 같은 저자에 의한 흐름이 있고 통일성을 지닌 한 작품으로 보는 데에는 여러 가지 증거가 있다. 첫째, 누가복음과 사도행전은 둘 다 '데오빌로'(Θεόφιλος)라는 이름을 지닌 사람에게 헌정되었다(눅 1:3; 행 1:1). 둘째, 사도행전 1:1은 저자가 '먼저 쓴 글'에 관해 언급하는데, 이 글이 다름 아닌 누가복음이라는 것은 기정사실이다. 셋째, 이 두 책은 비슷한 스타일과 문체와 구조를 지녔다. 한 예로, 누가복음과 사도행전은 거의 같은 기간을 커버(cover)한다. 누가복음은 주전 4년에서 주후 30년쯤까지 30여 년간 있었던 일을 기록하고 있으며, 사도행전도 주후 30-62년 사이의 약 30년 동안 있었던 일을 기록하고 있다(Aune). 또한 누가복음의 마지막 23%는 예수님의 체포와 재판과 죽음과 부활과 승천에 관한 내용인데(19:28-24:53), 이와 비슷하게 사도행전의 마지막 24%는 바울의 체포와 재판과 로마 도착에 관한 내용이다(Aune). 그러므로 누가복음과 사도행전은 서로 다른 장르와 목적을 지닌 두 권의 책이 아니라, 비슷한 장르와 흐름을 염두에 두고 쓰인 한 쌍의 책(전편-후편)으로 간주해야 한다(Cadbury, Johnson, O'Toole, Tannehill).

내용 측면에서도 두 책의 연결성이 확고해 보인다. 사도행전은 누가복음에서 시작된 이야기를 이어 갈 뿐 아니라, 누가복음이 제시한 것들이 어떻게 실현되었는가에 대한 역사적 주석이라 할 수 있다. 한 학자는 누가복음 끝부분(24:36-53)과 사도행전의 시작 부분(1:1-14) 사이에 최소한 17가지 공통적인 주제가 있다고 한다(Zwiep). 다음은 그중 일부다.

주제	본문
예수님이 부활하신 증거	눅 24:1-43; 행 1:3
성령이 오실 것이라는 약속	눅 24:49; 행 1:4-5, 8
제자들이 예루살렘에서 기다림	눅 24:52-53; 행 1:4
복음을 선포하라는 명령	눅 24:47-48; 행 1:8
예수님의 승천	눅 24:51; 행 1:9-11

누가복음을 마무리하는 주제들이 사도행전에서 더 발전해 전개되는 사례도 많다(Longenecker). 부활하신 예수님은 제자들에게 "죄 사함을 받게 하는 회개가 예루살렘에서 시작하여 모든 족속에게 전파될 것"이라고 하시는데(눅 24:47), 이 말씀은 사도행전에서 활짝 피어나는 꽃이 된다(cf. 2:38; 3:19; 5:31; 10:43; 11:18; 13:38; 20:21; 26:20). "위로부터 능력

으로 입혀질 때까지 이 성[예루살렘]에 머물라"라는 말씀(눅 24:49)은 오순절에 마가의 다락방에 성령이 임한 일(2:1-41)과 사도행전 1-7장에 기록된 일들을 통해 온전히 실현된다. 제자들이 이 모든 일의 증인이 될 것이라는 말씀(눅 24:48)도 사도행전 1:8에서 재차 강조되며, 책의 나머지 부분에서도 지속적으로 반복된다(cf. 1:22; 2:32; 3:15; 4:33; 5:32; 10:39, 41; 13:31; 22:20; 26:16).

공관복음이 자주 언급하는 주제들을 누가복음에서는 언급하지 않다가 사도행전에서 증폭해 발전시키는 것들도 있다. 마가복음이 이방인 선교를 매우 중요시하는 것과 달리 누가복음은 이방인 선교에 대해 별로 언급하지 않는다. 사도행전에서 발전시키고 확대 설명하기 위해서다(Wright & Bird). 누가는 성령, 제자도, 구원의 범위, 유대인들의 복음에 대한 반발 등도 사도행전에서 더 확대해 설명하기 위해 누가복음에서는 자세한 언급을 자제한다.

그렇다면 누가복음-사도행전을 아우르는 통일된 주제는 무엇인가? 하나님의 구속사(history of salvation)와 구원(salvation)이다. 누가복음은 온 인류를 구원하러 오신 메시아 예수님의 삶과 가르침을 통해 구원을 정의하고, 사도행전은 제자들이 이 복음을 가지고 예루살렘을 출발해 '땅끝'(세상 끝)을 향해 가는 이야기를 기록한다. 다르게 표현하자면 누가복음-사도행전은 이스라엘 땅 나사렛과 예루살렘에서 예수님을 통해 시작된 하나님의 구원 이야기(구속사 일부)가 제국의 수도이자 온 세상의 중심인 로마에 도달하게 된 여정을 회고한다. 사도행전이 마무리될 무렵 복음은 로마에서 '땅끝'까지 퍼져 나갈 만반의 준비를 마친다.

누가는 복음서 저자일 뿐 아니라, 교회의 역사를 처음으로 기록한 역사가라 할 수 있다. 또한 그의 두 저서는 예수님과 사도들의 가르침과 이야기를 요약하는 만큼 신약의 축소판이라 할 수 있다(Beale & Gladd). 누가는 마리아의 송가(Mary's Magnificat, 눅 1:46-55), 예수님의 나사렛 설교(눅 4:16-31), 탕자 비유(눅 15:11-32), 엠마오로 가는 두 제자

이야기(눅 24:13-35), 예수님의 승천(눅 24:50-53; cf. 행 1:9-11), 오순절 사건(2:1-47), 예루살렘 공회 이야기(15:1-31) 등 신약에서 가장 인상적이고 교회가 두루 기억할 만한 일들을 추억하는 유일한 성경 저자다(Wright & Bird).

장르

어떤 저자든 작품을 만들 때 자기 작품이 일정한 기준과 원칙에 따라 읽히고 해석되기를 원한다. 저자는 이러한 의도와 기대를 작품이 취하는 장르를 통해 표현한다. 그러므로 장르는 작품 안에서 직접적으로 언급되거나 암시된다. 혹은 무의식적으로 성립된 저자와 독자 사이의 계약 또는 약속이라고도 할 수 있다(Burridge, cf. Guelich).

신약의 서두를 장식하는 네 복음서는 온 인류의 구세주가 되시는 예수 그리스도께서 선포하신 복음에 관한 책이다. '복음'(εὐαγγέλιον)은 '좋은/복된 소식'이라는 의미이며, 이사야 40:9, 52:7, 61:1 등에서 시작된 개념으로 본다(Beale & Gladd). 복음을 가장 간략하게 정의하면 듣는 이들에게 '복된 소식'이라는 뜻이다. 구약에서 사람에게 복된 소식을 주시는 분은 하나님뿐이시기에 신약에서도 예수 그리스도의 복음은 처음부터 끝까지 여호와 하나님의 개입(사역)을 전제한다. 복음서는 예수님의 삶과 가르침을 통해 복음을 정의하기 때문에 예수님의 일생을 기록한 전기(biography) 성향을 지닌다고 할 수 있다(Wall, Wright & Bird).

신약 정경에서 네 복음서의 뒤를 이어 등장하는 책이 사도행전이다. 복음서가 '복음'을 정의했다면, 사도행전은 제자들과 사도들이 이 '복음'을 가지고 예루살렘과 유대를 떠나 어떻게 '땅끝'까지 가고자 했는가를 역사적으로 회고한다(1:8, cf. Blaiklock, Bruce, Hemer, Longenecker, Ramsay, Sherwin-White). 책이 끝날 무렵 복음은 그 당시 온 세상의 중심

(수도)이라 할 수 있는 로마에 도착한다. 복음은 이곳에서부터 땅끝까지 퍼져 나갈 것이다. 그러므로 사도행전은 28장에서 마무리되지만 지난 2,000년 동안 교회가 29장을 써 내려가고 있으며, 이 29장은 주님이 다시 오실 때까지 교회를 통해 영원히 현재 진행형으로 이어질 것이라 할 수 있다. 누가는 이러한 저작 목적을 달성하기 위해 복음을 가지고 로마에 도착한 바울의 순교 이야기로 책을 마무리하지 않는다. 사도행전은 사도 바울의 전기(biography)가 아니라, 복음이 땅끝을 향해 계속 전진해 가는(advance) 이야기이기 때문이다.

사도행전에는 역사(history), 전기(biography), 신학(theology), 고백(confession), 변증(apologetics), 교리(dogma), 설교(sermon), 내러티브(narrative) 등 다양한 양식의 글이 포함되어 있다(cf. Bruce, Fitzmyer, Hengel, Sterling). 또한 등장인물들의 직설 화법(direct speech)도 많다. 사도행전을 구성하는 1,002절 중 516절이 직설 화법(direct speech)이며, 책의 51%에 달한다(Pervo). 그러므로 책의 장르를 규명하는 일이 쉽지 않다(cf. Parsons & Pervo, Witherington). 한 장르로 이 같은 다양성을 모두 설명하거나 수용하는 것은 불가능하기 때문이다.

일부 학자는 사도행전이 당시 헬라 문학의 한 장르인 '행전'(acts)과 비슷하다고 한다(cf. Bock). 헬라 사람들의 행전은 한 위대한 인물의 위인전 성격을 가진 장르였다. 사도행전이 헬라 행전과 비슷하게 베드로(1-12장)와 바울(13-28장)을 중심으로 전개되는 것은 맞지만, 이 책은 이 두 사도의 위인전이 아니라 예수 그리스도의 복음이 예루살렘에서 온 세상으로 퍼져 나가는 것에 관한 이야기다. 책의 초점이 사도(사람)에게 맞춰진 것이 아니라 복음의 전진(advancement)에 맞춰져 있다. 또한 만에 하나 사도행전을 일종의 위인전으로 간주하더라도, 이 책이 모사하고자 하는 영웅은 두 사도가 아니라 바로 하나님이시다(Bock).

한편, 사도행전은 어떠한 역사적 가치도 없는 소설이라고 주장하는 이들이 있다(Dibelius, Pervo). 그들은 이 세상에 기적은 없으며 하나님의 초자연적인 개입도 있을 수 없다고 생각하는데, 사도행전에는 이러한 일이 너무나도 많이 기록되어 있기 때문이다(cf. Bock). 그러므로 이 책이 소설에 불과하다고 하는 그들의 주장은 잘못된 세계관에서 비롯되었다고 할 수 있다. 지금도 하나님이 기적을 행하시고, 앞으로도 행하실 것이라고 고백하는 우리에게는 별 설득력이 없다.

어떤 이들은 사도행전이 역사서라고 하기에는 등장인물들이 직설 화법(direct speech)을 지나치게 많이 사용하고 있다고 한다. 이 책은 28개의 직설 화법을 포함하고 있는데(Fitzmyer) 이는 전체 분량의 30%에 육박하는 분량이며(Polhill), 책의 흐름에서 매우 중요한 자리를 차지할 뿐 아니라(Soards) 기독교의 협상 불가한(non-negotiable) 진리를 담고 있다(Wall). 그럼에도 이 직설 화법은 모두 누가가 만들어 낸 것이지 등장인물들의 실제 스피치가 아니라고 주장한다(Dibelius). 그러나 1세기에 주변 문화권에서 저작된 역사서들을 보면 대부분 책의 20-35%가 직설 화법으로 구성되어 있다(Aune). 수사학(Rhetoric)도 당시 역사서 저작에 대거 사용되었다(Gempf, Penner). 또한 어느 저자든 역사적 자료를 반영한 작품을 전개하는 과정에서 등장인물의 스피치를 인용할 때는 그 사람이 한 말을 요약적으로 정리하지 그대로 반영하지는 않는다. 그러므로 누가가 사도행전에 기록된 각 등장인물의 직설 화법을 저작한 것은 맞지만, 그 스피치를 한 사람들의 생각과 의도를 정확하게 요약해 반영했다(Bruce, Dodd, Marshall, Ridderbos, Witherington). 그들이 한 말과 다를 바 없는 것이다.

누가복음이 소설은 아니지만 책에 기록된 사건은 상당 부분 실제 있었던 일이 아니라 누가가 지어낸 이야기이기 때문에 책의 역사성은 배제하고 메시지를 전하고자 하는 신학서로만 읽어야 한다고 주장하는 이들도 있다(Baur, Conzelmann, Haenchen). 그러나 이 책의 역사성을 완전히 배제하거나 일부를 배제하고 읽는 것은 잘못된 처사다(cf. Bruce, Gasque, Hengel, Hemer, Ramsay, Sherwin-White, Wall, Witherington). 저자가

이 책에서 언급되는 사건들의 역사성을 전제로 자신의 책이 읽히길 바라기 때문이다.

사도행전이 구약의 '신명기 사가적 역사서'(Deuteronomic historiography)와 '헬라 문화적 역사서'(Hellenistic historiography)로부터 영향을 받았다고 하는 이들도 있다(Schmidt, cf. Beale & Gladd). 구성과 전개 방식이 중간사 문헌인 마카비서와 비슷하다고 주장하는 이들도 있다(Bock, Winter & Clark). 확실한 것은 사도행전은 기록하는 사건들의 역사성을 지닌 '하나님 백성의 역사'(history of God's people)라는 점이다(Jervell, cf. Marguerat).

사도행전이 오늘날 우리가 생각하는 역사서와 현저한 차이를 보이는 것은 사실이지만, 당시 저작된 역사서들과 비교해 보면 손색이 없는 역사서다(Aune, Bruce, Gempf, Hemer, cf. Penner). 또한 사도행전의 장르를 규정할 때 비성경적 장르와 비교하기보다는 이미 성경에서 발견되는 비슷한 장르의 문서들을 고려하는 것이 좋을 것 같다. 구약의 역사서와 사도행전은 상당히 비슷한 성향을 지녔다.

사도행전의 장르를 논할 때 책의 역사적 성향뿐 아니라 사회적, 신학적, 변증적 면모도 고려해야 한다(Bock). 사도행전은 어떻게 기독교가 구약적인 배경에서 시작되었고, 전파된 곳마다 공동체를 형성하며 급기야 로마에 이르게 되었는지를 회고하는 역사서(historical monograph)이자 신학서(theography)이며 변증적인 역사서(apologetic historiography)이기 때문이다(Adams, Hengel, Phillips, Sterling, Witherington). 또한 누가는 역사가이자 신학자이자 목회자였기 때문에 그가 저작한 사도행전은 분명 기독교적인 관점과 신학적인 메시지와 역사적인 목적을 내포하고 있다. 그러므로 당시 문화에서 사도행전과 어느 정도 비슷한 장르의 문학을 찾을 수는 있지만, 일치하는 것은 찾을 수 없다. 사도행전을 독특한 장르를 지닌 작품으로 간주하는 것이 바람직하다(cf. Aune).

누가는 사도행전을 통해 기독교의 시작과 발전을 묘사하는 데 가장 적절한 장르를 개발했다(cf. Hemer, Marshall, Schnabel, Talbert). 그리고 실제로 일어난 일들에 대해 역사적으로 정확하게 회고한다(Blomberg, Keener). 그러나 누가는 독자들이 자기 책에서 역사적 정보를 얻는 데서 그치지 않고, 삶에 적용할 교훈과 윤리도 배우기를 기대한다.

저자

우리는 누가복음-사도행전의 저자를 누가로 알고 있지만, 정작 이 책들은 저자의 이름을 밝히지 않는다. 그럼에도 누가복음-사도행전의 저자가 누가라는 추론은 모든 정황을 고려할 때 가장 합리적인 추론이다. 누가를 이 책의 저자로 지목하는 가장 중요한 증거는 초대교회가 남긴 증언과 사도행전의 '우리'(we) 섹션이다(16:10-17; 20:5-15; 21:1-18; 27:1-28:16).

순교자 저스틴(Justin Martyr)은 160년경에 바울을 따르던 사람이 예수님에 관한 책을 남겼다는 말을 남겼고, 10여 년 후에 저작된 『무라토리의 정경』(Muratorian Canon, 170-180년)은 안디옥 출신 의사 누가가 누가복음-사도행전의 저자라고 했다(Sundberg, Wright & Bird). 비슷한 시기에 이레네우스(Irenaeus)는 누가를 이 책들의 저자로 지목하며 그가 바울의 떼어 놓을 수 없는 동반자였다고 말했다(cf. 골 4:14; 딤후 4:11; 몬 1:24). 이 외에도 초대교회 교부들은 지속적이고 일관되게 누가를 이 책들의 저자로 지목했다(Hengel). 175년경에 출판된 『반(反)마르키온 프롤로그』(Anti-Marcionite Prologues) 역시 이 책들은 누가가 저작한 것이라며 아래와 같은 말을 남겼다(Heard, cf. Bock, Wright & Bird). 여러 자료를 바탕으로 2세기 말경부터 교회는 이 책들의 저자가 누가라는 것을 반박의 여지가 없는 사실로 여겼다.

누가는 안디옥 출신 시리아인이었으며, 직업은 의사였다. 그는 사도들

> 의 제자였으며, 훗날 바울이 순교할 때까지 그를 따랐다. 그는 온전히 주님을 섬겼으며, 결혼하지 않았고, 아이도 없었다. 그는 84세에 보이오티아(Boeotia)에서 성령으로 충만해 죽었다.

오늘날에도 대부분 학자가 『반마르키온 프롤로그』에 기록된 내용을 사실로 간주한다. 특별히 다르게 말할 자료가 남아 있지 않기 때문이다. 더 나아가 일부 학자는 누가가 의사였다는 사실을 누가복음-사도행전에 사용된 용어들을 통해 증명하려고 했다(Foakes-Jackson & Lake, Weissenrieder). 그러나 대부분은 누가가 의사였다는 사실에 문제를 제기한다. 누가가 의사였다는 것은 "사랑을 받는 의사 누가와 또 데마가 너희에게 문안하느니라"(골 4:14)라는 말씀을 근거로 하지만, 그가 저서에서 사용하는 의학 용어나 질병을 설명하는 내용이 대체로 보편적이고 일반적인 묘사이므로 전문가로 보이지 않는다고 생각하기 때문이다(Alexander, Keener, Wright & Bird). 누가는 의학 서적이 아니라 복음과 교회에 관한 책을 저작했기 때문에 그의 저서가 반드시 의학적인 용어와 특징을 지닐 필요는 없다. 또한 누가가 의사였는지 아니었는지는 그다지 중요한 이슈가 아니며, 본문 해석에 어떠한 영향도 미치지 않는다. 그러나 골로새서 4:14의 증언을 고려하면 그는 의사였을 것이다.

사도행전에는 저자가 1인칭 복수('우리')를 사용해 이야기를 진행하는 텍스트가 상당 부분 포함되어 있다(16:10-17; 20:5-15; 21:1-18; 27:1-28:16). 이 섹션들은 누군가 바울과 함께 선교 여행을 하며 활동했던 사람에게서 비롯된 것이며, 바로 이 사람이 사도행전의 저자라는 것이 학자들의 보편적인 견해다(Bruce, Hengel, Keener). 바울과 함께 여행하며 이 책을 저작한 사람이 누가라고 입증할 만한 직접적인 증거는 없지만, 매우 높은 가능성을 시사한다.

물론 모든 사람이 누가가 저자라는 것에 동의하지는 않는다. 어떤 이들은 '우리'(we)가 문학적인 표현에 불과하거나(Bovon, Campbell,

Robbins), 저자가 인용하는 글에서 비롯된 것을 다듬지(편집하지) 않고 그대로 반영했기 때문에 빚어진 결과라고 한다(Barrett, Haenchen, Wedderburn). '우리' 섹션은 누가복음-사도행전 저자가 직접 경험한 일이 아니며, 그가 인용한 출처에 '우리' 텍스트가 있었다는 뜻이다. 그러나 이렇게 해석하기에는 '우리' 텍스트가 사도행전의 흐름과 너무나도 잘 어울린다. 또한 문학적인 표현에 불과하다면, 이 텍스트들의 범위를 벗어나 책 곳곳에서 훨씬 더 많이 더 광범위하게 사용되어야 한다(Fitzmyer, Hemer, cf. Wright & Bird). 그러므로 누가가 실제로 바울과 함께 여행하며 이 섹션을 기록한 것으로 간주하는 것이 가장 자연스럽다(Bock, Dunn, Porter, Schnabel).

어떤 이들은 사도행전이 바울의 가르침과 정면으로 대립한다는 점에서 누가는 바울과 함께 시간을 보낸 적이 없는 사람이라고 한다(Conzelmann, Haenchen, Veilhauer). 지금은 영향력이 완전히 쇠퇴한 '튀빙겐 학파'(Tübingen school)는 사도행전의 바울과 서신서의 바울이 신학적 입장과 가르침에서 결코 같은 사람일 수 없다고 주장했다(cf. Baur, Haenchen, Zeller). 사도행전과 바울 서신의 대조적인 신학적 관점을 고려하면 누가는 사도행전의 저자가 아니거나, 바울과 여행한 적이 없다는 것이다(Veilhauer).

이에 대해 대부분 학자는 이 같은 주장은 사도들과 교부들의 가르침을 잘못 이해한 데서 빚어진 것이며, 사도행전과 바울 서신은 메시지와 신학 측면에서 상호 보완적이지 대조적이지 않다고 한다(Bruce, Fitzmyer, Harnack, Longenecker, Lightfoot, Moessner, Porter, Schnabel, Schreiner). 바울 서신과 사도행전에 비추어진 바울의 모습과 가르침을 그의 서신들과 비교하면 차이가 매우 미미하며, 각 정경이 저작된 정황적 요인(contextualization)으로 충분히 설명될 수 있다(Bock, Bruce, Longenecker, Schnabel, cf. Witherington).

신약은 바울과 함께 여행하며 사역한 사람들로 누가 외에도 마가

(Mark), 아리스다고(Aristarchus), 데마(Demas), 디모데(Timothy), 디도(Titus), 실라(Silas), 에바브라(Epaphras), 바나바(Barnabas) 등을 언급한다. 그러나 사도행전의 '우리' 텍스트 내용을 고려하면 누가가 가장 가까이에서 가장 오랫동안 바울과 함께 사역한 것이 확실하다. 누가는 예수님의 삶과 사역을 목격한 사람들의 다음 세대인 2세대 그리스도인이었으며(Bock, Longenecker), 예수님의 삶과 사역을 직접 경험하고 목격한 산 증인들(eyewitness)로부터 정보를 수집했다(눅 1:1-3). 그가 마가복음을 저작한 마가와도 함께 활동한 점을 고려하면 마가에게서도 많은 정보를 얻었을 것이다(Beale & Gladd, cf. 골 4:10; 딤후 4:11; 몬 1:24).

누가가 이방인이었는지 혹은 유대인이었는지에 대해서는 다양한 의견이 존재한다. 누가가 유대인이었을 뿐 아니라 율법에 대해 매우 잘 알고 있으며, 구약을 해석할 때 당시 랍비들 사이에 유행했던 방식을 따른다는 점에서 그가 제사장이었다고 주장하는 이들이 있다(Strelan). 한편 누가가 칠십인역(LXX)에 익숙하며, 매우 우아하고(elegant) 품격 있는(well-polished) 헬라어를 사용한다는 점에서 교육을 많이 받아 헬라어를 아주 잘 구사하는 사람, 그러나 디아스포라 유대교에 속한 헬라화된 유대인 그리스도인(Hellenistic Jewish Christian)이었다고 주장하는 이들도 있다(Garland, Overman, Wilcox, cf. Schnabel). 반면에 누가가 유대인이 아니라 헬라 사람(Moulton), 혹은 이방인이었다고 주장하는 이도 많다(Beale & Gladd, Bovon, Carson & Moo, Culpepper, Fernando, Fitzmyer, Gundry, Witherington, cf. 골 4:10-11, 14). 한편, 누가를 안디옥에 살던 시리아 사람으로 보는 이들도 있다(Bock, cf. 골 4:10-11).

성경이 누가에 대해 자세하게 언급하지 않으므로 이 모든 추측이 가능하다. 확실한 것은 그가 구약에 대해 매우 많이 알고 있으며, 참으로 품격 있는 헬라어를 구사한다는 사실이다(Longenecker). 그가 사용하는 헬라어는 신약을 구성하는 헬라어 중 가장 수준 높고 품위 있는 것으로 정평이 나 있다(Bock, Schnabel). 그가 바울과 함께 지중해 여러 지역을 여행하며 기독교와 교회에 대해 자료를 수집하고 매우 세련된 헬라어를 구사하는 것으로 보아, 그는 당시 대부분 그리스도인보다 부유했거나 재정적 후원을 아끼지 않는 든든한 후원자(데오빌로?)가 있었던 것으로 보인다(Witherington).

저작 시기

사도행전의 저작 시기를 논할 때 이 책이 언급하는 사건들과 연관된 날짜들을 알아 두면 도움이 된다. 사도행전이 역사서 성격을 띠고 있기 때문이다. 사도행전과 연관된 주요 사건들은 다음 도표를 참조하라(cf. Bock, Schnabel).

연대	사건	출처
14-37년	로마 황제 디베료(Tiberius) 시대	
30년	예수님의 죽음과 부활	
30-41년	제자들의 예루살렘 및 유대 선교(전도)	행 2-5장
31/32년	예루살렘에서 스데반이 순교함	행 6-7장
32년	사울(바울)의 회심	행 9장; 갈 1장
34-42년	베드로의 유대, 갈릴리, 사마리아 선교	행 9:32-43
36년	빌라도가 유대 총독 자리에서 물러남	Josephus, *Ant.* 18.4.2 §89
37-41년	로마 황제 칼리굴라(Caligula)	
37-44년	헤롯 아그립바(Herod Agrippa I) 통치	행 12:20; Josephus, *Ant.* 19.8.2 §§350-51
41-54년	로마 황제 글라우디오(Claudius) 시대	
41년	예루살렘 교회 박해, 사도 야고보(세베대의 아들)가 순교함	행 12장
42년	예수님의 동생 야고보가 예루살렘 교회 지도자가 됨	행 12:17; 15:2, 13

44년	바울과 베드로가 예루살렘에서 만남	행 11:27–30; 갈 2:1–10
49/50년	글라우디오가 유대인들을 로마에서 쫓아냄	행 18:2; Suetonius, *Claudius 25*.
52–53년	글라우디오 즉위 12년, 안나우스(L. Junius Gallio Annaeus)가 아가야(Achaia)와 고린도(Corinth)의 총독이 됨	델파이 비문(Delphic Inscription)
52–60년	벨릭스(M. Antonio Felix)가 유대 총독으로 취임	Josephus, *Ant*. 20.7.1 §137; *J. W*. 2.12.8 §247; 2.13.2 §252
54–68년	로마 황제 네로(Nero) 시대	
57–59년	바울이 예루살렘에서 잡혀 가이사랴 감옥에 갇힘	행 21–26장
60–62년	베스도(Pontius Festus)가 유대 총독으로 취임	행 25:9–12; Josephus, *Ant*. 20.8.9–10 §§182–88; 20.9.1 §§197, 200; *J. W*. 2.14.1 §§271–72
61년	바울이 로마 감옥에 감금됨	행 28:11–31
62년	예수님의 동생 야고보를 포함해 여러 성도가 예루살렘에서 순교함	Josephus, *Ant*. 20.9
64년	로마 화재, 그리스도인들이 박해받음	Tacitus, *Ann*. 15.4
66–70년	유대인 전쟁(Jewish War)	
67년	바울과 베드로가 로마에서 순교함	

누가가 사도행전을 저작한 목적은 베드로의 가르침을 중심으로 하는 교회와 바울의 가르침을 중심으로 하는 교회의 갈등을 해소하기 위해서라고 주장하는 이들이 있다. 또한 사도행전이 순교자 저스틴(Justin Martyr)의 가르침과 비슷하다며, 누가복음–사도행전이 마르키온주의(Marcionism)와 영지주의(Gnosticism)를 반박하기 위해 저작되었다고 주장하는 이들도 있다. 이 두 가지 주장을 펼치는 사람들은 책의 저작 시

기를 115-130년경으로 본다(Baur, Conzelmann, Haenchen, O'Neill, Talbert, Tyson). 이들은 주후 30-60년대에 있었던 바울의 선교 여행에 동반한 사람이 아닌 다른 사람이 상당한 세월이 지난 후에 누가복음-사도행전을 저작했다고 한다.

그러나 누가의 저서에는 마르키온주의나 영지주의를 인용하거나, 혹은 이러한 오류적인 가르침을 의도적으로 반박하는 내용으로 볼 만한 부분이 없다. 게다가 마르키온주의와 영지주의 가르침은 그들이 누가복음-사도행전의 저작 시기로 보는 115-130년경에도 아직 체계화되지 않았다(Bock, Fitzmyer, Longenecker). 또한 순교자 저스틴과 누가가 같은 시기에 비슷한 신학을 가지고 독립적으로 각자의 책을 저술했다고 주장하기보다는, 저스틴이 사도행전에 대해 이미 알고 있었다고 주장하는 것이 더 설득력 있다(Barclay). 게다가 베드로와 바울의 가르침도 괄목할 만한 차이를 보이지 않는다. 그러므로 대부분 학자는 이러한 주장을 부정적으로 평가한다(cf. Barrett, Bock, Longenecker, Schnabel).

사도행전의 저작 시기를 가장 이르게 보는 사람들은 누가가 주후 61-63년경에 바울이 로마 옥살이에서 풀려날 것을 기대하며 저작한 것이라 하고, 주후 60년대 중반 혹은 말에 저작한 것이라 하기도 한다(Beale & Gladd, Bock, Fernando, Harnack, Hemer, Kistemaker, Marshall, Ramsay). 바울은 주후 64-68년에 있었던 로마 황제 네로의 기독교 박해 때 순교했는데, 사도행전이 이 일에 대해 어떠한 언급도 하지 않는 점은 이 책이 주후 60년대 초반에 저작되었다는 주장의 근거가 되기도 한다(Larkin). 그러나 책이 언급하거나 언급하지 않는 역사적 사건을 근거로 삼아 저작 시기를 논하는 일은 그다지 설득력 있어 보이지 않는다(Longenecker, cf. Schnabel). 저자가 다른 목적을 가지고 이미 일어난 일에 대해 침묵할 수도 있기 때문이다. 누가는 사도행전을 통해 복음이 어떻게 예루살렘에서 로마로 가게 되었는지를 회고하지, 바울의 전기(biography)를 기록한 것이 아니다(Bruce, Keener, Marguerat).

사도행전이 바울의 죽음을 언급하지 않는 점이 반드시 저작 시기를 추정하는 일에 영향을 미칠 필요는 없다. 또한 사도행전이 출판될 즈음에는 이미 교회가 바울과 베드로의 순교를 익히 알고 있었기에 굳이 그들의 죽음을 언급할 필요가 없었을 가능성도 배제할 필요가 없다. 더욱이 사도행전이 장차 복음이 당시 세상의 중심이라 할 수 있는 로마에서 세상 끝으로 퍼져 나가는 비전을 제시하는 책이라면(Marguerat, Wright & Bird, cf. 28:16-31), 복음의 전진(advancement)에 종지부를 찍는 일로 해석될 수 있는 사도들의 죽음을 언급하는 것은 적절하지 않다. 그러므로 학자들은 대부분 사도행전의 저작 시기를 주후 80-95년 사이로 본다(Bruce, Dunn, Fitzmyer, Keener, Longenecker, Wall, Wright & Bird). 그러나 만일 누가복음-사도행전이 같은 시기에 저작되었다면, 주후 60년대로 보는 것이 무난하다(Beale & Gladd, Bock, Fernando, Harnack, Hemer, Kistemaker, Marshall, Ramsay).

목적

주석가들은 누가가 사도행전을 집필한 목적을 매우 다양하게 설명한다(cf. Maddox, van Unnik). 책 전체의 내용과 흐름을 한 주제로 설명하기가 불가능하기 때문이다(cf. Bock, Bruce, Keener, Liefeld & Pao, Maddox, Talbert, Strauss, Wall, Wright & Bird). 학자들이 제시한 것 중 주목할 만한 것은 이러하다. 첫째, 사도행전은 기독교 교리와 초창기 역사를 가르침으로써 유대인과 이방인 성도들이 나사렛 예수의 복음을 통해 한 백성이 되어 한 믿음으로 한 하나님을 섬기도록 유도하기 위해 집필되었다. 둘째, 기독교가 어떻게 유대교에서 독립하게 되었는지 등을 합리적으로 설명하는 역사적 회고로 저작되었다. 셋째, 구약의 여러 선지자가 오실 것이라고 했던 메시아가 바로 나사렛 예수라는 사실을 알림으로써 하나님의 구속사가 아직도 진행되고 있으며, 기독교 믿음이 역사적 증거에 근거한다는 확신을 주기 위해 쓰였다. 넷째, 초대교회가 연합해 각자의 신학적인 차이 등을 극복하고, 교회 밖 문제(우상 숭배 등)와 교회 내 문제(이단 등)에 대응하게 하고자 집필되었다. 다섯째, 교회 공동체 안에 존재하는 격차와 차별 등을 해결해 구성원의 삶에 실제적인 도움을 주기 위해 저작되었다.

이와 같은 보편적인 목적 외에 구체적인 목적을 주장하는 이들도 있다. 예수님이 초대교회의 기대와 달리 왜 재림하지 않으시는지를 설명하기 위해(Conzelmann, cf. Moessner), 혹은 로마 법정에서 바울과 기독교를 변호하기 위해 저작된 것이라는 주장이다(O'Toole). 그러나 누가복음–사도행전의 70% 이상이 재판에서 변론으로 사용될 만한 내용이 아니다(Bock). 또한 이 책들이 지연되는 예수님의 재림을 설명하기 위해 저작되었다고 주장하는 이는 극히 소수에 불과하다. 근거가 부족하기 때문이다(Carroll).

이 책의 저작 목적을 철학자 헤겔(Hegel)의 변증법인 정반합(thesis–antithesis–synthesis, '정'[thesis]이 그것과 상반되는 '반'[antithesis]과의 갈등을 통해 정과 반이 모두 배제되고 '합'[synthesis]으로 초월한다는 이론)으로 설명하는 이들도 있다. 유대인 성도들을 위한 베드로의 정통적인 가르침(thesis)과 이에 상반되는 이방인 성도들을 위한 바울의 가르침(antithesis)의 대립 및 갈등을 해소하고 합(synthesis)을 이루기 위해 저작되었다는 것이다(Baur, Zeller). 그러나 베드로와 바울의 신학적 관점은 대립할 정도로 다르지는 않다. 이 두 사도의 신학을 상호 보완적으로 보는 것이 더 바람직하다.

이 외에도 사도행전은 변증적 목적(기독교 신앙의 정당함을 알리기 위해), 역사적 목적(실제 있었던 일에 대한 정보를 제공하기 위해), 선포적 목적(복음이 무엇인지 알리기 위해), 교리적 목적(성도가 믿고 고백하는 진리가 어떤 것이며 무엇을 근거로 하는지 설명하기 위해) 등 다양한 목적을 지닌 책이라 할 수 있다.

사도행전은 그리스도인이 자신의 신앙을 돌아보고, 불신자들을 전도하고, 구원에 이르게 하는 복음을 제시하는 일을 돕기 위해 저작되었다. 이 또한 매우 보편적이라 할 수 있지만, 대부분 구약과 신약 정경이 이러한 목적을 지닌다. 그러므로 이러한 목적이 사도행전이 저작된 이유를 가장 잘 설명한다. 사도행전의 전편이라 할 수 있는 누가복음은 다윗의 후손으로 오신 예수 그리스도가 누구이신지, 그리고 하나님의 인류 구원이 어떻게 예수님을 통해 이루어졌는지를 설명한다. 누가복음의 후편인 사도행전은 유대인들이 거부한 복음이 어떻게 '땅끝'의 시작(혹은 중심)이라 할 수 있는 열방의 중심지 로마로 가게 되었는지를 회고한다. 그러므로 누가복음–사도행전은 온 인류를 구원하시고자 하는 '하나님의 큰일'(2:11)이 교회와 성도들을 통해 어떻게 실현되고 있는지를 설명한다(Knight, cf. O'Toole). 이 과정에서 누가는 유대교와 기독교 사이에 확고한 선을 그어, 이방인이 그리스도인이 되기 위해 유대교로 개종하거나 할례를 받을 필요가 없다고 한다.

사도행전은 누가복음처럼 데오빌로에게 헌정된 책이다(1:1–2; cf. 눅 1:1–4). '데오빌로'(Θεόφιλος)는 '하나님을 사랑하는 이, 하나님의 친구'라는 의미다. 그러므로 데오빌로는 모든 하나님의 자녀 혹은 하나님과 친구 되기를 원하는 사람을 상징하는 이름일 수도 있다. 학자들은 대부분 데오빌로가 이방인 그리스도인 중 하나였을 것으로 본다(Bock, Garland, Wright & Bird). 아마도 그는 누가의 누가복음–사도행전 저작을 재정적으로 후원한 사람이었을 것이다(Longenecker, Schnabel). 한편, 데오빌로가 누가의 제자였을 것이라고 주장하는 이도 있다(Strelan). 데오빌로는 유대교에서 시작되었음에도 유대인들이 완강하게 거부하는 기독교에서 자신이 무엇을 하고 있는지 고민하는 사람이고, 누가는 예수 그리스도가 유대인들이 믿는 여호와 하나님의 구속 역사 한가운데에 계신다는 사실과 유대인들의 예수님 거부가 어디서 비롯되었는지를 설명함으로써 데오빌로의 고민을 해소해 주고자 한다(Bock). 또한 누가는 모든 그리스도인에게 같은 메시지를 주고자 이 책들을 저작했다.

신학적 메시지

사도행전은 역사서일 뿐 아니라 여러 가지 메시지를 지닌 신학서다(Fitzmyer, Gooding, Longenecker, Marshall, Ramsay, Tannehill, Wall). 이 책이 여러 가지 중요한 신학적 메시지를 담고 있는 만큼 한 가지 주제로 전체를 아우르려는 것은 무모하고 소모적인 일이다(cf. Bock, Culpepper, Fitzmyer, Jervell, O'Toole). 그럼에도 불구하고 사도행전의 다양한 메시지를 이해하는 데 가장 중요한 텍스트는 성령과 증인 되는 일을 함께 언급하는 "오직 성령이 너희에게 임하시면 너희가 권능을 받고 예루살렘과 온 유대와 사마리아와 땅 끝까지 이르러 내 증인이 되리라"(1:8)이다(Fernando). 누가가 이 책을 통해 선포하고자 하는 신학적 메시지는 책의 일부이기에 결코 책의 문학적 성향에서 신학적 메시지를 따로 떼어 구분할 수는 없다(Gaventa, cf. Longenecker). 이곳에서는 사도행전이 전하고자 하는 다양한 신학적 메시지 중 몇 가지만 간략하게 언급하고자 한다.

1. 하나님

우리의 구원은 예수님을 통해 이루어지지만, 이 구원을 실현하시는 분은 하나님이시다. 온 세상을 창조하신 하나님은 태초부터 메시아를 통해 세상 만민을 구원할 계획을 세우시고, 적절한 때가 되자 그 계획을 실행하셨다(cf. 2:23; 13:36; 20:27). 하나님은 그분의 인류 구원 계획을 구약을 통해 말씀하셨으므로, 누가에게 구약 정경은 하나님의 계획과 의지를 드러내는 절대적인 권위를 지닌 하나님의 말씀이다. 그러므로 구약에 대한 누가의 관점을 두고 한 학자는 그를 '신약의 근본주의자'(fundamentalist within the New Testament)라고 한다(Jervell).

하나님은 옛적에 아브라함에게 "땅의 모든 족속이 너로 말미암아 복을 얻을 것이라"(창 12:3)라고 말씀하셨다. 또한 선지자 다니엘은 하나님이 인자로 오신 메시아를 통해 구원을 이루실 것이라며 다음과 같이 증언했다.

> 내가 또 밤 환상 중에 보니 인자 같은 이가 하늘 구름을 타고 와서 옛적부터 항상 계신 이에게 나아가 그 앞으로 인도되매 그에게 권세와 영광과 나라를 주고 모든 백성과 나라들과 다른 언어를 말하는 모든 자들이 그를 섬기게 하였으니 그의 권세는 소멸되지 아니하는 영원한 권세요 그의 나라는 멸망하지 아니할 것이니라(단 7:13-14).

우리의 구원은 우연히 빚어진 일이 아니라 하나님이 오래전부터 계획하신 일이며, 구약에서 여러 차례 선지자들을 통해 예언하신 것을 때가 되자 이루신 것이다(Marshall, Peterson, cf. 2:16-36; 13:47; 15:15-17; 28:25-27). 그러나 하나님은 예수님을 통해 구원을 실현하실 때, 직접 하지 않으시고 간접적으로 하신다. 그러므로 누가는 사도행전에서 '하나님 개입의 필요성'을 의미하며 '…할 필요가 있다'(δεῖ)라는 말을 자주 사용한다(Cosgrove, 1:16; 3:21; 4:12; 5:29; 9:6; 14:22; 27:24).

누가는 사도행전을 통해 헌정자인 데오빌로에게 하나님의 역사는 그 누구도 막을 수 없으며, 하나님은 태초에 계획하신 인류 구원 사역을 앞으로도 꾸준히 진행하실 것이라고 전한다(Kistemaker). 하나님은 성령을 보내시고(2장), 사도들을 통해 기적을 행하신다(3장). 죄인들을 심판하시고(5장), 순교자 스데반을 천국으로 맞아들이신다(7장). 빌립을 에디오피아 환관에게 인도하시고(8장), 사울(바울)을 회심시키신다(9장).

고넬료를 베드로가 머무는 집으로 보내시고(10장), 바나바와 바울을 선교사로 세우시고 그들에게 권능도 주신다(13장). 바울과 함께하며 그를 보호하시고, 그를 통해 사역하신다(16-28장). 이처럼 하나님은 책에 등장하는 인물들의 삶과 일에 깊이 관여하시기 때문에 어떤 이들은 사도행전을 '하나님 행전'(Acts of God)이라 하기도 한다(Bock).

2. 예수 그리스도

누가는 나사렛 예수만이 인류의 유일한 구세주라고 한다. 하나님의 아들 예수님이 온 인류의 구세주로 오신 것은 태초부터 하나님이 계획하신 일이다(cf. 창 3:15, 20). 구약의 율법과 선지자들도 예수님이 오실 것을 여러 차례 예언했다. 그러므로 예수님의 오심은 하나님이 태초부터 온 인류를 구원하기 위해 세우신 계획의 절정이다(cf. 눅 1:68-79; 2:31-32).

예수님은 하나님의 구속사 계획을 실현하신 유일하신 분이다. 그분이 하신 선지자적 사역과 하나님이 그를 죽은 자 가운데 살리신 일(부활)이 이러한 사실을 증명한다(cf. 2:36). 하나님은 예수님을 영원히 다스리는 이로 세우셨다(cf. 1:9-11; 5:30-31). 그러므로 누구든지 구원에 이르고자 하는 자는 예수님의 이름을 불러야 한다(2:21, 4:12).

사도행전은 예수님이 누구이신가에 대해 주로 등장인물들의 스피치를 통해 말한다. 구약의 선지자들이 메시아에 대해 예언한 것처럼, 이 인물들이 예수님에 대해 증언하는 방식을 취하는 것이다. 예수님은 하나님이 오래전에 약속하신 구세주이시며, 그리스도이시다(2장). 하나님이 아브라함에게 주신 예언을 성취하시는 분이며, 죄인들을 위해 십자가에서 죽임당했다가 부활하신 하나님의 거룩하신 이요, 하늘에 머무시다가 장차 심판하기 위해 이 땅에 다시 오실 분이다(3장).

예수님은 하나님께 보내심을 받은 메시아이시다(2:36; 3:20; 5:42; 8:5;

17:3; 18:5). 하나님의 아들이시며(9:20; 13:33), 또한 다윗의 자손이시다(2:30; 13:23). 모세에 버금가는 선지자이시며(3:22-23; 7:37), 주님이시다(2:36; 10:36). 하나님의 종이며(3:13, 26; 4:30; 8:32-33), 인자이시다(7:56). 예수님은 의로우시며(3:14; 7:52; 22:14), 생명의 주님이시다(3:15). 또한 그리스도인을 인도하는 구세주이시다(5:31). 그리스도인은 귀신 쫓는 일부터 세례를 베푸는 일까지 모두 예수님의 이름으로 해야 하며(2:21, 36, 38; 3:6; 4:12, 30; 5:28, 40-41; 8:16; 9:14-16, 21, 27-28), 사도들이 기적을 행할 때도 예수님의 이름으로 행해야 한다(3:6; 4:10; 9:34). 그러므로 한 주석가는 사도행전을 '부활하신 주님 행전'(Acts of the Risen Lord)으로 부르기도 한다(Bruce).

하나님의 아들이신 예수님이 이 땅에 오셔서 십자가에서 고난받아 죽으신 일은 태초에 시작된 하나님의 구속사 일부다. 그러므로 세상 모든 사람을 구원하기 위해 예수님이 받으신 고난(3:18; 17:3; 26:23)과 사람들이 주님을 거부한 것(2:23-24; 3:13-15; 8:32-33; 13:28)도 모두 예정된 일이다(Bock). 구약은 이미 아브라함과 다윗의 후손으로 오시는 이가 이러한 구원을 이루실 것이라고 했다(cf. 창 12:1-3; 22:18). 선지자들도 온 인류를 구원하러 오실 메시아에 대해 증언했다(3:24). 안타까운 것은 복음에 대한 유대인들의 불신과 저항이 하나님의 구원으로 하여금 이방인들에게 가게 했다는 점이다(cf. 28:28)

예수님의 부활은 주님이 교회와 선교와 전도에 함께하실 것을 암시한다. 그러나 주님이 부활하신 지 40일 만에 승천하시는 것은 선교와 전도는 그분을 따르는 사도들과 제자들이 해야 할 일임을 의미한다. 또한 예수님은 성령을 통해 자신이 세운 교회와 함께하신다. 예수님은 성도들을 인도하시고 가르치신다(16:7; 18:9-10). 구원을 이루시고(2:38; 5:31; 10:43; 13:38-39), 귀신을 쫓고 병자들을 치료하신다(3:6, 16; 4:10; 9:34; 16:18). 승천하신 예수님은 존귀한(exalted) 자리에 앉으셨다가 세상이 끝나는 날 심판하는 주로 오실 것이다. 이처럼 예수님은 부활과 승천을 통해 우리의 구세주와 영원히 함께하시는 주가 되셨다(Bock, cf. Buckwalter, Strauss).

정리하면, 과거에 예수님은 하나님의 구원 메시지를 선포하는 전령이셨다. 현재는 누구든지 그분의 이름을 부르는 자를 구원하시는 권세자이시다. 미래에는 하나님의 최종적인 심판과 회복을 세상 모든 사람에게 내리는 심판주로 오실 것이다.

3. 구원

사도행전은 누구든지 회개하고 예수님을 구주로 고백하면 구원에 이를 것이라고 한다. 그러므로 세상은 유대인과 이방인이 아니라, 회개하는 사람과 회개하지 않는 자로 구분된다. 또한 하나님의 구원에는 분명히 순서가 있다. 먼저 유대인에게 임하고, 그다음 이방인에게 임한다: "그런즉 하나님의 이 구원이 이방인에게로 보내어진 줄 알라 그들은 그것을 들으리라"(28:28). 그러므로 기독교는 처음에는 유대교의 일부였지만, 유대인들의 거부로 그들에게서 완전히 독립된 새로운 공동체로 출범하게 되었다(Bock).

누가는 구원이 먼저 유대인에게, 그다음 이방인에게 임하지만, 또한 이 두 그룹에 거의 동시다발적으로 임한다고 한다. 아브라함의 후손인 이스라엘 백성에게 임할 것이라고 했던 구원이 드디어 임했다며 구약에 예언된 말씀의 구체적인 실현을 회고한다. 동시에 이 구원이 모든 이방인에게도 임했다고 한다(cf. 롬 1:16). 그러므로 유대인과 이방인을 막론하고 세상 사람 누구든 주의 이름을 부르는 자는 하나님이 구원하신 백성이 될 것이다. 이방인이 예수님을 메시아와 구세주로 영접해 하나님의 자녀가 되는 것은 태초부터 하나님이 계획하신 일이 적절한 때가 되자 실현된 것이다. 그러므로 이제 유대인과 이방인의 차별은 있을 수 없다.

누가에 따르면 구원은 하나님께 죄를 사함받는 일(2:38; 3:19; 5:31; 13:38-39; 15:9)을 통해 영원한 죽음에서 해방되는 것이다(13:46). 또한 질병에서 해방되는 것이며(3:7-8; 4:8-12; 28:7-9), 무지함에서 벗어나는 일이다(3:17; 13:27; 17:30). 연약한 자들을 위협에서 건져내는 일이며(12:4-11; 16:30-31), 가난과 배고픔에서 해방시키는 일이다(4:33-34). 또한 악령(5:16; 16:16-18; 19:11-20; 26:17-28)과 자연재해(27:21-26, 31-44)로부터 보호받는 일이다.

그렇다면 복음에 어떻게 반응해야 구원에 이르게 되는가? 누가는 다양한 명령문으로 복음에 대한 반응을 유도한다(Wall): (1)'들으라'(2:22; 7:2; 8:6; 13:7, 16; 15:13; 19:10; 28:28), (2)'믿으라'(3:16; 8:12-13; 11:17, 21; 13:12; 14:23; 15:11; 18:8), (3)'세례를 받으라'(2:41; 8:38; 9:18; 16:15, 33; 19:1-5), (4)'하나님께 돌아서라'(3:19; 9:35; 11:21; 20:21; 26:20), (5)'청하라'(8:31; 9:5; 10:30-33; 24:24; 26:17-18), (6)'낯선 사람을 대접하라'(16:15, 33-34; 28:7-10). 사람이 구원에 이르려면 회개해야 하는데, 회개는 복음에 지적(知的)으로 반응하는 일이며, 또한 삶에서 실천적으로 반응하는 것이다.

4. 전도와 선교

사도행전은 시작부터(1:8) 끝까지(28:28) 세상 만민에게 복음 전파하는 일을 가장 중요한 주제로 삼는다(Green). 전도와 선교는 하나님이 예수님을 통해 구원을 이루셨다는 것과 예수님이 누구이신지(구세주, 그리스도, 심판주)를 선포하는 것이다(2:30-36; 3:18-26; 10:40-42). 전도와 선교는 기적(miracles)과 변증(apologetics)을 통해 이뤄진다(Fernando). 그러므로 등장인물들의 스피치는 변증적인 성향이 강하다. 이 책에서 전도와 선교는 확고하고 설득력 있는 내용을 중심(content-oriented)으로 진행된다.

전도와 선교는 하나님의 부르심을 실천하는 일이다(15:11). 대상은 가난한 과부(9:36-41), 지역 지도자(14:15-18), 상인(16:14), 간수(16:30-32), 선원(27:25), 백부장(10:34-48), 지방 장관(13:7), 총독(24:10), 왕(26:2), 철학자(17:18) 등 남녀노소를 가리지 않는다(2:17-18). 그러나 전도와 선교는 고난과 아픔을 감수해야 할 수 있는 거룩한 일이다. 다행인 것은 전도자와 선교사가 복음을 선포하다가 겪는 고난과 아픔도 하나님의 통제 안에서 이뤄진다는 점이다.

사도행전에서 전도와 선교가 이방인들을 향하기 시작한 것은 빌립이 에디오피아 환관에게 복음을 전한 때부터다(8장). 이후 하나님은 베드로를 고넬료에게 인도하신다(10장). 누가는 유대인뿐 아니라 이방인도 전도와 선교의 대상이며, 그들에게도 복음이 필요하다는 것을 7가지로 표현한다(Stnschke): (1)이방인들은 무지해 우상을 숭배한다(17:22-31). (2)이방인들은 역사 속에 드러난 하나님의 목적과 계시를 거부한다. 그들은 하나님의 백성인 유대인을 적대시하며, 이는 빌라도의 예수님 부인을 통해 절정에 달했다(7:36; 4:25-28). (3)이방인들은 우상 숭배자들이며, 우상 숭배자들의 폭력성은 에베소에서 일어난 일을 통해 확연히 드러났다(19장). (4)이방인들은 물질주의자들이다(16:16-19; 19:24-27). (5)이방인들은 부도덕한 행동을 한다(20:17-35). (6)이방인들은 사탄의 통제(지배) 아래 있다(26:18). (7)이방인들은 하나님의 심판을 받을 것이다(10:38-42).

하나님이 그분의 백성에 이방인을 포함하시는 것은 이미 성경이 약속(예언)한 일이다(13:47; 15:16-18). 하나님은 복음을 영접하는 자들에게 그들의 과거의 삶이 어떠했는가에 상관없이 새로운 시작을 주시며 성령(2:36-40)과 의롭다 함(3:20-26)을 주신다. 사도행전에서 바울은 이방인 전도와 선교의 롤모델(role model)이다. 그러므로 학자들은 사도행전을 '선교 역사'(mission history)라 하기도 한다(Hengel, Schnabel).

5. 공동체

어떤 이들은 사도행전이 이방인을 하나님의 백성에 포함해야 한다는 바울의 가르침과 이방인을 배제해야 한다는 베드로의 가르침 사이의 갈등을 묘사한다고 한다(cf. 6-7, 9, 15장). 그러나 예수님은 이미 복음서에서 누누이 이방인도 하나님의 백성이 될 수 있다고 하셨고, 그들에게도 구원을 베푸셨다. 또한 사도행전을 살펴보면 이방인을 하나님의 백성으로 삼는 것이 이슈가 아니라, 이방인이 유대인처럼 율법을 지켜야 한다면 어떤 것(할례 등)을 지키게 할 것인가가 이슈였다(Marshall). 유대인과 이방인이 모두 하나님의 백성이 될 수 있으며, 다만 서로의 문화적 차이를 고려하라는 것이다. 이에 대해 사도들은 유대인은 이방인에게 할례를 강요하지 말고, 이방인은 유대인의 풍습(우상에게 바친 고기와 짐승의 피를 먹지 않는 것 등)을 존중하라고 한다. 서로 예민하게 여기는 이슈에 대해 배려가 필요하다는 것이다.

누구든지 회개하고 예수 그리스도를 구주로 영접하면 성령을 통해 하나님 백성 공동체에 속하게 된다. 교회는 유대인 중 예수님을 메시아로 믿는 사람들을 유대교와의 연결 고리로 삼았다. 교회는 하나님의 백성이었던 옛 이스라엘(Israel)을 이어 가는, 그러나 완전히 새로 회복된 이스라엘(restored Israel) 공동체다(Polhill). 그러므로 교회는 옛 이스라엘에 주신 율법을 따를 필요가 없으며, 오직 예수님이 새로 제정하신 율법을 따라야 한다. 할례와 음식을 예로 들면, 모세가 시내산에서 선포한 옛 율법과 예수님이 세우신 믿음 공동체가 지향하는 바가 전적으로 다르다(cf. 10, 15장).

저자가 예수님을 이스라엘의 구원자로, 또한 온 인류의 구원자로 묘사하는 것은 교회가 옛것(구약과 유대인의 전통)을 완전히 포기하지 않으면서 새것(신약과 이방인의 시대)을 껴안게 하기 위해서다. 이러한 가르침은 선지자들의 '남은 자들'에 대한 이해와 맥을 같이한다. 선지자들은 미래에 형성될 '이스라엘 이후 공동체'(post-Israel community)가 남은 자들(하나님께 신실한 사람들)로 구성될 것이라고 하는데, 이 남은 자 공동체는 범위가 넓어지는 면이 있는가 하면 좁아지는 면도 있다.

남은 자 공동체가 좁아진다는 것은 이런 의미다. 예전에는 누구든 아브라함의 후손, 곧 이스라엘 사람이면 하나님의 백성이 될 수 있었다. 그러나 선지자들이 계시로 받은 남은 자 공동체는 더는 혈연으로 이어지는 집단이 아니다. 이스라엘 사람이라 할지라도 믿음이 없으면 남은 자가 될 수가 없다.

한편, 남은 자 공동체가 넓어진다는 것은 이런 의미다. 예전에는 이스라엘 사람만 남은 자가 될 수 있었다. 반면에 선지자들이 꿈꾸던 남은 자 공동체는 이방인들을 포함한다. 이방인 중에서도 믿음이 있는 사람은 남은 자가 될 수 있다. 심지어 이방인이 여호와의 제사장이 되어 하나님을 가장 가까운 곳에서 섬기는 일도 있을 것이다(cf. 사 65-66장). 신약은 이런 시대가 도래했다고 하는데(롬 3:29; 9:24; 엡 2:11-22), 누가도 사도행전에서 이러한 사실을 선포한다.

예수님이 세우신 공동체인 교회는 처음부터 매우 활동적이고 전도와 선교에 열정적이었다. 이 일을 위해 성도들이 아낌없이 나누었으며, 힘을 합해 공동체의 통일과 연합을 방해하는 요소들을 해결해 나갔다. 그러다가 공동체가 커지면서 사도들처럼 가르치고 선포하는 일에 전념하는 이들과 섬기고 나누는 일에 전념하는 이들로 구분되기 시작했다. 가르치는 이들은 성도들만 가르치는 것이 아니라, 전도와 선교를 할 때도 영적 진리를 선포하고 가르쳤다.

공동체는 자체적으로 세례를 베풀고, 함께 예배하고, 서로 친교하고, 말씀을 가르치고, 기도하는 곳이었다(cf. 2:38-47; 4:23-31). 가난한 성도들은 물질적 도움을 기대할 수 있는 곳이었다(4:32-37; 6:1-6). 또한 성령의 인도하심에 따라 공동체 밖에 있는 사람들에게 전도와 선교를 했다(13:1-2).

사도행전이 끝나갈 무렵, 곧 초대교회가 뿌리를 내릴 무렵에는 장로 등 지도자들이 각 공동체에 세워졌다. 지도자들은 목자가 양에게 하듯 하나님의 백성을 가르치고 인도하고 보호했다(11:29–30; 14:23; 15:1–16:4; 20:17–35; 21:18). 초대교회 성도들은 지상 명령(cf. 1:8)을 근거로 복음이 선포될 때마다 인종적 차별과 사회적 벽을 무너뜨렸다. 다음 말씀을 참조하라.

본문	내용
2:41	"그 말을 받은 사람들은 세례를 받으매 이 날에 신도의 수가 삼천이나 더하더라"
2:47	"하나님을 찬미하며 또 온 백성에게 칭송을 받으니 주께서 구원 받는 사람을 날마다 더하게 하시니라"
4:4	"말씀을 들은 사람 중에 믿는 자가 많으니 남자의 수가 약 오천이나 되었더라"
5:14	"믿고 주께로 나아오는 자가 더 많으니 남녀의 큰 무리더라"
6:1	"그 때에 제자가 더 많아졌는데…"
9:35	"룻다와 사론에 사는 사람들이 다 그를 보고 주께로 돌아오니라"
9:42	"온 욥바 사람이 알고 많은 사람이 주를 믿더라"
11:21	"주의 손이 그들과 함께 하시매 수많은 사람들이 믿고 주께 돌아오더라"
11:24	"바나바는 착한 사람이요 성령과 믿음이 충만한 사람이라 이에 큰 무리가 주께 더하여지더라"
14:1	"이에 이고니온에서 두 사도가 함께 유대인의 회당에 들어가 말하니 유대와 헬라의 허다한 무리가 믿더라"
17:4	"그 중의 어떤 사람 곧 경건한 헬라인의 큰 무리와 적지 않은 귀부인도 권함을 받고 바울과 실라를 따르나"
17:12	"그 중에 믿는 사람이 많고 또 헬라의 귀부인과 남자가 적지 아니하나"
18:8	"또 회당장 그리스보가 온 집안과 더불어 주를 믿으며 수많은 고린도 사람도 듣고 믿어 세례를 받더라"
21:20	"그들이 듣고 하나님께 영광을 돌리고 바울더러 이르되 형제여 그대도 보는 바에 유대인 중에 믿는 자 수만 명이 있으니 다 율법에 열성을 가진 자라"

6. 성령

이 책은 '사도행전'이라 불리지만, 모든 사도가 아니라 베드로와 바울 두 사도를 중심으로 진행된다. 이에 교부 크리소스톰(Chrysostom)은 이러한 사실과 책의 내용을 고려해 이 책을 '사도행전'이 아니라 '성령행전'(the Acts of the Holy Spirit)으로 불러야 한다고 했다(cf. Bruce). 상당히 설득력 있는 제안이다.

1장은 성령을 보내실 것이라는 하나님의 약속으로 책을 시작한다(1:4-5, 8). 2장은 오순절에 성령이 어떻게 임하셨는지를 회고한다. 그리고 책의 나머지 부분은 마가의 다락방에 임하신 성령이 교회를 통해 어떻게 역사하셨는지에 대한 설명이다.

오순절에 임하신 성령은 메시아의 새로운 시대의 시작을 알리신다(1:4, 8). 성령은 하나님과 죄인의 관계를 하나님이 의도하신 대로 회복되게 하는 선물이다(2:39-40). 사역자들에게 능력과 권능을 주시며(2:4-12; 4:8), 성도들에게는 방언 등의 은사를 선물로 주신다(2:4, 11; 10:46; 19:6). 그러나 죄인들은 심판하신다(5:1-11). 사도들의 고백을 주관하시며(15:28), 바나바와 사울을 사역자들로 세우신다(13:1-2).

성령은 예수님의 삶과 사역에 대한 증인이 되시며, 예수님으로부터 오셨다(cf. 2:30-36). 그러므로 '예수님의 영'으로 불리기도 한다(16:7). 삼위일체의 제3위(位)이신 성령은 구약이 말하는 '하나님의 영'이시다(Stronstad). 영향을 끼치는 자들에게는 외부적으로 작용하는 능력이지만(11:15), 믿는 자들이 증인이 되도록 능력과 권능을 주신다.

성령은 회심하는 이들에게는 외부에서 임하는 권능이며(11:15), 사역을 위해 세움받은 이들에게는 내면을 충만하게 채우시는 하나님의 임재다(2:4; 4:8, 31; 6:3, 5; 7:55; 9:17; 11:24; 13:9). 성령은 말씀하시고(8:29; 10:19; 13:2), 인도하신다(13:4; 15:28; 16:6-7). 사람들은 성령에게 거짓말을 할 수 있고(5:3), 성령을 시험할 수 있으며(5:9), 성령을 거스를 수 있다(7:51).

성령은 성경을 해석하고(2:4) 하나님의 말씀을 설득력 있고 담대하게 선포하게 하신다(4:8; 4:29-31; 9:27, 29; 19:8; 28:31). 예수님의 일을 이어 가는 이들에게 능력을 주시며(1:1-8), 선교와 전도를 할 능력을 주신다(1:8; 2:1-4, 17-21). 그들이 이적도 행하게 하신다(5:12-16; 8:13; 14:3). 성령의 지배를 받는 사람의 가장 기본적인 성향은 나누는 것이다(2:44-45; 4:32-5:11; 6:1-6; 11:27-30). 나눔은 강제로 할 수 없으며, 성령으로 충만한 사람만 할 수 있다.

사람이 성령으로 충만하게 되면 굳이 성령이 직접 그를 조정해 사역하실 필요가 없다. 그러므로 책이 진행됨에 따라 처음에는 오직 성령이 하시던 일(세례, 전도, 양육 등)을 성령 충만한 사람들이 대신하도록 지도자들을 세우신다(8:14-19). 성령으로 충만한 각 사람은 은사에 따라 설교자, 행정가, 장로 등 다양한 역할을 하되 서열이 없는 동등한 자격으로 사역한다(Barrett, Bock).

7. 종말

사도행전은 세상이 끝나는 날에 대해 누누이 증언한다(cf. 2:17; 3:19-26; 10:42; 17:30-31). 저자의 종말론을 한마디로 표현하면 종말이 언제 오는지는 별 관심이 없지만 '반드시 온다'는 것이다(Carroll, cf. 1:6-7, 9-11; 3:18-22; 10:38-42; 17:30-31). 종말은 예수님이 다시 오시는 날이며(1:10-11), 성령이 모든 사람에게 임하는 날이다(2:17). 공동체가 온전히 회복되는 날이며(3:21), 세상 만민에게 심판이 임하는 날이다(17:31). 하나님의 최종적이자 절대적인 승리의 날이기도 하다.

그렇다면 사도행전의 종말론은 미래에 있을 일(재림)에 관한 것인가, 혹은 이미 임한(초림) 하나님 나라의 실현에 관한 것인가? 사도행전이 초대교회의 종말론을 정확하게 반영하지 않는다고 하는 이들은 초대교회 성도들이 매우 가까운 미래에 예수님이 재림하실 것을 유일한 종말론으로 삼았다고 한다. 그러다 보니 그들은 선교와 전도와 구제 등 교회가 현실에서 당장 해야 할 일에 별 관심이 없었으며, 기독교 가르침의 신학적인 체계를 만드는 일에도 관심이 없었다고 한다(Baur). 이러한 상황을 의식한 누가가 사도행전을 통해 자신과 초대교회 성도들이 지향해야 할 신앙과 교리를 체계화했다는 것이다.

그러나 초대교회에는 예수님이 미래에 오실 것이라는 종말론(futuristic eschatology)과 더불어, 종말이 이미 시작되었다는 실현된 종말론(realized eschatology)도 함께 존재했다(cf. Dodd). 이 둘은 상반된 것이다. 한편, 사도행전뿐 아니라 신약 전체가 종말이 이미 시작되었지만, 또한 미래에 완성될 것이라고 한다. 그러므로 오늘날 학자들은 신약의 종말론을 '이미-아직'(already-not yet)으로 설명하는 '시작된 종말론'(inaugurated eschatology)을 지향한다(cf. Ladd). 성경적 종말론에서 하나를 강조하기 위해 다른 것을 포기하는 일은 옳지 않다는 것이다. 두 가지 모두 성경적이기 때문이다. 예수님은 반드시 미래에 재림하실 것이다. 또한 이미 우리와 함께하시면서 종말을 바라보며 일하신다.

구조

사도행전의 구심점을 이루는 두 사도를 중심으로 구분하면 베드로 이야기(1:1-12:25)와 바울 이야기(13:1-28:31)로 나눌 수 있다. 혹은 이야기가 전개되는 장소를 바탕으로 구분하면 (1)예루살렘(1:1-8:3), (2)사마리아와 해안 지역(8:4-11:18), (3)아나톨리아(11:19-15:35), (4)빌립보와 데살로니가 등 소아시아(15:36-19:20), (5)예루살렘과 로마(19:21-28:31)로 나눌 수 있다. 또한 여러 차례 등장하는 요약문을 중심으로 구분할 수도 있다. 다음 도표를 참조하라.

본문	내용
6:7	"하나님의 말씀이 점점 왕성하여 예루살렘에 있는 제자의 수가 더 심히 많아지고 허다한 제사장의 무리도 이 도에 복종하니라"
9:31	"그리하여 온 유대와 갈릴리와 사마리아 교회가 평안하여 든든히 서 가고 주를 경외함과 성령의 위로로 진행하여 수가 더 많아지니라"
12:24	"하나님의 말씀은 흥왕하여 더하더라"
16:5	"이에 여러 교회가 믿음이 더 굳건해지고 수가 날마다 늘어가니라"
19:20	"이와 같이 주의 말씀이 힘이 있어 흥왕하여 세력을 얻으니라"
28:30-31	"바울이 온 이태를 자기 셋집에 머물면서 자기에게 오는 사람을 다 영접하고 하나님의 나라를 전파하며 주 예수 그리스도에 관한 모든 것을 담대하게 거침없이 가르치더라"

사도행전은 예수 그리스도의 복음이 예루살렘을 출발해 로마에 이르기까지의 일을 회고한다. 로마에 도착한 복음은 땅끝을 향해 갈 것이다. [그림1]의 지도는 사도행전이 지리적 배경으로 삼는 지역과 도시들이다.

이러한 상황을 고려해 본 주석에서는 사도행전을 다음과 같이 복음의 전진을 바탕으로 구분해 주해하고자 한다.

Ⅰ. 서론(1:1-11)
Ⅱ. 예루살렘(1:12-6:7)
Ⅲ. 유대와 사마리아(6:8-9:31)
Ⅳ. 팔레스타인과 수리아(9:32-12:24)
Ⅴ. 아나톨리아(12:25-15:35)
Ⅵ. 그리스(15:36-21:16)
Ⅶ. 로마(21:17-28:31)

그림 1
로마
이달리야
보디올
레기온
시실리아
수라구사
멜리데
아드리아해
마게도니아
빌립보
암비볼리
네압볼리
데살로니가
베뢰아
아볼로니아
사모드라게
드로아
무시아
에게해
리디아
고린도
겐그레아
아덴
아가야
에베소
밀레도
아시아
고스
니도
로도
바다라
무라
루기아
앗달리아
버가
그레데
뵈닉스
미항
라새아
살모네
본도
비두니아
브루기아
갑바도기아
갈라디아
안디옥(비시디아)
비시디아
이고니온
루스드라
루가오니아
길리기아
더베
다소
실루기아
안디옥
수리아
구브로
살라미
바보
시돈
두로
돌레마이
가이사랴
예루살렘
다메섹
유대
지 중 해
구레네
애굽

Ⅰ. 서론
(1:1-11)

누가는 누가복음과 사도행전 두 작품을 저작했다. 첫 번째 책인 누가복음에서는 예수님의 삶과 가르침으로 복음을 정의하고, 두 번째 책인 사도행전에서는 그리스도의 복음이 온 세상에 전파되는 계기가 어떻게 마련되었는지를 회고한다. 두 책의 흐름이 매끈하다. 누가복음은 예수님의 죽음과 부활로 마무리되고, 사도행전은 부활하신 예수님이 40일 동안 이 땅에 머무시다가 승천하신 이야기로 시작한다.

두 책의 시작도 같다. 누가는 데오빌로에게 헌정하며 누가복음을 시작했는데, 사도행전도 그에게 헌정하는 말(1:1-5)로 시작한다. 또한 오순절에 마가의 다락방에 강림하신 성령 이야기로 책을 본격적으로 시작하기 전에 먼저 예수님이 승천하신 일을 간략하게 요약함으로써(1:6-11) 예수님이 직접 사역하시는 시대가 끝나고, 사도들과 제자들이 사역할 때가 되었음을 선언한다.

또한 누가복음과 사도행전의 서론은 같은 주제로 구성되어 있다(Bock): (1)부활하신 예수님은 하나님의 오른편에 앉아 사역하신다(cf. 시 110:1; 행 2:32-35). (2)하나님이 약속하신 성령이 강림해 새로운 사역(선교)이 시작되게 하실 것이다. (3)하나님 나라의 메시지는 예루살렘에서 시작해 온 세상으로 전진할 것이다. 본문은 다음과 같이 두 파트로 구분된다.

A. 헌정의 글(1:1–5)
B. 예수님의 승천(1:6–11)

I. 서론(1:1–11)

A. 헌정의 글(1:1–5)

**[1] 데오빌로여 내가 먼저 쓴 글에는 무릇 예수께서 행하시며 가르치시기를 시
작하심부터 [2] 그가 택하신 사도들에게 성령으로 명하시고 승천하신 날까지
의 일을 기록하였노라 [3] 그가 고난 받으신 후에 또한 그들에게 확실한 많은
증거로 친히 살아 계심을 나타내사 사십 일 동안 그들에게 보이시며 하나님
나라의 일을 말씀하시니라 [4] 사도와 함께 모이사 그들에게 분부하여 이르시
되 예루살렘을 떠나지 말고 내게서 들은 바 아버지께서 약속하신 것을 기다
리라 [5] 요한은 물로 세례를 베풀었으나 너희는 몇 날이 못되어 성령으로 세
례를 받으리라 하셨느니라**

누가는 사도행전을 시작하면서 자신이 앞서 저작한 복음서와의 연결고리를 언급한다. 첫째, 데오빌로는 그가 누가복음을 헌정한 사람이다(눅 1:3). 누가는 이 책도 그에게 헌정한다(1절).

둘째, '먼저 쓴 글'(1절)은 누가복음을 의미한다. 이는 '나중에 쓰는 글'인 사도행전이 누가복음과 한 쌍을 이루는 작품(전편–후편)으로 읽혀야 함을 암시한다(Fitzmyer, Schnabel). 즉, 누가는 교회 안에서 선생으로 활동하는 이들이 누가복음을 성도들에게 가르치고 있음을 전제한다(cf. 2:42, 4:2, 5:21).

셋째, 누가복음에서 세례 요한은 예수님의 사역을 예비하기 위해 태어난 사람이었다(cf. 눅 1:5-25). 그러나 모든 면에서 예수님의 출현을 완벽하게 준비했던 요한의 세례와 예수님의 세례는 물과 성령이라는 가장 큰 차이를 지닌다: "요한이 모든 사람에게 대답하여 이르되 나는 물로 너희에게 세례를 베풀거니와 나보다 능력이 많으신 이가 오시나니 나는 그의 신발끈을 풀기도 감당하지 못하겠노라 그는 성령과 불로 너희에게 세례를 베푸실 것이요"(눅 3:16; cf. 마 3:11; 막 1:8; 요 1:31). 드디어 요한이 말한 그분이 오셔서 성령으로 세례를 주실 때가 이르렀다(5절).

이 외에도 누가복음 끝부분(24:36-53)과 사도행전의 시작 부분(1:1-14) 사이에는 공통된 주제가 많다(Zwiep). 그러므로 사도행전 서론이 누가복음 24장에 기록된 일, 곧 예수님이 부활하셔서 40일 동안 활동하시다가 승천하신 일을 요약한다고 할 수 있다(Alexander, Witherington). 다음은 그중 일부다.

주제	본문
예수님이 부활하신 증거	눅 24:1-43; 행 1:3
성령이 오실 것이라는 약속	눅 24:49; 행 1:4-5, 8
제자들이 예루살렘에서 기다림	눅 24:52-53; 행 1:4
복음을 선포하라는 명령	눅 24:47-48; 행 1:8
예수님의 승천	눅 24:51; 행 1:9-11

누가가 누가복음-사도행전을 저작한 시대에는 저자가 자신의 책을 특정 인물에게 헌정하는 것이 흔한 일이었다(Bruce, Fernando). 누가도 자신의 두 책을 데오빌로라는 사람에게 헌정한다(cf. 눅 1:3). 데오빌로(Θεόφιλος)(1절)는 '하나님의 친구, 하나님이 사랑하시는 자'라는 의미를 지닌다. 이에 교부 오리겐(Origen)은 누가가 이 이름을 사용함으로써 실제로는 존재하지 않는 가상적이고 '이상적인 그리스도인'에게 책을 헌

정한 것이라고 했다(cf. Fernando, Longenecker).

그러나 오리겐의 주장과 달리 데오빌로는 실제 사람 이름으로 당시에 흔히 사용되었다(Barrett). 우리는 데오빌로가 누구인지 정확히 알 수 없지만, 당시 사회적 지위가 상당히 높은 실제 인물이었던 것은 확실하다(Bock, Bruce, Fernando, Schnabel, Wall). 누가가 그를 '각하'(κράτιστος)로 부르는 것도 이러한 가능성을 높인다(눅 1:3; cf. 행 23:26; 24:3; 26:25). 아마도 누가가 누가복음–사도행전을 집필해 출판할 수 있도록 재정을 지원한 후견인이었을 수 있고, 이 책들의 의도된 독자 중 가장 중요한 인물이었을 수도 있다(Bovon). 데오빌로는 당시 기독교 신앙에 가해진 온갖 비방과 핍박으로 인해 신앙이 흔들리는 사람이었을 것이다(Bock, Polhill). 그의 높은 사회적 지위를 고려하면 충분히 있을 수 있는 일이다. 기독교는 정상적인 범주를 벗어나는 종교로 여겨졌기 때문이다. 그러므로 누가는 자신의 책을 통해 그가 믿는 기독교가 확고한 역사적 진실과 진리에 근거하고 있음을 알리며 신앙을 굳건히 하도록 격려한다.

저자는 자신이 먼저 쓴 글, 곧 누가복음에 예수님이 행하시고 가르치시기 시작한 일부터 사도들에게 성령으로 명하시고 승천하신 날까지의 일을 기록했다고 한다(1–2절). '행하고 가르치는 것'(ποιεῖν τε καὶ διδάσκειν)은 예수님의 사역을 요약하는 누가복음의 주요 테마다(Calvin, Jervell, Longenecker, cf. 4:16–30; 4:31–44). 예수님은 많은 일을 직접 실천하시고, 꾸준히 가르치셨다.

예수님이 행하시고 가르치시는 일은 누가복음에서 시작되었으며, 승천하신 날까지 이어졌다. 자칫 승천하신 후에는 더는 행하고 가르치지 않으시는 것으로 오해할 수 있지만, 예수님의 사역은 사도행전에서도 계속된다(Schnabel, cf. Bock). 예수님은 교회를 핍박하던 사울(바울)이 회개하도록 직접 관여하셨고(9장), 책이 끝날 때까지 사도들과 제자들을 통해서 계속 사역하신다(Bruce).

예수님은 자신이 택한 사도들에게 성령으로 명령하셨다(2a절). 당시 사람들은 자신이 스승으로 삼고자 하는 사람을 찾아가 제자가 되었다. 이와는 대조적으로 복음서는 스승이신 예수님이 사람들을 찾아가 제자로 세우셨다고 한다. 예수님이 제자로 삼으신 사람 중 12명은 사도로 불렸다. '사도'(ἀπόστολος)는 '보냄을 받은 자'라는 뜻이다(cf. BDAG). 유대교에서는 누군가에게 소식을 전하고 싶지만 직접 갈 수 없을 때 '사도'를 보냈다(TDNT). 사도는 그를 보낸 사람의 법적인 권한을 대신하기도 했으며, 어떤 일을 결정할 때는 보낸 사람의 입장만을 고려했다(TDNTTE). 이 단어는 누가복음에서 6차례 사용되었으며(눅 6:13; 9:10; 11:49; 17:5; 22:14; 24:10), 사도행전에서는 처음으로 사용되고 있다. '사도'는 14:4, 14에서 바울과 바나바를 묘사하지만, 그 외에는 예수님과 3년간 동고동락했던 12명(혹은 가룟 유다를 제외한 11명)을 가리킨다(Bruce, cf. 1:2; 2:42-43; 4:33, 35, 37; 5:2, 12, 18, 40; 6:6; 8:1, 14, 18).

예수님이 사도들에게 '성령으로 명하셨다'는 것이 십자가에서 죽기 전 3년 동안 제자들을 가르치신 일을 의미할 수도 있다. 그들이 제자가 되기 위해 예수님을 하나님이 보내신 구세주로 영접할 때 성령을 경험했기 때문이다(Turner). 그러나 예수님을 배신한 가룟 유다를 생각하면 사도가 되었다고 해서 성령을 체험했다고 할 수는 없다. 그러므로 '성령으로'(διὰ πνεύματος)를 '성령에 대해'로 해석해 "너희는 이 모든 일의 증인이라 볼지어다 내가 내 아버지께서 약속하신 것을 너희에게 보내리니 너희는 위로부터 능력으로 입혀질 때까지 이 성에 머물라"(눅 24:48-49)라는 명령을 의미하는 것으로 해석하는 것이 바람직하다(Bock, Longenecker, Schnabel). '아버지께서 약속하신 것'(1:4; 눅 24:49)도 이러한 해석을 지지한다. 예수님은 앞으로도 성령을 통해 사도들과 함께 사역하실 것이기에 그들이 예루살렘을 떠나기 전에 하나님이 약속하신 성령의 능력으로 입혀지는 것은 필수적이다(Barrett, Haenchen, cf. 1:8, 16; 2:4, 17-18; 4:8).

'승천하신'(ἀνελήμφθη)은 '들리다'(ἀναλαμβάνω)의 수동태다(cf. 눅 24:51). 예수님이 하늘로 올라가신 것은 스스로 하신 일이 아니라, 하나님이 그분을 들어 올리신 것이라는 뜻이다(cf. Wallace). 부활하신 예수님은 사도들에게 증인이 되라고 하셨고, 그들이 성령을 통해 사역해야 하니 예루살렘을 떠나지 말고 성령의 임재를 기다리라고 하셨다. 이 네 가지(증인, 사도, 성령, 승천하신 주)는 사도행전의 주요 주제다(Longenecker).

예수님은 고난받으신 후에 사도들에게 확실한 많은 증거로 친히 살아 계심을 나타내셨다(3a절). '고난'(παθεῖν)은 겟세마네 동산에서 잡히신 후 재판을 받고 십자가에서 죽음을 맞이하신 일을 의미한다(cf. 눅 22-23장). '증거'(τεκμήριον)는 신약에서 유일하게 이곳에만 사용되는 단어이며, '어떤 것을 설득력 있고 결정적으로 알려지게 하는 것'을 의미한다(BDAG). 이 단어는 헬라 역사서에서만 사용되며, 역사서 저자가 자신의 결론으로 치닫게 하는 역사적이고 확고한 증거를 뜻한다(Witherington). '살아 계심'(ζῶντα)은 현재형 분사이며, 부활하신 후 제자들에게 반복적으로 보이심을 강조한다(Schnabel). '나타내다'(ὀπτανόμενος)는 믿을 만한 증거를 제시하는 것을 의미한다(Barrett).

예수님의 부활과 살아 계심에는 부활을 기대하지 않았거나 믿지 않았던 사람들을 충분히 설득할 만한 증거가 있다. 제자들도 예수님이 십자가에 매달리신 것(눅 23:26-43)과 죽으신 것(눅 23:44-49) 그리고 장사되신 것(눅 23:50-56)을 직접 목격했다. 그들이 온갖 위협과 핍박을 무릅쓰고 사람들에게 예수님이 살아 계심을 증언하는 것은 예수님이 그들에게 확실한 많은 증거로 친히 살아 계심을 나타내셨기 때문이다.

부활하신 예수님이 제자들에게 그분의 살아 계심을 나타내시는 일이 40일 동안 지속되었다(3b절). '40'은 구약에서 특별한 숫자다(cf. 출 16:35; 삼하 2:10; 5:4; 왕상 2:11; 11:42; 왕하 12:1; 대하 9:30; 시 95:10; 암 5:25). 그러나 구약에서 숫자 40이 상징하는 바와 예수님이 제자들에게 자신을 나타내신 40일 사이에 직접적인 연관성은 없어 보인다

(Haenchen, Jervell, Wall). 광야 40일, 혹은 이상적인 왕의 통치를 40년으로 묘사하는 것은 간접적인 모형이다(TDNT).

예수님은 40일 동안 그들과 계속 함께 머물지는 않으셨다. 복음서에 따르면 예수님은 종종 제자들을 찾아와 말씀하셨다. 그들이 선교와 전도 사역을 준비하게 하신 것이다. 신약 전체를 살펴보면 부활하신 예수님은 (1)무덤을 찾은 여인들, (2)막달라 마리아, (3)엠마오로 가던 제자들, (4)예루살렘에 머물고 있던 베드로, (5)열 제자(가룟 유다와 도마 제외), (6)열한 제자(도마 포함), (7)갈릴리 호수에서 고기를 잡던 일곱 제자, (8)갈릴리에 모인 열한 제자, (9)500명, (10)동생 야고보 순서로 사람들에게 자신을 보이셨다(Kistemaker).

부활하신 예수님은 제자들에게 하나님 나라의 일을 말씀하셨는데, '하나님 나라'(τῆς βασιλείας τοῦ θεου)는 누가복음에서 32차례 사용되지만 사도행전에서는 불과 6차례만 등장한다(1:3; 8:12; 14:22; 19:8; 28:23, 31). '하나님 나라'는 예수님의 사역을 통해 실현되기 시작한 하나님의 약속과 통치를 의미한다(Bock, Longenecker, cf. 눅 11:20; 17:21). 하나님의 약속과 통치의 의미는 사도행전 2-4장에서 구체화되며(Bruce), 부활하신 예수님이 제자들에게 하나님 나라를 선포하게 하는 가장 중요한 동기가 된다(cf. 28:23, 31).

수시로 사도들을 찾아오신 예수님은 그들과 함께 모이기도 하셨다(4a절). '함께 모이사'(συναλιζόμενος)는 현재형 분사이며 행위가 꾸준히 반복되는 것을 강조한다(Wallace). 함께 모이는 것은 함께 먹는다는 뜻이다(BDAG). 예수님은 여러 차례 제자들과 함께 식사하시며 그들에게 예루살렘을 떠나지 말고 아버지께서 약속하신 것을 기다리라고 하셨다(4b절).

'예루살렘'(Ἱεροσόλυμα)은 사도행전에서만 60차례 사용되는 이름이며, 본문에서 처음으로 등장한다. 예루살렘 안에 위치한 시온산에는 이스라엘의 순결과 거룩함의 상징인 성전이 있었다. 그러므로 예루살렘은 이스라엘의 삶과 예배의 중심지였다. 또한 새 언약을 세우기 위해 예수님이 죽으시고 부활하신 곳이다.

제자들은 예루살렘에서 '아버지가 약속하신 것'을 기다리라는 예수님의 명령을 받았다. 사도들이 장차 하나님 나라의 메시지, 곧 회개와 용서를 선포하며 '세상 끝'을 향해 가는 것은 하나님의 프로그램에 따라 행동하는 일이다(Bock). 그러나 아직은 그때가 이르지 않았으므로 기도하며 기다려야 한다.

사도들은 언제까지 예루살렘에 머물며 기다려야 하는가? 그들은 '아버지가 약속하신 것', 곧 성령이 임하실 때까지 기도하며 예루살렘에 머물러야 한다(Bock, Longenecker, Schnabel, cf. 눅 24:49). 성령과 하나님의 약속은 신약에서 종종 함께 등장하는 주제다(요 14:16-17, 26; 15:26-27; 16:7-15; 엡 1:13). 또한 성령은 복음과 함께 오는 하나님의 선물이시다(롬 5:5; 8:2-17).

어떤 이들은 이 명령을 성령이 예수님이 제자들과 함께하신 40일 중 아무 때나 오실 수 있다는 의미로 해석한다(Larkin). 하지만 성령이 오신 다음에 사도들이 예수님의 증인이 되어 복음을 들고 예루살렘으로부터 세상 끝을 향해 나아갈 것(1:8; cf. 3:25-26)을 고려하면 아직 오시지 않았다.

사도들이 하나님이 약속하신 성령 강림을 기다리며 예루살렘에 머물러야 하는 이유는 세례 요한이 와서 사람들에게 물로 세례를 베푼 것처럼 며칠 후 하나님이 약속하신 대로 사도들에게 성령으로 세례를 베푸실 것이기 때문이다(5절). 세례는 일종의 정결 예식이며, 회개와 연관이 있다(마 3:11; 행 2:38). 구속사적인 관점에서 요한의 사역과 세례는 성령의 사역과 세례를 준비하는 일이었다. 성령의 오심은 메시아가 오셨다는 증거이며, 새로운 시대가 시작된 것을 의미한다(cf. 마 3:11; 막 1:8; 눅 3:1-17; 행 1:8; 2:4, 16-39). 그러므로 예수님의 죽음은 끝이 아니라 새로운 시대를 시작하는 계기가 되었다. 예수님의 죽음과 성령의 오심은 하나님의 구원 계획이 아직도 유효하며, 하나님이 이를 직접 이루어 가신다는 것을 의미한다(Bock).

성령 세례는 종말에 있을 죽음과 심판에서 구원하실 것을 의미하므로 그때까지 성령이 사도들 안에 내재하실 것을 전제한다(Jervell). 또한 성령의 내재는 그들로 하여금 선교와 전도를 하게 한다(cf. 겔 36:25-26). 성령과 사도들의 사역은 매우 밀접하게 연관되어 있다(cf. 1:5, 8; 2:4; 4:8; 5:32; 8:17-18, 29; 13:4; 15:28).

예수님은 사도들에게 선교와 전도에 관해 다음과 같이 네 가지를 말씀하신다(Longenecker, Stott): (1)증인이 되는 일이다. (2)승천하신 예수님이 지휘하시는 일이다. (3)사도들이 중심 역할을 해야 한다. (4)성령이 주시는 능력으로 해야 한다. 예수님이 누가복음에서 시작하신 일을 사도행전에서는 성령으로 세례받은 제자들이 이어 가야 하는 것이다(Fitzmyer).

사도들이 성령 세례를 받게 될 때까지는 '몇 날'이 되지 않을 것이다. 부활하신 예수님이 40일간 이 땅에 머물다가 승천하시면서 이 말씀을 남기셨다. 성령은 유월절로부터 50일째 되는 날인 오순절에 오신다(cf. 2:1-3). 그러므로 '몇 날'은 예수님의 승천과 오순절 사이의 약 10일을 뜻한다(Bock, Schnabel). 제자들은 오래 기다리지 않아도 된다.

이 말씀은 확실하고 많은 증거가 예수님의 부활을 증명한다고 한다. 그중 가장 확실한 증거는 겟세마네 동산에서 예수님을 버리고 도망했던 사도들이 부활하신 주님을 만난 뒤 모두 순교를 각오하고 그리스도의 복음을 선포하며 땅끝까지 갔다는 사실이다.

사도들이 담대하게 복음을 선포하는 일에 평생을 바칠 수 있었던 것은 그들이 성령으로 세례를 받았기 때문이다. 하나님이 그들에게 사명을 주시고, 또한 그 사명을 감당할 능력과 용기를 성령을 통해 주신 것이다. 우리도 하나님이 주시는 성령의 능력으로 사역해야 한다.

모든 일에는 때가 있다. 사도들은 복음을 선포하라는 사명을 받았다. 그러나 그 전에 기도하며 성령 강림을 기다려야 했다. 성령으로 충만한 다음에 비로소 하는 것이 사역이다. 우리는 모든 일에서 하나님의 때와 방법을 앞서지 않도록 인도하심을 기다려야 한다.

I. 서론(1:1-11)

B. 예수님의 승천(1:6-11)

**[6] 그들이 모였을 때에 예수께 여쭈어 이르되 주께서 이스라엘 나라를 회복
하심이 이 때니이까 하니 [7] 이르시되 때와 시기는 아버지께서 자기의 권한
에 두셨으니 너희가 알 바 아니요 [8] 오직 성령이 너희에게 임하시면 너희가
권능을 받고 예루살렘과 온 유대와 사마리아와 땅 끝까지 이르러 내 증인이
되리라 하시니라 [9] 이 말씀을 마치시고 그들이 보는데 올려져 가시니 구름
이 그를 가리어 보이지 않게 하더라 [10] 올라가실 때에 제자들이 자세히 하늘
을 쳐다보고 있는데 흰 옷 입은 두 사람이 그들 곁에 서서 [11] 이르되 갈릴리
사람들아 어찌하여 서서 하늘을 쳐다보느냐 너희 가운데서 하늘로 올려지신
이 예수는 하늘로 가심을 본 그대로 오시리라 하였느니라**

이 섹션은 교회의 사명에 대해 정확히 알려 준다. 교회는 주님이 다시 오실 때까지 하늘만 바라보고 있으면 안 되며(cf. 11절), 땅끝까지 복음을 전파해야 한다. 본문은 사도들에게 예루살렘과 온 유대와 사마리아와 땅끝까지 이르러 예수님의 증인이 되라며(8절), 앞으로 사도행전이 어떻게 진행될 것인지를 암시해 준다.

제자들이 예수님의 승천에 대한 증인이 되기 위해 감람원(감람산)에 모여 있다(cf. 1:12). 예루살렘 동편에 있는 감람산은 예수님의 영광스러운 예루살렘 입성이 시작된 곳이며(눅 19:29, 37), 예수님이 성전 파괴를 예언하신 곳이기도 하다(마 24:3; 15-28; 눅 19:41-44). 예수님은 감람산

동편 베다니에서 제자들을 축복하시고 하늘로 들리셨다(눅 24:50).

예수님의 승천을 지켜보기 위해 감람산에 모인 제자들이 하나님이 이스라엘 나라를 회복하시는 때가 이때인지 물었다(6절). '때'(χρόνος)는 구체적인 시간 간격(particular interval of time)을 뜻한다(Barrett). 제자들은 예수님이 성령 세례를 말씀하시자(1:5), 이스라엘이 나라로서 회복되어 하나님의 복을 받는 종말이 임박했다고 생각해 이렇게 질문한 것이다(Schnabel, Wall, cf. 사 2:2-4; 32:15; 44:3; 49:6; 렘 16:15; 23:8; 31:27-34; 겔 34-37장; 욜 2:28-32; 암 9:11-15). 당시 유대가 처했던 정치적 상황과 종말이 되면 유대인을 로마의 억압에서 해방시킬 메시아가 오실 것이라고 기대했던 정황을 고려하면, 제자들은 잘못된 의도로 이렇게 질문한다(Stott, cf. Longenecker). 그들은 이스라엘이 회복되면 예수님이 시온을 수도로 삼아 온 세상을 다스리실 것으로 생각한다(Schnabel).

성령의 오심이 종말과 연관된 것은 맞지만, 그 전에 몇 가지 일이 선행되어야 한다(cf. 2-3장). 그러므로 예수님은 이스라엘이 회복될 때와 시기는 아버지께서 그분의 권한에 두셨으므로 사도들이 알 바가 아니라고 하신다(7절). 예수님은 하나님 아버지께서 이스라엘뿐 아니라 세상 만물을 회복하실 때까지 하늘에 머무실 것이다(3:21). '때'(χρόνος)와 '시기'(καιρός)는 구체적인 시간과 날짜를 의미하는 것이 아니라, 이스라엘의 회복이 있기 전에 세상이 겪게 될 상황을 뜻한다(Longenecker). 성경은 종말이 임하기 전에 여러 가지 징조가 있을 것이라고 한다.

이스라엘이 언제 회복될지 사도들마저 알 바가 아니라(cf. 마 24:36; 막 13:32)는 것은 종말에 대한 지식은 이른바 '인싸들'(insiders)만이 독식할 수 있는 지식이 아니라는 의미다(Wall). 예수님의 말씀이 모든 임박한 종말을 부인하는 것이라고 주장하는 이들도 있지만(Haenchen), 이 말씀은 단순히 언제 오실지에 대해 밝히지 않을 뿐, 모든 '곧 오심'을 부인하는 것은 아니다.

이스라엘의 회복을 모든 유대인이 부귀영화를 누리게 될 것이라는 유대교의 전통적인 가르침에 따라 해석하는 이들도 있다(cf. Barrett). 그러나 8절과 본문의 배경이 되는 이사야 32:15, 43:10-12, 49:6 등을 고려할 때 가능하지 않은 해석이다(Schnabel). 성령이 오셔서 예수님을 믿는 유대인 공동체를 형성하면 그것이 회복된 이스라엘이 될 것이다(Jervell). 그러므로 성령의 오심은 이스라엘의 회복이 시작되는 징조다.

하나님이 종말이 임할 때를 정하셨으므로 하나님 외에는 그때가 언제인지 아무도 모른다(cf. 막 13:32). 그러므로 사람이 종말에 대해 많이 알려고 하는 것은 하나님의 고유 권한을 침해하는 행위다(cf. Bock). 따라서 종말에 대해 지나치게 관심을 보이는 사람들에게 경종을 울려야 한다.

사도들의 관심은 종말이 언제 올 것인가가 아니라, 어떻게 전도하고 선교할 것인가에 집중되어야 한다. 그러므로 예수님은 성령이 그들에게 임하시면 그들이 권능을 받고 예루살렘과 온 유대와 사마리아와 땅끝까지 주님의 증인이 될 것이라고 하신다(8절). '예루살렘-온 유대-사마리아-땅끝'은 사도들이 선교하기 위해 복음을 들고 가야 할 경로에 대한 지도라 할 수 있다(Schnabel).

성령이 임하시면 사도들은 전도하는 권능을 받을 것이다. '권능'(δύναμις)은 기적을 행하거나 말과 행동을 하게 하는 능력이다(Jervell, cf. 2:22; 3:12; 4:7; 8:13; 10:38; 19:11). 그러므로 사도들이 예수님의 증인이 되려면 권능을 받는 것이 필수적이다. '증인'(μάρτυς)은 법적인 용어이며(cf. 민 35:30; 신 17:6-7; 사 43:10-12; cf. 마 18:16), 누구나 확인할 수 있는 증거를 통해 어떤 사실을 증명하는 사람이다(Bock). 그러므로 자신이 느낀 대로 말하는 주관적인 사람이 아니라, 부활하신 예수님을 직접 경험한 사람이다(Schnabel, cf. 1:22). '증인과 증언'은 사도행전에서 가장 중요한 용어이며, 사도들과 교회가 하는 모든 일이 '증인과 증언'으로 설명된다(Longenecker). '증인'(μάρτυς)은 신약에서 총 35차례 사용되는데, 그중 13차례가 사도행전에서 사용된다. 복음이 땅끝까지 전파되는 일은 증인들이 복음을 들고 예루살렘을 떠나 땅끝으로 갈 때 가능하다.

'땅끝'(ἐσχάτου τῆς γῆς)이 어디까지인가에 대해 다양한 해석이 있다(cf. Bock, Schnabel). 당시에는 오늘날처럼 세상의 범위(한계)를 이해하지 못했기 때문이다. 어떤 이들은 '땅끝'을 스페인(Witherington) 또는 로마(Conzelmann)로 해석한다. 팔레스타인과 에티오피아(오늘날의 수단) 등 디아스포라 유대인들(Moore)과 당시 팔레스타인 사람들이 아는 세상의 동서남북 끝(Schnabel)으로 해석하기도 한다.

사도행전이 끝날 무렵 로마에 도착한 복음은 그곳으로부터 '땅끝'으로 갈 준비를 마친다(Barrett). 그러므로 '땅끝'을 특정한 지역(나라)으로 제한해 읽을 필요는 없다(Longenecker, Sleeman). '땅끝'은 세상 모든 민족과 그들이 사는 땅을 의미한다(Bock, Schnabel, Stott). 사도들이 예루살렘을 떠나 땅끝까지 간다는 것은 예루살렘이 이방인 선교의 베이스캠프가 되어야 함을 암시한다(Wilson, cf. Schnabel). 예수님은 갈릴리에서 예루살렘으로 가셨다(눅 23:5). 이제 그분의 제자들이 예루살렘에서 유대와 사마리아를 거쳐 땅끝으로 가야 한다. "너를 이방의 빛으로 삼아 나의 구원을 베풀어서 땅 끝까지 이르게 하리라"(사 49:6)라는 말씀이 생각난다.

사도들에게 예루살렘을 떠나 땅끝까지 가서 주님의 증인이 되라는 명령은 예수님이 승천하시기 전 이 땅에 남기신 마지막 말씀으로 매우 중요하다. 옛적에 엘리야가 승천하기 전에 엘리사에게 겉옷을 던져 주었던 것처럼, 예수님은 그분의 증인이 될 사도들에게 권능과 권세를 주고 떠나신다(Witherington, cf. 왕상 19:19).

말씀을 마치신 예수님은 사도들이 보는 가운데 승천하셨고, 구름이 가리어 보이지 않게 되셨다(9절). '올려졌다'(ἐπήρθη)는 수동태이며, 하나님이 예수님을 하늘로 들어 올리셨다는 뜻이다. 사도들은 하나님이 예수님을 하늘로 들어 올리시는 것을 직접 목격한 증인이다.

성경에서 구름은 하나님의 영광과 임재를 상징한다(Fernando, Jervell, Marshall, Schnabel, cf. 출 16:10; 시 104:3; 막 9:7; 눅 9:34-35; 살전 4:17). 그러므로 구름을 통해 하늘로 들리신 예수님은 가장 영광스러운 자리, 곧 하나님의 오른편에 앉으신다(2:33; 엡 1:19-22; 딤전 3:16; 히 1:3; 4:14; 6:19-20; 9:24). 성령의 임재와 승천하신 주님은 우리가 선교하게 된 가장 기본적인 동기다(Longenecker). 승천하신 주님이 선교를 우리에게 맡기셨고, 선교할 수 있도록 성령이 우리에게 능력을 주시기 때문이다.

제자들은 예수님이 승천하시는 것을 자세히 쳐다보고 있었다(10a절). '쳐다보고 있다'(ἀτενίζοντες)는 현재형 분사다. 계속해서 집중해 지켜보았다는 뜻이다(Wallace). 누가는 이 단어(ἀτενίζω)를 좋아한다. 신약에서 14차례 사용되는데, 그중 12차례가 사도행전에서 사용된다(3:4, 12; 6:15; 7:55; 10:4; 11:6; 13:9; 14:9; 23:1).

언제부터였는지 알 수 없지만, 예수님이 들려 올라가시는 하늘을 뚫어지게 쳐다보던 제자들 옆에 흰옷 입은 두 사람이 서 있었다(10b절). 갑자기 나타난(눈에 보이기 시작한) 천사들이다. 초자연적인 현상이 일어나고 있다. 성경에서 천사들이 모습을 보이면 사람들은 두려워하는데, 사도들은 두려워하지 않는다. 누가는 사도들의 상황을 통해 그리스도인은 천사를 두려워할 필요가 없다고 한다(Schnabel).

어떤 이들은 두 천사가 죽지 않고 승천한 엘리야와 모세를 상징한다고 하지만(Dunn, Johnson, Wall), 이들은 율법의 두 증인을 의미한다(Larkin, Schnabel, 신 19:15). 부활하신 예수님의 빈 무덤에도 두 천사가 증인으로 있었다(눅 24:4). 그들이 입고 있는 흰옷은 색깔보다는 사람이 범접할 수 없는 영광을 강조한다(Bock, Polhill, Schnabel, cf. 막 9:3; 16:5; 요 20:12).

천사들은 사도들을 '갈릴리 사람들'이라고 부른다(11a절). 사도들이 모두 갈릴리 사람이기 때문이다(Bock). 천사들은 사도들에게 어찌하여 서서 하늘을 쳐다보느냐고 묻는다(11a절). 더는 하늘만 쳐다보지 말고 현실(예수님의 증인으로 사는 것)로 돌아가라는 부드러운 책망(mild rebuke)이다(Fernando).

천사들은 예수님이 올라가신 대로 언젠가 다시 하늘에서 내려오실 것이라 한다(11b절). 스가랴 선지자는 메시아가 세상을 심판하시는 날 그가 감람산에 임할 것이라고 하는데(슥 14:3-4), 예수님의 재림은 이 예언을 성취할 것이다(cf. Haenchen). 예수님이 올라가신 대로 다시 오시는 것은 인간이 예견할 수 있는 미래에 대한 좋은 사례다(Wallace). 구름을 타고 하늘로 올라가신 예수님은 세상이 끝나는 날 심판하기 위해 구름을 타고 오실 것이다(Fitzmyer, cf. 단 7:9-14; 막 13:26; 14:62; 눅 21:27; 계 1:7).

천사들은 '언제'라는 제자들의 질문(6절)에는 답하지 않고, 예수님이 내려오실 때 비로소 그의 메시아 사역이 완성될 것이라고 한다(cf. 3:18-22). 그러므로 예수님이 사도들이 보는 앞에서 하늘로 올라가신 것은 훗날 이 땅에 내려오실 것을 보장한다(Schnabel).

이 말씀은 하나님이 시작하신 일, 곧 구원하시는 일을 우리가 이어 나가야 한다고 한다. 예수님은 우리에게 이 일을 맡기고 승천하셨다. 주님은 성령의 권능으로 우리와 함께하며 도우실 것이다. 우리 안에 선한 일을 시작하신 이가 그 일을 온전히 이루실 것이기 때문이다. 그러나 복음을 들고 땅끝까지 가는 것은 우리가 할 일이다. 선교와 전도는 교회가 존재하는 이유다.

어떤 사람들은 지나치다 싶을 정도로 종말에 관심을 표한다. 그러나 우리는 예수님이 언제 오실지 추측하고 논하는 것을 자제해야 한다. 성경이 주님이 언제 오실 것인가에 대해서는 말을 아끼고, 꼭 오신다는 사실은 반복적으로 강조하기 때문이다. 그렇다면 우리는 어떻게 살아야 하는가? 천사들의 권면을 받아들여 주님이 오실 것을 바라며 하늘만 쳐다볼 것이 아니라, 현재를 성실하게 살아야 한다. 주어진 삶에 성실하게 임하는 것이 하나님이 우리에게 기대하시는 바다.

Ⅱ. 예루살렘
(1:12-6:7)

사도들은 감람산에서 예수님이 하늘로 들리시는 것을 목격한 후 기드론 계곡을 건너 예루살렘으로 돌아왔다. 예수님의 명령(1:4-5)에 따라 예루살렘에 머물며 성령 강림을 기다리기 위해서다. 드디어 며칠 후 성령이 임하시어 그들에게 권능을 주셨다(cf. 1:8). 사도들은 성령이 주신 권능으로 온갖 기적을 행하며 예루살렘에 예수 공동체를 세워 나갔다. 하나님이 그들의 전도 사역에 함께하시니 예수님을 영접하는 사람이 공동체가 감당하기 어려울 정도로 기하급수적으로 늘었다. 예루살렘 공동체가 맞이한 흥분되는 상황을 회고하는 본 텍스트는 다음과 같이 섹션화할 수 있다.

A. 맛디아를 사도로 세움(1:12-26)
B. 오순절(2:1-41)
C. 요약: 공동체의 삶(2:42-47)
D. 걷지 못하는 걸인 치료(3:1-26)
E. 베드로와 요한과 예루살렘 공회(4:1-31)
F. 성령 충만한 공동체(4:32-5:11)

G. 요약: 기적과 놀라운 일들(5:12-16)
H. 지속되는 핍박(5:17-42)
I. 일곱 일꾼을 세움(6:1-6)
J. 요약: 공동체의 지속적인 성장(6:7)

II. 예루살렘(1:12-6:7)

A. 맛디아를 사도로 세움(1:12-26)

제자들이 마가의 다락방에 모여 성령이 강림하시기를 간절히 사모하며 기도했다. 이미 언급한 것처럼 약 10일간 기도하며 성령을 기다렸을 것이다. 사도들은 기도하며 성령을 기다리는 중 가룟 유다를 대신할 열두 번째 사도로 맛디아를 선출했다.

본 텍스트는 예수님이 하늘로 올라가셨지만 하나님이 아직도 구속사를 이끌고 계신다는 사실을 다음 네 가지를 통해 표현한다(Zwiep). (1)가룟 유다의 배신이 복음의 전진을 막을 수 없다. (2)예수님이 가룟 유다를 제자로 삼으신 것은 실수가 아니다. (3)남은 지도자들이 예수님이 시작하신 새로운 공동체를 신실하게 대표한다. (4)예수님이 세우신 열두 사도가 오순절에 하나님의 약속에 따라 회복된 이스라엘의 지도자들로 섬겼다. 이 섹션은 다음과 같이 구분된다.

A. 다락방에서(1:12-14)
B. 베드로의 스피치: 열두 번째 사도 필요(1:15-22)
C. 맛디아가 사도로 선출됨(1:23-26)

II. 예루살렘(1:12-6:7)
A. 맛디아를 사도로 세움(1:12-26)

1. 다락방에서(1:12-14)

**[12] 제자들이 감람원이라 하는 산으로부터 예루살렘에 돌아오니 이 산은 예루
살렘에서 가까워 안식일에 가기 알맞은 길이라 [13] 들어가 그들이 유하는 다
락방으로 올라가니 베드로, 요한, 야고보, 안드레와 빌립, 도마와 바돌로매,
마태와 및 알패오의 아들 야고보, 셀롯인 시몬, 야고보의 아들 유다가 다 거
기 있어 [14] 여자들과 예수의 어머니 마리아와 예수의 아우들과 더불어 마음
을 같이하여 오로지 기도에 힘쓰더라**

예수님이 승천하신 후 제자들이 감람원이라 하는 산으로부터 예루살렘으로 돌아왔다(12a절). 제자들이 예루살렘으로 돌아온 것은 예수님이 성령이 그들에게 임할 때까지 예루살렘에서 기다리라고 하셨기 때문이다(1:4; cf. 눅 24:49). 사도들은 성령이 그들에게 권능을 주시면(1:8) 증인의 삶을 살기 위해 성을 떠날 수 있다.

'감람원'(ἐλαιών)은 올리브 농장이라는 뜻이며, 예루살렘에서 기드론 계곡 건너 동쪽에 있는 감람산을 뜻한다. 예수님과 제자들이 자주 방문하던 곳이며(cf. 눅 21:37; 요 8:1), 예수님이 잡히신 겟세마네 동산도 이곳에 있었다. 또한 예루살렘성에서 약 900m 떨어진 곳이며(Jervell), 산 정상까지 1,100m 정도 되었다(Barrett).

감람산은 예루살렘에서 가까워 안식일에 가기 알맞은 길이었다(12b절). 안식일에 가기 알맞은 거리라는 것은 약 2,000규빗 내외라는 뜻이다. 유대인들은 출애굽기 16:29과 민수기 35:5을 근거로 안식일에 율법을 어기지 않고 걸을 수 있는 거리를 2,000규빗으로 정했다(Polhill). 그러나 한 규빗의 길이가 기준과 사용처에 따라 조금씩 달랐기 때문에 2,000규빗은 학자에 따라 1,000m(Bruce, Haenchen), 혹은 1,100m(Longenecker, Schnabel), 혹은 1,200m(Marshall)로 해석된다.

본문에 감람산이 예루살렘에서 안식일에 가기 알맞은 거리에 있다는 말이 언급된다고 해서 예수님이 안식일에 승천하셨다는 뜻은 아니다. 예수님은 부활하신 날로부터 40일 만에 승천하셨는데, 이날은 안식일이 아니다. 한 주석가는 예수님이 승천하신 날이 목요일이었다고 한다(Fernando). 누가는 안식일에 가기 알맞은 거리라는 말로 예루살렘과 감람산의 거리가 상당히 가깝다는 것을 알려 줄 뿐이다(Bock).

사도들은 그들이 유하는 다락방으로 올라갔다(13a절). '다락방'(ὑπερῷον)은 사도행전에만 사용되는 단어다(9:37, 39; 20:8). 최후의 만찬이 있었던 곳(눅 22:11-12; cf. 막 14:12-16)과 같은 장소인지는 확실하지 않다. 만찬이 있었던 곳은 본문과 다른 단어(ἀνάγαιον)로 묘사되기 때문이다. 마가의 어머니 마리아의 집이었는지도 확실하지 않다(Polhill, cf. 12:12). 그러나 이 '다락방'에 정관사(τὸ)가 붙는 것으로 보아 초대교회 성도들이 잘 아는 공간이었던 것은 확실하다(Longenecker). 예수님이 부활하신 후 몇몇 제자에게 나타나신 곳일 수도 있다(cf. 눅 24:33-43; 요 20:19, 26).

다락방은 가나안 지역의 집 구조에서 평평한 지붕 위에 있는 공간이었다(BDAG, cf. 단 6:10-11). 지붕 위에 있어 거리의 분주함과 지나가는 사람들의 시선을 피할 수 있는 사적인 곳이었다. 오늘날로 말하자면 응접실(living room) 공간으로 쓰기에 가장 좋은 장소였다(Longenecker). 흔히 돈을 받고 빌려주는 공간이었으며, 유대교 절기에 성전을 찾는 순례자들에게 공짜로 제공되는 장소였다(Bock). 본문에 나오는 다락방은 한꺼번에 120명을 수용할 정도로 매우 큰 공간이었다(1:15). 그러므로 예루살렘의 부촌에 있었을 것이다(Le Cornu & Shulam). 아마도 이곳에 모인 120명은 숙소는 각자 알아서 해결하고 모임만 이곳에서 가졌을 것이다(Schnabel). 누가가 사용하는 문법(be 동사+현재형 분사)을 고려할 때 제자들은 이 다락방에서 자주 모였다(Schnabel).

예수님과 3년간 함께 지낸 열두 제자(cf. 마 10:2-4; 막 3:16-19; 눅

6:14-16) 중 배신한 가룟 유다를 제외한 11명도 이곳에 모였다(13b절; cf. 1:17-19). 예수님은 옛 이스라엘이 하나님의 말씀에 올바르게 반응하지 않았기 때문에 하나님 백성의 재구성을 의미하는 상징으로 12명을 제자로 세우셨다. 하나님도 이스라엘을 재구성하라고 예수님을 보내셨다(McKnight, cf. 마 19:28; 눅 22:29-30). 열두 제자를 나열하는 순서는 복음서와 사도행전이 조금씩 다르다. 다음을 참조하라(cf. Culpepper, Wilkins).

	마태복음 10:2-4	마가복음 3:16-19	누가복음 6:13-16	사도행전 1:13
첫 번째 그룹	시몬 베드로	시몬 베드로	시몬 베드로	베드로
	그의 형제 안드레	세베대의 아들 야고보	안드레	요한
	세베대의 아들 야고보	야고보의 형제 요한	야고보	야고보
	그의 형제 요한	안드레	요한	안드레
두 번째 그룹	빌립	빌립	빌립	빌립
	바돌로매	바돌로매	바돌로매	도마
	도마	마태	마태	바돌로매
	세리 마태	도마	도마	마태
세 번째 그룹	알패오의 아들 야고보	알패오의 아들 야고보	알패오의 아들 야고보	알패오의 아들 야고보
	다대오	다대오	셀롯이라는 시몬	셀롯인 시몬
	가나나인 시몬	가나나인 시몬	야고보의 아들 유다	야고보의 아들 유다
	가룟 유다	가룟 유다	가룟 유다	

누가복음과 본문을 비교하면 다음과 같은 차이를 보인다. 첫째, 4명으로 구성된 첫 번째 그룹에서 요한과 야고보가 안드레보다 먼저 나온다. 사도행전에서 요한의 역할을 고려할 때(3:1, 3, 4, 11; 4:13, 19; 8:14),

베드로 다음으로 언급되는 것이 당연하다(Barrett). 둘째, 두 번째 그룹에서는 도마가 두 번째로 나오는데, 누가복음에서는 이 그룹의 마지막에 언급된다. 셋째, 마태가 두 번째 그룹의 마지막에 나오는데, 누가복음에서는 세 번째로 등장한다. 넷째, 마지막 그룹의 '셀롯인 시몬'(Σίμων ὁ ζηλωτὴς)이 누가복음에서는 '셀롯이라는 시몬'(Σίμωνα τὸν καλούμενον ζηλωτὴν)으로 표기되어 있다. 이러한 차이점과 누가복음에 '다락방'을 뜻하는 다른 단어가 사용된 점은 누가가 제자들에 대해 전수받은 자료가 마가의 것과 다름을 의미한다(Bock).

위 목록의 마지막에 언급되는 '야고보의 아들 유다'(Ἰούδας Ἰακώβου)가 야고보의 아들인지, 혹은 동생인지 확실하지 않다. 이러한 표기는 형제라는 뜻으로도 해석할 수 있기 때문이다(Longenecker, Schnabel). 그러나 모든 번역본이 '아들'로 번역한다(새번역, 공동, ESV, NAS, NIV, NRS). 이 유다는 마태복음과 마가복음에서 '다대오'로 불리는 제자다(마 10:3; 막 3:18). 요한은 그를 '가룟인 아닌 유다'라고 부른다(요 14:22).

앞으로 사도행전은 이 열한 제자 중 베드로와 야고보와 요한에 관한 일만 언급할 것이다. 누가에게는 이 세 사도의 행보가 가장 중요하며, 그들이 초대교회의 중심이 되었기 때문이다. 다락방에 모인 제자들은 경건(piety)과 통일(unity)을 겸비한 그룹이었다(Bock).

이 다락방에는 열한 제자 외에도 여러 사람이 함께 모였다(14절). '여자들'을 사도들의 아내로 제한해 해석하는 이들이 있다(Barrett). 그러나 이 여인들은 예수님의 사역이 시작될 때부터 신실하게 주님을 따르던 이들이며, 예수님이 십자가에서 죽으신 일과 부활하신 주님을 제일 먼저 목격한 사람들이다(Haenchen, Schnabel, cf. 눅 8:1–3; 23:49; 23:55–24:10). 여자를 등한시하던 당시 문화를 고려할 때, 이 여인들이 사도들과 함께 모여 기도하는 것은 참으로 괄목할 만한 일이다(Keener). 앞으로 여인들도 성령으로 충만할 것이며(2:17), 예언도 할 것이다(21:9).

다락방에 모인 사람 중에는 예수님의 어머니 마리아와 예수님의 아우들도 있었다(cf. 눅 1:26-56; 2:4-7). 누가는 마리아를 하나님께 순종하는 매우 신실한 여인으로 묘사했다(눅 1:38). 분문은 사도행전에서 마리아의 모습을 볼 수 있는 유일한 부분이며, 신약에서 마리아가 마지막으로 언급되는 곳이다. 성육신하신 메시아의 탄생에 일조한 그녀가 이제는 교회가 태어나는 일에 일조하고 있다(Kistemaker).

'아우들'(ἀδελφοῖς, '형제들')을 모든 믿는 자를 상징하는 것으로 해석하는 이들이 있지만(cf. Wall), 이 말은 예수님의 실제 동생들로 보아야 한다. 마가복음 6:3은 예수님의 동생으로 야고보와 요셉과 유다와 시몬을 언급한다. 가족들이 예수님의 사역을 상당히 좋지 않게 여길 때가 있었다(cf. 막 3:21-35; 요 7:2-10). 그러나 이제 그들은 예수님을 하나님의 아들로 믿는 이들이 되었다. 아마도 야고보가 부활하신 예수님을 만난 것이 계기가 되었을 것이다(cf. 고전 15:7). 훗날 야고보는 예루살렘 교회의 지도자가 된다(cf. 12:17; 15:13; 21:18).

다락방에 모인 사람들은 마음을 같이하여 오로지 기도에 힘썼다(14b절). '마음을 같이하여'(ὁμοθυμαδὸν)는 신약에서 11차례 사용되는데, 그중 10회가 사도행전에서 사용된다(Bock). 여러 사람으로 구성된 그룹이 한 사람처럼 행동한다는 의미다(Fernando, Schnabel, cf. 2:46; 4:24; 5:12). 기독교 공동체(교회)가 가장 기본적으로 지녀야 할 통일성을 강조하며(Bock), 기도와 자주 연관되어 사용된다(Barrett, cf. 1:14; 2:42, 46; 롬 12:12; 골 4:2).

'오로지…힘쓰더라'(ἦσαν προσκαρτεροῦντες)는 '꾸준히 지속하는 행동'을 뜻하며(BDAG), 신약에서 10차례 사용되는데 그중 6차례가 사도행전에서 사용된다(Bock, cf. 1:14; 2:42, 46; 6:4; 8:13; 10:7). 신약에서 자주 기도와 연결해 사용된다(1:14; 2:42, 46; 롬 12:12; 골 4:2). 사도행전은 기도를 31차례 언급하며, 이 책을 구성하는 28장 중 20장이 기도를 언급한다(Fernando). 그런 만큼 사도행전은 기도의 책이라 해도 과언이 아니다.

이 말씀은 교회는 여러 사람이 모여 한마음으로 기도하며 하나님의 뜻을 구하는 공동체라고 한다. 신앙생활은 홀로 하는 것이 아니다. 하나님이 그룹으로 엮어 주신 지체들과 함께 기도하며 받은 소명(mission)을 함께 이루어 나가는 것이 우리의 신앙생활이 되어야 한다.

예수님이 시작하신 공동체는 옛것과 비교할 수 없는 완전히 새로운 공동체다. 이 새로운 공동체가 함께 모여 오로지 기도에 힘쓰는 일로 시작한다는 점이 매우 인상적이다. 생각해 보면 당연한 일이라 할 수 있다. 기도는 공동체의 구성원을 하나 되게 하는 힘을 지녔기 때문이다.

II. 예루살렘(1:12–6:7)
A. 맛디아를 사도로 세움(1:12–26)

2. 베드로의 스피치: 열두 번째 사도 필요(1:15–22)

15 모인 무리의 수가 약 백이십 명이나 되더라 그 때에 베드로가 그 형제들
가운데 일어서서 이르되 16 형제들아 성령이 다윗의 입을 통하여 예수 잡는
자들의 길잡이가 된 유다를 가리켜 미리 말씀하신 성경이 응하였으니 마땅
하도다 17 이 사람은 본래 우리 수 가운데 참여하여 이 직무의 한 부분을 맡
았던 자라 18 (이 사람이 불의의 삯으로 밭을 사고 후에 몸이 곤두박질하여 배가
터져 창자가 다 흘러 나온지라 19 이 일이 예루살렘에 사는 모든 사람에게 알리어
져 그들의 말로는 그 밭을 아겔다마라 하니 이는 피밭이라는 뜻이라) 20 시편에
기록하였으되

그의 거처를 황폐하게 하시며
거기 거하는 자가 없게 하소서

하였고 또 일렀으되

그의 직분을 타인이 취하게 하소서

하였도다 21 이러하므로 요한의 세례로부터 우리 가운데서 올려져 가신 날까
지 주 예수께서 우리 가운데 출입하실 때에 22 항상 우리와 함께 다니던 사

람 중에 하나를 세워 우리와 더불어 예수께서 부활하심을 증언할 사람이 되게 하여야 하리라 하거늘

예수님의 명령에 따라 기도하며 성령 강림을 기다리는 동안 제자들은 가룟 유다의 배신과 죽음으로 인해 생긴 공백을 메우기로 했다. 사도 가운데 대표라 할 수 있는 베드로가 나서서 사람들을 설득했다. 사도행전에 기록된 그의 첫 스피치는 그를 책의 주요 인물로 부각시키는 역할을 한다(Zwiep). 그는 주후 41년에 예루살렘을 떠날 때까지 예루살렘 교회의 최고 지도자였다(Schnabel).

어떤 이들은 가룟 유다를 대신할 열두 번째 사도를 세운 이야기가 실제로 있었던 일이 아니라, 누가가 지어낸 이야기라고 한다(Barrett). 선출된 맛디아가 이렇다 할 활동을 하지 않고, 신약의 다른 곳에도 그에 대한 언급이 없기 때문이다. 반면에 맛디아 같은 잘 알려지지 않은 사람이 사도로 세워졌다는 점이 이 이야기에 신빙성을 더한다고 주장하는 이들도 있다(Marshall, Wilson). 만일 누가가 만들어 낸 이야기라면 초대교회에서 맛디아 말고 그보다 더 알려진 사람을 사도로 세웠을 것이라는 뜻이다.

학자들은 베드로가 가룟 유다를 대신할 열두 번째 사도 세우기를 주도한 일이 성령의 인도하심에 따라 진행된 것인지, 혹은 성령과 상관없이 임의로 취한 행동인지에 대해 논하기도 한다(cf. Bock). 아직 오순절 성령이 임하지 않은 상황에서 이 일이 진행되고 있기 때문이다.

제자들은 예수님의 말씀에 순종해 예루살렘에서 한마음으로 기도하며 성령 강림을 기다리고 있다(cf. 1:14). 누가는 새로운 사도를 세운 일에 대해 어떠한 부정적인 평가도 하지 않는다. 먼저 그들은 사도가 되어도 좋을 사람 둘을 정한 다음 제비뽑기를 통해 하나님이 결정하시게 한다. 공동체가 성령으로 충만할 때는 제비뽑기가 하나님의 뜻을 알 수 있는 가장 좋은 방법이다. 그러므로 이 일은 성령의 인도하심 아래 모든 것이 진행된 것으로 보아야 한다.

오순절 성령이 아직 오시지 않은 것은 사실이지만, 성령은 이미 그들 가운데 계신다. 성령이 예수님의 삶과 가르침에 항상 함께하신 것처럼 제자들의 삶에도 함께하신다. 동일한 성령이 며칠 후 오순절이 되면 새로운 시대와 공동체(교회)의 시작을 공식화하기 위해 매우 특별한 현상을 동반하며 그들에게 강림하실 것이다.

예수님이 승천하신 후 사도들이 기도하고 있는 예루살렘 다락방에 약 120명이 모여 있다(15절). 이 120명이 실제 인원수인지, 혹은 실제가 아니라 무언가를 상징하는 숫자인지를 두고 상당한 논쟁이 있다(cf. Barrett, Jervell, Schnabel). 실제 인원수와 상관없이 다락방이 가득 찼다는 뜻으로 해석하는 이들이 있는가 하면(Fernando, cf. 2:41; 4:4; 19:7), 이 숫자를 새로운 사도의 필요성을 암시하는 것으로 해석하는 이들도 있다. 열한 사도가 10명씩 맡아 120명(=12×10)을 양육하려면 열두 번째 사도가 필요하다는 것이다. 혹은 학사 에스라 시대에 율법을 가르친 장로 120명, 지역 산헤드린의 숫자, 에세네파의 규칙 등 여러 가지와 연관 지어 해석하기도 한다(cf. Keener, Williams). 설득력 있는 대안이 없으니 120명은 실제 모인 사람의 숫자로 보는 것이 바람직하다. 이 120명이 며칠 후 성령으로 충만해 사역을 시작하면 순식간에 3,000명이 될 것이다(2:41).

베드로는 모인 사람들을 '형제들'이라 부르며 스피치를 시작한다(16a절). 우리말 번역본들이 '형제들'(ἄνδρες ἀδελφοί)로 번역한 문구를 직역하면 '남자들, 형제들'이라는 의미다. 기독교인들을 칭하는 최초 용어다(Williams). 베드로가 그들을 이렇게 부르는 것은 그가 모인 사람 중 남자들에게만 말하기 때문이라고 하는 이들이 있다(Jervell). 그러나 대부분 주석가는 베드로가 여자들도 포함해 말하고 있다고 한다(Bock, Longenecker, Polhill, Schnabel, cf. 새번역, 공동, NRS).

베드로는 가룟 유다가 예수님을 배신하고 주님을 잡으려 한 자들의 길잡이가 된 것은 이미 오래전 그에 대해 성경에 예언된 것을 응하게 하는 것이라고 한다(16절). '응하다'(πληρόω)는 '성취하다'(fulfill)라는 의미를 지니며, 사도행전에서 19차례 사용된다. 하나님의 말씀이 그대로 이루어졌다는 의미로 쓰인다. '마땅하도다'(ἔδει)는 '꼭 필요했다'(it was necessary)라는 뜻이다. 베드로는 이 두 단어를 사용해 가룟 유다의 배신은 성경에 기록된 말씀에 따라 빚어진 일이라고 확신한다(Bock, Schnabel, Wall). 성경에 이미 기록된 일이지만, 이런 일은 인간의 기대와 이해를 초월해 일어나므로 일을 겪는 사람이 곧바로 알지는 못한다(Longenecker). 그러나 시간이 지나면서 점점 더 확실해진다.

베드로는 성경에 예언된 가룟 유다의 배신은 성령이 다윗의 입을 통해 하신 말씀이라 한다. 그에게 성경은 하나님의 계시이며, 성령의 인도하심을 분별하게 하는 도구라는 뜻이다(Williams, cf. 2:16; 3:18, 21, 25; 4:25; 28:25). 성경이 이미 가룟 유다의 배신을 예언했다고 해서 베드로가 유다의 배신과 연관된 상처와 아픔을 부인하는 것은 아니다(Fernando). 배신은 항상 많은 상처와 아픔을 동반한다.

예수님을 배신한 가룟 유다는 원래 예수님이 특별히 세우신 열두 제자 중 하나였으며(cf. 마 10:2-4; 막 3:16-19; 눅 6:13-16) 직무의 한 부분을 맡았다(17절). '직무'(διακονία)는 여러 사람을 위한 봉사와 섬김을 뜻한다(BDAG). 이 일은 사도행전 1장에서만 사도가 하는 일로 묘사되며, 나중에는 사도들이 지도자로 세운 이들(집사 등)이 '직무'를 맞는다. 사도들은 '말씀 직무[사역]'(διακονίᾳ τοῦ λόγου)에 전념해야 하기 때문이다(6:4).

'부분'(κλῆρος)은 '몫, 역할'을 뜻한다. 가룟 유다는 그룹에서 회계를 맡았었다(요 12:6; 13:29). 그러므로 그의 빈자리를 채우는 것은 새로운 회계를 선임하는 일이라 할 수 있다. 물론 맛디아가 세워진 다음에 다른 사도가 회계 일을 맡을 수도 있다. 사도들이 그들의 숫자를 12명으로 채우고자 하는 것은 12명이 남은 자들의 나라, 곧 회복된 이스라엘을 인도해야 하기 때문이다(Bock, Wall, cf. 눅 22:28-30). 또한 빈 자리를 채우는 것은 예수님의 부활과 승천 후에도 사도들의 증인 사역이 계속되어야 함을 의미한다(Marshall, cf. 10:41).

가룟 유다가 어떤 죽음을 맞이했는지를 보충 설명하는 18-19절은 베드로가 한 말이 아니라, 저자인 누가가 첨부한 설명이다. 그러므로 개역개정은 괄호로 이 구절들을 감싼다. 한마디로 말해 예수님을 배신한 가룟 유다는 참으로 두렵고 비참한 죽음을 맞이했다. 하나님의 심판이 그에게 임했기 때문이다(cf. 눅 22:22).

마태복음 27:3-10이 가룟 유다가 자살한 정황을 상당히 자세하게 기록한다. 마태복음에 기록된 내용과 본문은 도저히 같은 이야기라 할 수 없을 정도로 극복할 수 없는 차이점을 안고 있다고 주장하는 이들이 있다(Barrett, cf. Wall). 예를 들어 마태복음은 가룟 유다가 예수님을 넘겨주고 받은 돈으로 밭을 산 자들이 유대교 지도자들이라고 하는데(cf. 마 27:7), 본문은 유다가 샀다고 한다. 또한 마태복음은 유다가 목을 매어 자살했다고 하는데(cf. 마 27:5), 본문은 마치 그가 높은 곳에서 떨어져 죽은 것처럼 묘사한다.

이러한 차이는 충분히 설명할 수 있다(Longenecker). 두 이야기의 핵심은 같으며, 서로 다른 강조점과 디테일을 묘사하는 과정에서 빚어진 일이다(Bock, Keener, Schnabel). 누가는 가룟 유다의 배신이 다윗을 통해 성령이 말씀하신 것을 성취하는 일이라며 배신과 배신자가 받은 벌에 초점을 맞춘다. 반면에 마태는 유대교 지도자들이 가룟 유다가 배신의 대가로 받은 돈으로 밭을 사게 된 일이 예레미야가 남긴 예언을 성취하는 것이라는 사실을 강조한다(cf. 27:6-10). 일부 학자는 가룟 유다의 배신을 합리화하려 하지만(예수님이 인류의 구원을 이루기 위해 십자가에서 죽으시려면 반드시 예수님을 파는 자가 있어야 하는데 이 역할을 한 사람이 가룟 유다라는 등), 누가는 이 부연 설명을 통해 그의 배신을 절대 합리화할 수 없다고 한다(Fernando, cf. 눅 22:22).

가룟 유다가 예수님을 유대교 지도자들에게 넘기고 받은 돈은 '불의의 삯'(μισθοῦ τῆς ἀδικίας)이다(18a절). 나쁜 짓을 하고 얻은 대가라는 것이다. 유다는 예수님을 배신하고 잘 살 수 있을 것이라고 생각해서 이런 짓을 저질렀을 것이다. 그러나 그의 배신은 죄책감으로 인한 자살로 이어졌다.

마태복음 27:9은 그가 30세겔을 받았다고 한다. 한 세겔이 세 데나리온 정도 되었고, 한 데나리온이 당시 노동자의 일당이었으니 예수님은 약 3-4개월 치 봉급에 팔리신 것이다. 요한은 그가 재물에 대한 욕심이 많은 자였다고 한다(cf. 요 12:4-6). 가룟 유다는 "욕심이 잉태한즉 죄를 낳고 죄가 장성한즉 사망을 낳느니라"(약 1:15)라는 말씀으로 요약되는 삶을 살았다.

가룟 유다는 죽을 때 몸이 곤두박질해 배가 터져 창자가 다 흘러나왔다(18b절). 어떤 이들은 유다가 건물 지붕이나 높은 언덕에서 떨어져 죽은 것을 누가가 이렇게 표현한 것이라고 하는데(Conzelmann), 유다의 시신이 자살한 나무에 매달려 있다가 땅에 떨어질 때 앞쪽(배쪽)으로 떨어진 것을 이렇게 묘사한 것으로(Carson, Lakaw, cf. 마 27:5) 보는 것이 더 설득력 있다. 하나님의 혹독한 심판이 가룟 유다에게 임한 것이다(Bock, Longenecker).

'흘러나오다'(ἐκχέω)는 잠시 후 하나님이 성령을 '부어 주시는'(ἐκχέω) 일을 묘사할 때 사용되는 단어와 같다(cf. 2:17). 예수님을 배신한 가룟 유다는 죽을 때 배가 터져 창자가 흘러나오는(ἐκχέω) 흉측한 죽음을 맞이하고, 예수님을 사랑하는 사람들은 성령의 능력과 은혜로 부어 주심(ἐκχέω)을 입는 것이 참으로 극단적인 대조를 이룬다.

가룟 유다의 흉측한 죽음은 예루살렘에 사는 모든 사람에게 알려졌다(19a절). 그는 '불의의 삯'으로 받은 돈으로 산 밭에 묻혔고, 예루살렘 사람들은 그들의 말로 그 밭을 아겔다마라 불렀다. 예루살렘 사람들의 말은 아람어를 뜻한다(Fitzmyer, Le Cornu & Shulam). '아겔다마'('Ακελδαμάχ)는 '피밭'이라는 뜻을 지닌 아람어다. 누가는 아람어를 모르는 이방인

독자들을 위해 헬라어로 번역해 '이는 피밭이라는 뜻이라'(τοῦτ' ἔστιν χωρίον αἵματος)라는 설명을 더한다(19b절). 기드론 계곡에 있는 밭이며, 토기장이와 연관이 있는 곳이다(Schnabel, cf. 왕하 23:6; 렘 26:23; 마 27:7). 마태는 이 밭이 나그네들의 묘지가 되었다고 한다(마 27:7).

누가는 가룟 유다의 죽음에 대한 부연 설명(18-19절)을 마치고 다시 베드로의 스피치를 이어 간다. 베드로는 두 구약 말씀이 가룟 유다를 통해 성취되었다고 한다. 첫 번째인 "그의 거처를 황폐하게 하시며 거기 거하는 자가 없게 하소서"는 시편 69:25을 인용한 것으로, 참으로 억울한 일을 당한 시편 기자가 자신을 괴롭히는 악인들에게 이렇게 해 달라며 하나님께 드린 염원의 기도다. 두 번째인 "그의 직분을 타인이 취하게 하소서"는 시편 109:8을 인용한 것이다. 이 말씀도 의인이 자신을 괴롭히는 악인에게 이렇게 해 달라며 하나님께 드린 기도의 일부다. 두 말씀 모두 악인들에게 참으로 억울한 일을 당한 의로운 사람들의 울부짖음이며, 마태복음 27:3-10에 대한 전반적인 요약이라 할 수 있다(Conzelmann).

그러나 어떤 이들은 베드로가 이 시편들의 오리지널 정황을 무시하고 인용한 것이라며 가룟 유다에게 적용될 만한 말씀이 아니라고 한다(Barrett). 물론 다윗은 가룟 유다에게 적용되도록 이 시편들을 저작한 것은 아니다. 다윗은 특정 인물보다는 의인들이 악인들에게 억울한 일을 당할 때 이렇게 기도하라며 이 저주시들을 남겼다. 그러나 성경이 하나님의 말씀이고 우리의 삶에 적용할 기준이라 할 때, 우리도 말씀을 이런 방식으로 적용하지 않는가! 베드로는 유다의 배신과 죄를 강조하기 위해서가 아니라, 그로 인해 비어 있는 사도 자리를 새 사람으로 채워야 한다는 취지에서 이 시편 말씀을 인용하고 있다(Schnabel). 그러므로 베드로가 이 말씀을 사도들이 처한 상황에 적용하는 것은 지극히 당연한 일이다(cf. Bock, Bruce, Marshall).

베드로는 가룟 유다 대신 열두 번째 사도가 될 사람의 자격을 두 가지로 정리한다(21-22절). 첫째, 요한의 세례로부터 예수님이 승천하신 날까지 모든 것을 지켜본 사람이다(21-22a절). 베드로는 자기처럼 예수님의 삶과 사역에 대해 모든 것(A to Z)을 아는 사람을 사도로 세우고자 한다(Bock, Schnabel). 이 기준은 사도들이 선포할 메시지의 시간적 범위를 정의하기도 한다(Bruce, cf. 10:36-41; 13:24-31).

둘째, 사도들과 더불어 예수님의 부활하심을 증언할 사람이다(22b절). 사도들은 부활하신 예수님이 승천하시는 것도 직접 목격했다. 그러므로 이 요구 사항은 사람들이 예수님의 부활과 승천에 대한 사도들의 증언을 믿도록 유도한다(Bauckham, Larkin). 이 기준을 가장 확실하게 충족시키는 사람은 바울일 것이다. 그는 다메섹으로 가는 길에 부활하신 예수님을 직접 뵈었기 때문이다(cf. 9:4). 그러나 첫 번째 기준에 따르면 바울은 사도가 될 수 없다. 그는 다른 사도들처럼 3년 동안 예수님을 바로 곁에서 지켜보지도 않았고, 주님이 부활하고 승천하실 때 그 자리에 있지도 않았기 때문이다.

이 두 가지 조건을 충족하는 유일한 사람들은 예수님의 열두 제자와 주님의 사역을 옆에서 도운 이들이다(Fernando). 그들의 대를 잇는 교회 지도자들도 이 두 가지 조건을 충족시키지는 못한다. 그러므로 사도는 일부 교단이 주장하는 것처럼 교회의 직분이 아니다. 사도는 예수님을 대신해 복음을 전파하는 사람이며, 예수님의 부활에 대한 산 증인이다(Longenecker).

이 말씀은 하나님의 역사는 인간의 실패와 상관없이 계속된다고 한다. 가룟 유다의 배신도 복음이 땅끝까지 전파되는 일을 막을 수 없다. 그러므로 하나님은 그를 대신해서 사도로 일할 사람을 세우신다. 시대와 상황에 따라 하나님이 사용하시는 사람은 바뀔 수 있지만, 하나님의 사역은 세상 끝 날까지 계속된다.

가룟 유다 이야기는 영적 세계의 현실을 보게 한다. 처한 상황과 받은 교육이 같다고 해서 모두 동일한 영적 열매와 결과를 내지는 않는다. 가룟 유다도 다른 제자들과 함께 3년 동안 예수님께 양육받았다. 그런데도 예수님을 배신했다. 영적인 세상이 이러하다. 사역자인 우리는 최선을 다해 성도들을 양육하되, 결과는 하나님께 맡겨야 한다. 결과가 우리의 기대에 미치지 못한다 해도 실망하고 좌절하며 스스로 실패했다고 생각할 필요가 없다.

Ⅱ. 예루살렘(1:12-6:7)
A. 맛디아를 사도로 세움(1:12-26)

3. 맛디아가 사도로 선출됨(1:23-26)

23 그들이 두 사람을 내세우니 하나는 바사바라고도 하고 별명은 유스도라
고 하는 요셉이요 하나는 맛디아라 24 그들이 기도하여 이르되 뭇 사람의 마
음을 아시는 주여 이 두 사람 중에 누가 주님께 택하신 바 되어 25 봉사와 및
사도의 직무를 대신할 자인지를 보이시옵소서 유다는 이 직무를 버리고 제
곳으로 갔나이다 하고 26 제비 뽑아 맛디아를 얻으니 그가 열한 사도의 수에
들어가니라

베드로의 제안을 좋게 여긴 사도들은 두 사람을 선출했다(23a절). 두 사람 모두 사도가 되기에 적합한 사람이다. 한 사람은 바사바라고도 하고, 별명은 유스도라고 하는 요셉이었다(23b절). '바사바'(Βαρσαββᾶς)는 '안식일의 아들' 혹은 '사바의 아들'로 풀이되는 아람어 이름이다. 만일 그의 이름이 '안식일의 아들'이라는 의미라면, 아마도 안식일에 태어났기 때문에 이런 이름을 지니게 되었을 것이다(Longenecker). 만일 그의 이름이 '사바의 아들'이라는 의미라면(Barrett), '늙은 사람의 아들'이라는 뜻이 된다(Bauckham). '사바'가 늙은 사람을 뜻하는 단어이기 때문이다. 아마도 그의 아버지가 노년에 얻은 아들이라는 의미에서 이런 이름을 주었을 것이다. '유스도'(Ἰοῦστος)는 라틴어에서 비롯된 로마 사람의 이름이며 '정의'라는 의미를 지닌다(TDNT). 그가 팔레스타인 지역 밖에서 선교 사역을 했기 때문에 이런 이름을 갖게 된 것으로 보인다(Bauckham). 훗날 초대교회는 그가 독사의 독을 마시고도 해를 입지 않았다는 일화를 남겼다(Bock).

다른 한 사람은 맛디아였다(23b절). '맛디아'(Μαθθίας)는 '하나님의 선물'이라는 의미를 지닌 이름이다(TDNT). 그는 훗날 에티오피아에서 선교하다가 순교했다고 한다(cf. Bock, Fernando). 한 전승에 따르면 이 두 사람은 예수님이 사역자로 세우신 70(72)명에 속했다고 한다(cf. 눅 10:1). 이 자리에는 예수님의 동생들도 있었지만(1:14), 그들은 예수님의 사역에 동참하지 않았기 때문에 사도 후보자로 지명될 수 없었다.

사도들은 사도로 세우면 좋을 두 사람을 정한 뒤 하나님께 기도했다(24절). 그들은 앞서 말한 두 가지 기준에 따라 이 두 사람을 정했다. 그들이 보기에는 둘 다 사도가 되기에 아무 문제 없어 보이는 좋은 사람들이다. 다만 사도들은 그들의 마음이 어떠한지 모른다. 그러므로 사람의 마음을 아시는 주님이 두 사람 중 사도가 되기에 더 좋은 마음을 지닌 한 사람을 택하여 세우시기를 기도한다(cf. 15:8; cf. 삼상 16:7). 사도들은 최선을 다해 준비한 뒤 주님이 최종 결정을 하시게 한 것이다.

그런데 사도들이 기도한 주님은 누구이신가? 예수님이라는 이들이 있는가 하면(Barrett, Longenecker, Marshall, Williams, cf. 1:2, 21; 눅 6:13; 요 6:70), 사도들이 하나님 아버지께 기도한 것이라고 하는 이들도 있다(Bock, Conzelmann, Schnabel, cf. 눅 16:15; 롬 8:27). 예수님과 아버지는 하나이시기에 별 이슈는 아니지만, 지금 그들이 세우고자 하는 사람이 예수님의 사도라는 점을 고려하면 예수님께 기도했다는 말이 맞는다. 그러나 사람의 마음을 아시는 이는 하나님이시고(15:8), 또한 성경이 우리가 기도할 때 예수님의 이름으로 하나님 아버지께 기도하라고 하는 점을 고려하면 사도들이 하나님 아버지께 기도한 것으로 보인다.

하나님이 결정해 세우실 열두 번째 사도는 유다가 버린 사도의 직무와 봉사를 할 사람이다(25절). '버리다'(παραβαίνω)는 가야 할 길을 가지 않고 곁길로 간다는 뜻이다(BDAG, cf. 마 15:2-3). 유다는 사도로서 가야 할 길을 스스로 떠나 제 곳으로 갔다. '제 곳으로 갔다'는 그가 지옥으로 간 것에 대한 완곡어법이다(Bruce, Longenecker). 가룟 유다가 죄를 짓고 하나님의 심판을 받아 지옥으로 갔다는 뜻이다(Bock, Witherington).

'봉사'(διακονίας)는 1:17에서 '직무'로 번역된 단어이며, 섬김을 뜻한다. 사도는 예수님의 증인이 되는 직무를 맡았으며, 끊임없이 성도들을 섬기고 봉사하도록 부르심을 받았다. 교회에서는 지위가 높을수록 더 섬기고, 더 사랑해야 한다.

사도들은 기도한 뒤 제비뽑기를 통해 맛디아를 사도로 세웠다(26절). '제비뽑기'(κλῆρος)는 하나님의 뜻을 구하는 전통적인 방법이다(cf. 레 16:8; 수 18:6; 19:1-40; 23:4; 삼상 14:42; 욘 1:7-8). 그러나 제비뽑기는 아무 때나 아무 곳에서 행하는 것이 아니다. 공동체가 제비뽑기를 통해 무엇을 결정하려면 먼저 성경의 중요성을 고백하고(1:20) 예수님과의 긴밀한 관계를 유지하며(1:21-22) 기도하는 공동체(1:24-25)가 되어야 한다(Wall).

아마도 사도들은 두 사람의 이름을 적은 돌 두 개를 주머니에 넣고 기도한 후에 하나를 꺼내는 방식으로 제비뽑기를 했을 것이다(Conzelmann, Schnabel, cf. 삼상 14:41-42; 잠 16:33). 돌 대신 짐승의 뼈, 혹은 화살촉, 혹은 나무 조각 등도 제비뽑기에 사용되었다(Le Cornu & Shulam). 제비뽑기는 신약에서 단 두 차례 행해진다. 본문이 두 번째이며, 첫 번째는 십자가에 매달린 예수님의 옷을 나눠 갖기 위해 로마 군인들이 제비뽑기를 했다(마 27:35; 막 15:24; 눅 23:34; 요 19:24).

성령이 강림하신 후에는 더는 제비뽑기가 사용되지 않았다. 성령 강림 이후에는 초대교회가 기도로 하나님의 인도하심을 구했기 때문이다(Fernando, Schnabel, cf. 6, 13장). 이러한 과정을 통해 예수님과 함께 열두 번째 보좌에 앉을 사도가 세워졌다(cf. 눅 22:30). 사도의 수가 12명으로 회복된 것처럼, 언젠가는 이스라엘의 열두 지파도 회복될 것이다(Schnabel).

이 말씀은 하나님의 택하심을 받는 일에 선한 마음이 가장 중요하다고 한다. 맛디아나 요셉이나 사람들이 보기에 모두 훌륭한 사도 후보였다. 그러나 사람의 마음을 아시는 하나님은 맛디아를 사도로 세우셨다. 교회에서도 일꾼을 세울 때 마음이 선한 사람들을 세우려고 최선을 다해야 한다.

세상에 우연은 없다. 맛디아가 하나님의 택하심을 입은 것은 유다가 예수님을 배신한 것만큼이나 하나님 계획의 일부라 할 수 있다(Wall). 그러므로 우리가 살면서 어떤 일을 겪더라도 그 일 역시 하나님 계획의 일부라는 사실을 고백해야 한다. 이렇게 고백하면 견디기가 조금은 수월해진다.

B. 오순절(2:1-41)

본 텍스트는 오순절에 성령이 강림하실 때 동반한 현상과 성령이 강림하신 목적 및 이유를 설명한다. 성령 세례는 1:4-5이 예고했을 뿐 아니라, 누가복음에서도 언급된 적이 있다(cf. 눅 24:47-49). 그러므로 이 이야기는 누가복음-사도행전에서 가장 중요한 사건이다(Bock). 성령 충만을 입은 이들은 방언을 했고, 성령이 오신 목적은 예수님이 구속하시는 메시아라는 것을 선포함으로써 영접하는 자들을 하나님의 자녀로 삼기 위해서다.

성령 강림은 예수님의 승천과 다음과 같은 공통점을 지닌다(Spencer). (1)둘 다 매우 특이한 현상이다. 일상적으로 세상과 하늘은 이렇다 할 교류를 하지 않지만 예수님의 승천은 하늘로 올라가는 일을, 오순절 강림은 하늘에서 내려오는 일을 묘사한다. (2)두 사건 모두 예언과 성취를 중심으로 진행된다. 이미 하나님이 계획하신 일이라는 것이다. (3)둘 다 유대에 살지 않는 갈릴리 사람들이 예루살렘과 인근에서 경험한 일이다. (4)두 사건 모두 열두 사도를 중심으로 진행되었다. 본 텍스트는 다음과 같이 구분된다.

A. 성령 강림(2:1-13)
B. 베드로의 설교(2:14-41)

II. 예루살렘(1:12-6:7)
B. 오순절(2:1-41)

1. 성령 강림(2:1-13)

성령은 오순절에 매우 특이한 현상을 동반하며 강림하셨다. 가장 인상적인 장면은 성령 세례를 받은 사람들이 배운 적 없는 언어로 말하는 것이다. 그들도 놀랐겠지만, 그들의 말을 알아듣는 사람들이 더 놀랐다. 본문은 다음과 같이 두 섹션으로 구성된다.

A. 제자들을 놀라게 한 현상(2:1-4)
B. 제자들에게 놀란 무리(2:5-13)

II. 예루살렘(1:12-6:7)
B. 오순절(2:1-41)
1. 성령 강림(2:1-13)

(1) 제자들을 놀라게 한 현상(2:1-4)

[1] 오순절 날이 이미 이르매 그들이 다같이 한 곳에 모였더니 [2] 홀연히 하늘

로부터 급하고 강한 바람 같은 소리가 있어 그들이 앉은 온 집에 가득하며 3 마치 불의 혀처럼 갈라지는 것들이 그들에게 보여 각 사람 위에 하나씩 임하여 있더니 4 그들이 다 성령의 충만함을 받고 성령이 말하게 하심을 따라 다른 언어들로 말하기를 시작하니라

누가는 성령 강림을 매우 짧게 회고하지만, 이 사건은 사도행전에 기록된 이야기 중에서 학자들 사이에 가장 많은 관심을 받는 사건이다(Wall, cf. Fernando). 이 일로 인해 공식적인 '성령의 시대'가 열리지만, 세부적인 사항이 자세하게 묘사되지 않기 때문이다.

'오순절'(πεντηκοστή)(1절)은 신약에서 3차례 언급되는 구약 절기이며(cf. 20:16; 고전 16:8) 유월절 바로 다음 안식일로부터 일곱 번째 안식일, 곧 유월절로부터 50일(=오순절)이 되는 때다(출 23:16; 34:22; 레 23:15-16; 민 28:26; 신 16:9-12). 또한 예수님이 부활하신 날로부터 49일째 되는 날이기도 하다. 구약은 이날을 '칠칠절'(the Feast of Weeks) 혹은 '초실절'(the Feast of First Fruits)로도 부르며(출 34:22), 봄철 곡물 추수를 마무리하며 하나님께 감사하는 절기다. 율법은 오순절을 성인 남자들이 매년 성전으로 순례를 가는 3대 절기 중 하나로 규정했다(출 23:14-17). 나머지 두 절기는 유월절(무교절)과 수장절(초막절)이다.

제2 성전 시대 유대인들은 오순절을 하나님이 모세를 통해 율법을 주신 날로 기념했다(cf. Bock, Longenecker, Marshall, Noack, Schnabel). 그러므로 하나님이 오순절에 성령을 주신 것은 옛적에 유대인들에게 율법을 주신 것과 비슷하지만, 유대교와 기독교의 근본적인 차이를 드러내는 일이기도 하다. 유대인들은 이날 받은 율법을 중심으로 신앙생활을 했지만, 기독교인들은 이날 강림하신 성령을 중심으로 신앙생활을 하게 되었기 때문이다(Longenecker).

누가는 오순절 날이 이르렀다고 하는데(1a절), '이르다'(συμπληρόω)는 2절의 '가득하다, 차다'(πληρόω)와 언어유희(symplēroō-plēroō)를 구성한다(Jervell, Polhill). 어떤 이들은 성령 강림이 이때 있었던 일이 아닌데 이때 임한 것처럼 편집한 것이라고 한다(Conzelmann). 그러나 거의 모든 학자가 성령 강림은 오순절에 있었던 일이라고 한다(Dunn, Marshall, Witherington).

누가는 이날 모인 사람이 얼마나 되었고, 누구였으며, 모인 곳이 어디였는지 구체적으로 말하지 않는다(Longenecker). 이날 모인 사람의 수는 1:15이 언급한 120명이 확실하다(Bock, Haenchen, Schnabel). 각 사람 위에 '불의 혀처럼 갈라지는 것'이 하나씩 임한 것(3절)과 베드로가 요엘이 예언한 대로 이날 모든 사람에게 성령이 임했다고 하는 것이 이러한 해석을 지지한다(2:17-21).

이 120명이 모인 곳은 예루살렘 안에 있는 다락방이었을 것이다(cf. 1:13). 누가는 이들이 모인 장소를 '집'(οἶκος)이라고 한다(2절). 누가복음-사도행전은 성전에 대해 22차례나 언급하는데, 한 번도 '집'(οἶκος)이라는 단어를 사용하지 않고 항상 '성전'(ἱερόν)이라는 단어를 사용한다(Bock, Longenecker). 그러므로 일부 학자가 주장하는 것처럼 이 일은 성전에서 있었던 일이 아니라, 사도들이 평소 모이던 '다락방'이 있는 집에서 있었던 일이다.

다락방에 모여 기도하는 사람들 위에 홀연히 하늘로부터 급하고 강한 바람 같은 소리가 들렸다(2a절). '홀연히'(ἄφνω)는 아무런 예고 없이 갑자기 일어난 일을 뜻한다. 하나님이 약속하시고(눅 24:49; 행 1:4), 예수님이 제자들에게 주시겠다고 했던 성령 세례가 시작되는 순간이다(1:4-5; cf. 눅 3:15-17; 24:47-49). 성령 세례는 그 자리에 있던 모든 사람이 듣고 볼 수 있는 현상을 동반했다.

본문은 성령이 하늘로부터 강림했다고 하는데, 예수님이 올라가신 곳(1:11)으로부터 내려오신 것이다. 예수님이 성령을 보내셨음을 암시한다. 하늘로부터 이처럼 특별한 일이 일어난 것은 이미 구약에 예견된 일이라 할 수 있다(O'Brien, cf. 민 11:29; 사 32:15; 44:3; 겔 36:27). 또한 성령이 다락방에 강림하신 것은 옛적 시내산에서 있었던 하나님의 현현을 상기시킨다(Schnabel, 출 19:16).

다락방에 모여 있는 사람들은 성령이 강림하실 때 동반한 소리를 들을 수 있었다. 구약에서 바람은 하나님의 생각을 뜻하거나(잠 1:23), 하나님의 현현, 현현 중 하시는 일(Barrett, Marshall, cf. 출 19:18-19; 삼하 22:16; 왕상 19:11-12; 욥 37:10; 겔 13:13)을 상징하기도 한다. 이곳에서도 성령 강림을 통한 하나님의 현현을 의미한다(Bock). 또한 바람은 하나님의 심판을 의미하기도 한다(Fernando, cf. 눅 3:16-17). 성령 강림이 동반한 바람 같은 소리는 그들이 모여 있는 온 집 안을 가득 채웠다.

성령 강림이 동반한 첫 번째 현상이 사람들이 들을 수 있는 청각적인 것이었다면, 두 번째 현상은 시각적인 것이었다. 사람들이 볼 수 있었기 때문이다. 그들은 마치 불의 혀처럼 갈라지는 것들을 보았다(3절). 이 불의 혀 갈래는 각 사람 위에 하나씩 임했다. 120명이 모였으니, 성령의 불이 120갈래로 갈라져 각 사람 위에 한 갈래씩 임한 것이다.

구약에서 불은 하나님의 임재를 상징한다(출 3:2; 13:21; 신 4:33; 5:24-26; 왕상 18:38). 또한 심판을 상징하기도 한다(신 4:24; 9:3; 사 5:24). 성령 강림이 심판이 아니라 정결만을 상징한다고 하는 이들도 있지만(Bock), 성령이 잠시 후 아나니아와 삽비라를 '태우는 것'(5:3, 9)을 보면 심판하시는 불로도 오셨다. 누가는 성령이 바람 '같고'(ὥσπερ) 불의 혀'처럼'(ὡσεὶ) 생겼다며 구체적인 묘사를 피한다(Wall). 성령이 실체를 지니신 것은 확실하지만, 구체적인 모습을 묘사하기는 어렵다는 뜻이다. 이러한 현상은 구약에서도 종종 일어난다. 에스겔도 하나님을 뵈었을 때 '사람의 모양 같은' 분이라며 하나님에 대한 직접적인 묘사를 피한다(겔 1:26). 하나님을 직접 뵈면 죽기 때문이다(출 33:20).

다락방에 모인 제자들은 성령 강림이 동반한 바람과 불을 통해 성령의 충만함을 받았다(4a절). '충만하다'(πίμπλημι)는 2절의 '가득하다, 채우다'(πληρόω)보다 훨씬 더 강화된 개념이다. '충만함'은 순간적이며, '채움'은 지속적이다(Schnabel). 또한 문법(aorist indicative+genitive)이 조금씩 지속적으로 채우는 것이 아니라, 성령의 충만함이 순식간에 강력하게 이루어진 상황을 묘사한다(Turner). 세례 요한이 예언했던 성령 세례를 받은 것이다(cf. 눅 3:16).

그들은 성령이 말하게 하심을 따라 다른 언어들로 말하기 시작했다(4b절). 우리말 번역본들이 '말하게 하시다'로 번역한 헬라어 단어(δίδωμι)는 '주다'라는 뜻이다(BDAG). 사람들은 성령이 각자에게 주신 다른 언어로 말하기 시작한 것이다.

일부 교단에서는 사람이 성령의 충만함을 받으면 방언이 첫 징조로 나타난다고 하는데, 별 설득력 없는 논리다. 본문은 성령의 충만함을 입은 사람들이 성령이 주신 언어를 말했다고 한다. 누가는 성령이 성도의 삶을 이끌고 지배하는 것을 충만함이라고 하지, 방언으로 말하는 것을 충만함이라고 하지 않는다. 방언은 충만함을 입은 사람이 성령이 '말하게 하심'을 따른 결과일 뿐이다.

잠시 후에 보겠지만, 성령은 오순절 절기를 지키기 위해 세상 곳곳에서 모여든 디아스포라 유대인들을 전도하고자 다락방에 모인 이들에게 다른 언어들을 말하게 하셨다. 만일 전도와 선교를 위해 그들에게 다른 은사가 필요했다면 방언 대신 다른 은사를 주셨을 것이다. 때와 장소에 따라 '성령의 첫 은사'는 달라질 수 있다는 뜻이다. 그러므로 사람이 성령의 충만함을 받으면 제일 먼저 방언을 한다는 것은 잘못된 주장이다.

방언은 하나님을 찬양하고 전도하는 일에 쓰여야 한다(cf. 고전 14장). 그래서 바울은 만일 방언을 통역해 줄 사람이 없으면 교회에서 방언을 아예 사용하지 말라고 한다. 방언은 자기를 과시하기 위해 주신 은사가 아니기 때문이다. 은사는 공동체를 세우고 격려하는 일에 사용하라고 하나님이 주시는 선물이다. 만일 사람이 받은 은사를 제대로 사용하지 않거나, 그 은사가 공동체에 필요 없게 되면 언제든 가져가실 수 있다.

이 말씀은 우리의 신앙과 일상에서 가장 필요한 것은 성령의 충만함이라고 한다. 성령 충만함은 성령의 인도하심과 지시에 따르는 것, 곧 삶의 모든 영역에서 성령의 지배를 받는 것이다. 그러므로 예수님을 영접했을 때 받은 성령 충만을 지속하려면, 삶에서 의도적이고 지속적으로 성령과 교통하며 인도하심을 받아야 한다. 이런 일은 기도를 통해서만 가능하다.

Ⅱ. 예루살렘(1:12–6:7)
B. 오순절(2:1–41)
1. 성령 강림(2:1–13)

(2) 제자들에게 놀란 무리(2:5–13)

5 그 때에 경건한 유대인들이 천하 각국으로부터 와서 예루살렘에 머물러 있
더니 6 이 소리가 나매 큰 무리가 모여 각각 자기의 방언으로 제자들이 말하
는 것을 듣고 소동하여 7 다 놀라 신기하게 여겨 이르되 보라 이 말하는 사
람들이 다 갈릴리 사람이 아니냐 8 우리가 우리 각 사람이 난 곳 방언으로
듣게 되는 것이 어찌 됨이냐 9 우리는 바대인과 메대인과 엘람인과 또 메소
보다미아, 유대와 갑바도기아, 본도와 아시아, 10 브루기아와 밤빌리아, 애
굽과 및 구레네에 가까운 리비야 여러 지방에 사는 사람들과 로마로부터 온
나그네 곧 유대인과 유대교에 들어온 사람들과 11 그레데인과 아라비아인들
이라 우리가 다 우리의 각 언어로 하나님의 큰 일을 말함을 듣는도다 하고
12 다 놀라며 당황하여 서로 이르되 이 어찌 된 일이냐 하며 13 또 어떤 이들
은 조롱하여 이르되 그들이 새 술에 취하였다 하더라

천하 각국에서 온 경건한 유대인들이 예루살렘에 머물러 있었다(5절). 이들은 오순절 절기를 지키기 위해 성전이 있는 예루살렘으로 순례를 온 것이다. 신약에는 '경건한 유대인'(εὐλαβεῖς)이라는 말이 4차례 나오는데, 모두 누가복음-사도행전에서 사용된다(눅 2:25; 행 2:5; 8:2; 22:12). 누가는 이 단어를 오직 유대인에게만 적용한다. 경건한 이방인에 대해서는 다른 단어(εὐσεβής)를 사용한다(Bock, Longenecker, cf. 10:2).

'천하 각국'(παντὸς ἔθνους τῶν ὑπὸ τὸν οὐρανόν)은 오늘날 우리의 세계관이 아니라 당시 사람들의 세계관에서 해석해야 한다(Stott). 누가는 지중해를 중심으로 한 그리스-로마의 영향권에 있는 나라 중 디아스포라 유대인이 사는 나라들을 두고 '천하 각국'이라 한다(Haenchen). 천하 각국에서 온 경건한 유대인들은 예루살렘에 상주하는 사람들을 포함하지만, 대부분은 각지에서 오순절을 기념하기 위해 온 사람들이다(Bruce, Reinhardt). 디아스포라 유대인 중 나이가 많은 사람들은 예루살렘에 와서 삶을 마감하고 묻히기를 염원했다(Harrison, Hengel & Schwemer, Johnson, Marshall). 그러므로 이 두 부류가 천하 각국에서 온 경건한 유대인들을 구성한다.

이 사람들은 하나님을 경외하는 경건한 사람들이기는 하지만, 아직 예수님을 통해 구원받지는 못했다. 그러므로 베드로는 그들에게 구원에 이르려면 회개하고 예수님을 영접해야 한다고 한다(cf. 2:14-36). 예수님을 보내신 여호와 하나님을 믿는 유대교인이라 할지라도 자동적으로 구원에 이르지는 못한다. 그들도 이방인이나 믿지 않는 자처럼 예수님을 영접해야만 구원을 얻을 수 있다.

경건한 유대인들은 성령 충만을 입은 제자들이 저마다 그들이 알아듣는 언어로 말하는 것을 보고 소동했다(6절). 제자들이 길거리로 나선 것이다(Bruce). 당시 가나안 지역에서 사용되던 통용어는 아람어와 헬라어였기 때문에 예루살렘에서 이 두 언어는 흔히 접할 수 있었다. 디아스포라 유대인들이 놀라는 것은 제자들이 이 두 통용어가 아니라 자신들만이 알아들을 수 있는, 예루살렘에서는 거의 들어볼 수 없는 그들의 언어를 구사했기 때문이다(cf. 6, 8, 11절).

'소동하다'(συγχέω)는 혼란스러워하거나 놀라는 것을 뜻한다(BDAG). 이 동사는 신약에서 5차례 사용되는데, 모두 사도행전에서 사용된다(2:6; 9:22; 19:32; 21:27, 31). 칠십인역(LXX)은 창세기 11:7, 9에 이 단어를 사용함으로써 바벨탑을 쌓기 위해 모인 사람들이 서로의 말을 알아듣지 못하는 혼란과 당혹감을 묘사한다. 그러므로 어떤 이들은 이 순간 바벨탑의 저주(창 11:1-9)가 풀렸다고 해석한다(Wall, cf. Pelican). 그러나 종말에야 모든 사람이 별 어려움 없이 서로 소통하게 될 것이라며, 지금은 '맛'만 보여 주는 것이지 바벨탑에서 빚어진 언어 혼란이 모두 해소되었다고 할 수는 없다고 말한다(cf. Barrett, Beale & Carson). 성령의 사역이 제자들에게는 배우지 않은 말을 할 수 있는 은사로 임했지만, 믿지 않는 사람들에게는 혼란스러움과 놀라움을 초래한 것이다.

경건한 유대인들은 참으로 놀랍고 신기하게 생각하며 세 가지 질문을 한다(7-11절). 사도행전에서 '놀라다'(ἐξίστημι)는 기적에 대한 반응을 묘사한다(Bock). 복음서에서도 주로 기적에 대한 사람들의 반응을 묘사하는 데 사용된다(마 12:23; 막 2:12; 3:21; 5:42; 6:51; 눅 2:47; 8:56; 24:22). 그들은 기적을 목격한 사람들처럼 반응하고 있다.

첫째, 그들은 방언을 하는 사람들이 다 갈릴리 사람이 아니냐고 묻는다(7절). 갈릴리 사람들은 억양이 달랐기 때문에 쉽게 구별되었다(Bruce, Longenecker, cf. 마 26:73). 또한 이 질문은 갈릴리 사람들은 교육 수준이 높지 않으므로 외국어를 구사할 수 없다는 편견을 반영하고 있다(Longenecker, Witherington). 그들 생각에 갈릴리 사람은 여러 외국어를 자유자재로 구사할 능력을 가진 자들이 아니라는 것이다. 그러나 제자들이 전혀 배운 적 없는 온갖 언어를 자유자재로 구사하는 것은 하나님이 세상의 낮은 자들을 들어 쓰시는 좋은 사례다.

둘째, 그들은 갈릴리 사람들에게서 자신들의 언어를 듣게 된 것이 어찌 된 일이냐고 묻는다(8절). '우리 각 사람이 난 곳 방언'(διαλέκτῳ ἡμῶν ἐν ᾗ ἐγεννήθημεν)은 모국어를 뜻한다. 디아스포라 유대인들은 태어난 곳에 따라 각기 다른 모국어를 배우고 말했다(cf. 9–12절). 그런데 제자들이 배워 본 적 없는 그들의 모국어로 말하고 있다! 그러므로 그들은 어찌 된 영문인지 묻는다. 제자들이 방언으로 말하는 것을 보고 들었지만 도저히 믿기지 않는다. 그러나 우리는 잘 안다. 하나님은 예루살렘에 모인 모든 디아스포라 유대인이 알아들을 수 있도록 성령으로 충만한 제자들에게 그들의 방언으로 복음을 말하게 하셨다. 그러므로 이 일은 하나님이 하신 일이다(Bock).

디아스포라 유대인들이 자신의 언어라며 나열하는 말은 총 16가지다(9–11a절). 어떤 이들은 이 언어들을 바벨탑 사건을 둘러싸고 있는 '열방 목록'(창 10–11장)과 연결하지만(Schnabel), 별 연관성이 없어 보인다. 단순히 로마 제국에서 디아스포라 유대인들이 흩어져 살던 여러 나라의 언어 중 중요한 것들만 나열한 것으로 보인다(cf. Hengel & Schwemer, Pesch, Spencer). 이 나라들의 목록은 '4–2–2–2–2–4' 패턴을 취한다(Bock). 다음을 참조하라.

개수	언어 목록
4	바대인과 메대인과 엘람인과 또 메소보다미아
2	유대와 갑바도기아
2	본도와 아시아
2	브루기아와 밤빌리아
2	애굽과 및 구레네에 가까운 리비야 여러 지방
4	로마로부터 온 나그네, 곧 유대인과 유대교에 들어온 사람들과 그레데인과 아라비아인들

위 목록은 지역적으로 동쪽에서 서쪽으로 이동하고 있으며, 예외는 바대(Parthia)와 로마다. 바대와 로마는 네 나라로 구성되어 시작 목록과 마지막 목록에 있다. 당시 바대는 동쪽의 최고 권력이었으며, 로마는 서쪽의 최고 권력이었다(Josephus). 또한 이 목록은 북서쪽에서 남서쪽

으로 이동한다(Bock).

제자들은 위에 나열된 언어들로 하나님의 큰일을 말했다(11b절). '큰'(μεγαλεῖος)은 신약에서 단 한 번 이곳에서 사용된다. 칠십인역(LXX)에는 자주 사용되며(cf. 신 11:2; 시 70:1), 위대함을 의미한다. 우리는 성령으로 충만한 제자들이 방언으로 무엇을 하고 있는지 보고 있다. 그들은 하나님의 위대하심을 선포(증언)하고 있다. 교회의 전도와 선교가 시작되는 순간이다(Polhill).

갈릴리 사람들이 여러 방언으로 하나님의 위대하심을 선포하는 것을 들은 사람들이 두 가지 반응을 보인다. 대부분은 놀라고 당황하며 세 번째 질문으로 서로에게 자신들의 마음을 표현한다: "어찌 된 일이냐?"(12절). 무슨 영문인지 도대체 모르겠다는 뜻이다. 그러므로 그들은 더 알고 싶어 한다. 잠시 후 그들은 베드로의 설교(2:14-36)에서 질문에 대한 답을 얻을 것이다.

나머지 사람들은 배우지 않은 방언으로 말하는 제자들을 새 술에 취했다며 조롱한다(13절). 이 사람들은 자신의 영적인 어두움은 전혀 생각하지 않고 억지 논리로 제자들을 비방한다. '새 술'(γλεῦκος)은 아직 발효가 덜 되어 달콤한 포도주다(cf. NAS). 가나안 지역에서는 포도 수확이 8월에 시작되며, 5월 하순이나 6월 초순에 있는 오순절 시기는 '새 술'을 마실 수 있는 때가 아니다. 그러므로 어떤 이들은 누가가 '새 술'을 언급하는 것은 그가 계절을 착각해 실수한 것이라고 한다(Barrett). 이와는 대조적으로 그 시대에도 1년 내내 술을 달콤하게 보관하는 방법이 있었다고 하는 이들이 있다(Bock, Bruce, Schnabel). 5월에 '새 술'(달콤한 술)을 언급한다고 해서 문제가 되지 않는다는 것이다. 이 말은 누가가 제자들의 놀라운 증언을 듣고도 조롱하는 사람들이 말도 안 되는 논리를 펼치고 있을 뿐 아니라, 8월에나 마실 수 있는 '새 술'을 6월에 운운하며 빈정대고 있다고 비난하는 것일 수 있다.

이 말씀은 같은 일을 목격하고 경험한 사람들이라 해서 반드시 동일하게 반응하는 것은 아니라고 한다. 제자들이 배우지 않은 언어들로 하나님의 큰일을 말하는 것을 목격한 사람들은 대부분 긍정적으로 반응하며 어떻게 해서 이렇게 된 것인지 더 알고자 했다. 반면에 처음부터 술에 취해서 그렇다며 조롱과 빈정댐으로 반응하는 자들도 있었다. 이런 사람들은 상식적으로 생각하지 않으며, 진실을 아는 것이 중요하지 않다.

인간은 자신이 듣고자 하는 것만 듣고, 보고자 하는 것만 보고, 마음대로 생각하는 존재다. 사람들은 복음에 대해서도 다양하게 반응한다. 그러니 예수님을 영접하지 않는다고 낙심할 필요는 없다.

교회 안에도 다양한 사람이 존재한다. 어떤 사람들은 우리의 사역과 섬김에 매우 감사하며 긍정적으로 반응하지만, 어떤 자들은 항상 불신과 불만만 내뱉는다. 어떤 성도들은 영적인 일에 마음이 활짝 열려 있지만, 어떤 자들은 아예 마음 문을 닫고 산다. 그러므로 목회를 성실하게 하되 결과에 지나치게 집착하지 않는 것이 좋다.

II. 예루살렘(1:12-6:7)
B. 오순절(2:1-41)

2. 베드로의 설교(2:14-41)

예수님의 열두 제자 중 항상 리더 역할을 했던 베드로가 이 책에 기록된 첫 스피치를 하더니(1:16-22), 이번에는 첫 전도(선교) 설교를 한다. 이 설교는 책에 기록된 스피치 중 세 번째로 길다(Schnabel). 가장 긴 스피치는 스데반의 스피치며 1,014개의 헬라어 단어로 구성되어 있다(cf. 7장). 그다음은 사도 바울이 비시디아 안디옥에서 한 첫 번째 선교 설교이며, 470개의 헬라어 단어로 구성되어 있다(cf. 13장). 본문에 기록된 베드로의 스피치는 429개 단어에 달한다.

사도행전에 기록된 여러 전도(선교) 설교와 특히 2-4장에 기록된 베드로의 설교를 종합해 보면 다음과 같은 공통점이 있다(Dodd, cf. Barrett, Longenecker): (1)선지자들의 예언이 성취되는 시대가 되었다. (2)이 예언 성취 시대는 예수님의 삶과 죽음과 부활을 통해 임했다. (3)부활은 예수님을 높였다. (4)성령은 교회가 지닌 권능의 징조가 되었다. (5)메시아 시대는 예수님이 재림하시면 완성될 것이다. (6)하나님은 회개하는 자들에게 용서와 성령과 그분의 약속을 주신다.

베드로는 여러 면에서 예루살렘 교회와 사도들의 리더였다. 베드로의 오순절 설교와 그의 메시지를 들은 사람들의 반응으로 구성된 본 텍스트는 다음과 같이 구분된다.

A. 변증(2:14-21)
B. 선포(2:22-36)
C. 회개 권면과 축복 약속(2:37-41)

II. 예루살렘(1:12-6:7)
B. 오순절(2:1-41)
2. 베드로의 설교(2:14-41)

(1) 변증(2:14-21)

14 베드로가 열한 사도와 함께 서서 소리를 높여 이르되 유대인들과 예루살
렘에 사는 모든 사람들아 이 일을 너희로 알게 할 것이니 내 말에 귀를 기
울이라 15 때가 제 삼 시니 너희 생각과 같이 이 사람들이 취한 것이 아니라
16 이는 곧 선지자 요엘을 통하여 말씀하신 것이니 일렀으되

17 하나님이 말씀하시기를
말세에 내가 내 영을 모든 육체에 부어 주리니
너희의 자녀들은 예언할 것이요
너희의 젊은이들은 환상을 보고

너희의 늙은이들은 꿈을 꾸리라
18 그 때에 내가 내 영을 내 남종과 여종들에게 부어 주리니
그들이 예언할 것이요
19 또 내가 위로 하늘에서는 기사를
아래로 땅에서는 징조를 베풀리니
곧 피와 불과 연기로다
20 주의 크고 영화로운 날이 이르기 전에
해가 변하여 어두워지고
달이 변하여 피가 되리라
21 누구든지 주의 이름을 부르는 자는 구원을 받으리라
하였느니라

베드로는 사도행전에 기록된 첫 선교와 전도를 위한 설교를 한다. 그의 설교는 예수님이 누구이시며, 어떻게 주님을 알 수 있는가에 관한 것으로 상징성과 내용에 있어서 신약의 가장 중요한 선언(declaration) 중 하나다(Bock). 베드로는 구약의 예언을 인용하며 구속사적인 흐름에서 예수님의 삶과 죽음과 부활과 승천을 이해해야 한다고 한다. 이 모든 일은 하나님의 계획에 따라 진행된 일이라는 것이다.

베드로가 열한 사도와 함께 서서 크게 외쳤다(14a절). 아마도 사도들이 기도하던 다락방이 있는 집 앞에 서서 설교하고 있는 것으로 보인다(Schnabel). 지금까지 제자들은 각국 언어로 하나님의 큰일에 대해 말했는데(cf. 2:11), 베드로는 집 앞에 모인 무리가 모두 알아들을 수 있는 말(아람어)로 설교한다(Bruce).

그는 유대인들과 예루살렘에 사는 모든 사람에게 갈릴리 출신인 자신과 제자들이 배우지도 않은 각 방언으로 말한 것이 어떻게 된 영문인지 자초지종을 설명할 테니 귀를 기울이라고 한다(14b절). 당시 예루살렘에는 유대인 원주민과 디아스포라 유대인 그리고 이방인이 살고

있었다. 또한 그가 증언하고자 하는 예수님의 죽음과 부활과 승천은 모두 예루살렘과 근교에서 있었던 일이다. 그러므로 베드로는 예루살렘에 사는 모든 사람이 예수님에 관해 알 필요가 있다고 생각한다.

베드로는 제자들이 술에 취했기 때문에 방언을 한다는 사람들의 조롱(cf. 2:13)에 대한 반박으로 설교를 시작한다(15절). 제자들이 술에 취했다는 주장이 말이 안 되는 이유는 120명이 제삼시에 모여 함께 술을 마시는 일은 있을 수 없기 때문이다. 로마인과 유대인은 해가 뜰 때(새벽 6시)부터 질 때(오후 6시)까지의 시간을 12등분해 관리했다. 이 분류법에 따르면 제삼시는 오전 9시다. 오전 9시면 당시 유대인의 아침 기도 시간이며, 그들은 기도를 마치고 난 뒤에 아침 식사를 했다(Polhill). 한두 명이 아니라 120명이 기도 시간인 오전 9시에 모여 술에 취하는 것은 들어보지도 못한 일이다.

베드로는 자신들이 술에 취한 것이 아니라 성령에 취했다고 한다(cf. 16-18절). 이슈는 무엇에 조종당하는가 하는 것이다(Harrison, 눅 1:15; 엡 5:18). 술에 취한 사람의 생각과 행동은 술에 조종당한다. 반면, 성령에 취한(충만한) 사람은 삶의 모든 영역에 내재하시는 하나님의 인도하심을 받는다.

베드로는 요엘서를 인용하면서 이 일은 곧 하나님이 선지자 요엘을 통해 말씀하신 것이라고 한다(16절). 구약은 하나님이 인간 저자들을 통해 하신 말씀이라는 베드로의 성경관을 엿볼 수 있는 대목이다. 그는 요엘서에 기록된 말씀을 인용하면서 그 책에는 없는 '하나님이 말씀하시기를'(17a절)이라는 표현을 한 번 더 언급함으로써 자신의 성경관을 재차 확인한다. 베드로는 성경이 하나님의 말씀이라는 것을 확신한다.

베드로는 120명이 한 번도 배운 적 없는 여러 방언으로 하나님의 큰 일을 말하는 것은 말세에 대해 예언한 요엘 2:28-32이 그들을 통해 성취되었기 때문이라고 한다. '말세'(ἐσχάταις ἡμέραις)를 직역하면 '마지막 날들'(last days)이며, 세상이 끝나는 때를 의미한다. 요엘은 2:28에서 '그

후에'(אַחֲרֵי־כֵן)라는 표현을 사용하지, 선지자들이 종말을 뜻할 때 흔히 쓰는 전문 용어인 '그날에'(בַּיּוֹם הַהוּא)를 사용하지 않는다. 베드로가 종말이 시작되었음을 강조하기 위해 더 구체적인 표현으로 대체한 것이다(cf. 19–20절). 신실한 유대인들은 이날이 오기를 간절히 소망하며 살았다(cf. Longenecker). 그러므로 베드로의 설교는 조롱하는 자들부터 신실한 사람들까지 예루살렘에 모인 모든 사람을 대상으로 삼는다.

요엘에 따르면 말세는 하나님이 자기 영을 모든 육체에 부어 주심으로 시작된다(17a절). 베드로는 요엘의 예언에서 '모든 육체'(πᾶσαν σάρκα)를 이방인을 제외한 유대인만 뜻하는 것으로 생각한다(Bock, Johnson, Schnabel, Witherington). 그는 나중에야 성령이 이방인에게 임하는 것을 보고 비로소 이방인도 '모든 육체'에 포함되는 것으로 이해한다(cf. 10:45; 11:15–18).

하나님은 요엘을 통해 때가 되면 자기의 영을 부어 주겠다고 하시는데, 하나님의 영이 백성에게 임하는 일은 "여호와께서 그의 영을 그의 모든 백성에게 주사 다 선지자가 되게 하시기를 원하노라"(민 11:29)라는 모세의 오랜 염원이 드디어 실현되고 있음을 암시한다. 유대인들은 이날을 손꼽아 기다리고 있었다(Le Cornu & Shulam). 그러므로 오순절에 일어난 일은 이스라엘의 회복에서 가장 중요한 일이다(Fuller).

유대인들은 구약의 예언서들을 남긴 선지자(writing prophet)들이 죽고 난 후에는 예언이 사라졌다가 세상이 끝나는 날 메시아 시대가 시작될 때 다시 예언이 임할 것으로 생각했다(Longenecker, cf. 겔 37장). 그러므로 베드로가 예언이 임했다고 하는 것은 유대인들이 그토록 갈망하던 메시아 시대가 시작되었음을 암시한다. 메시아 시대에 대한 구약의 예언이 예수님을 통해 성취되었다는 것은 초대교회가 선포한 메시지의 핵심이다(Dodd).

동사 '붓다'(ἐκχέω)가 지닌 이미지는 장대비가 메마른 땅에 내리는 모습이다(Larkin). 요즘 말로 하면 하나님이 성령을 가뭄에 단비처럼 모든 사람에게 '억수로' 내려 주신다는 뜻이다. 중요한 것은 성령이 모든 사람에게 임한다는 사실이다. 이때까지 성령은 특별한 소수에게만 임했지만(cf. 눅 3:4-6, 16-17), 오순절 이후로는 모든 사람에게 임한다. 성령이 모든 사람에게 임하는 것은 새로운 시대가 시작되었다는 징조다(Bock).

성령이 모든 사람에게 임하면서 갖가지 장벽이 무너지고 있다. 첫째, 성차별의 장벽이 무너진다. '아들들'(υἱοὶ)만 예언하는 것이 아니라 '딸들'(θυγατέρες)도 예언한다(17b절). 또한 '남종들'(δούλους)뿐 아니라 '여종들'(δούλας)도 예언한다(18절). '예언하다'(προφητεύω)는 사도행전에서 흔하지 않은 단어다(2:18; 19:6; 21:9). 예언은 (1)영감을 받아 계시를 선포하는 것, (2)숨겨진 것을 말하는 것, (3)미래에 있을 일을 알리는 것 등으로 설명된다(BDAG). 신약에는 약 60개의 예언이 있다(Aune).

둘째, 나이 차별의 장벽이 무너진다. 성령으로 충만한 젊은이들은 환상을 보고 늙은이들은 꿈을 꾼다(17c절). 사도행전에서 '환상'(ὅρασις)은 유일하게 이곳에만 사용된다. 요한계시록에서 3차례 더 사용되며(계 4:3[2×]; 9:17), 하나님의 감동을 받은 상황에서 초자연적인 계시와 연관된 일을 보는 것을 의미한다(Schnabel). '꿈'(ἐνύπνιον)은 신약에서 이곳에만 사용되며, 사람이 잠을 자면서 경험하는 일을 말한다. '환상'과 '꿈'은 신약에서 매우 희귀한 단어지만, 칠십인역(LXX)에서는 자주 사용된다. 구약 선지자들은 환상과 꿈을 자주 접하는 사람들이었기 때문이다. 그리스-로마에서는 '젊은이'(νεανίσκος)를 18세부터 30세까지, '늙은이'(πρεσβύτερος)는 50세 이상으로 규정했다(Schnabel).

셋째, 신분 차별의 장벽이 무너진다. 성령은 남자들과 여자들, 젊은이들과 늙은이들뿐 아니라, 남종들과 여종들에게도 임한다(18절). '남종들'(δούλους)과 '여종들'(δούλας)은 노예로 팔린 사람들이다. 당시 대부분 종은 경제적인 이유(채무 등) 때문에 노예로 팔렸으며, 주인의 재산으로 취급되었다. 그러므로 성령이 그들에게 임한다는 것은 하나님이 사회적 계층의 장벽을 허무시는 것을 암시한다.

하나님이 남종들과 여종들에게도 성령을 부어 주시니 그들도 자녀들처럼 예언한다(cf. 17절). 예루살렘 사람들은 남녀노소, 신분의 귀천 없이 다락방에 모인 모든 사람이 환상을 보고 꿈을 꾸고 예언하는 종말이 시작된 것을 목격하고 있다(Fernando). 요엘이 예언을 통해 꿈꾼 세상이 도래한 것이다.

베드로는 선지자 요엘의 예언을 인용하면서 오순절 성령 강림과 직접 연관된 일(성령으로 충만한 사람들이 예언하고, 환상을 보고, 꿈을 꾸는 것)에 관한 말씀만 인용하는 것이 아니라, 세상이 끝나는 날에 있을 일에 관한 부분도 인용한다(19-20절). 세상이 끝나는 날 하늘에 온갖 기사가 일어나고, 세상에도 온갖 징조가 있어 하늘과 땅이 피와 불과 연기로 가득할 것이다(19절). 성경에서 불과 연기는 심판의 징조다(cf. 창 19:24; 사 43:2; 눅 3:9, 16-17; 9:54). 하나님이 심판하시는 날 해가 변하여 어두워지고, 달이 변하여 피가 될 것이다(20b절). 해가 빛을 잃을 것이며, 달도 밝음을 잃고 붉어질 것이라는 뜻이다. 이 또한 심판의 징조다. 그런 다음 주의 크고 영화로운 날이 임한다(20a절). 해가 변하여 어두워지고, 달이 변하여 피가 되는 등의 온갖 천재지변은 심판하시는 하나님이 오시는 날이 이르기 전에 있을 전조라는 뜻이다(cf. 계 6:12-14; 8:5, 7; 20:9).

이 모든 천재지변은 베드로의 관점에서도 미래에 있을 일이다(Conzelmann, Marshall). 그렇다면 베드로는 왜 미래에 관한 예언이 마치 오순절을 통해 모두 실현된 듯 말하는 것일까? 만일 성령 강림이 예언과 환상과 꿈을 동반했다는 사실만 말하고자 한다면 17-18절에 기록된 요엘의 예언만 인용해도 충분할 텐데 말이다.

베드로는 오순절 성령 강림을 통해 요엘이 예언한 종말이 시작되었다며 모든 사람이 하나님의 심판을 대비해야 한다고 한다(Bock). 요엘이 예언한 '말세'(17절)는 두 포인트, 곧 예수님의 초림과 재림으로 구성되어 있다. 오순절은 재림이 임할 때까지의 시간을 시작한다(Marshall, Schnabel). 그러므로 초림은 말세의 시작을 알리는 역할을 한다. 그러나 요엘도 구약의 여느 선지자처럼 말세를 말할 때 두 포인트(초림과 재림)가 아니라 한 포인트처럼 말한다(Longenecker). 베드로는 오순절이 말세의 시작이므로 종말에 있을 심판도 오고 있다는 사실을 강조하기 위해 종말에나 있을 천재지변에 관한 예언(19-20절)을 연이어 인용한다. 종말에 있을 심판은 범우주적이며 매우 포괄적인 심판이 될 것이다(Bruce).

다행히 하나님의 백성은 종말에 있을 심판을 두려워할 필요가 없다. 누구든지 주의 이름을 부르는 자는 구원을 받을 것이기 때문이다(21절). 어떤 이들은 요엘이 이 예언을 선언할 때 사용한 '주'(κύριος)가 여호와 하나님을 뜻한다며, 말세에 구원받을 사람들은 여호와의 이름을 부르는 이들이라고 한다(cf. Conzelmann, Haenchen). 그러나 베드로가 다음 섹션인 2:22-36에서 확실하게 보여 주는 것처럼 여호와 하나님이 예수님을 통해 오셨으므로, 예수님이 선포하신 복음에 긍정적으로 반응해 예수님을 구주로 영접하는 이들을 뜻한다(Bock, Fitzmyer, Longenecker, Schnabel, Wall, cf. 9:14; 15:17; 롬 10:12-13; 고전 1:2; 딤후 2:22). 또한 하나님과 예수님과 성령은 한 분이시므로 굳이 '주'가 삼위일체 중 구체적으로 누구를 의미하는지는 그다지 중요한 이슈가 아니다.

이 말씀은 성령의 오심을 통해 모든 차별이 없어졌다고 한다. 성령은 남녀노소, 신분의 귀천에 상관없이 모든 사람에게 임하셨다. 그러므로 하나님 나라에서는 어떠한 차별도 용납되지 않는다. 우리가 예수님 안에서 서로를 형제자매로 여기는 것도 이러한 이유에서 비롯되었다.

오순절 성령 강림은 종말이 시작되었음을 알리는 일이다. 예수님이 재림하시는 날 세상은 끝날 것이고, 모든 사람은 하나님 앞에 설 것이다. 우리는 그날을 마음에 두고 준비하는 자세로 오늘을 살아야 한다. 종말을 염두에 두고 사는 사람은 죄를 멀리하고 경건과 거룩을 가까이 하는 삶을 산다.

> II. 예루살렘(1:12–6:7)
> B. 오순절(2:1–41)
> 2. 베드로의 설교(2:14–41)

(2) 선포(2:22–36)

22 이스라엘 사람들아 이 말을 들으라 너희도 아는 바와 같이 하나님께서 나
사렛 예수로 큰 권능과 기사와 표적을 너희 가운데서 베푸사 너희 앞에서
그를 증언하셨느니라 23 그가 하나님께서 정하신 뜻과 미리 아신 대로 내준
바 되었거늘 너희가 법 없는 자들의 손을 빌려 못 박아 죽였으나 24 하나님
께서 그를 사망의 고통에서 풀어 살리셨으니 이는 그가 사망에 매여 있을
수 없었음이라 25 다윗이 그를 가리켜 이르되

내가 항상 내 앞에 계신 주를 뵈었음이여
나로 요동하지 않게 하기 위하여
그가 내 우편에 계시도다
26 그러므로 내 마음이 기뻐하였고
내 혀도 즐거워하였으며
육체도 희망에 거하리니
27 이는 내 영혼을 음부에 버리지 아니하시며
주의 거룩한 자로 썩음을 당하지 않게 하실 것임이로다
28 주께서 생명의 길을 내게 보이셨으니
주 앞에서 내게 기쁨이 충만하게 하시리로다

하였으므로 29 형제들아 내가 조상 다윗에 대하여 담대히 말할 수 있노니 다
윗이 죽어 장사되어 그 묘가 오늘까지 우리 중에 있도다 30 그는 선지자라

하나님이 이미 맹세하사
그 자손 중에서 한 사람을 그 위에 앉게 하리라

하심을 알고 [31] 미리 본 고로 그리스도의 부활을 말하되

그가 음부에 버림이 되지 않고

그의 육신이 썩음을 당하지 아니하시리라

하더니 [32] 이 예수를 하나님이 살리신지라 우리가 다 이 일에 증인이로다
[33] 하나님이 오른손으로 예수를 높이시매 그가 약속하신 성령을 아버지께 받
아서 너희가 보고 듣는 이것을 부어 주셨느니라 [34] 다윗은 하늘에 올라가지
못하였으나 친히 말하여 이르되

주께서 내 주에게 말씀하시기를

[35] 내가 네 원수로 네 발등상이 되게 하기까지

너는 내 우편에 앉아 있으라 하셨도다

하였으니 [36] 그런즉 이스라엘 온 집은 확실히 알지니 너희가 십자가에 못 박
은 이 예수를 하나님이 주와 그리스도가 되게 하셨느니라 하니라

베드로는 앞 섹션에서 요엘의 예언을 인용하며 오순절 성령 강림은 마지막 날의 시작을 알리는 일이라 했다. 또한 종말이 완성될 때 범우주적 천재지변이 일어나고 하나님의 심판이 임할 것이라고도 했다. 이 섹션에서는 종말의 시작과 완성 사이를 연결해 주시는 이가 나사렛 예수라고 한다. 우리는 예수님의 시대를 살고 있는 것이다.

본문을 비롯해 2-4장에 기록된 베드로의 설교는 바울이 선포한 메시지보다 먼저 선포된 것으로(Longenecker), 초대교회가 초창기에 선포한 메시지의 핵심이 되는 여섯 가지 주제를 반복하고 있다(Dodd): (1)구약 예언이 성취되는 시대가 임했다. (2)성경은 이 성취가 예수님의 사역과 죽음과 부활을 통해 이루어졌다는 사실을 증명한다. (3)메시아이신 예수님은 부활을 통해 하나님의 오른편으로 높임을 받으시고 새로운(회복된) 이스라엘을 다스리신다. (4)성령이 교회(공동체)에 임하신 것은 예수님의 권능과 영광의 징조다. (5)메시아 시대는 예수님의 재림을 통해 곧 완성될 것이다. (6)용서와 구원과 성령을 받아 하나님께 선택

받은 이들의 공동체에 속하라.

앞에서는 청중을 '유대인들과 예루살렘에 사는 모든 사람들'(ἄνδρες Ἰουδαῖοι καὶ οἱ κατοικοῦντες Ἰερουσαλὴμ πάντες)이라고 부른 베드로가 이번에는 '이스라엘 사람들'(Ἄνδρες Ἰσραηλῖται)이라 부르며 메시지를 선포한다(22a절). 이는 그들이 아브라함의 후손이라며 경의를 표하는 호칭이다(Schnabel, cf. Longenecker). 베드로 앞에 모여 있는 사람들은 대부분 예수님이 하나님의 아들이라는 사실을 모르거나 믿지 않는다. 그럼에도 불구하고 그들은 예수님이 수많은 기적 행하신 것을 직접 목격했다. 그러므로 베드로는 그들의 신앙 상태와 상관없이 모든 사람이 인정할 만한 사실을 언급하며 이 섹션을 시작한다: "너희도 아는 바와 같이…"(22b절).

모여 있는 사람 중 그 누구도 부인할 수 없는 사실은 하나님이 나사렛 예수로 큰 권능과 기사와 표적을 그들이 보는 앞에서 그들 가운데 행하신 일이다(22c절). '나사렛 예수'(Ἰησοῦν τὸν Ναζωραῖον)는 누가가 사도행전에서 예수님을 가리켜 종종 사용하는 호칭이다(cf. 3:6; 4:10; 6:14; 10:38; 22:8; 26:9). '나사렛'은 갈릴리 호수 남쪽 끝과 지중해 사이 중간 지점에 있는 작은 마을로, 인구는 500명 정도 되었다(ABD). 요셉과 마리아가 인구 조사 때문에 베들레헴으로 떠나기 전에 살던 곳이다(눅 1:26-27; 2:39). 요셉과 마리아는 어린 예수님을 데리고 이집트로 피신했다가 다시 베들레헴으로 가지 않고 나사렛으로 돌아와 살았다. 그러므로 나사렛에서 자라신 예수님은 '나사렛 예수'로 불리셨다.

'권능과 기사와 표적'(δυνάμεσιν καὶ τέρασιν καὶ σημείοις)이 함께 언급되는 일은 흔치 않다. 하나님은 이러한 일을 예수님을 통해 행하셨다. 그러므로 예수님의 삶과 사역을 가장 잘 요약하는 표현이다. 예수님은 하나님이 자신을 통해 행하신 기적들은 하나님의 나라가 이미 임한 증거라고 하셨다: "내가 만일 하나님의 손을 힘입어 귀신을 쫓아낸다면 하나님의 나라가 이미 너희에게 임하였느니라"(눅 11:20). 예수님의 사역은 곧 하나님의 사역이다.

베드로는 요엘이 예언한 바가 하나님의 성령을 통해 먼저 예수님의 삶과 죽음과 부활 가운데 실현되었으며, 같은 성령이 오순절에 제자들에게 임했다고 한다(Schnabel). 베드로의 청중이 이러한 사실을 부인하기 어려운 것은 이 모든 일이 '너희 가운데'(εἰς ὑμᾶς), 곧 그들을 위해 '너희 앞에서'(ἐν μέσῳ ὑμῶν), 다시 말해 그들이 지켜보는 상황에서 일어났기 때문이다.

또한 하나님이 예수님을 통해 큰 권능과 기사와 표적을 행하신 것은 하나님이 예수님에 대해 증언하셨다는 뜻이다(22d절). '증언하다'(ἀποδείκνυμι)는 신약에서 네 차례밖에 사용되지 않는 단어다(25:7; 고전 4:9; 살후 2:4). 하나님이 예수님을 통해 일하심으로써 그분이 메시아이심을 확인해 주셨다는 뜻이다(cf. BDAG, NIV, KJV). 이 본문에서는 완료형 분사(ἀποδεδειγμένον)로 사용되어 예수님이 메시아이심을 하나님이 확인하신 일의 영구성을 강조한다(Bock).

기독교(Christianity)는 그리스도(Christ)다(Fernando). 예수님 없이 기독교는 존재할 수 없다. 기독교는 윤리나 도덕적 체계가 아니라, 하나님이 예수님을 통해 하신 일에 관한 종교다(Bock). 그러므로 기독교 설교는 예수님의 이름으로 시작해 예수님이 오신 이유를 선포하는 것이 되어야 한다(Barrett). 베드로의 설교도 예수님으로 시작해 예수님으로 마무리된다.

베드로는 그들이 하나님이 증언하신 예수님을 율법 없는 자들(로마 사람들과 빌라도 등)의 손을 빌려 못 박아 죽였다고 한다(23b절). 설교를 듣는 무리 중에는 예수님을 죽이라고 빌라도 관저 앞에서 외친 자도 몇몇 있을 수 있지만, 대부분은 어떠한 개입도 하지 않고 방관한 사람들이다. 그럼에도 불구하고 베드로가 '너희'(동사에 2인칭 복수가 반영됨)가 주님을 십자가 죽음으로 몰고 간 장본인이라고 하는 것은 모든 유대인에게 예수님의 죽음에 대한 책임이 있다는 뜻이다.

로마의 지배를 받는 유대인에게는 누구를 사형에 처할 권한이 없었기 때문에 법 없는 자들의 손을 빌려 예수님을 십자가에 못 박았다. '법 없는 자들'(ἀνόμων)은 율법을 받지 못한 모든 이방인을 뜻한다. 유대인들은 하나님이 그들에게만 율법을 주셨다고 자부했기 때문이다. 본문에서는 이방인 중에서도 예수님을 처형한 빌라도와 로마 군인들을 뜻한다. 그러나 법이 있다고 자부하는 유대인 지도자들도 법이 없는 자들처럼 굴었으므로 그들 역시 포함해야 한다(Bock, cf. 눅 22-23장). 또한 법 없는 사람들처럼 지도자들의 농간에 놀아난 예루살렘 사람들도 포함해야 한다. 그중 몇 사람은 베드로의 설교를 듣는 무리 중에 있었을 것이다(Schnabel).

유대인들이 예수님을 십자가에 못 박아 죽인 것은 사실이지만(23b절), 이 일은 또한 하나님이 정하신 뜻과 미리 아신 대로 예수님을 [죽음으로] 내준 바 된 일이기도 하다(23a절; cf. 눅 9:21-22, 44-45; 13:33; 17:25; 18:31-33; 22:37; 24:46-47). '정하신 뜻'(ὡρισμένῃ βουλῇ)과 '미리 아심'(προγνώσει)은 하나님이 역사를 주관해 이끄신다는 뜻이다(Bock). 구속사적 관점에서 십자가 사건은 신적인 작정과 진행이 있었기에 가능한 일이었다.

예수님의 십자가 죽음은 인간의 죄만으로 설명할 수는 없다. 또한 하나님의 예정과 계획만으로도 설명할 수 없다. 주님의 십자가 죽음은 율법이 있는 자들과 없는 자들의 협력으로 실현된 일이며, 하나님이 태초에 정하신 뜻과 계획에 따라 이루어진 일이다.

예수님이 자기 죽음에 대해 말씀하시자 "주여 그리 마옵소서 이 일이 결코 주께 미치지 아니하리이다"(마 16:22)라며 항변하던 베드로가 예수님의 죽음과 부활을 통해 많은 깨달음을 얻었다. 특히 예수님이 승천하시기 얼마 전에 하신 말씀이 그의 눈을 뜨게 한 것으로 보인다.

이같이 그리스도가 고난을 받고 제삼일에 죽은 자 가운데서 살아날 것과 또 그의 이름으로 죄 사함을 받게 하는 회개가 예루살렘에서 시작하여 모든 족속에게 전파될 것이 기록되었으니 너희는 이 모든 일의 증인이라(눅 24:46-48).

비록 메시아이신 예수님의 죽음은 구약의 선지자들이 이미 예언한 일이지만(cf. 눅 18:31; 24:25-26, 46; 행 2:23; 3:18; 8:32-35; 13:27, 29), 유대인들에게는 도저히 이해할 수 없는 모순이었다. 한 학자는 유대인들에게 고난당하는 메시아란 '기름에 튀긴 얼음(아이스크림)'처럼 모순적이어서 결코 있을 수 없는 일이었다고 한다(Fee, cf. 고전 1:23). 그러므로 나사렛 예수가 바로 유대인들이 그처럼 갈망하던 메시아라는 베드로의 말은 참으로 논란의 여지가 많은 주장이었다. 특히 예수님을 죽음으로 몰아간 자들에게는 엄청난 대가를 치러야 하는 일이었기 때문이다.

하나님이 예수님을 사망의 고통에서 살리셨으므로 주님은 이제 더는 사망에 매여 있지 않으시다(24절). '고통'(ὠδίν)은 산통을 뜻한다(BDAG, cf. 살전 5:3). 예수님의 죽음은 새로운 탄생(시작)을 위해 잠시 거쳐야 하는 과정이었다. 임신부가 아이를 배 속에 계속 둘 수 없는 것처럼, 죽음은 구세주를 계속 잡아 둘 수 없었다(TDNT). 또한 부활은 예수님의 삶과 사역이 메시아의 삶과 사역이었음을 하나님이 인정하시는 일이었다. 그러므로 예수님의 부활은 본문에 기록된 베드로의 설교에서 아홉 절을 차지할 만큼 가장 중요한 주제다(Fernando).

베드로가 25-28절에서 인용하는 다윗의 노래는 시편 16:8-11이다. 베드로는 이 말씀을 부활에 대한 예언으로 인용한다. 베드로가 이 시편을 예언으로 인용하는 것이 우리에게는 조금 낯선 해석 방식으로 느껴질 수 있지만, 베드로를 포함한 사도들은 예수님이 메시아에 대한 시편(110, 16편)을 해석해 자신에게 적용하신 원리를 그대로 답습하고 있다(Longenecker).

베드로는 다윗이 예수님을 가리켜 이 노래를 불렀다고 한다(25a절).

다윗은 메시아로 오신 예수님의 '모형'이 되어 이 노래를 부른 것이다(cf. Wall). 그러므로 이 노래는 곧 예수님이 부르신 것이나 다를 바 없다(cf. Schnabel). 예수님은 하나님이 항상 자기 앞에 계시며, 요동치 않도록 붙잡아 주신다고 하신다(25b절). 하나님은 예수님의 후견인/보호자가 되어 우편에 계신다. 예수님은 십자가에서 숨을 거두실 때 이 같은 확신으로 자신을 하나님께 맡기셨다(눅 23:46).

하나님이 붙잡아 주시니 예수님은 가장 어려운 일을 겪으면서도 기쁘고 즐거우셨다(26a절). 예수님은 마음으로 기뻐하고, 혀로 즐거워하셨다. 마음속 깊은 곳에서 느끼는 기쁨을 말로 표현하셨다는 뜻이다. 또한 십자가에서 죽으신 예수님의 육체도 희망에 거했다(26b절). '마음과 혀와 육체'는 사람의 전체(whole person)를 뜻하는 전인적(holistic) 표현이다.

십자가에서 죽으신 예수님의 육체가 희망에 거한 것은 죽음이 그분을 영원히 붙잡아 둘 수 없다는 것과 하나님이 곧 예수님을 부활시키실 것을 확신했기 때문이다(27절). 다시 말해 하나님이 주의 영혼을 음부에 버리지 않으시며, 하나님의 거룩하신 이를 썩게 내버려 두지 않으실 것을 확신한 것이다. 베드로가 이 시편 말씀을 인용하는 가장 중요한 이유가 여기에 있다(Bock, cf. 31절).

'음부'(ᾅδης)는 구약의 '스올'(שְׁאוֹל)과 같은 말이며, 신약에서는 '지옥'(γέεννα)이라 하기도 한다(cf. HALOT, BDAG). 사람이 음부로 갈 때 발생하는 가장 큰 문제는 하나님과의 단절이다. 하나님은 어떠한 경우에도 아들이신 예수님과 단절하지 않으신다. 그러므로 이 단절을 예방하기 위해서라도 '주[자기]의 거룩한 자'(τὸν ὅσιόν σου)이신 예수님의 육체가 썩음을 당하지 않게 하셨다. 베드로는 시편 16편이 불특정한 개인을 두고 '거룩한 사람'이라 하는 것을 메시아이신 예수님에게 적용하고 있다(Bock, Schnabel). 같은 내용을 반복하는 31절에서도 마찬가지다.

당시 사두개인들은 부활을 부인했지만, 대부분 유대인은 종말이 되면 모든 사람, 곧 의인과 악인이 모두 부활한다는 보편적인 부활을 믿었다(cf. 사 66장; 단 12:1-2). 그러나 부활을 믿는 그들조차도 종말에 있을 보편적인 부활 전에 예수님처럼 부활하는 이가 있을 것이라고는 생각하지 못했다. 그러므로 모인 무리 중 많은 사람이 베드로의 새로운 가르침에 상당히 당혹스러워했을 것이다.

하나님은 예수님을 죽음에 내버려 두지 않고 살리시고(27절), 생명의 길을 그에게 보여 주어 주님의 기쁨이 충만하게 하셨다(28절). 예수님은 부활의 첫 열매가 되셔서(고전 15:20) 모든 사람이 아담으로 인해 죽음의 절망에 빠져 있을 때 믿는 자들에게 부활의 기쁨을 안겨 주셨다(고전 15:21). 예수님을 믿는 자들은 예수님처럼 죽지 않고 하나님과 영원히 살 것이기 때문이다.

베드로는 '주의 거룩한 자'의 부활에 대한 예언으로 시편 16:8-11을 인용하고 있지만, 이 예언을 노래한 다윗이 자신에 대해 노래했을 가능성은 원천적으로 배제해야 한다고 한다. 다윗은 죽어 장사되었고, 그의 묘가 이때까지 그들(유대인들) 중에 있기 때문이다(29절). 한 유대인 전승은 다윗이 안식일이자 오순절에 죽었다고 한다(cf. Barrett). 열왕기상 2:10은 그가 성전의 남쪽에 있는 다윗성에 묻혔다고 한다. 그의 묘는 실로암 우물 근처에 있었으며(Polhill, cf. Marshall), 나중에 그의 고향 베들레헴으로 이장되었다는 전승이 있다(Le Cornu & Shulam). 다윗의 장례는 매우 특별했지만 부활하지는 못한 것이다.

베드로는 이 시편을 저작한 다윗을 '조상'(πατριάρχης)이라고 한다. 다윗을 조상이라고 부르는 것은 이곳이 유일하다. 신약은 대체로 아브라함 혹은 야곱의 열두 아들을 조상이라 한다. 베드로 앞에 서 있는 무리는 모두 다윗을 그들의 조상으로 생각한다. 자신을 다윗의 후손으로 생각하는 이들에게는 조상 다윗의 말을 들어야 할 의무가 있다. 그러므로 설교를 듣는 무리는 그들의 조상 다윗이 남긴 시편 16:8-11이 그가 선지자가 되어 후손인 메시아 예수님에 관해 남긴 예언이라는 사실을 인정해야 한다. 구약은 다윗을 예언자라고 하지는 않는다. 그러나 그가 영감을 받아 많은 예언적 시를 노래했으므로 선지자의 자격을 충분히 갖추었다. 아마도 예수님은 부활하신 후 이 시편을 통해 제자들에게 자신의 부활을 한 번 더 설명하셨을 것이다(Fernando, cf. 눅 24:44). 증인들뿐 아니라, 성경 말씀도 부활하신 예수님이 그리스도라는 사실을 증명한다(Polhill).

'선지자 다윗'은 하나님이 자기 자손 중 한 사람을 왕좌에 앉게 하실 것을 알았다(30절). 이 말씀은 시편 132:11을 인용한 것이며, 다윗 언약을 요약한 것이다(cf. 삼하 7:11-14). 다윗은 하나님이 그의 보좌에 앉게 하실 이가 평범한 후손이 아니라 그리스도라는 것과 그리스도가 음부에 버림받지 않고 그의 육체 또한 썩지 않고 부활할 것을 미리 보았다(31절). 예수님의 부활을 한 번 더 강조하고자 베드로는 27절에 기록된 내용을 반복한다. 차이는 27절은 예수님의 말씀이라면, 31절은 다윗의 증언이라는 점이다.

'미리 보았다'(προϊδὼν)와 '버리지 않았다'(οὔτε ἐγκατελείφθη)는 둘 다 이미 완성되었음을 강조하는 부정 과거형(aorist) 분사다. 베드로는 다윗이 이미 오래전에 하나님이 그리스도를 죽음에 버리지 않으시고 부활시키시는 일을 보았다고 말하는 것이다. 그러므로 다윗은 예수님의 부활에 대한 신실한 증인이다.

사도행전에서 '그리스도'(Χριστός)가 처음 사용되고 있다. 그리스도는 '기름 부음을 입은 자'라는 뜻을 지닌 히브리어 단어 '메시아'(מָשִׁיחַ)를 헬라어로 번역한 것이다. 구약에서 메시아는 총 39차례 사용되며, 때때로 왕(삼상 2:10; 16:13; 24:10; 삼하 1:14, 16; 19:21)과 제사장(출 28:41; 레 4:3; 6:22)과 선지자(시 105:15)를 의미한다. 이스라엘 역사에서 다윗은 기름 부음을 받은 이의 상징이 되었다. '그리스도'는 하나님 나라를 다스리기 위해 다윗의 후손으로 오시는 분이다(Longenecker, Marshall).

베드로와 사도들은 다윗이 그리스도에 대해 예언한 대로 하나님이 십자가에서 죽임당한 예수님을 살리신 일을 지켜본 증인이다(32절). 처음에는 사도들도 부활하신 예수님을 보고 귀신인 줄 알았다(눅 24:37). 그들 외에도 100여 명의 증인이 더 있다(cf. 1:15). 사도들과 제자들은 예수님을 보았고(눅 24:37-41), 그분의 몸을 만졌고(눅 24:39), 그분과 함께 먹었다(눅 24:42-43). 그러므로 그들은 부활하신 예수님에 대한 신실한 증인이다(눅 24:48; 행 1:8).

베드로는 화제를 메시아에 대한 예언 성취에서 그리스도의 부활과 승천으로 전환한다. 지금까지 전개된 논리를 종합해 보면 그는 다음과 같은 삼단 논법(syllogism)을 사용하고 있다(Bock): (1)성경은 메시아가 죽음에서 부활하실 것이라고 한다. (2)하나님은 예수님을 죽은 사람으로 두지 않고 살리셨다. (3)그러므로 예수님은 메시아이시다.

베드로는 예수님의 승천을 세 가지로 정리한다(33절). 첫째, 승천은 하나님이 오른손으로 예수님을 높이신 일이다. 예수님은 가장 낮은 곳(죽음)에서 가장 높은 곳(하나님이 계신 곳)으로 높임을 받으셨다. 그런데 하나님은 예수님을 '오른손'으로 높이셨는가, 아니면 '오른손 쪽'으로 높이셨는가? '오른손으로' 높이셨다고 하는 이들이 있는가 하면(Barrett, Bruce), '오른손 쪽으로' 높이셨다고 하는 이들도 있다(Bock, Conzelmann, Fitzmyer, Haenchen, Lindars, Schnabel). '하나님의 오른손'(τῇ δεξιᾷ τοῦ θεοῦ)은 초월하시는 하나님이 권능과 생명과 구원의 출처라는 사실을 암시한다(Johnson, cf. 출 15:6; 시 18:35; 44:3; 48:10; 60:5; 98:1). 강조점이 예수님을 들어 올리신 하나님께 있다. 반면에 '하나님의 오른손 쪽'은 가장 존귀한 자리를 가리키며, 이 자리에 오르신 예수님께 초점이 맞추어져 있다.

의미에 큰 차이가 있는 것은 아니지만, 본문이 예수님께 초점을 맞추고 있기 때문에 '오른손 쪽', 곧 예수님의 존귀하심을 부각하는 것으로 해석하는 것이 바람직하다(cf. 눅 22:69; 행 5:31; 7:55-56; 롬 8:34; 엡 1:20). 그러므로 승천보다는 하나님께 높임받으신 것이 부활하신 예수님에게 일어난 일을 더 효과적으로 설명한다(Fernando). 또한 예수님이 높임받으신 것은 시편 110:1과 비슷하다. 그러므로 34-35절에서 이 시편 말씀을 인용할 만한 분위기를 사전에 조성하고 있다고 할 수 있다.

둘째, 승천하신 예수님은 아버지께서 약속하신 성령을 받으셨다. '높임을 받다'(ὑψωθείς)와 '[성령을] 받다'(λαβὼν)는 둘 다 부정 과거형(aorist) 분사로 이미 일어난 일임을 강조한다. 누가는 하나님이 예수님에게 성령을 약속하신 일을 여러 차례 언급한다(cf. 눅 3:16-17; 24:49; 행 1:4-5). 예수님의 승천이 하나님의 성령 약속을 실현한 것이다.

셋째, 승천하셔서 아버지께 성령을 받으신 예수님은 그 성령을 사도들과 제자들에게 부어 주셨다. '붓다'(ἐκχέω)는 요엘의 예언에 사용된 단어다(2:17; cf. 욜 2:28). 예수님은 세례를 받으실 때 성령을 받으셨는데(눅 3:22), 이제는 그 성령을 제자들에게 부어 주는 일을 통해 자신이 성령을 지휘하고 있으며(Schnabel, cf. 사 40:13), 선지자가 말한 새로운 시대 곧 성령의 시대를 시작하셨다는 것을 알리신다. 성령의 시대가 시작되니 제자들은 한 번도 배운 적 없는 언어로 하나님이 하신 큰일에 대해 증언할 수 있었다. 또한 앞으로 교회를 통해 일어날 온갖 징조는 모두 예수님이 부어 주신 성령에 의해 일어나는 일들이다. 요엘의 방언과 비전과 꿈에 대한 예언이 교회를 통해 성취되기 시작한 것을 암시한다.

예수님은 존귀한 메시아만이 갈 수 있는 하나님의 오른손 쪽으로 높임을 받으셨다. 반면에 다윗은 죽어 장사되었으므로 하늘에 올라가지도 못했다(34a절). 그러므로 그가 예언으로 남긴 말씀들은 자신에 대한 것이 아니라 장차 그의 후손으로 오실 메시아에 대한 것이다. 그중 하나가 시편 110:1이다(cf. 34-35절). 시편 110편은 왕족시(royal psalm)이며, 신약이 가장 많이 인용하는 시편이다(마 22:44; 26:64; 막 12:36; 14:62; 16:19; 눅 20:42-44; 22:69; 행 2:34-35; 롬 8:34; 고전 15:25; 엡 1:20; 골 3:1; 히 1:3, 13; 5:6; 7:17, 21; 8:1; 10:12-13; 12:2; 벧전 3:22). 이러한 사실을 근거로 초대교회 때부터 이 노래는 예수님의 사역과 밀접한 연관이 있는 메시아의 노래(messianic psalm)로 해석되어 왔다. 시편 110편은 메시아의 사역을 예언하는 시편 2편과 연관이 있다. 또한 시편 89편이 거부당한 메시아를 슬퍼하는 노래라면, 시편 110편은 승리한 메시아의 노래다.

이 말씀에서 다윗은 '주'께서 '내 주'에게 말씀하시는 것을 보았다(34b절). 히브리어 성경의 시편 110:1은 "여호와께서 내 주에게 말씀하시기를"(נְאֻם יְהוָה לַאדֹנִי)으로 시작한다. 이러한 표현은 예레미야서와 에스겔서에서 자주 사용되지만, 시편에서는 이곳이 유일하다. 마소라 사본은 말씀하시는 '주'(κύριος)가 '여호와'(יְהוָה)라고 한다. 말씀을 받는 '내 주'(τῷ κυρίῳ μου, אֲדֹנִי)는 여호와와 다른 '주(인)'다. 그러므로 다윗이 자신을 두고 하는 말이 될 수 없다. 또한 그의 평범한 후손이 조상의 '주'가 될 수도 없다. 그러므로 다윗은 여호와 하나님이 그의 후손으로 오실 메시아에게 하신 말씀을 들었다.

하나님은 메시아에게 그의 원수로 그의 발등상이 되게 하기까지 자기 우편에 앉아 있으라고 하셨다(35절). 부활하신 예수님은 하나님이 모든 원수를 복종시키실 때까지 하나님의 우편에 앉아 계시는 메시아이시다. 그러므로 부활은 예수님이 하나님의 오른편에 앉으시는 메시아이심을 증명한다.

어떤 이들은 예수님이 메시아이시라는 높은 기독론이 초대교회 시대 중 어느 정도 늦은 시기에 개발되었다고 주장한다(cf. Jervell). 그러나 본문은 베드로가 오순절에 이미 이처럼 높은 기독론을 선포했다고 한다. 예수님은 마가복음 12:35-37에서 이 말씀이 메시아에 관한 것이라며 자신에게 적용하셨다. 또한 누가복음 20:42-43에서도 이 말씀을 인용하시며 만일 메시아가 다윗의 후손이라면 어떻게 그가 메시아를 '나의 주'라고 부를 수 있겠냐는 논리를 펼치셨다. 시편 110:1은 다윗이 노래할 때부터 예수님 시대에 이르기까지 하나님이 장차 다윗의 후손으로 오실 메시아에게 하신 말씀으로 이해되었던 것이다. 그러므로 그들의 주장은 설득력이 없다(Bock, Conzelmann). 부활하신 예수님이 하나님의 우편에 앉아 계신다는 35절은 초대교회 설교의 가장 기본적인 바탕이 되었다(Ladd).

베드로는 모여 있는 무리에게 "너희가 십자가에 못 박은 이 예수를 하나님이 주와 그리스도가 되게 하셨느니라"라고 선포한다(36절). '주'(κύριος)와 '그리스도'(Χριστός)는 사도들이 예수님에 대해 내린 결론이며, 그들이 온 세상을 향해 선포하는 복음이다. 십자가 죽음은 예수님이 하나님의 우편에 앉으시기 위해 거쳐야 했던 필수 과정이지만(Schnabel), 동시에 유대인들이 저지른 명백한 죄이기도 하다(Barrett).

또한 이 구절은 베드로가 세 가지 구약 텍스트(욜 2:28-32; 시 16:8-11; 110:1)를 인용해 제자들이 배우지 않은 언어들로 하나님의 큰일을 증거하게 된 상황을 설명한 일의 결론이자 절정이다(Longenecker). '주'(κύριος)는 온 인류를 구원하시는 하나님을 의미한다(Ladd). 이 구세주 하나님은 구약이 오실 것이라고 예언한 바로 그분이다. '그리스도'(Χριστός)는 이스라엘의 메시아를 뜻한다(Longenecker). 하나님이 약속하신 다윗의 후손이지만(시 132:11), 다윗보다 더 위대하기 때문에 다윗이 '내 주'라고 부른 분이다(cf. 30, 31, 34절). 또한 이스라엘을 구원하실 왕이다. 그러므로 베드로는 '이스라엘 온 집안'(πᾶς οἶκος Ἰσραὴλ)은 확실히 듣고 깨달으라고 한다.

'되게 하셨다'(ἐποίησεν)를 근거로 일부 학자는 초대교회가 시작된 지 상당한 시간이 흐른 다음, 일명 '부활절 신앙'(the Easter faith)이 정리된 다음에 비로소 '주'와 '그리스도'를 사용하기 시작했다고 한다. 부활하시기 전에는 예수님이 메시아도, 주도 아니었다는 것이다. 그들은 예수님이 한 번도 이 같은 개념을 자신에게 적용하지 않았다며, 본문이 기록하는 베드로의 설교를 교회가 부활절 신앙을 근거로 기독론을 조작한 첫 사례로 제시한다.

그러나 그들의 주장은 전적으로 잘못되었다. 교회는 처음부터 예수님의 기독론을 구약 말씀의 성취와 연관해 정의했다(Fernando, Longenecker). '되게 하셨다'는 단순히 '메시아 지명자'(Messiah-designate)가 부활과 승천을 통해 '메시아 즉위자'(Messiah-enthroned)가 되셨다는 뜻이다(Schnabel, cf. Marshall).

이 말씀은 예수님이 이루신 구원에 대해 참으로 감격하고 감사해야 한다고 한다. 주님이 이루신 구원은 우연히 된 일이 아니며, 태초부터 시작된 하나님의 철저한 계획과 진행의 결과이며, 선지자들의 예언에 따라 실현된 일이기 때문이다. 심지어 예수님이 십자가에서 고통 가운데 죽으신 일마저도 하나님 계획의 일부다.

하나님이 정하신 계획에 따라 죽으시고 부활하신 예수님은 인류를 죄에서 구원할 유일한 구세주이시다. 하나님은 승천하신 예수님을 자기 오른쪽에 앉게 하심으로써 우리에게 다른 구원의 길이 있을 수 있다는 가능성을 완전히 배제하셨다. 예수님만이 인류가 하나님께 나아갈 수 있는 유일한 길과 진리와 생명이 되신 것이다.

예수님께 나아가면 주님은 성령을 통해 우리가 요동하지 않도록 붙잡으시고 인도하실 것이며, 우리의 삶을 기쁨과 즐거움으로 채우실 것이다. 또한 주님은 우리의 소망이 되어 주실 것이다. 한마디로 말해 예수님은 우리의 전부이시다.

II. 예루살렘(1:12-6:7)
B. 오순절(2:1-41)
2. 베드로의 설교(2:14-41)

(3) 회개 권면과 축복 약속(2:37-41)

[37] 그들이 이 말을 듣고 마음에 찔려 베드로와 다른 사도들에게 물어 이르되 형제들아 우리가 어찌할꼬 하거늘 [38] 베드로가 이르되 너희가 회개하여 각각 예수 그리스도의 이름으로 세례를 받고 죄 사함을 받으라 그리하면 성령

의 선물을 받으리니 [39] 이 약속은 너희와 너희 자녀와 모든 먼 데 사람 곧 주
우리 하나님이 얼마든지 부르시는 자들에게 하신 것이라 하고 [40] 또 여러 말
로 확증하며 권하여 이르되 너희가 이 패역한 세대에서 구원을 받으라 하니
[41] 그 말을 받은 사람들은 세례를 받으매 이 날에 신도의 수가 삼천이나 더하
더라

몇 주 전에 무리가 십자가에 못 박은 이가 곧 하나님의 메시아라는 베드로의 말이 그들의 마음에 비수처럼 꽂혔다(37a절). 신약에서 '찌르다'(κατανύσσομαι)는 이곳에만 사용되는데, 칼처럼 날카로운 물건에 찔리는 것을 뜻하며 양심의 가책과 연관해 사용된다(BDAG, cf. 새번역, 공동, ESV, NAS, NIV). 설교를 듣던 사람들이 예수님이 메시아라는 사실을 깨달은 것이다. 그들은 유대인이기 때문에 메시아를 십자가에 못 박는 것은 하나님 앞에 매우 심각한 범죄라는 사실을 잘 알고 있었다.

그들은 베드로와 다른 사도들에게 어떻게 하면 좋을지 물었다(37b절). '다른 사도들'은 비록 베드로가 대표로 설교했지만, 나머지 11명도 그 자리에 함께 있었음을 의미한다. 또한 그들이 사도들을 '형제들'(ἄνδρες)이라고 부르는 것은 베드로가 선포한 메시지(그들이 십자가에서 죽인 예수님이 그들의 주와 메시아라는 사실, cf. 36절)를 모두 사실로 인정하고 받아들였다는 것을 암시한다.

베드로는 어찌하면 좋겠냐고 묻는 무리에게 두 가지 행동을 취하면 하나님이 두 가지 축복을 내리실 것이라 말한다(38절). 첫째, 그들은 회개해야 한다(38a절). '회개하다'(μετανοέω)는 사람이 마음을 바꾸는 것을 의미한다(Johnson, Longenecker, cf. 2:38; 3:19; 8:22; 17:30; 26:20). 또한 구약에서는 방향을 바꾸는 것, 곧 하나님에게서 멀어져 가는 것을 멈추고 하나님을 향해 돌아오는 것을 의미한다. 누가는 사람이 하나님의 용서에 어떻게 반응해야 하는지 설명하며 이 단어를 자주 사용한다(Bock, 눅 3:3; 24:47; 행 2:38; 3:19; 8:22; 26:18, 20). 베드로는 그들에게 메시아를 죽음에 이르게 한 마음과 태도(곧 하나님으로부터 멀어져 가는 삶)를 바꾸어(삶의 방향을 되돌려) 예수님을 통해서만 임하는 하나님의 용서를 구하는 믿음을 가지라고 권면한다. 그러므로 회개와 믿음은 동전의 양면과 같다(Marshall). 또한 칠십인역(LXX)이 종종 구약의 '위로하다'(נחם)를 '회개하다'(μετανοέω)로 번역하는 것을 근거로 회개는 회개하는 사람이 하나님의 위로를 받는 일이라 할 수도 있다(Bruce).

둘째, 그들은 예수 그리스도의 이름으로 세례를 받아야 한다(38b절). 세례는 씻는 일과 연관이 있는 예식이며, 회개가 주는 영적인 정결함을 상징한다(Bock, Schnabel). 베드로는 세례가 육체의 더러운 것을 제하는 것이 아니라, 하나님을 향한 선한 양심을 구하는 것이라 한다(벧전 3:21). 세례는 영적 정결함이며, 이제부터 선한 마음으로 하나님을 향한 삶을 살겠다는 의지를 표현하는 것이다. 지상 대명령에서 예수님은 제자들에게 세상 모든 사람을 제자로 삼고 세례를 베풀라고 하셨다.

베드로는 그들에게 '예수 그리스도의 이름으로' 세례를 받으라고 하는데, 예수님이 그들에게 주시는 구원은 그분이 하신 일에 근거를 두기 때문이다(Fitzmyer). 그들이 못 박은 이가 그들의 유일한 구원의 통로가 되신다는 것은 인류 역사의 최고 모순이라 할 수 있다. 사람이 세례를 받을 때는 자신이 예수님의 소유가 되었음을 공개적으로 선언해야 하며(cf. Bruce, Schnabel), 세례를 베푸는 자 역시 세례를 받는 자에게 그가 예수님께 속한 자가 되었음을 공표해야 한다(Jervell).

회개와 세례는 자신이 예수님을 구세주로 영접한 하나님의 자녀라는 사실을 하나님과 성도들과 세상 사람들이 보도록 드러내는 증거다(cf. TDNT). 어떤 이들은 하나님이 죄인을 구원하시기 전에 이 두 가지(회개와 세례)가 반드시 이뤄져야 한다고 한다. 회개는 구원이 이루어지기 전에 선행되어야 하는 필수 요건이다. 예수님을 구세주로 영접할 때 사람의 내적인 결단과 변화가 가장 중요하기 때문이다(Bruce). 그러나 세례는 상황에 따라 지연될 수도 있다(cf. Dunn, Longenecker, Schnabel).

세례는 사람들 앞에서 하나님의 자녀가 되었음을 공개적으로 드러내는 일로, 공동체의 형편과 상황에 따라 지연될 수 있다. 베드로가 38절에서 선포하는 네 단계 중 세례는 가장 마지막 단계가 될 수도 있는 것이다. 세례식에 있어서는 융통성을 발휘해도 괜찮다.

셋째, 예수님은 회개한 사람에게 죄 사함을 주실 것이다(38c절). '사함'(ἄφεσις)은 상업적인 용어이며, 빚을 탕감해 주거나 무효화하는 것을 뜻한다(BDAG, cf. 마 18:27, 32). 그러므로 하나님이 우리의 죄를 사하시는 것은 지난날에 지은 죄에 대한 책임과 대가를 더는 요구하지 않으실 것을 의미한다. 하나님께 죄 사함을 받은 사람은 자신이 지은 모든 죄에서 자유하다는 사실을 누리며 살 수 있다.

넷째, 예수님은 회개한 사람에게 성령의 선물을 주실 것이다. '성령의 선물'(τὴν δωρεὰν τοῦ ἁγίου πνεύματος)은 성령이 주시는 여러 가지 선물(은사, cf. 고전 12장)을 뜻하는 것이 아니라, 성령 자체가 선물이라는 의미다(Barrett, Bock, Longenecker, Schnabel). 성령은 자기 죄를 하나님께 회개하고 주님의 이름으로 세례를 받은 사람은 이제부터 예수님께 속한 사람이라는 것을 확인하며 주시는 예수님의 은혜이자 선물이다. 성령은 하나님의 자녀가 된 사람 안에 내재하시며 그가 경건하고 거룩한 삶을 살도록 도우신다.

위 네 가지 중 가장 선행되어야 하는 것은 회개다. 회개하면 하나님의 죄 사함이 있다. 그다음 세례도 있고, 성령의 선물도 있다. 그러므로 사람이 의지적으로 해야 할 유일한 일은 회개라 할 수 있다. 나머지 세 가지는 자동으로 임한다.

제자들은 이미 성령의 선물을 받았다(cf. 2:17). 베드로는 같은 선물이 새로운 시대의 시작을 알리며, 예수님을 영접하는 모든 사람에게 임할 수 있다고 한다. 초대교회에 이 네 가지가 체계화되고 자리를 잡는 데는 어느 정도 시간이 필요했다. 그러므로 베드로가 이방인들에게 설교하고 회개하는 자들에게 세례를 베풀기 전에 성령의 선물이 임하기도

했다(10:44-48). 백부장 고넬료 이야기도 비슷한 사례라 할 수 있다(cf. 10장). 중요한 것은 회심한 사람이 언제든 여건이 될 때 세례를 받아 자신의 신앙을 공개적으로 고백하는 것이지, 반드시 회개한 즉시 세례를 받아야 하는 것은 아니다.

베드로는 회개하는 사람이 하나님의 성령을 선물로 받는 것이 하나님의 약속이라고 한다(39a절). 죄 사함 다음에는 반드시 성령도 주실 것이라는 뜻이다. 어떤 이들은 성령에 대한 약속을 '새 언약 약속'(Promise of New Covenant)으로 부르기도 한다(Fitzmyer, cf. 사 32:15; 44:3; 겔 11:19; 36:26-27; 37:14; 욜 2:28-29). 오순절에 다락방에 모여 있던 모든 사람에게 예언과 환상과 방언에 대한 요엘의 예언이 성취된 것은 누구든지 예수님을 구주로 영접하면 그 사람에게도 같은 은사가 임할 것을 보장하는 약속이라 할 수 있다.

이 약속은 예루살렘 및 근처에 사는 사람들과 그들의 자녀뿐 아니라 모든 먼 데 사람, 곧 주 하나님이 얼마든지 부르시는 자들에게 하신 것이다(39b절). 베드로가 10장에 가서야 이방인도 하나님의 자녀가 될 수 있다는 사실을 깨닫는 것을 고려할 때 '모든 먼 데 사람'(πᾶσιν τοῖς εἰς μακράν)은 디아스포라 유대인과 유대교로 개종한 이방인(proselytes)을 의미한다(cf. Witherington). 하나님은 세상 어느 곳에 있는 사람이라도 얼마든지 그분의 백성으로 부르신다. 아무리 먼 거리라 해도 하나님의 구원의 손길을 막을 수 없다.

자신들은 어떡하면 좋겠냐고 묻는 자들에게 베드로는 여러 말로 확증한 후 "너희가 이 패역한 세대에서 구원을 받으라"라고 최종적으로 권면한다(40절). '확증하다'(διαμαρτύρομαι)는 '증언하다'라는 뜻이다(cf. BDAG). 베드로는 예수님에 대해 자세하게 증언했다. 그러나 최종 결정과 결단은 그의 말을 들은 사람들의 몫이다. 그러므로 그는 매우 강한 어조로 예수님을 영접할 것을 권유한다. '구원을 받으라'(σώθητε)를 중간태(middle) 혹은 수동태(passive)로 해석할 수 있지만, 이는 '하나님이 너희를 구원하시게 하라'라는 의미의 수동태다(Bock, Johnson, Schnabel, cf. 2:47).

'패역한 세대'(τῆς γενεᾶς τῆς σκολιᾶς)는 이곳에만 사용되는 표현이다. 이스라엘 사람들과 그들이 속한 '이스라엘 온 집'(2:36)이 썩었다(Wall, cf. 신 32:5). 그들은 도덕적으로 비뚤어지고, 하나님께 나아가는 영적인 길을 잃은 사람들이다(Bock). 그러므로 심판만이 그들을 기다린다. 세대에 속한 모든 사람이 이러한 상황에서 소수가 구원에 이르는 것은 참으로 대단한 일이라 할 수 있다.

회개하고 구원을 받으라는 베드로와 사도들의 권면에 수많은 사람이 긍정적으로 반응했다. 이날 예수님을 구주로 영접하고 세례를 받은 사람의 수가 3,000명이나 되었다(41절). 모두 예루살렘에 살거나 오순절을 기념하기 위해 세상 곳곳에서 모여든 유대인이다. 원래 유대인은 세례를 이방인이 유대교에 들어올 때 받는 것으로 간주했기 때문에 세례를 받지 않았다(Longenecker). 세례는 유대교로 개종한 이방인이 자신의 과거와 단절하면서 이방인으로 살았던 모든 부정함을 씻어 내는 일을 상징하는 예식이었다. 그러므로 유대인들이 예수님의 이름으로 세례를 받는 것은 매우 충격적인 일이다(Longenecker). 우리는 예수님이 오순절에 보내신 보혜사 성령이 제자들을 통해 어떤 일을 하시는지 하나의 사례를 보고 있다(Bruce, cf. 요 14:12).

'신도'(ψυχή)는 영혼(soul)이라는 의미를 지니며, 한 사람을 상징한다(BDAG). 예수님을 영접한 사람의 수 3,000명이 과장된 것이라고 주장하는 이들이 있다(Haenchen). 그러나 당시 예루살렘에 3만~6만 명이 살았고, 절기 때는 20만 명이 모여들었다는 점을 고려할 때 이날 3,000명이 회심한 것은 충분히 가능한 일이다(cf. Marshall, Polhill, Reinhardt, Witherington). 성도의 수는 얼마 후 5,000명이 되며(4:4), 몇 년 후에는 유대인 성도만 '수천 명'에 달할 것이다(21:20).

이 말씀은 사람이 구원에 이르려면 자신이 지은 죄에 대해 마음에 찔림을 받는 것이 필수라고 한다. 사도들의 설교를 들은 유대인들은 마음에 찔림을 받고 이미 지은 죄에 대해 어찌해야 하는지 물었다. 마음에 찔림을 받고 괴로워하는 것은 구원의 시작이며, 성령이 하시는 일이다.

세상 모든 사람은 예수님이 필요하다. 기독교는 하나님의 은혜에 대해 매우 소망적이고 긍정적인 종교다. 반면에 인간의 본성에 대해서는 매우 비관적인 종교다(Fernando). 자신만이 여호와의 선민이라고 생각했던 유대인들도 예수님이 필요하다. 그들이 선민인 것은 사실이지만, 자신의 죄를 해결할 방법을 모르는 패역한 세대이기 때문이다. 베드로는 하나님을 경외하는 경건한 사람들도 예수님이 필요하다고 한다. 구원은 사람의 도덕적-윤리적 차원을 초월하는 놀라운 일이기 때문이다.

II. 예루살렘(1:12-6:7)

C. 요약: 공동체의 삶(2:42-47)

**42 그들이 사도의 가르침을 받아 서로 교제하고 떡을 떼며 오로지 기도하기
를 힘쓰니라 43 사람마다 두려워하는데 사도들로 말미암아 기사와 표적이 많
이 나타나니 44 믿는 사람이 다 함께 있어 모든 물건을 서로 통용하고 45 또
재산과 소유를 팔아 각 사람의 필요를 따라 나눠 주며 46 날마다 마음을 같
이하여 성전에 모이기를 힘쓰고 집에서 떡을 떼며 기쁨과 순전한 마음으로
음식을 먹고 47 하나님을 찬미하며 또 온 백성에게 칭송을 받으니 주께서 구
원 받는 사람을 날마다 더하게 하시니라**

사도들의 메시지를 듣고 마음에 찔림을 받아 회개하고 죄 사함을 받은 사람이 참으로 많았다(cf. 2:41). 본 텍스트는 그들이 세례를 받은 후 어떤 공동체를 세워 나갔는지에 관한 것이다. 그러므로 우리는 본문을

통해 새로 시작된 예루살렘 교회의 모습을 보고 있다. 이는 또한 우리가 추구해야 할 이상적인 교회의 모습이다(Polhill). 이 말씀은 사도행전에 등장하는 여섯 개의 요약문 중 두 번째다(Schnabel, cf. 1:12-14; 4:32-37; 5:12-16; 6:7; 9:31).

누가는 사도들의 메시지를 듣고 회심한 사람들이 세운 공동체(교회)의 특징을 네 가지로 정리한다(42절). 첫째, 그들은 사도의 가르침을 받았다(42a절). '가르침'(διδαχή)은 예수님의 사역에서 가장 중요한 부분이다. 예수님은 큰 무리를 가르치시고, 제자들을 따로 구분해 가르치기도 하셨다. 또한 지상 명령(마 28:19-20)을 통해 제자들에게 세상 모든 민족을 제자로 삼아 세례를 베풀고 그들에게 분부한 모든 것을 가르쳐 지키게 하라고 하셨다. 우리가 사람들을 예수님의 제자로 삼고 그들에게 세례를 베푸는 궁극적인 목적은 그들이 예수님의 가르침을 기준으로 삼아 살게 하려는 것이다. 사도들도 이러한 사실을 잘 알고 있었기에 가르치는 일을 자신들이 감당해야 할 가장 중요한 사명으로 여겼다(cf. 6:1-6). 우리가 공동체(교회)로 존재하는 이유도 예수님의 가르침을 배우기 위해서다. 성도가 배움을 멈추면 영이 훼손되기 시작한다.

사도들은 성도에게 무엇을 가르쳤을까? 네 복음서에 기록된 예수님의 삶과 가르침을 그들에게 전수했다. 한 학자는 그들이 가르친 내용을 다음과 같이 내용을 요약한다(Schnabel): (1)예수님은 이스라엘의 메시아이시며, 주시다. (2)예수님은 다윗의 후손이시며, 하나님의 종이시다. (3)예수님은 거룩하고 의로운 구원자이시다. (4)예수님은 모세 같은 선지자이며, 온 인류의 심판주이시다. (5)예수님의 삶과 죽음과 부활과 승천을 고려할 때, 사람이 성령의 선물을 받으려면 회개해야 한다. (6)하나님이 이스라엘의 메시아이자 주님이신 예수님을 통해 주시는 구원은 예수님께 충성해야만 얻을 수 있다.

둘째, 그들은 서로 교제했다(42b절). '교제'(κοινωνία)는 바울이 자주 사용하는 단어지만, 누가복음-사도행전에서는 이곳에만 유일하게 사용된다. '교제'는 비(非)기독교 문헌에서 자신이 가진 것을 나누는 의미로 사용되며, 성경에서도 기본적으로 나눔을 의미한다(Bock, Witherington). 그리스도인들이 형편이 어려운 성도들과 나누는 것이 교제다(Fitzmyer, Johnson, 롬 15:26; 고후 8:4; 9:13).

또한 교제는 다른 사람들과 함께 있는 것(Schnabel), 혹은 같은 일을 함께 하는 친밀함이다(Fernando). 그러므로 성찬식을 통해 공동체가 예수님이 흘리신 피와 찢기신 몸을 함께 기념하는 일도 교제다(cf. 고전 10:16). 예루살렘 교회 대표들이 환영의 제스처로 바울과 바나바에게 손을 내밀어 악수한 것(right hand of fellowship)도 교제다(갈 2:9).

셋째, 그들은 함께 떡을 뗐다(42c절). '떡을 떼다'(τῇ κλάσει τοῦ ἄρτου)라는 표현은 46절에 한 번 더 등장한다. 차이는 본문인 42절에서는 정관사(τοῦ)를 지니고, 46절에서는 정관사를 생략한다는 점이다. 이러한 차이를 두고 어떤 이들은 정관사를 지닌 본문에서는 '성찬식'(Fitzmyer, cf. 눅 24:35)을, 정관사가 없는 46절에서는 함께 식사하는 '애찬'(Bock, Harrison, Jervell, cf. 20:7, 11; 27:35; 고전 10:16; 유 1:12)을 의미한다며 둘을 구분한다(cf. Barrett). 그러나 초대교회에서 성찬식은 애찬의 일부였다는 것이 대부분 학자의 결론이다. 그러므로 본문과 46절에서도 두 가지를 모두 의미하는 것으로 해석해야 한다(Bruce, Marshall, Polhill, Schnabel, cf. 고전 11장). 성도들이 함께 떡을 떼는 것은 그리스도께서 우리를 위해 내어 주신 피와 몸을 함께 나누는 일이다(Bruce).

넷째, 그들은 기도했다(42d절). 당시 유대인들은 매일 정해진 시간에 예루살렘 성전에 모여 기도했다. 그러므로 이 말씀은 성도들이 정해진 시간이 되면 성전을 찾아가 기도했다는 의미일 수 있다(Bruce, cf. 3:1; 22:17). 혹은 그들이 아무 때나 성령의 인도하심에 따라 기도한 일을 의미할 수도 있다(cf. 1:24; 4:24; 12:12). 두 가지 의미 모두 포함된 것으로 해석하는 것도 좋다. 우리가 기도에 대해 깨달아야 하는 가장 중요한 포인트는 우리가 하나님을 '아버지'라 부르며 기도할 수 있는 길을 예수님이 열어 주셨다는 것이다(막 14:36; cf. 롬 8:15; 갈 4:6). 교회는 함께 모여 아버지께 기도하는 공동체다.

새로 시작된 교회는 위 네 가지를 행하는 데 힘썼다. 사도행전에서 '힘쓰다'(προσκαρτερέω)는 6차례 사용되며(1:14; 2:42, 44; 6:4; 8:13; 10:7), 몇 명이든 상관없이 한마음으로 무언가를 추구하는 것을 묘사한다(Bock, cf. 눅 1:14). 이 동사는 '바치다, 쏟다'라는 의미를 지니며, 열정과 지속성을 강조한다(Barrett, cf. BDAG). 계속 성장하는 교회의 특징은 앞서 설명한 네 가지에 오로지 힘쓰는 것이다(Wall).

예루살렘 교회에 속한 사람들은 사도들이 행하는 많은 기사와 표적을 보고 두려워했다(43절). '기적과 표적'(τέρατα καὶ σημεῖα)은 예수님이 이 땅에서 행하신 일들을 가장 잘 묘사한 표현이라 할 수 있다(cf. 2:22). 사도들이 성령으로 충만하게 되니 그들도 예수님이 행하신 표적과 기사를 행하게 된 것이다(cf. 요 14:12). 사도들이 예수님처럼 기사와 표적을 행하자 그들은 하나님을 두려워하게 되었다(cf. 공동). 사도들을 통해 역사하시는 하나님을 경험한 것이다. 이런 두려움은 건강한 것이며, 신앙에 큰 도움이 된다.

예루살렘 교회 성도들은 그들이 한 공동체라는 것을 나눔을 통해 드러냈다(44-45절). '통용'(κοινός)은 '교제'(κοινωνία, 42절)와 소리와 의미가 비슷하다. 각자 소유한 것을 공동체에 속한 사람의 것으로 취급한다는 의미를 지닌다(Bock). 재산과 소유를 팔아 각 사람의 필요에 따라 나눠 주기도 했다. '팔았다'(ἐπίπρασκον)와 '나눴다'(διεμέριζον)는 둘 다 미완료형 동사다. 사람들이 한 번에 모든 소유를 팔아 나눈 것이 아니라, 공동체에 속한 사람들의 필요에 따라 소유 일부를 계속(지속적으로) 팔았다는 뜻이다(Haenchen, Witherington). 그들은 심지어 집과 땅도 팔아 다른 성도들을 도왔다(cf. 4:34).

어떤 이들은 그들이 예수님이 곧 오실 것이라고 착각해서 이런 일을 했다고 하지만(Barrett), 본문은 교회 구성원들이 처한 경제적 어려움을 조금이나마 돕기 위해 이렇게 한 것이라고 한다(Polhill). 이 사건의 중요한 포인트는 '성도의 교제가 각자의 지출 장부'에 영향력을 발휘했다는 사실이다(Fernando). 우리는 오늘도 이러한 일이 교회에서 재현되기를 바라지만, 이러한 일은 우리 스스로 할 수 없다. 성령으로 충만한 공동체가 성령의 인도하심에 따라 할 수 있는 일이다. 이런 일을 강제로 요구하거나 법으로 제정한 것이 공산주의다. 공산주의는 실패했다.

물건을 공유하고 소유를 팔아 형편이 어려운 사람들을 돕는 공동체는 날마다 함께 모이는 일에도 힘썼다(46절). '마음을 같이하여'(ὁμοθυμαδόν)는 '한마음으로'(Fernando, cf. 새번역, 공동, NAS), 혹은 '함께'(ESV, NIV, NRS)라는 의미를 지닌다. 그들은 매일 같은 목적을 가지고 함께 모인 것이다.

그들이 모인 장소는 성전이었다(46a절). 기독교인들에게 성전은 더는 필요 없다(cf. 7장, 15장). 그럼에도 불구하고 예루살렘 성도들이 계속 성전에 모인 것은 유대교 테두리 안에 머물고 싶은 마음의 표현이었다(Bock, cf. 21:26). 그러나 유대교는 그들을 거부했고, 결국 기독교는 독립적인 길을 가게 되었다. 예루살렘 그리스도인들이 성전에서 예배를 드렸다는 것은 그들이 성전의 동쪽에 있는 '여인들의 뜰'로 들어가는 '미문' 앞에 있는 솔로몬 행각에 모여 예배를 드렸다는 뜻이다. 다음 그림을 참조하라.

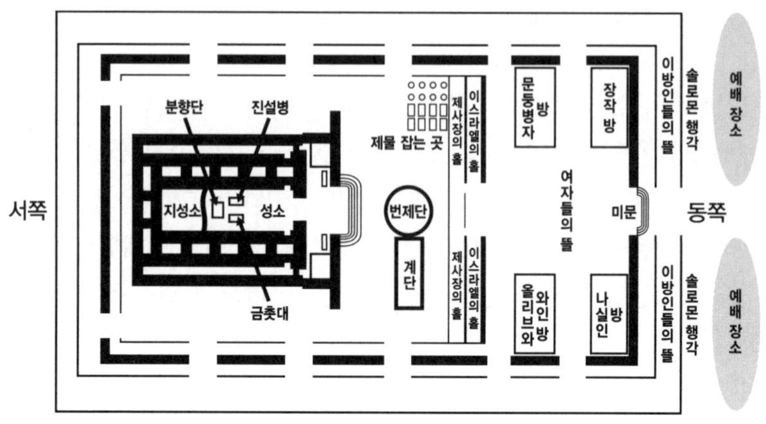

성전에 모여 예배를 드린 성도들은 각자의 집에서도 모여 함께 떡을 뗐다(46b절). 이미 42절에서 언급한 것처럼 함께 떡을 떼는 것은 성찬식과 애찬을 의미한다. 그들은 기쁨과 순전한 마음으로 음식을 나눴다. '순전한 마음'(ἀφελότητι καρδίας)은 음식을 대접하는 사람이나 대접받는 사람이나 과시하려는 마음 또는 미안함 없이 모두 자비로운 마음으로 주고받았다는 뜻이다(cf. Bruce).

거룩한 공간인 성전뿐 아니라 사적인 공간인 집에서도 성도의 교제가 이뤄지고 있다. 공동체 생활이 가장 공적인 공간에서부터 가장 사적인 공간에서까지 매일 지속된 것이다. 우리는 공적인 공간에 함께 모여 예배드리는 것만으로는 공동체를 형성할 수 없다는 사실을 깨달아야 한다. 공동체는 우리의 사적인 공간에서도 예배하고 교제할 때 형성된다. 예루살렘 교회가 성도들의 사적인 공간에서 예배와 교제를 이어 간 것이 훗날 기독교가 가정 교회로 발전하는 계기가 되었다(Fernando, cf. 고전 16:19).

예루살렘 교회 성도들은 각 가정에 모여 떡을 떼고 음식을 나눠 먹은 후 하나님을 찬미했다(47a절). 주의 백성이 함께 모여 교제하면 자연스럽게 찬미로 이어진다. 하나님을 찬미하는 것이 우리가 함께 모여 친교하는 목적이기 때문이다.

또한 그들은 온 백성에게 칭송을 받았다(47b절). 세상 사람들에게 선망의 대상이 된 것이다. 심지어 믿지 않은 사람들조차 예루살렘 교회에 호감을 가졌으며, 이런 공동체가 생겨난 것에 감사했다는 뜻이다. 자선을 매우 중요시했던 유대교인들이 예루살렘 교회가 어려운 성도들을 적극적으로 돕는 모습에 감동한 것으로 보인다.

사람들에게 칭송받는 교회가 되니 전도도 매우 쉬웠다. 예루살렘 교회는 날마다 성도의 수가 늘었다(47c절). 이러한 교회 성장은 사람들의 칭송을 받는 성도들이 이루어 낸 결과이며(Fernando), 또한 하나님이 하신 일이다. 그러므로 누가는 "주께서 구원 받는 사람을 날마다 더하게 하시니라"라고 한다. 하나님이 그들의 삶과 전도를 통해 교회를 세우신 것이다.

이 말씀은 우리가 꿈꾸는 교회는 어떤 곳인지 많은 생각을 하게 한다. 본문은 이상적인 교회는 가르치고, 교제하고, 함께 떡을 떼고, 기도하는 곳이라고 한다. 이 네 가지를 다르게 표현하면 배우는 교회, 사랑하는 교회, 예배하는 교회, 전도하는 교회가 된다(Stott). 이러한 일을 균형 있게 꾸준히 행하면 성도들이 하나님이 주시는 기쁨으로 신앙생활을 할 수 있을 것이다. 또한 이런 교회는 믿지 않는 자들도 좋아하는 교회가 될 것이며, 전도의 길도 열릴 것이다.

Ⅱ. 예루살렘(1:12-6:7)

D. 걷지 못하는 걸인 치료(3:1-26)

누가는 바로 앞 섹션에서 하나님이 사도들을 통해 온갖 기적과 표적을 행하셨다고 했다(2:43). 사도들이 얼마나 크고 많은 이적을 행했는지, 보는 이들이 그들을 통해 역사하시는 하나님을 두려워하게 되었다. 그러나 그들이 행한 기적이 어떤 것인지에 대해서는 언급하지 않는다. 본 텍스트는 사도들이 성전 입구에서 태어날 때부터 걷지 못한 사람을 걷게 한 일을 회고한다. 사도행전에 기록된 14개의 기적 중 첫 번째다 (Pesch, cf. 3:1-10; 5:1-11, 17-26; 9:32-35, 36-42; 12:1-19, 20-23; 13:4-12; 14:8-11; 16:16-19, 20-34; 20:7-12; 28:3-6, 7-8). 이어지는 베드로의 성전 설교는 이 기적을 경험하고 놀란 사람들에게 선포한 것이다. 본 텍스트는 다음과 같이 두 파트로 구분된다.

A. 걷지 못하는 사람이 나음을 입음(3:1-10)
B. 베드로의 솔로몬 행각 설교(3:11-26)

II. 예루살렘(1:12-6:7)
D. 걷지 못하는 걸인 치료(3:1-26)

1. 걷지 못하는 사람이 나음을 입음(3:1-10)

[1] 제 구 시 기도 시간에 베드로와 요한이 성전에 올라갈새 [2] 나면서 못 걷게
된 이를 사람들이 메고 오니 이는 성전에 들어가는 사람들에게 구걸하기 위
하여 날마다 미문이라는 성전 문에 두는 자라 [3] 그가 베드로와 요한이 성전
에 들어가려 함을 보고 구걸하거늘 [4] 베드로가 요한과 더불어 주목하여 이
르되 우리를 보라 하니 [5] 그가 그들에게서 무엇을 얻을까 하여 바라보거늘
[6] 베드로가 이르되 은과 금은 내게 없거니와 내게 있는 이것을 네게 주노니
나사렛 예수 그리스도의 이름으로 일어나 걸으라 하고 [7] 오른손을 잡아 일
으키니 발과 발목이 곧 힘을 얻고 [8] 뛰어 서서 걸으며 그들과 함께 성전으로
들어가면서 걷기도 하고 뛰기도 하며 하나님을 찬송하니 [9] 모든 백성이 그
걷는 것과 하나님을 찬송함을 보고 [10] 그가 본래 성전 미문에 앉아 구걸하던
사람인 줄 알고 그에게 일어난 일로 인하여 심히 놀랍게 여기며 놀라니라

사도들과 성도들은 자주 집에서 모여 기도했지만, 또한 매일 정해진 시간에 성전을 찾아가서도 기도했다(cf. 2:46). 본문의 사건은 이러한 일상이 반복되던 어느 날 있었던 일이다. 그러므로 여러 번역본이 '어느 날 하루는'(One day)으로 이야기를 시작한다(공동, 아가페, 현대인, NIV, NRS).

유대인들이 성전에 모여 기도하는 시간인 제구시가 되자 베드로와 요한도 성전으로 올라갔다(1절). 성전은 예루살렘성에서 가장 높은 곳에 있었기 때문에 성전을 찾는 일은 항상 '올라가다'(ἀναβαίνω)로 묘사된다. 제구시는 우리 시간으로 오후 3시쯤이다. 당시 유대인들은 오전 9시, 정오, 오후 3시에 성전에 모여 기도했다. 이 중 하루를 시작하는 오전 9시와 마무리하는 오후 3시 기도 시간에 가장 많은 사람이 성전을 찾았다. 또한 오전 9시와 오후 3시는 제사장들이 번제를 드리는 시간이기도 했다(Fitzmyer, cf. 출 29:39; 민 28:3-4). 훗날 고넬료는 오후 3시 기도 시간에 기도하다가 환상을 보고 베드로를 찾는다(10:3, 30).

본문은 베드로와 요한이 함께 성전에 올라갔다고 하는데, 요한은 이 이야기에서 어떠한 역할도 하지 않는다. 그래서 일부 학자는 누가가 율법이 최소 두 증인을 요구하는 것을 의식해서(cf. 신 19:15) 원래 베드로가 혼자 한 사역에 요한을 추가한 것이라 한다(Haenchen, Jervell). 그러나 복음서에 따르면 이 두 사도는 매우 친밀한 사이였으며, 처음부터 함께 사역했다(Bock, Marshall, cf. 4:13, 19; 8:14).

베드로와 요한은 미문이라는 성전 문에서 구걸하는 사람을 만났다(2절). 그는 나면서 못 걷게 된 사람이었다(2a절). '나면서'(ἐκ κοιλίας μητρὸς αὐτοῦ)는 '그의 어머니의 태에서 나올 때'라는 뜻으로, 그는 태어날 때부터 지금까지 마흔 살이 넘도록 한 번도 두 발로 걸어 본 적이 없다(cf. 4:22). 제자들이 그를 만난 것은 예수님이 걷지 못하는 사람 여럿을 고쳐 주신 일을 생각나게 한다(마 11:5; 15:30-31; 18:8; 21:14; 막 9:45; 눅 7:22; 14:13, 21; 요 5:3). 이제 사도들도 예수님처럼 걷지 못하는

자들을 걷게 하는 기적을 행할 것이다(cf. 8:7; 14:8)

사람들은 기도하기 위해 성전을 찾는 사람들에게 구걸해 생계를 유지하도록 그를 메어다 '미문'이라는 성전 문에 두었다(2b절). '미문'('Ωραίαν)은 신약에서 이곳에만 언급되는 성전 문이며, 정확히 어느 문을 뜻하는지는 알 수 없다(cf. Barrett, Schnabel). 학자들은 '니카노르 문'(Nicanor Gate, Longenecker)이라 하고, '슈샨 문'(Shushan Gate, Williams)을 칭하는 것이라 하기도 한다. 심지어 잠시 후에 일어날 기적이 참으로 아름다운 일이기 때문에 이 일이 일어난 곳을 '미문'이라며 상징적으로 해석해야 한다는 학자도 있다(Fitzmyer).

유대교는 자선을 사람이 하나님을 영화롭게 하는 가장 중요한 선행이라고 가르쳤다(cf. 마 6:2-4; 눅 11:41; 12:33). 외경에 속하는 토비트서 4:10-11은 자선에 대해 이렇게 말한다: "자선은 자선을 베푸는 사람을 죽음에서 건져내고 암흑에 빠지지 않게 해주는 것이다. 누구든지 자선을 베풀면 그 자선은 지극히 높으신 하느님께 바치는 좋은 예물이 된다." 이러한 유대교 정서를 바탕으로 사람들은 그를 데려다 미문에 두었다. '두었다'(ἐβαστάζετο)는 습관적 미완료형(habitual imperfect)이다. 성전에 출입하는 사람들에게 구걸해 생계를 이어 가도록 사람들이 그를 미문에 데려다준 것이 매일 반복되던 일이라는 뜻이다.

그는 베드로와 요한이 성전에 들어가려는 것을 보고 구걸했다(3절). '구걸했다'(ἠρώτα)도 미완료형이다. 그는 제자들에게 계속 구걸한 것이다. 사도들은 가던 길을 멈추고 그에게 "우리를 보라"라고 했다(4절). '우리를 보라'(βλέψον εἰς ἡμᾶς)는 집중을 요구하는 말이다. 베드로와 요한은 이 말을 통해 자신들이 그의 구걸에 대해 무언가 조치를 취할 것을 암시한다.

걸인은 '우리를 보라'라는 사도들의 말을 무엇을 주겠다는 뜻으로 알아듣고 그들이 명령한 대로 사도들을 간절히 쳐다보았다(5절, cf. NIV). 아마도 평상시 성전을 출입하던 사람들이 주던 돈보다 더 많은 돈을 줄 것으로 기대했을 것이다. 그러나 베드로는 자신들에게 돈은 없지만 대신 있는 것을 주겠다며 나사렛 예수 그리스도의 이름으로 일어나 걸으라고 했다(6절). '이름'은 그 이름을 지닌 이의 권위(authority)와 권능(power)을 상징한다(Longenecker, cf. 19:11-17). 그러므로 베드로가 나사렛 예수 그리스도의 이름으로 그에게 걸으라고 한 것은 예수님의 권능이 그를 걷게 하실 것이라는 믿음이 있었기 때문이다. 반면에 예수님이 사역하실 때는 하나님의 이름으로 사람들을 낫게 하실 필요가 없었다(Marshall). 예수님은 제자들과는 달리 그분 자신의 권능으로 기적을 행하셨기 때문이다.

'걸으라'(περιπάτει)는 현재형 명령이다. 앞으로 그가 계속 걷게 될 것이라는 뜻이다(Bock). 예수님은 사도들을 통해 이 걸인에게 결코 돈으로 살 수 없는 새로운 삶을 주셨다. 그는 다리를 쓰지 못해 구걸했지만, 앞으로는 얼마든지 걸을 수 있다. 그러므로 더는 구걸하지 않아도 된다. 걷게 된 다리로 노동해서 스스로 살아갈 수 있게 되었다.

일어나 걸으라는 말과 함께 베드로가 그의 오른손을 잡아 일으켰다(7a절). 오른손은 평소에 그가 사람들에게 구걸하던 손이다(Fitzmyer). 베드로가 자신에게 없는 은과 금 대신 나사렛 예수 그리스도의 이름으로 그에게 나음을 준 것이다. 걸인의 발과 발목이 곧 힘을 얻었다(7b절). '발'(βάσις)과 '발목'(σφυδρόν)은 둘 다 신약에서 단 한 차례 사용되는 단어다(cf. BDAG). 발이 완치되었으니 평생 성전 문에서 구걸하던 이가 처음으로 성전 안으로 들어갈 수 있게 되었다(cf. 레 21:17-19). 그가 나음을 입은 것은 예수님이 평소에 직접 행하시던 기적을 승천하신 후에도 제자들을 통해 계속 행하실 것을 암시한다.

평생 처음으로 걷게 된 걸인은 마냥 기뻐하며 다양한 행동으로 그 기쁨을 표현했다. 누가는 그의 행동을 '뛰다'(ἐξάλλομαι), '서다'(ἵστημι), '걷다'(περιπατέω), '들어가다'(εἰσέρχομαι), '걷다'(περιπατέω), '뛰다'(ἅλλομαι), '찬송하다'(αἰνέω) 등의 6개 동사로 7차례('걷다'가 두 차례 사용됨) 묘사한다(8절). 처음 6개 동사는 걷지 못하는 사람이 할 수 없는 일을 그가 하게 되었다는 뜻이다. 평생 한 번도 걸어보지 못한 사람이 걷게 되었으니 얼마나 기뻤을까! 그러므로 그는 우리가 보기에는 과하다 싶을 만큼 반응하고 있다. 이사야는 하나님이 자기 백성을 치료하시는 날, 이런 일이 있을 것이라고 예언한 적이 있다(사 35:6). 일곱 번째 동사인 '찬송하다'는 예수님이 제자들을 통해 기적을 베푸시는 이유를 표현한다. 나음을 입은 사람이 하나님의 자녀가 되어 주님을 찬송하게 하기 위해서다. 이 사람도 예수님을 영접하고 하나님을 찬양했다(cf. 3:16).

오후 3시 기도 시간에 성전을 찾았던 모든 사람이 평소에 성전 미문에서 구걸하던 사람이 걷는 것과 하나님을 찬송하는 것을 보고 깜짝 놀랐다(9-10절). 그들은 성전에 올 때마다 그가 구걸하던 것을 보았다. 그는 태어날 때부터 다리를 쓸 수 없는 사람이었으며, 평생 구걸하며 생계를 유지하는 걸인으로 알려진 사람이다. 그런 그가 그들 앞에서 뛰어다니고 있다! 누가는 사람들이 얼마나 놀랐는지 "심히 놀랍게 여기며 놀라니라"(ἐπλήσθησαν θάμβους καὶ ἐκστάσεως)라고 기록한다(10절). 이러한 표현은 신약에서 이곳이 유일하다. 안타까운 것은 그들이 성령으로 가득해야 하는데, 놀라움으로만 가득하다는 것이다(Wall). 앞으로도 무리는 기적과 징표를 경험할 때마다 놀라움으로 가득할 것이다(cf. 8:9, 11, 13; 10:45). 그러나 구원에 이르는 것은 별개 문제다. 일단 그들이 자초지종을 알아보기 위해 베드로와 요한 주변에 모인 것은 긍정적이다(3:11). 관심이 있다는 것을 암시하기 때문이다. 때때로 기적은 믿음을 유도하지만, 논쟁을 불러일으키기도 한다(cf. 4:16).

이 말씀은 승천하신 예수님이 세상에 계실 때와 다름없이 사역하신다고 한다. 다만 예전에는 직접 하셨지만, 승천한 후에는 제자들을 통해 하신다. 이러한 사실은 이 시대를 사는 우리도 예수님께 쓰임받을 수 있음을 뜻한다. 예수님께 우리 자신을 드리면, 주님은 우리를 통해 놀라운 일을 하실 것이다. 예수님은 우리를 통해 절망적인 세상에 소망과 기쁨 주시기를 바라신다.

예수님이 베푸시는 기적에는 한계가 없다. 이 걸인은 태어날 때부터 걷지 못했으며, 지난 40여 년간 이렇게 살았다(cf. 4:22). 다리는 굳을 대로 굳었고, 다시 걸을 수 있다는 소망은 아예 없었다. 당시 사람들의 평균 수명이 40년이었다는 점을 고려할 때 그도 이렇게 몇 년 더 살다가 죽음을 맞이해야 했다. 모든 것이 절망적인 상황에서 예수님이 기적을 베풀어 그를 낫게 하셨다! 새로운 시작을 주신 것이다!

은혜를 입어 걷게 된 사람은 너무나도 기뻐서 서 있기도 하고, 걸어 보기도 하고, 뛰어 보기도 했다. 그러고 나서 성전에 들어가 그를 낫게 해 주신 하나님을 찬송했다. 예수님이 기적을 베푸신 이유가 바로 여기에 있다. 죄와 장애에 억눌린 사람들이 자유로운 영혼이 되어 하나님을 찬송하게 하기 위해서다. 하나님은 찬송 중에 우리를 만나 주신다.

II. 예루살렘(1:12–6:7)
D. 걷지 못하는 걸인 치료(3:1–26)

2. 베드로의 솔로몬 행각 설교(3:11–26)

**11 나은 사람이 베드로와 요한을 붙잡으니 모든 백성이 크게 놀라며 달려 나
아가 솔로몬의 행각이라 불리우는 행각에 모이거늘 12 베드로가 이것을 보고
백성에게 말하되 이스라엘 사람들아 이 일을 왜 놀랍게 여기느냐 우리 개인
의 권능과 경건으로 이 사람을 걷게 한 것처럼 왜 우리를 주목하느냐 13 아브
라함과 이삭과 야곱의 하나님 곧 우리 조상의 하나님이 그의 종 예수를 영
화롭게 하셨느니라 너희가 그를 넘겨 주고 빌라도가 놓아 주기로 결의한 것
을 너희가 그 앞에서 거부하였으니 14 너희가 거룩하고 의로운 이를 거부하
고 도리어 살인한 사람을 놓아 주기를 구하여 15 생명의 주를 죽였도다 그러
나 하나님이 죽은 자 가운데서 그를 살리셨으니 우리가 이 일에 증인이라
16 그 이름을 믿으므로 그 이름이 너희가 보고 아는 이 사람을 성하게 하였**

나니 예수로 말미암아 난 믿음이 너희 모든 사람 앞에서 이같이 완전히 낫
게 하였느니라 [17] 형제들아 너희가 알지 못하여서 그리하였으며 너희 관리들
도 그리한 줄 아노라 [18] 그러나 하나님이 모든 선지자의 입을 통하여 자기의
그리스도께서 고난 받으실 일을 미리 알게 하신 것을 이와 같이 이루셨느니
라 [19] 그러므로 너희가 회개하고 돌이켜 너희 죄 없이 함을 받으라 이같이 하
면 새롭게 되는 날이 주 앞으로부터 이를 것이요 [20] 또 주께서 너희를 위하
여 예정하신 그리스도 곧 예수를 보내시리니 [21] 하나님이 영원 전부터 거룩
한 선지자들의 입을 통하여 말씀하신 바 만물을 회복하실 때까지는 하늘이
마땅히 그를 받아 두리라 [22] 모세가 말하되

주 하나님이 너희를 위하여
너희 형제 가운데서 나 같은 선지자 하나를 세울 것이니
너희가 무엇이든지 그의 모든 말을 들을 것이라
[23] 누구든지 그 선지자의 말을 듣지 아니하는 자는
백성 중에서 멸망 받으리라

하였고 [24] 또한 사무엘 때부터 이어 말한 모든 선지자도 이 때를 가리켜 말
하였느니라 [25] 너희는 선지자들의 자손이요 또 하나님이 너희 조상과 더불어
세우신 언약의 자손이라 아브라함에게 이르시기를

땅 위의 모든 족속이
너의 씨로 말미암아 복을 받으리라

하셨으니 [26] 하나님이 그 종을 세워 복 주시려고 너희에게 먼저 보내사 너희
로 하여금 돌이켜 각각 그 악함을 버리게 하셨느니라

베드로의 이 설교는 그의 오순절 설교(cf. 2장)와 비슷하지만, 예수님의 중요성을 부각하는 새로운 내용이 추가되었다(Tannehill). 사도행전에 기록된 매우 중요한 기독론적 스피치 중 하나다(Bock). 그는 예수님을 여호와의 종, 거룩하고 의로우신 이, 생명의 저자, 모세 같은 선지자, 그리스도, 아브라함의 후손이라 한다. 초대교회의 기독론을 정리

하는 데 큰 도움이 된 설교다(Hengel & Schwemer). 베드로의 설교는 (1) 태어날 때부터 걷지 못하던 사람이 걷게 되기 전까지 어떤 역사적 일이 있었는가에 대한 설명(12-18절), (2)이 일에 대해 무리가 적절한 반응을 보일 것을 요구하는 전도적 권면(20-26절) 두 파트로 구분된다(Witherington).

사도들이 예수님의 이름으로 베푼 기적으로 인해 평생 처음으로 걷게 된 사람은 그를 낫게 해 준 베드로와 요한을 그냥 보낼 수 없었다. 그렇다고 해서 그들에게 감사함을 표할 만한 돈도 없었다. 설령 그가 돈을 준다 해도 베드로와 요한이 받지 않았을 것이지만 말이다. 그는 이 두 사도가 자기를 낫게 했다는 사실을 저녁 기도를 드리기 위해 성전을 찾은 사람들에게 알리고 싶었다(Haenchen). 그는 베드로와 요한을 솔로몬의 행각에 붙잡아 두고 사람들을 모았다(11a절).

'솔로몬의 행각'(τῇ στοᾷ Σολομῶντος)(11c절)은 이방인들의 뜰과 여인들의 뜰이 있는 성전 바깥 뜰의 동쪽 벽 역할을 하는 곳이었다(Bock, Longenecker, cf. 5:12). 예수님도 솔로몬 행각과 성전에서 가르치신 적이 있다(요 10:23; cf. 눅 2:46; 19:47). 미문은 출입구라 많은 사람을 모으기 마땅치 않아 더 넓은 공간인 솔로몬 행각으로 장소를 옮긴 것이다.

솔로몬 행각에 많은 사람을 모으는 것은 어려운 일이 아니었다. 태어날 때부터 장애가 있어 평생 걷지 못하고 미문 앞에서 구걸하던 사람이 성전을 뛰어다니는 것을 보고서 모두 크게 놀랐기 때문이다(11b절). 신약에서 '크게 놀라다'(ἔκθαμβος)는 이곳에 단 한 차례 사용되며, 참으로 많이 놀랐다는 뜻이다(TDNT). 그러므로 그들도 이 사람에게 무슨 일이 있었는지 매우 궁금해했다.

베드로는 모인 사람들을 오순절 설교에서처럼 '이스라엘 사람들'이라고 불렀다(12a절; cf. 1:16; 2:22). 그는 자신도 그들처럼 아브라함의 후손이라며 동질감을 바탕으로 이야기를 시작한다. "이 일을 왜 놀랍게 여기느냐?"(12b절)는 만일 그들이 최근 오순절에 있었던 일에 대해 알고 있다면 굳이 '이 일'(걷지 못하던 사람이 걷게 된 것)에 대해 이처럼 놀랄 필요가 없다는 뜻이다.

베드로는 제일 먼저 이 기적은 자신들의 개인적인 권능과 경건으로 행한 것이 아니라고 한다(12c절). 자신들은 헬라 사람들의 주술이나 그에 연루된 신들에 익숙한 사람도, 혹은 유대인 은사파도 아니라는 뜻이다(Barrett, Conzelmann, Witherington, cf. 14:15). 이런 사람들처럼 예수님의 이름으로 마술을 부린 것은 더더욱 아니다(Schnabel).

그렇다면 이 기적은 어떻게 된 일인가? 이 자리에 모인 유대인들의 조상의 하나님 여호와께서 자기 종 예수님을 영화롭게 하려고 하신 일이다(13a절). 사도들은 자신들이 이 기적을 행한 것으로 착각하는 사람들을 일깨워 참된 치료자이신 이스라엘의 하나님을 바라보게 하고 있다. 물론 걷지 못하던 자를 낫게 한 손은 베드로의 손이지만, 낫게 한 능력은 예수님의 것이다(Stott).

하나님을 '아브라함과 이삭과 야곱의 하나님'(ὁ θεὸς Ἀβραὰμ καὶ Ἰσαὰκ καὶ Ἰακώβ)이라고 부르는 것은 유대인들에게 의미 있는 일이다. 여호와 하나님이 그들의 조상들과 맺으신 언약을 상기시키는 성호이기 때문이다(cf. 출 3:6, 15-16; 왕상 18:36; 대상 29:18). 유대인들은 아브라함과 이삭과 야곱을 가장 중요한 선조로 여겼다. 이 선조들의 하나님이 되신 여호와는 곧 그들의 하나님도 되신다. 이렇게 말함으로써 베드로는 지금부터 그가 예수님에 관해 선포할 말은 자신들의 전통과 전승에 전혀 위배되지 않으므로 유대인들이 예수님을 믿는 것 또한 전혀 이상한 일이 아니라 한다. 또한 예수님은 그들이 하나님께 나아갈 수 있는 새로운 길이며, 이 길은 하나님이 직접 만들어 주셨다는 것을 암시한다.

베드로 설교의 중요한 테마는 하나님 홀로 예수님을 통한 구원의 길을 시작하셨다는 것이다(Schnabel): (1)하나님이 자기 종을 영화롭게 하셨다(13절). (2)하나님이 예수님을 죽음에서 살리셨다(15절). (3)하나님이 예수님의 죽음을 통해 메시아에 대한 약속을 이루셨다(18절). (4)하나님이 새롭게 되는 날을 주셨다(20a). (5)하나님이 메시아를 보내셨다(20b). (6)하나님이 오래전부터 선지자들을 통해 회복할 때에 관해 말씀하셨다(21절). (7)하나님이 예수님을 모세와 같은 선지자로 보내셨다(22절). (8)하나님이 그들의 조상과 언약을 맺으셨다(25a절). (9)하나님이 아브라함의 후손을 통해 모든 백성을 축복하셨다(25b절). (10)하나님이 예수님을 유대인들에게 보내셨다(26절).

베드로는 자신의 설교를 예수님이 '하나님의 종'이라는 말로 시작하고(13절) 마무리한다(26절). '종'(παῖς)이 아들이나 종으로 부리는 사람을 뜻하는 용어가 아니라 예수님의 타이틀로 사용되고 있다(Bock, cf. 마 12:18; 눅 1:54, 69; 행 3:13, 26; 4:25, 27, 30). '하나님의 종'은 이사야 42-53장에 기록된 '[여호와의] 종의 노래들'을 상기시킨다(Longenecker). 이 노래 중에서도 '종'과 '영화'가 유일하게 함께 언급되는 노래(사 52:13-53:12)가 배경이 되고 있으며(Schnabel), 하나님이 예수님을 영화롭게 하신 것은 구체적으로 이사야 52:13과 매우 비슷한 표현이다(Barrett, Bruce, Longenecker). 하나님이 이사야의 메시아에 대한 예언을 예수님을 통해 성취하고 계시는 것이다(Witherington).

하나님은 자기 종 예수님을 유대인들에게 메시아로 보내셨는데, 그들은 예수님을 죽였다(13b-15a절). 하나님은 예수님을 매우 존귀하게 여기셨는데, 그들은 전혀 다르게 예수님을 대한 것이다. 그러므로 그들 모두에게 예수님의 죽음에 대한 책임이 있다. 다행인 것은 지금이라도 그들이 예수님을 대하는 태도를 바로잡을 수 있다는 사실이다(cf. 25-26절).

유대인들은 하나님이 보내신 메시아 예수님을 어떻게 대했는가? 베드로는 그들이 한 일을 다음과 같이 네 단계로 회고한다: (1)그들은 예수님을 빌라도에게 넘겼다(13b절). (2)그들은 빌라도가 예수님에게 죄가 없으니 놓아주겠다고 한 판결을 거부했다(13c절). (3)그들은 빌라도에게 거룩하고 의로우신 예수님 대신 살인한 사람을 놓아주라고 요구했다

(14절; cf. 4:10; 5:30; 7:52; 13:28). (4)결국 그들은 생명의 주이신 예수님을 죽였다(15a절).

베드로는 계속 2인칭 복수인 '너희'(ὑμεῖς)를 사용해 설교한다. 예수님이 십자가 죽음으로 내몰리신 것은 모두 그들의 책임이라는 것이다. 그러므로 그들이 이번에도 하나님의 종이신 예수님을 부인한다면 이는 그분을 한 번 더 죽음으로 내모는 일이라는 것을 암시한다(Bock).

그들이 죽인 예수님은 '거룩하고 의로운 이'(ἅγιον καὶ δίκαιον)이시다(14a절). 앞에 정관사(τὸν)가 있는 것으로 보아 '거룩하신 이'(τὸν ἅγιον)와 '의로우신 이'(τὸν δίκαιον)가 예수님의 타이틀로 사용되고 있다(Schnabel). 구약은 이 타이틀을 하나님의 호칭으로 사용한다(Le Cornu & Shulam, Witherington, 레 11:44-45; 삼상 2:2; 시 78:41; 129:4; 사 1:4; 5:19; 53:11; 렘 23:5-6; 단 9:14; 슥 3:5). 또한 장차 오실 메시아가 어떤 분일 것인가에 대한 유대교의 요약적 설명이라 할 수 있다(Bruce, cf. 삼하 23:3; 사 32:1; 53:11; 슥 9:9; 눅 23:47). 예수님은 구약의 하나님 여호와이시며(cf. 7:52; 22:14), 신약에서는 하나님이 보내신 메시아가 확실하다는 것이다(Schnabel). 그런데 그들은 하나님이 보내신 메시아를 살인자 바라바보다 살려 둘 가치가 없는 자로 대했다(cf. 마 27:16-17).

'생명의 주'(ἀρχηγὸν τῆς ζωῆς)(15a절)에서 '주'(ἀρχηγός)는 '시작하는 자, 다스리는 자, 지도자' 등 다양한 의미를 지니고 있어 최소한 세 가지 의미(생명을 주관하시는 이, 생명의 근원이신 이, 생명을 창조하신 이)로 볼 수 있다(Longenecker). 이 세 가지 의미 모두 예수님께 적용될 수 있다(5:31; 히 2:10; 12:2). 그러므로 굳이 한 가지를 선호할 필요가 없으며, 일부 영어 번역본처럼 '생명의 저자'(the author of life)로 번역하는 것도 좋다(ESV, NIV, NRS).

유대인들은 생명의 저자이신 예수님을 죽였지만, 하나님은 죽은 자 가운데서 그분을 살리셨다(15b절). 예수님의 부활은 하나님이 하신 일이며, 사도들은 이 일에 대한 증인이다(15c절). 바울은 예수님의 부활에 대한 증인의 수가 수백 명에 달했다고 한다(고전 15:6).

16절은 베드로의 설교에서 가장 중요한 대목이다(Longenecker). 그러나 문법적으로 가장 혼란스럽고 어려운 문장이다(Williams). 아마도 이러한 어려움과 혼란은 누가가 베드로가 한 말을 편집하지 않고 최대한 그대로 반영하려고 한 노력의 결과일 것이다(Longenecker).

베드로는 16절에서 믿음의 핵심으로 '이름'(ὄνομα)을 두 차례 언급하는데, '이름'은 사도행전 3-4장에서만 8차례 사용되는 중요한 개념이다(3:6, 16; 4:7, 10, 12, 17, 18, 30). 유대인들에게 '이름'은 하나님과 그분의 임재와 능력을 상징했다(Longenecker). 그러므로 그들이 하나님의 이름을 아는 것처럼 예수님의 이름을 아는 것은 매우 중요하다. 이름을 아는 것은 믿음을 전제하기 때문이다.

그런데 '그 이름을 믿으므로'(16a절)에서 믿은 사람은 누구인가? 어떤 이들은 걷지 못했던 사람이라 하고(Haenchen, Jervell, Schnabel, cf. 14:9), 베드로와 요한이라 하는 이들도 있다(Barrett, Witherington). 세 사람 모두 믿었다는 뜻으로 해석하는 것이 바람직해 보인다(Bock, Bruce). 기적의 에이전트인 두 사도도 예수님을 믿었으며 낫고자 한 사람도 예수님을 믿었기 때문에 이 기적은 세 사람의 믿음이 일구어 낸 합작품이라 할 수 있다.

종합해 보면 베드로는 16절에서 다음의 네 가지 사실을 지적한다(Schnabel): (1)걷지 못하던 사람이 예수님의 '이름'으로 걷게 되었다. (2)이 기적은 믿음으로 인해 일어났다. (3)그를 낫게 한 믿음은 예수님을 통해 왔다. (4)기적을 직접 목격한 무리는 기적이 일어났다는 사실을 부인할 수 없다. 솔로몬 행각에 모인 사람들이 자신이 보는 앞에서 기적이 일어났다는 사실을 부인할 수 없다면, 그들은 기적을 행하신 예수님을 믿을 것인지 혹은 부인할 것인지 선택해야 한다.

앞에서 베드로는 자기 앞에 서 있는 무리가 하나님이 메시아로 보내신 생명의 주 예수님을 죽였다고 했다(15절). 그러나 이번에는 그들을

'형제들'이라고 부르며 그들이 메시아를 죽음으로 내몬 것은 그들이 무지해서 저지른 죄라며 위로한다(17절).

그들은 알지 못해서 예수님을 십자가 죽음으로 내몰았지만, 이 일은 또한 하나님이 모든 선지자의 입을 통해 그리스도께서 고난받으실 일을 미리 알게 하신 것을 이루신 일이기도 하다(18절). 유대인들이 예수님을 죽인 것은 사실이지만, 구속사적 관점에서 예수님은 하나님이 오래전에 선지자들을 통해 말씀하신 그리스도에 대한 예언을 성취하기 위해 죽으셨다는 것이다. 인간의 무지막지함이 하나님의 계획을 이루어 나갔다.

유대인들이 알지 못해 예수님을 십자가에 못 박았다고 해서 죄가 없는 것은 아니다. 그들은 하나님께 예수님을 메시아로 알아보지 못하고 십자가에 못 박은 죄를 회개하고 용서를 구해야 한다(19a절). 회개는 가던 길을 멈추고 하나님께 돌아오는 것이다(Johnson). '회개하고 돌이키라'(μετανοήσατε καὶ ἐπιστρέψατε)는 둘 다 부정 과거형(aorist) 명령이다. 그동안 그들이 지녔던 사고방식과 옳다고 믿었던 것 그리고 취했던 행동을 모두 버리고 완전히 새로워져야 한다는 요구다(Schnabel). 이러한 권면은 유대인의 '남은 자 신학'(remnant theology)을 반영한다(Longenecker).

그때는 몰라서 그랬지만, 이제 진실을 알게 되었으니 더는 모른 척하면 안 된다. 예수님을 바라보는 그들의 관점을 당장 바꾸어야 한다(Bock). 알면서도 계속 회개하지 않으면 메시아를 죽인 것이 의도적으로 저지른 죄가 되기 때문이다(Marshall, cf. 레 22:14; 민 15:22-31).

베드로는 그들이 회개하면 세 가지 축복이 임할 것이라고 한다(19b-21절). 이 축복은 죄 사함으로 시작해 예수님의 재림으로 끝난다(Bock).

첫째, 하나님이 그들의 죄를 없이하실 것이다(19a절). '없이하다'(ἐξαλείφω)는 지운다는 뜻이다(BDAG). 당시 파피루스에 글을 쓰면 잉크가 종이로 쓰인 파피루스에 스며들지 않고 종이 위에 붙어 있었다(Barclay). 그러므로 이미 쓴 글을 삭제하려면 물에 적신 스펀지로 지우면 됐다(Bock). 이 동사는 이러한 배경에서 비롯되었으며(TDNT), 하나님이 우리 죄를 사하실 때 죄가 완전히 사라진다는 비유에 사용되었다(Stott).

또한 하나님은 이사야 43:25에서 "나 곧 나는 나를 위하여 네 허물을 도말하는 자니 네 죄를 기억하지 아니하리라"라고 하신다(cf. 출 32:32; 시 51:9; 109:14; 렘 18:23). 하나님은 용서하신 죄는 더는 기억하지 않으신다. 이 같은 하나님의 완전한 용서(total forgiveness)가 죄를 회개하는 사람들에게 임한다.

둘째, 하나님이 새롭게 되는 날을 그들에게 보내실 것이다(19b절). '새롭게'(ἀναψύξεως)는 이곳에서 단 한 번 사용되는 단어이며, 잃었던 생기를 되찾는다는(refresh) 의미다(TDNT, cf. ESV, NAS, NAS, NIV). 평생 다리를 쓰지 못하던 사람이 뛰어다니게 된 것처럼(cf. 16절), 회개하는 사람은 새롭게 될 것이다(Wall). 또한 이날은 그를 짓누르는 책임과 얽매는 문제에서 자유로워지는 날이다(Schnabel). 그러므로 하나님이 회개한 사람들에게 보내시는 '새롭게 되는 날'은 우리 삶에 생기를 더한다.

셋째, 하나님이 예수님을 보내 만물을 회복하실 때 그들은 예수님과 함께할 것이다(20-21절). 하나님은 예정한 때가 되면 그리스도, 곧 예수님을 세상에 보내신다(20절). 예수님을 이 땅에 다시 보내시는 것은 하나님이 영원 전부터 계획하신 일이며, 오래전부터 거룩한 선지자들의 입을 통해 말씀하신 만물 회복을 이루시기 위해서다(21a절). 이 일은 종말에 있을 것이며, 그때까지 하나님은 예수님을 하늘에 머물게 하실 것이다(21b절; cf. 2:33-35). 이 종말은 예수님의 탄생으로 이미 시작되었으며 최종적인 성취를 기다리고 있다(Fernando). 베드로는 2장에 기록된 설교에서 종말의 현재(now)를 강조했다. 이 설교에서는 종말과 연관해 앞으로 있을 일(not-yet)을 강조한다(Bock). 그날이 되면 하나님은 세상 모든 것을 원래 의도하신 대로 복구하실 것이다(Barrett).

베드로는 유대인들이 예수님을 믿고 그분의 말씀을 들어야 하는 이유를 모세가 남긴 말에서도 찾는다(22절). 모세는 언젠가는 하나님이 자기 같은 선지자 하나를 세우실 것이며, 이스라엘 사람들은 하나님이 세우신 그 선지자의 모든 말을 들을 것이라고 했다. 베드로는 22절에서 신명기 18:15을 인용하는데, 당시 유대인들은 이 말씀을 메시아에 관한 것으로 이해했다. 그들은 메시아가 '모세 같은 선지자'로 오실 것으로 생각했던 것이다(Bock, Polhill, Witherington). 예수님이 바로 '모세 같은 선지자'로 오신 메시아이시다. 그러므로 그들은 예수님의 말씀을 들어야 한다. 본문에서 '듣다'(ἀκούω)는 '순종하다'라는 의미로 사용되고 있다(Schnabel).

베드로는 구약 말씀을 인용해 누구든지 '모세 같은 선지자'의 말을 듣지 않는 자는 백성 중에서 멸망받을 것이라고 한다(23절). 그는 신명기 18:19와 레위기 23:29을 부분적으로 인용하며 이렇게 경고한다. 신약에서 '멸망받다'(ἐξολεθρεύω)는 이곳에만 사용되는 단어이며, '뿌리째 뽑히다'라는 의미를 지닌다(BDAG). 예수님의 말씀에 순종하지 않는 자들은 주의 백성에서 끊어지는 혹독한 대가를 치를 것이다.

베드로는 모세뿐 아니라, 사무엘 때부터 이어 말한 모든 선지자가 종말에 예수님을 통해 임할 혹독한 심판에 관해 말했다고 한다(24절). 사무엘은 메시아에 대해 여러 가지 예언을 남긴 다윗왕과 연관이 있는 선지자다(Bruce, Fitzmyer, Williams, cf. 삼상 13:14; 15:28; 28:17). 그러나 그는 메시아의 오심이나 종말에 있을 심판에 대해 직접 예언을 남기지는 않았다. 아마도 사무엘이 이스라엘 역사에서 모세 다음으로 온 선지자였기에 베드로가 그를 언급하는 것으로 보인다(Schnabel). 또한 사무엘은 이스라엘의 모든 선지자를 대표하는 인물이라 할 수 있다. 베드로는 사무엘 이후 모든 선지자가 예수님과 종말에 대해 예언했다고 한다. 그러므로 스스로 선지자들의 자손이라고 칭하는 유대인들은 그들의 선조 선지자들이 증언한 예수님의 말씀을 들어야 한다(cf. 25a절).

베드로는 유대인들은 선지자들의 자손일 뿐 아니라, 하나님이 그들의 조상과 언약을 맺으셨으므로 언약의 자손이라고 한다(25b절). 하나님은 그들의 선조 중에서도 가장 중요한 선조인 아브라함에게 땅의 모든 족속이 그의 씨로 말미암아 복을 받을 것이라고 약속하셨다(25c절). 창세기 12:1-3을 바탕으로 하지만, 사용되는 언어 자체는 창세기 22:18과 더 비슷하다(Bock). 하나님은 오래전에 아브라함에게 하신 이 약속에 따라 땅의 모든 족속에게 복을 주시려고 예수님을 보내셨는데, 아브라함의 후손인 그들에게 먼저 보내셨다(26a절). 그러므로 예수님을 부인하는 것은 자신들의 오랜 전통과 역사를 거부하는 행위다.

하나님이 그들에게 예수님을 보내신 것은 그들로 하여금 돌이켜 각각 악함을 버리게 하기 위해서다(26b절). 하나님의 복은 그들이 회개하고 악함을 버릴 때 비로소 임한다(Bruce, Wallace). 죄에 대한 회개는 더는 악한 행실을 하지 않는 것으로 이어져야 한다. 그들을 회개하게 하는 것은 부활하신 예수님이 하시는 일이다(Barrett). 그러므로 주님의 부활이 우리에게 안겨 주는 축복 중 하나는 악함을 버리게 하는 일이다(Fernando, cf. 렘 31:31-33; 겔 11:19; 36:26).

이 말씀은 예수님이 누구이신가에 대해 깊이 묵상할 것을 요구한다. 예수님은 하나님이 영화롭게 하신 그리스도이시며, 우리를 구원에 이르게 할 거룩하고 의로우신 구세주이시다. 하나님이 모세와 같은 선지자로 보내신 메시아이시며, 구약의 모든 선지자가 오실 것이라고 예언한 하나님이시다. 세상 모든 민족을 축복하기 위해 오신 생명의 저자이시다. 하나님 우편에 앉아 계시다가 종말에 오실 심판주이시다. 이러한 사실을 조금이라도 부인하는 것은 곧 하나님을 부인하는 죄를 범하는 것이다. 그러므로 하나님이 있다고 믿는 사람이라면 반드시 예수님을 영접하고 하나님의 백성이 되어야 한다.

또한 베드로와 요한이 계속 함께 활동하는 것처럼 섬김과 사역도 여럿이 함께 하는 것이 이상적이다. 함께 하면 기쁨이 몇 배가 되고, 축복도 더 커지며, 고통은 견딜 만해지기 때문이다. 이는 하나님이 우리에게 공동체를 주신 이유이기도 하다.

Ⅱ. 예루살렘(1:12-6:7)

E. 베드로와 요한과 예루살렘 공회(4:1-31)

백성을 선동하고 빌라도를 폭동으로 위협해 예수님을 십자가 죽음으로 몰아간 유대교 지도자들은 그들이 죽인 예수님이 이스라엘의 하나님이 보내신 그리스도이시며 구약의 선지자들이 예언했던 구세주라는 베드로와 요한의 메시지를 간과할 수 없다. 수많은 유대인이 그들이 선포하는 메시지로 인해 예수님을 하나님의 그리스도로 영접하고 있기 때문이다. 사도들의 논리에 따르면 유대교 지도자들은 하나님이 보내신 메시아를 죽인 자들이다. 사도들이 예루살렘 지도자들의 치부를 드러낸 것이다. 그러므로 그들은 베드로와 요한을 잡아들이지만, 오히려 긁어 부스럼을 만드는 결과를 초래한다. 이 이야기는 다음과 같이 구분된다.

A. 베드로와 요한이 잡힘(4:1-7)
B. 베드로의 변론(4:8-12)
C. 유대교 지도자들의 경고(4:13-18)
D. 사도들의 반응과 공회의 조치(4:19-22)
E. 예루살렘 성도들의 기도(4:23-31)

II. 예루살렘(1:12-6:7)
E. 베드로와 요한과 예루살렘 공회(4:1-31)

1. 베드로와 요한이 잡힘(4:1-7)

[1] 사도들이 백성에게 말할 때에 제사장들과 성전 맡은 자와 사두개인들이 이
르러 [2] 예수 안에 죽은 자의 부활이 있다고 백성을 가르치고 전함을 싫어하
여 [3] 그들을 잡으매 날이 이미 저물었으므로 이튿날까지 가두었으나 [4] 말씀
을 들은 사람 중에 믿는 자가 많으니 남자의 수가 약 오천이나 되었더라 [5] 이
튿날 관리들과 장로들과 서기관들이 예루살렘에 모였는데 [6] 대제사장 안나
스와 가야바와 요한과 알렉산더와 및 대제사장의 문중이 다 참여하여 [7] 사도
들을 가운데 세우고 묻되 너희가 무슨 권세와 누구의 이름으로 이 일을 행
하였느냐

이때까지 예루살렘 사람들과 디아스포라 유대인들은 사도들이 선포한 복음에 대해 매우 긍정적으로 반응했다. 이제부터 유대교 지도자들의 조직적인 반발과 노골적인 핍박이 시작된다. 그들은 사도들을 잡아들이고, 가두며, 심지어 예수님께 한 것처럼 죽음으로 몰고 갈 것이다. 이러한 흐름 속에 유대교 지도자들이 성전의 솔로몬 행각에서 메시지를 선포한 사도들을 잡아 가두는 것은 사도행전에 기록된 첫 핍박 이야기다(Jervell). 사람들이 그들을 구원할 복음을 부인하고 오히려 그 복음을 선포한 교회를 핍박하는 일은 이때 시작되어 지금도 계속되고 있으며, 세상이 끝날 때까지 지속될 것이다. 그러므로 전도와 선교는 끊이지 않는 영적 전쟁이라 할 수 있다.

많은 사람이 솔로몬 행각에 모이자 성전을 관리하는 제사장들과 성전 맡은 자가 제자들이 있는 곳에 이르렀다(1절). '이르다, 몰려오다'(ἐφίστημι)는 갑자기 나타나는 것을 뜻한다(BDAG). 대체로 리더들이 자신의 권력을 행사하기 위해 취하는 행동이다(Johnson, cf. 눅 2:9, 38; 4:39; 21:34; 행 4:1; 6:12; 10:17; 11:11; 12:7; 22:13). 이 지도자들은 사도들의 행동에 위협을 느껴 방해하기 위해 온 것이다.

'제사장들'(ἱερεῖς)은 예배와 제물 등을 관리하는 레위 지파 사람 중에도 아론의 후손들이다. 이곳에서 처음 언급되며, 나중에 누가는 제사장 중 예수님을 믿은 사람이 많았다고 한다(6:7). '성전 맡은 자'(στρατηγὸς τοῦ ἱεροῦ)는 레위 사람 200명으로 구성된 성전 경비원(temple guard)을 총괄하는 사람이다(cf. 느 13:11). 대제사장의 집안사람 중 하나가 이 자리를 차지했으며, 성전에서 대제사장 다음으로 높은 지위다(Bruce, Le Cornu & Shulam).

사두개인들도 제사장들과 성전 맡은 자와 함께 왔다. 사두개인(Σαδδουκαῖοι)은 자신들이 솔로몬 시대의 대제사장이었던 사독에게서 비롯되었다고 주장했다(cf. 왕상 2:26-27, 35). 그들은 히브리어 단어 '의'(צְדָקָה)에서 유래한 이름 '사독'(צָדוֹק)에 각별한 자부심을 가졌으며, 사독은 아론의 맏아들의 후손이었다고 주장했다(Barrett, Fitzmyer, cf. 대상 6:3-9). 즉, 자신들이야말로 가장 정통파 제사장이라는 것이다.

사두개인들은 유대교 안에서도 귀족적 그룹을 형성했으며, 대제사장은 항상 이 그룹에서 선출되었다. 매우 물질론적 세계관을 지닌 사람들이었으며, 그들의 이권을 보존하기 위해 로마 정권에 매우 협조적이었다(Bock). 사두개인들은 부활을 부인했으며(눅 20:27-40; 행 23:6-10), 인간의 자유 의지와 책임을 강조했다. 정경 중 토라(모세 오경)만 중요하게 여겼지만, 바리새인들처럼 율법에 별 신경을 쓰지 않았다. 이 이야기에도 이 같은 입장이 반영되어 있다(Polhill). 그들은 다만 사도들의 가르침이 자신이 누리고 있는 로마 정권과의 정치적·사회적·종교적 안정을 위협할까 봐 염려할 뿐이다.

유대교를 대표하는 이 지도자들은 사도들의 메시지에 귀를 기울이는 백성과 전혀 다르게 반응하고 있다. 그들은 사도들의 메시지에 전혀 관심을 보이지 않는다. 들으려 하지도 않는다. 그들에게는 하나님의 말씀에 반응할 눈과 귀가 없으며, 오직 지금 누리는 특권을 보존하는 일에만 치중한다.

예전에도 유대교 지도자들은 예수님의 메시지에 같은 반응을 보였다(cf. 눅 20:1-2). 그들의 음모와 선동이 예수님을 죽음으로 몰고 간 것처럼, 사도행전에서도 비슷한 흐름이 포착된다. 지도자들의 농간에 놀아난 유대인들은 스데반을 죽음으로 몰고 간 후부터 본격적으로 교회를 핍박하기 시작한다. 바울이 예루살렘에서 잡히자 그를 죽이라고 외친다(21:36; 22:22).

사두개인들과 제사장들이 베드로와 요한을 잡아들이는 동안 바리새인들은 보이지 않는다. 바리새인들도 공회(산헤드린)의 멤버였는데 말이다. 그들이 소극적인 자세를 취하는 데는 두 가지 이유가 있다. 첫째, 그들은 성전에서 이렇다 할 영향력을 행사하지 못했다. 바리새인들은 제사장 그룹에 속하지 않았으며, 주로 성전 밖에서 활동했다. 둘째, 바리새인들은 부활을 믿었기 때문에 사도들이 부활을 가르치는 것에 대해 반대할 필요가 없다.

사두개인을 중심으로 하는 유대교 지도자들은 사도들이 백성을 가르치고 전하는 것을 싫어했다(2b절). 세 가지 이유 때문이다(Schnabel, cf. Bock). 첫째, 사도들은 성전 관리자들의 허락 없이 솔로몬 행각에서 사람들을 가르쳤다. 유대교 지도자들은 솔로몬 행각도 성전의 일부이기 때문에 이곳에서 메시지를 선포하려면 반드시 자신들의 허락을 받아야 한다고 생각한다. 이러한 절차를 통해 무엇이 가르쳐지는지 선별할 수 있기 때문이다.

둘째, 사도들은 부활을 가르쳤다. 제사장 대부분이 사두개인이며 그들은 부활을 믿지 않는다. 그러나 사도들은 그들의 고유 영역이라 할 수 있는 성전에서 부활이 있으며, 예수님이 부활하신 첫 사례라고 한다. 종말에 모든 사람이 부활할 것이라고 믿었던 사람들에게도 그들 시대에 모세와 같은 선지자로 오신 메시아 예수님이 부활하셨다는 소식은 믿기 어려운 이슈였을 것이다(Polhill). 그러므로 사두개인들은 갈릴리 지역에서 온 어부들이 부활이 없다는 자신들의 주장을 정식으로 반박하는 일을 용납할 수 없다.

셋째, 사도들은 예수님의 이름을 전했다. 자신이 하나님의 아들 메시아라는 주장을 굽히지 않는 예수님을 하나님께 망언한 자로 몰아 죽음으로 몰고 간 자들이 바로 유대교 지도자들이다. 이에 반해 사도들은 하나님이 예수님을 살리셨다고 한다. 하나님은 예수님을 살리신 일을 통해 예수님이 옳고, 유대교 지도자들이 메시아를 죽이는 죄를 범했다고 하신다는 것이다.

제사장들을 포함한 성전 관리인들이 사도들을 잡아들였다(3a절). 아마도 명분은 사도들이 성전에서 많은 사람을 모아 소동을 일으켜 성전의 평안을 해쳤다는 것으로 보인다. 사도들을 잡아들였지만 날이 이미 저물었기 때문에 이튿날까지 가두어 두었다(3b절). 베드로와 요한은 오후 3시 기도 모임에 참석하기 위해 성전을 찾았고, 이때 미문 앞에서 구걸하는 사람을 낫게 했다. 이후 솔로몬 행각에 모인 사람들에게 말씀을 전하다 잡혔으니 그들이 잡혀간 시간은 빨라도 오후 5-6시쯤 되었을 것이다. 공회원들이 모여 심문하기에는 늦은 시간이 된 것이다. 사도들은 아마도 성전 근처에 돌을 파내어 만든 굴에 갇혀 그날 밤을 보냈을 것이다(Le Cornu & Shulam).

유대교 지도자들이 사도들을 잡아들이는 상황에서도 그들이 선포한 메시지에 긍정적으로 반응해 예수님을 영접한 사람의 수가 계속 늘어 갔다(4절). 예수님의 승천 직후 120명이었던 제자가(1:15) 며칠 후 3,000명으로 늘더니(2:41), 이제는 남자만 5,000명이 되었다(4절). 이 5,000명이 성인 남자의 수인지(Barrett, Bruce, Witherington, cf. 5:14; 8:3, 12; 9:2; 17:12; 22:4), 혹은 여자도 포함한 수인지(Polhill) 확실하지 않다. 또한 5,000명이 그동안 회심한 모든 성도의 수인지, 혹은 이날 사도들의 설교를 듣고 회심한 사람의 수인지도 확실하지 않다(cf. Bock). 다만 한 가지 확실한 것은 예루살렘 교회가 기하급수적으로 성장하고 있다는 사실이다.

초대교회는 세 가지 일(공공장소 설교, 회당 설교, 성도들이 각 집에 모여 예배하며 교제하고 서로 도운 것)을 통해 기하급수적 성장을 경험했다(Schnabel). 그중 가정에서 이뤄진 모임은 성도들의 삶을 교제와 섬김과 예배를 통해 가장 친밀하게 묶어 주었다(Bock). 가정 모임이 교회에 생명력과 생기를 불어넣어 준 것이다. 그러나 교회의 고속 성장은 유대교 지도자들에게 걱정거리일 뿐이었다. 하나님이 하시는 일이 어느덧 하나님을 가장 사랑한다고 자부하는 유대교 지도자들에게 근심이 되었다.

이튿날 관리들과 장로들과 서기관들이 모였다(5절). 공회(산헤드린)가 소집된 것이다(cf. 4:15). 예루살렘 공회는 유대교의 최고 의결 기관으로 71명으로 구성되었다. 예수님도 공회의 심문을 받으신 적이 있는데(눅 9:22; 20:1), 이번에는 그분의 제자들이 공회 앞에 섰다. '관리인들'(ἄρχοντας)은 주로 사회적 권력을 가진 귀족이었다(TDNT). 나이 든 제사장들과 대제사장들도 이 부류에 속했다(Schnabel). '장로들'(πρεσβυτέρους)은 각 지파의 대표들을 포함한 지도자였으며, 대부분 나이가 지긋한 사람들이었다(Bock). '서기관들'(γραμματεῖς)은 율법을 연구하고 해석하는 성경 전문가였다. 바리새인도 공회에 속하기는 했지만, 권세는 사두개인이 독점하다시피 했다(Bock). 예루살렘 공회(산헤드린)는 성전의 남쪽에서 모였다(Barrett, Polhill).

공회에는 대제사장 안나스와 가야바와 요한과 알렉산더와 및 대제사장의 문중이 다 참여했다(6절). '안나스'(Ἄννας)는 주후 6-15년에 대제사장직을 맡았으며, 다섯 아들과 사위 하나와 손주 하나를 대제사장으로 만들었다(Longenecker). 참으로 욕심이 많고, 유대교를 사유화하다시피 한 나쁜 사람이다.

'가야바'(Καϊάφας)는 로마 사람들에게 대제사장직을 허락받은 사람이며, 주후 18-36년에 대제사장으로 활동했다. 그는 장인인 안나스로부터 이 자리를 물려받았다(DJG). '요한'('Ιωάννης)은 주후 36-37년에 가야바를 대체해 대제사장이 된 안나스의 아들이었다(cf. Bruce, Fitzmyer). 베드로와 요한이 잡혔을 때 그는 아마도 '성전 맡은 자'였을 것이다(Jeremias, cf. 1절). '알렉산더'(Αλέξανδρος)에 대해서는 알려진 바가 아무것도 없다.

몇 주 전에 이 지도자들은 백성 가운데 예수님의 영향력을 무력화하려고 그분을 십자가에 못 박아 죽였다. 그러나 예수님이 죽으신 지 불과 몇 주 만에 사도들을 통해 온 예루살렘이 예수님의 영향력 아래 놓인 듯하다. 그러므로 이러한 상황을 방관할 수 없다. 자신들이 누리는 특권과 권세가 침해당했다고 생각하기 때문이다.

그들은 사도들을 세워 놓고 무슨 권세와 누구의 이름으로 이 일(태어날 때부터 걷지 못한 사람을 치료한 일)을 행했는지 심문한다(7절). 유대교의 최고 의결 기관인 예루살렘 산헤드린이 그들에게 가르치거나 기적을 행할 권세를 허락하지 않았는데, 왜 마음대로 이런 일을 행했냐는 취지의 질문이다. 그들은 평생 걷지 못하던 사람이 걷게 되었다는 사실을 부인하지 않는다(Le Cornu & Shulam). 또한 사도들이 이러한 기적을 행했다는 것도 인정한다. 다만 자기들의 허락이나 동의 없이 이런 일을 한 것을 문제 삼는다. 그들은 자신만이 누리는 특권이 이 배우지 못한 사람들에 의해 침해받았다고 생각한다.

이 말씀은 신앙인들, 특히 교회 지도자들도 이권과 특권의 노예가 될 수 있다고 경고한다. 유대교 지도자들은 하나님이 사도들을 통해 기적 행하신 것을 인정한다. 그러나 이 기적이 어떤 의미를 지니고, 신앙적으로 무엇을 시사하는가에 대해서는 관심이 없다. 그들의 유일한 관심사는 사도들이 자신들 허락이나 동의 없이 걷지 못하던 사람을 걷게 했다는 것이다! 참으로 어이없는 일이지만, 종교적 지위가 봉사와 섬김이 아니라 권력과 권세가 되면 자주 빚어지는 일이다.

II. 예루살렘(1:12-6:7)
E. 베드로와 요한과 예루살렘 공회(4:1-31)

2. 베드로의 변론(4:8-12)

8 이에 베드로가 성령이 충만하여 이르되 백성의 관리들과 장로들아 9 만일
병자에게 행한 착한 일에 대하여 이 사람이 어떻게 구원을 받았느냐고 오늘
우리에게 질문한다면 10 너희와 모든 이스라엘 백성들은 알라 너희가 십자가
에 못 박고 하나님이 죽은 자 가운데서 살리신 나사렛 예수 그리스도의 이
름으로 이 사람이 건강하게 되어 너희 앞에 섰느니라 11 이 예수는

너희 건축자들의 버린 돌로서
집 모퉁이의 머릿돌이 되었느니라

12 다른 이로써는 구원을 받을 수 없나니 천하 사람 중에 구원을 받을 만한
다른 이름을 우리에게 주신 일이 없음이라 하였더라

베드로와 요한이 산헤드린에 잡혀 와 심문당하는 상황에서 성령으로 충만해 예수님에 대해 증거하는 일은 누가복음 21:12-15에서 예수님이 제자들에게 다가올 핍박에 관해 말씀하신 것이 실현되는 사례라 할 수 있다(cf. 눅 12:11-12; 벧전 3:15).

> 이 모든 일 전에 내 이름으로 말미암아 너희에게 손을 대어 박해하며 회당과 옥에 넘겨 주며 임금들과 집권자들 앞에 끌어 가려니와 이 일이 도리어 너희에게 증거가 되리라 그러므로 너희는 변명할 것을 미리 궁리하지 않도록 명심하라 내가 너희의 모든 대적이 능히 대항하거나 변박할 수 없는 구변과 지혜를 너희에게 주리라(눅 21:12-15).

베드로와 요한을 잡아들인 사람들이 다름 아닌 예수님을 죽음으로 몰고 간 자들이라는 사실을 고려하면, 베드로와 요한은 생명의 위협을 받고 있다. 이러한 상황에서도 사도들은 담대하게 해야 할 말을 한다.

그들이 성령으로 충만했기 때문이다(8a절). '성령이 충만하여'(πλησθεὶς πνεύματος)는 '부정 과거형 분사+속격'(aorist participle+genitive) 구조를 지니며, 성령이 즉시 그 자리에서 베드로에게 임하여 그의 스피치에 영감을 더했다는 뜻이다(Turner). 베드로는 매우 특별한 성령의 영감을 누리고 있다(Longenecker). 사람이 성령으로 충만하면 두려움이 사라진다. 믿음의 반대는 두려움이며, 믿음이 있는 곳에 두려움은 없기 때문이다. 그러므로 성령으로 충만하면 담대하게 예수님에 대해 증언하게 된다(cf. 눅 1:15, 41, 67; 행 2:4; 4:31; 13:9).

성령 충만으로 지도자들에 대한 두려움이 사라진 베드로는 단호하지만 부드럽게, 그리고 존경하는 마음으로 자신을 잡아들인 그들을 '백성들의 관리와 장로들'이라고 부르며 증언을 시작한다(Bock). 잡혀 온 사도들이 자신을 변호하는 것은 당연한 일이지만, 베드로는 오히려 이 상황을 기회로 삼아 종교 지도자들에게 예수님에 대해 증언한다(Bruce). 그의 스피치는 사도행전 2-3장에 기록된 그의 증언을 요약하고 있다.

베드로는 지도자들의 공격적인 질문을 간접 질문으로 바꾸어 지혜롭게 말을 시작한다. 유대교 지도자들은 그들의 허락 없이 누구의 권세와 능력으로 이 기적을 행했는지에만 관심이 있다. 반면에 베드로는 평생 걷지 못하던 사람이 육체적-영적 구원을 경험하게 된 것은 착한 일이라 한다(9a절, cf. Longenecker). '착한 일'(εὐεργεσία)은 디모데전서 6:2에서 한 번 더 사용되는 단어로 남에게 덕을 끼치는 행위를 뜻하며, 수혜자와 그가 속한 공동체가 호의적으로 받아들이는 일을 의미한다(BDAG). 사도들이 행한 기적은 평생 한 번도 걸어 본 적이 없는 병자를 걷게 한 '착한 일'이다. 그러므로 이 기적을 행하신 하나님은 나음을 입은 병자뿐 아니라, 성전을 드나드는 사람들에게도 감사받으셔야 한다. 그들이 자선으로 먹여 살려야 할 걸인이 하나 줄었으니 말이다.

그러나 안타깝게도 유대교 지도자들은 하나님과 사도들에게 고마움을 표하는 것이 아니라, 오히려 그들을 심문하고 있다. 그러므로 베드로는 '착한 일'이라는 단어를 사용해 지도자들에게 이 일을 바라보는 관점을 수정할 것을 요구한다(cf. Schnabel). 이 이야기에서처럼 기적은 종종 많은 사람을 거북하게 만든다. 그러나 성경에 기록된 첫 말씀(창 1:1)을 진리로 믿으면 어떠한 기적도 문제가 되지 않는다(cf. Stott).

베드로는 걷지 못하던 병자가 낫게 된 것을 '구원을 받은 것'이라 한다(9b절). 이곳에서는 '구원을 받다'(σῴζω)가 병자가 낫게 된 것을 뜻한다(cf. 새번역, 공동, ESV, NAS, NRS). 베드로는 한때 걷지 못했던 이 사람이 나사렛 예수 그리스도의 이름으로 건강하게 되어 그들 앞에 서 있다고 한다(10b절). 그가 '서 있다'(παρέστηκεν)는 완료형이다. 그가 앓던 병의 치료가 완전히 끝나 건강한 사람(걸을 수 있는 사람)이 되었다는 사실에 그 누구도 반론을 제기할 수 없다는 뜻이다. 유대교 지도자들도 병자가 온전히 나은 사실을 인정하기 때문에 기적이 일어난 것에 대해서는 문제를 제기하지 않는다.

사도들은 지도자들의 질문 혹은 문제 제기를 그들에게 예수님을 선포할 기회로 삼았다. 지도자들이 설득되면 온 유대교가 예수님과 제자들에게 호의적인 자세를 취할 것이기 때문이다. 이러한 기대 속에서 베드로는 지도자들의 질문에 '모든 이스라엘 백성'(παντὶ τῷ λαῷ Ἰσραὴλ)에게 대답하고 있다(10절).

베드로는 하나님이 그를 예수님에 대한 증인으로 세우신 일을 매우 중요하게 여긴다. 그러므로 이 기회를 통해 예수님에 대해 다섯 가지 사실을 증언한다. 그는 마치 구약의 선지자처럼 선포하고 있다(Bock).

첫째, 이스라엘 백성 모두에게 예수님을 십자가에 못 박은 책임이 있다(10a절). 예수님의 죽음에 대해 누구보다도 지도자들의 책임이 크다. 그들은 예수님을 신성 모독자로 낙인찍어 죽음으로 몰아갔다. 사실은 하나님이 보내신 메시아를 죽인 그들이 신성 모독자들인데 말이다. 일반인들도 지도자들의 농간에 놀아나 총독 빌라도에게 예수님을 죽이고 대신 바라바를 살리라고 외쳤다. 그러므로 그들 모두에게 책임이 있다. 베드로는 그들의 눈치를 보지 않고 담대하게 이러한 사실을 외친다.

둘째, 하나님이 예수님을 죽은 자 가운데서 살리셨다(10b절). 하나님의 아들이신 예수님은 죄가 없으며 억울한 죽음을 당하셨다. 그러므로 하나님은 예수님을 다시 살리심으로써 예수님에게 죄가 없다는 사실을 인정하시고, 그를 죽인 이스라엘은 메시아를 죽이는 죄를 지었다고 하신다. 바로 전날에 예수님이 걷지 못하던 자를 걷게 하신 것 역시 그분이 죽은 자 중에서 살아나셨다는 사실을 증언한다(cf. Bruce).

셋째, 나사렛 예수는 그리스도이시다(10c절). 본문에서 '나사렛 예수 그리스도'(’Ιησοῦ Χριστοῦ τοῦ Ναζωραίου)가 타이틀(호칭)처럼 사용되고 있다(Fitzmyer). 헬라어로 '그리스도'(Χριστός)는 히브리어로 '메시아'(מָשִׁיחַ)를 번역한 것이다. 예수님이 바로 유대인들이 그토록 기다리던 메시아라는 뜻이다(Jervell, Johnson). 실제로 부활하신 예수님은 바로 전날에도 걷지 못하던 사람을 걷게 하심으로써 자신이 이스라엘 백성을 죄와 질병에서 해방시킬 메시아이심을 드러내셨다. 안타까운 것은 메시아가 오셨지만 그들이 주님을 알아보지 못했다는 사실이다.

넷째, 예수님은 집 모퉁이의 머릿돌이 되셨다(11절). 집을 건축하는 자들이 버린 돌이 집 모퉁이의 머릿돌이 되었다는 것은 시편 118:22을 인용한 말씀이다. 신약에 자주 사용되는 시편 말씀이기도 하다(cf. 마 21:42; 막 12:10; 눅 20:17; 엡 2:20; 벧전 2:4, 7). 이 말씀은 원래 이스라엘 백성에 관한 것이지만, 오직 예수님을 통해 성취되었다(Bruce).

지도자들은 '이스라엘(하나님의 백성)이라는 건물'을 건축하는 일을 맡았는데, 이 건물의 가장 중요한 돌이신 예수님을 쓸모없다며 버렸다. 이 돌(반석)에 가까이 있던 사람들이 가치와 진귀함을 알지 못한 것이다. 그러므로 부활하신 예수님은 새로운 집(건물) 모퉁이의 머릿돌이 되셨다. 모퉁이의 머릿돌은 건물의 위치와 방향과 크기를 결정하는 가장 중요한 돌이다(Schnabel). 예수님은 교회의 가장 중요한 반석이 되셨다.

시편 118편은 일명 '할렐시 모음집'(Hallel psalms collection)으로 불리는 시편 113-118장을 마무리하는 노래다. 절기 때 예루살렘 성전으로 순례를 가는 사람들이 부르는 노래를 모아 놓은 것으로, 성전에 도착한 순례자들은 마지막 노래인 시편 118편을 성전 문밖에서 부르기 시작해 성전 안에 도착하며 마무리한다. 이런 점에서 시편 118편은 '할렐시 모음집'의 절정이었다.

초대교회는 이처럼 중요한 시편에 있는 건축자들이 버린 돌이 다른 건물의 머릿돌이 되었다는 말씀을 예수님에 대한 예언으로 간주했다. 그러므로 이 말씀은 예수님의 삶과 죽음과 부활에 대한 중요한 예언으로 자리 잡았다. 이 말씀으로 인해 유대인과 이방인 성도들의 상황이 바뀌었다. 예수님이 이방인 성도를 포함한 건물의 머릿돌이 되셨으니, 그분을 거부했던 유대인들이 거부당할 상황에 처했다.

한 주석가는 예수님이 집 모퉁이의 머릿돌이 되신 것에 다음과 같은 네 가지 의미가 내포되어 있다고 한다(Schnabel): (1)하나님이 예수님을 인정하셨다. (2)유대교 지도자들이 예수님을 부인한 것은 잘못된 일이다. (3)하나님은 예수님을 살리심으로써 유대교 지도자들의 잘못으로 벌어진 일을 원래대로 수습하셨다. (4)하나님은 예수님을 머릿돌로 삼아 매우 큰 새 건물을 세우셨다. 이 새로운 건물은 영적인 성전이며, 하나님의 임재가 예수님의 죽음과 부활을 통해 백성 가운데 머무는 교회다.

다섯째, 예수님은 온 인류의 유일한 구세주이시다(12절). "다른 이로써는 구원을 받을 수 없나니"라는 말이 강조를 위해 문장의 제일 앞부분에 있다. 명사 '구원'(σωτηρία)이 사도행전에서 처음으로 사용되고 있다. '구원'은 병에서 나은 것뿐 아니라 영생을 얻은 것도 의미한다(Bock, Fitzmyer). 이곳에서는 패역한 세대와 같은 운명을 나누지 않는 것을 의미한다(Schnabel, cf. 2:40, 47).

유대인은 그들 자신이 하나님께 나아가는 길을 독점하고 있으며, 하나님의 계시를 받은 특별한 백성으로 여겼다. 그러나 베드로는 그들 역시 예수님 없이는 하나님께 나아갈 수 없다고 한다. 성경은 종교 다원주의를 완전히 배제한다(Marshall, Witherington). 우리는 예수님을 믿어 구원에 이르게 된다(4:12; 13:26; 16:17, 30-31). 또한 하나님께 죄를 용서받는 것이 구원에 이르기 전에 선행되어야 한다(3:19, 26; 5:31; 10:43; 13:38; 22:16; 26:18).

베드로는 이스라엘 사람들에게 무지함의 시대가 지났다는 사실을 알리고 싶어 한다(Witherington, cf. 3:17). 이제는 몰라서 메시아이신 예수님을 부인하는 일은 없어야 한다. 예수님이 누구이신지에 대해 들었으니 이제 예수님을 영접할 것인지, 혹은 알면서도 부인할 것인지 둘 중 하나를 선택해야 한다. 사람들이 예수님과 그가 보내신 이들을 거부하고 부인하더라도, 하나님은 예수님을 존귀하게 하시고 높이실 것이다. 우리는 그 누구도 더는 무지함을 변명으로 삼을 수 없는 시대를 살고 있다.

이 말씀은 예수님에 대한 담대한 증언은 성령 충만함의 표현이라 한다. 믿음은 우리 마음에서 두려움을 내몰고 확신과 담대함으로 채운다. 그러므로 사도들은 그들을 죽일 수도 있는 유대교 지도자들 앞에서 그들이 죽인 예수님이 그들의 그리스도라는 사실을 담대하게 증언했다.

여러 종교를 통해 신에게 나아가 구원을 얻을 수 있다는 종교 다원주의는 성경적인 생각이 아니다. 성경은 예수님 외에 다른 이로는 구원받을 수 없다고 한다. 하나님이 구원받을 만한 다른 이름을 주신 일이 없기 때문이다. 그러므로 우리가 다른 종교에 속지 않고 기독교인이 되어 예수님을 통해 구원에 이른 것에 깊이 감사해야 한다.

예수님은 사람이 하나님께 나아갈 유일한 길이요 진리요 생명이시다. 하나님의 백성이라는 유대인도 이방인처럼 예수님을 통해서만 하나님의 백성이 될 수 있다. 그러므로 복음은 모든 사람에게 공평하다 고 할 수 있다.

II. 예루살렘(1:12-6:7)
E. 베드로와 요한과 예루살렘 공회(4:1-31)

3. 유대교 지도자들의 경고(4:13-18)

**13 그들이 베드로와 요한이 담대하게 말함을 보고 그들을 본래 학문 없는 범
인으로 알았다가 이상히 여기며 또 전에 예수와 함께 있던 줄도 알고 14 또
병 나은 사람이 그들과 함께 서 있는 것을 보고 비난할 말이 없는지라 15 명
하여 공회에서 나가라 하고 서로 의논하여 이르되 16 이 사람들을 어떻게 할
까 그들로 말미암아 유명한 표적 나타난 것이 예루살렘에 사는 모든 사람에
게 알려졌으니 우리도 부인할 수 없는지라 17 이것이 민간에 더 퍼지지 못하
게 그들을 위협하여 이 후에는 이 이름으로 아무에게도 말하지 말게 하자
하고 18 그들을 불러 경고하여 도무지 예수의 이름으로 말하지도 말고 가르
치지도 말라 하니**

유대교에서 가장 큰 영향력을 행사하던 예루살렘 공회(산헤드린)가 베드로와 요한의 담대한 증언을 듣고 놀랐다(13a절). 누가는 베드로가 한 말만 요약적으로 기록하지만, 요한도 옆에서 함께 증언했다. '담대함'(παρρησία)은 지도자들과 대중이 결정한 일에 대해 그렇지 않다고 생각하는 시민이 소신에 따라 자기 의견을 개진할 권리를 행사해 말하는 것을 뜻한다(Fitzmyer, Johnson, Schnabel). 사도들은 위험을 무릅쓰고 유대교 지도자들이 예수를 죽였고, 하나님이 그분을 살리셨고, 평생 걷지 못하던 사람을 걷게 한 기적이 예수님이 부활하셨다는 증거라는 사실을 당당하게 증언한 것이다.

산헤드린이 보기에 베드로와 요한은 정황을 고려할 때 도저히 할 수

없는 말을 하고 있다. 베드로와 요한은 본래 학문이 없는 범인들이다(13b절). '학문이 없다'(ἀγράμματος)는 문맹이라는 의미도 있지만, 본문에서는 그들이 정규 교육(formal education)을 받은 적이 없다는 뜻이다(cf. BDAG). '범인'(ἰδιώτης)은 랍비 교육을 받지 않은 평신도, 혹은 비전문가를 뜻한다(Barrett, Bruce, cf. 고전 14:16, 23-25; 고후 11:6). 당시 근동의 문맹률은 98%에 달했고, 유대인의 경우 90% 정도였다. 겨우 10% 정도가 정규 교육을 받은 것이다. 베드로와 요한이 자유자재로 글을 쓰고 읽는 것으로 보아 그들은 글을 쓰고 읽는 교육을 받았다. 그러므로 산헤드린은 그들이 랍비 과정을 통해 신학 교육을 받은 적이 없는데 마치 신학 교육을 받은 사람들처럼, 그것도 매우 잘 교육받은 웅변가들처럼 성경적-신학적 논리를 펼치고 입증하는 것을 이상히 여겼다. '이상히 여기다'(θαυμάζω)는 참으로 놀랐다는 뜻이다.

그들이 제자들의 능력에 대해 유일하게 생각해 낼 수 있는 근거는 그들이 예수님과 함께 있었다는 사실이다(13c절). 복음서들에 따르면 예수님은 이 제자들과 3년간 함께하시며 훈련을 시키셨다. 물론 예수님도 랍비 교육을 받으신 적이 없다. 그러나 예수님은 서기관들과 다르게 '권위 있는 자'같이 가르치셨다(막 1:22). 산헤드린은 사도들이 이런 스승에게 교육받았기 때문에 랍비 교육을 받은 사람들처럼 말하는 것이라고 생각한 것이다. 성령으로 충만한 사람은 이처럼 모든 사람을 놀라게 하는 일을 할 수 있다.

산헤드린이 진퇴양난에 처했다. 이미 사도들을 잡아들여 하룻밤 감금했으니 그냥 내보낼 수는 없다. 또한 사도들이 예수님은 하나님이 보내신 메시아이며, 유대인들이 죽였지만 부활하셨고, 평생 앓던 병을 치료받은 사람이 곧 예수님이 아직 사역하신다는 증거라고 말했는데, 바로 그 사람이 자신들 앞에 서 있다! 나음을 입은 병자가 이 자리에 있는 것은 그도 제자들과 함께 감금되었던 것을 암시한다(Schnabel). 이 병자는 평생 성전 문에서 구걸했기 때문에 성전에 출입하는 모두가 아는 사람이다.

리더들은 기적이 일어났다는 사실을 인정한다. 기적은 종종 일어나기 때문에 평생 걷지 못하던 사람이 걷게 된 것은 그다지 놀랄 만한 일이 아니다. 지도자들이 불편해하는 것은 그들이 망언자라며 죽인 예수님의 이름을 통해 기적이 일어났다는 사실이다. 그러므로 이미 일어난 기적에 대해 어떻게든 다른 변명(설명)을 찾고 싶은데 찾을 수가 없다.

입장이 난처해진 산헤드린은 사도들을 잠시 내보내고 그들끼리 논의하기 시작했다(15절). 아마도 뾰족한 대책이 없는 지도자 대부분이 전날 사도들을 잡아들인 일로 긁어 부스럼을 만들었다며 후회했을 것이다. 누가는 그들이 사도들을 내보내고 무엇을 논의했는지 산헤드린 멤버였던 니고데모나 아리마대 요셉, 혹은 훗날 산헤드린의 사주를 받았던 바울(사울)에게 들었을 것이다(Bock, Longenecker).

산헤드린은 사도들을 어떻게 처리할까를 두고 의논했다(16a절). 그들은 사도들의 예수님은 메시아이시고 하나님이 죽은 자 중에서 그를 살리셨다는 주장의 진위에는 전혀 관심이 없다. 이미 엎질러진 물을 어떻게 처리할까에만 관심이 있다. 평생 걷지 못하던 사람이 걷게 된 것은 자신들도 부인할 수 없는 사실이며, 이미 유명한 표적이 되어 예루살렘 주민들이 모두 알고 있다(16b절). '유명한 표적'(γνωστὸν σημεῖον)은 모든 사람이 아는 기적이라는 뜻이다. 그러므로 기적을 부인하면 자신들만 우스운 꼴이 된다. 그들이 바알세불이나 마법을 언급하지 않는 것으로 보아 그들도 이 기적은 하나님이 하신 일이라는 것을 인정한다(Schnabel, cf. 마 12:22-32; 막 3:20-27; 눅 11:14-23).

만일 그들이 하나님이 사도들을 통해 기적을 행하셨다는 사실을 인정한다면, 사도들이 선포하는 메시지에도 귀를 기울여야 한다. 그러나 그들의 유일한 관심사는 하나님이 사도들을 통해 역사하신다는 사실을 부인하는 것이다. 하나님이 행하신 일이라는 것을 알면서도 부인하는 것은 그들의 마음이 얼마나 굳어 있는가를 단면적으로 보여 준다.

그들은 자신들이 누리는 특권과 이권이 사도들로 인해 위협받고 있다고 생각한다. 사람이 특권과 이권에 집착하면 진리에도 눈을 감는다.

산헤드린이 아무리 머리를 맞대고 생각해 보아도 사도들이 예수님에 대해 증언하고 기적 행하는 일을 막을 만한 묘책이 없다. 그들은 자신이 취할 수 있는 유일한 조치는 사도들을 불러 위협해 앞으로 이 이름으로 아무에게도 말하지 못하게 하는 것이라고 생각한다(17절). '위협하다'(ἀπειλέω)는 '엄중히 경고하다'라는 뜻이다(TDNT). 그들은 사도들을 죄가 있다며 기소하지도 못하고, 무죄라며 풀어 주지도 못하는 상황에서 이러한 판결을 내렸다. 참으로 어리석은 판결이다. 지도자들은 예수님의 이름을 '이 이름'(τῷ ὀνόματι τούτῳ)이라고 말하며 스스로 거리를 두고 있다(Longenecker).

이윽고 그들은 베드로와 요한을 다시 불러 앞으로는 예수의 이름으로 말하지도 말고 가르치지도 말라고 경고했다(18절). '경고하다'(παραγγέλλω)는 '명령하다'라는 뜻으로 위반하면 다시 잡혀 올 수 있다는 의미다(Longenecker, Witherington, cf. BDAG). 유대교에서는 죄를 지은 사람에게 처음에는 경고하고, 이후 같은 죄를 지으면 무거운 처벌을 내렸다(Marshall, cf. 5:17-42).

산헤드린이 사도들에게 예수의 이름으로 말하지도 말고 가르치지도 말라는 것은 예수님에 대해 증언하는 것을 포기하라는 엄포다. 그러나 우리가 잘 알다시피 사도들은 증인으로 부르심을 받았다. 그러므로 그들이 이러한 명령을 받아들일 리 없다. 앞으로 산헤드린과 사도들의 갈등이 더 커져 갈 것이다.

그래도 다행인 것은 그들이 사도들에게 분노하거나 폭행을 가하지는 않았다는 사실이다. 어떤 이들은 지도자들이 사도들을 처벌할 가치도 없는, 어이없는 말을 하고 다니는 사람으로 취급했기 때문이라고 한다(Schnabel). 그러나 그들이 사도들을 하룻밤 감금한 것을 보면 산헤드린은 이 사안을 매우 심각하게 생각한다. 다만 적절한 대응책이 없을 뿐이다.

이 말씀은 성령으로 충만한 사람은 배우지 못했어도 가장 많이 배운 사람처럼, 신학을 모르는 사람도 가장 잘 아는 사람처럼 논리 정연하게 상대방을 침묵시킬 수 있다고 한다. 예루살렘 공회(산헤드린)는 당시 최고의 '엘리트 신학자'로 구성되어 있었다. 그러나 랍비 과정을 밟은 적 없는 사도들이 신학적 논쟁에서 71명으로 구성된 예루살렘 공회를 당혹스럽게 만들었다. 사도들 가운데 충만한 성령이 사도들이 예전에 예수님께 받았던 교육과 훈련을 사용하신 것이다.

기적은 사람을 변화시키지 못한다는 말이 새삼 새롭게 다가온다. 유대교 지도자들은 평생 걷지 못하던 사람이 걷게 된 기적을 목격했고, 그 기적이 자기들 가운데 일어났다고 인정했다. 또한 이 기적은 하나님이 행하신 것이라는 사실도 인정했다. 그러나 하나님의 아들 메시아 예수님에 대한 생각과 마음은 바뀌지 않는다. 그들은 끝까지 예수님을 부인한다.

II. 예루살렘(1:12-6:7) E. 베드로와 요한과 예루살렘 공회(4:1-31)

4. 사도들의 반응과 공회의 조치(4:19-22)

[19] 베드로와 요한이 대답하여 이르되 하나님 앞에서 너희의 말을 듣는 것이 하나님의 말씀을 듣는 것보다 옳은가 판단하라 [20] 우리는 보고 들은 것을 말하지 아니할 수 없다 하니 [21] 관리들이 백성들 때문에 그들을 어떻게 처벌할지 방법을 찾지 못하고 다시 위협하여 놓아 주었으니 이는 모든 사람이 그 된 일을 보고 하나님께 영광을 돌림이라 [22] 이 표적으로 병 나은 사람은 사십여 세나 되었더라

산헤드린은 논의 끝에 베드로와 요한을 불러 다시는 예수의 이름으로 말하지도 말고 가르치지도 말라고 경고했다(4:18). 이에 대해 사도들은 그들이 참으로 어이없는 요구를 하고 있다는 반응을 보인다(19절). 사도들은 하나님 앞에서 그들의 말을 듣는 것이 하나님의 말씀을 듣는 것보다 더 옳은지 판단할 것을 요구한다. 유대교는 사람이 하나님의 말씀을 듣는 것이 가장 중요하다고 가르쳤다. 이에 사도들은 평소 산헤드린이 가르치던 원리를 자신들과 그들에게 적용한다.

사도들은 자신들이 보고 들은 것을 말하지 않을 수 없다고 한다(20절). 그들은 메시아이신 예수님을 보았고, 유대교 지도자들이 그분을 십자가에 못 박아 죽인 것을 보았다. 하나님이 예수님을 죽음에서 살리시는 것을 보았고, 부활하신 예수님이 승천하시는 것도 보았다. 또한 하나님의 말씀을 들었고, 예수님의 가르침을 받았다. 무엇보다도 사도들은 그들이 보고 들은 것을 온 세상에 증언하라는 소명을 받았다. 만일 그들이 예수님에 대해 말하고 가르치는 일을 멈춘다면 하나님이 주신 증인 소명을 잘 감당한다고 할 수 없다. 그러므로 하나님의 말씀에 따라 행동하는 자신들은 하나님 말씀에 상반되는 일을 요구하는 산헤드린의 말에 절대로 복종할 수 없다고 한다. 사도들의 이 같은 행동은 일종의 시민 불복종(civil disobedience) 행위라 할 수 있다. 자칫하면 모든 권세에 무조건 복종하라는 뜻으로 읽힐 수 있는 로마서 13장에 건강한 균형감을 제공하는 말씀이다(cf. Bock).

산헤드린은 유대교의 가장 권위 있는 기관이었다. 그들은 하나님의 이름으로 모든 이슈에 최종 판결을 내렸다. 그들이 하나님과 계속 소통하며 하나님의 의중을 반영하는 판결을 내렸다면 참으로 좋았을 텐데, 산헤드린은 어느새 하나님의 음성을 듣지 못하는 기관이 되었다. 이 유대교 지도자들은 더는 하나님을 대변하거나 하나님의 뜻을 알리는 자들이 아니다. 그들이 하나님께 귀를 닫은 결과다. 그러므로 그들이 내리는 판결은 하나님의 뜻과 상반되는 경우가 많았다. 그들은 누구든지 자신의 특권과 이익에 위협이 된다 싶으면 하나님의 뜻을 무시하며 하나님이 종으로 쓰시는 사람들까지 벌하려고 했다. 이번 일도 그중 하나다.

사도들이 그들의 명령을 거부하자 산헤드린은 딱히 할 수 있는 일이 없다. 게다가 이 일을 지켜보는 모든 사람이 전날 일어난 기적에 대해 하나님께 영광을 돌리는 상황이다(21b절). 그들은 어떻게든 사도들을 혼내 주고 싶지만, 지켜보는 눈이 너무나 많다(Dunn). 그러므로 산헤드린은 사도들을 한 번 더 위협하고(협박하고) 놓아주었다(21a절). 본문은 전날 표적으로 병이 나아 걷게 된 사람의 나이가 40여 세나 되었다고 한다(22절). 하나님이 40여 년 동안 걷지 못하던 사람을 한순간에 걷게 하신 것이다.

이 말씀은 인간이 세운 기관의 한계를 지적한다. 아무리 좋은 의도로, 심지어 하나님을 경외하고 섬기기 위해 세워진 기독교 기관이라 해도 하나님의 음성을 듣지 못하면 하나님의 뜻과 상반된 결정을 내리고 나쁜 짓을 할 수 있다. 교단과 노회도 예외가 아니다. 그러므로 우리는 이런 기관들을 의지해서는 안 되며, 오직 하나님만 바라보며 주님의 음성에 귀를 기울여야 한다.

우리가 가장 힘쓰고 노력해야 할 것은 하나님의 인도하심과 뜻에 따라 사는 것이다. 사도들은 유대교의 최고 기관이자 하나님을 대신한다는 산헤드린의 명령에 불복종을 선언했다. 하나님의 음성과 인간의 말 중 한 가지를 선택해야 할 때는 주저하지 않고 하나님께 귀를 기울여야 한다.

사도들은 하나님이 주신 복음을 전하다가 하나님을 가장 잘 알고 주님의 권세를 대표한다는 유대교 지도자들에게 잡혀 왔다. 참으로 어이없는 일이라 할 수 있다. 외부에 있는 불신자로부터 오는 핍박이라면 차라리 견딜 만하다. 우리가 기억해야 할 것은 우리를 가장 힘들게 하는 반대와 핍박은 내부에서 온다는 사실이다.

복음을 선포하고 예수님을 알리는 일에는 고난이 따른다. 그러므로 고난을 두려워하면 안 된다. 담대하게 예수님을 알리고 가르쳐야 한다. 예수님만이 우리의 소망이며, 인류가 구원에 이를 수 있는 유일한 길이기 때문이다. 이러한 선언이 다원주의적 세상에서 이상하게 들릴 수 있다. 그러나 하나님은 예수님 외에 다른 이름을 주지 않으셨다.

II. 예루살렘(1:12–6:7) E. 베드로와 요한과 예루살렘 공회(4:1–31)

5. 예루살렘 성도들의 기도(4:23-31)

23 사도들이 놓이매 그 동료에게 가서 제사장들과 장로들의 말을 다 알리니
24 그들이 듣고 한마음으로 하나님께 소리를 높여 이르되 대주재여 천지와
바다와 그 가운데 만물을 지은 이시요 25 또 주의 종 우리 조상 다윗의 입을
통하여 성령으로 말씀하시기를

어찌하여 열방이 분노하며
족속들이 허사를 경영하였는고
26 세상의 군왕들이 나서며
관리들이 함께 모여
주와 그의 그리스도를 대적하도다 하신 이로소이다

27 과연 헤롯과 본디오 빌라도는 이방인과 이스라엘 백성과 합세하여 하나님
께서 기름 부으신 거룩한 종 예수를 거슬러 28 하나님의 권능과 뜻대로 이루
려고 예정하신 그것을 행하려고 이 성에 모였나이다 29 주여 이제도 그들의
위협함을 굽어보시옵고 또 종들로 하여금 담대히 하나님의 말씀을 전하게
하여 주시오며 30 손을 내밀어 병을 낫게 하시옵고 표적과 기사가 거룩한 종
예수의 이름으로 이루어지게 하옵소서 하더라 31 빌기를 다하매 모인 곳이
진동하더니 무리가 다 성령이 충만하여 담대히 하나님의 말씀을 전하니라

본문은 사도행전에 기록된 두 번째 공동체 기도다. 첫 번째는 가룟

유다를 대신할 열두 번째 사도를 세울 때 드린 기도였다(1:24-25). 공동체 기도는 각 개인의 필요를 채우기 위한 것이 아니라, 온 공동체가 하나님이 주신 사명을 이루어 가도록 도와 달라는 기도다. 초대교회가 유대교로부터 배척당하고 핍박받는 것을 두려워하거나 걱정하지 않고, 당연한 일로 여기며 오히려 찬양하는 것을 생각하면 마음이 숙연해진다.

산헤드린은 베드로와 요한을 놓아주면서 예수님의 이름을 선포하지도 가르치지도 말라고 협박했다. 본문은 그들의 경고에 예루살렘 교회가 어떻게 대응했는지 회고한다(Witherington). 교회는 유대교 지도자들의 협박에 두 가지 기도로 대응했다. 첫째, 핍박하는 지도자들을 심판해 주시거나 고난을 피할 수 있게 해 달라는 기도가 아니라, 하나님이 자신들을 더욱더 굳세게 해 주실 것을 기도했다. 둘째, 협박에 굴하지 않고 더욱더 담대히 말씀을 전하게 해 달라고 기도했다. 하나님은 이러한 기도에 땅의 흔들림과 성령 충만과 담대함을 주시는 것으로 응답하셨다.

베드로와 요한은 감금에서 풀려나자마자 동료들에게 가서 산헤드린을 구성하는 제사장들과 장로들의 말을 다 알렸다(23절). 전날 잡힌 후 있었던 일을 모두 알려 준 것이다. '동료들'(τοὺς ἰδίους)을 직역하면 '자기 사람들'이라는 뜻이다. 이때 예루살렘에 수천 명에 달하는 성도가 있었던 점을 고려하면(cf. 4:4) 온 예루살렘 교회가 아니라 사도들(Johnson, Wall), 혹은 솔로몬 행각에 모여 그들을 위해 기도하는 성도들(Schnabel), 혹은 소수의 그룹이었을 것이다(Barrett, Fernando, Haenchen, Polhill). 우리는 초대교회 성도들이 서로를 어떻게 생각하고 대했는지 보고 있다. 그들은 서로를 가까운 친구(동료)로 대했다. 복음은 사람들을 친밀하게 하는 능력을 지녔다.

사도들의 증언을 들은 '동료들'은 제일 먼저 한마음으로 하나님께 소리 높여 기도했다(24a절). '한마음'(ὁμοθυμαδὸν)은 신약에서 12차례 사용되며 그중 11차례가 사도행전에서 사용된다. 누가가 즐겨 사용하는 용어이며, 통일됨을 강조한다(BDAG, cf. 새번역, NAS, NIV, NRS). 그들이 소리 높여 기도했다는 것은 한 사람(베드로?)이 대표로 기도할 때 성도들이 '아멘'으로 화답하며 함께 기도했다는 뜻이다(Alexander, Bock, Schnabel, cf. 신 27:15–26).

그들은 창조주 하나님의 절대적인 주권을 찬양하는 것으로 기도를 시작한다(24b절; cf. 시 146:6; 사 37:16–20; 왕하 19:15–19). '대주재'(δεσπότης)는 절대적인 권능을 지닌 절대자를 뜻하며 지배권을 강조한다(Schnabel). 신약에서 총 6차례 사용되는데 하나님에 대해 세 차례, 예수님에 대해 세 차례 사용된다(Fernando). 하나님은 온 세상 그 누구보다도 능력이 뛰어나시며, 모든 것을 다스리신다. 그러므로 그 누구도 하나님의 계획이나 하시는 일을 위협할 수 없다.

한마음으로 기도하는 공동체는 구약 말씀을 인용해 기도를 이어 간다(25–26절). 초대교회 성도들은 구약 말씀을 배우고 묵상하며 항상 마음에 품고 있다가 언제든 기도할 때 꺼내 썼다고 해도 과언이 아니다(Fernando). 그들이 인용하는 말씀은 시편 2:1–2이다. 초대교회에서는 시편 2편을 예수님의 수난에 대한 예언으로 간주했다(Longenecker).

기도하는 이들은 이 시편의 저자가 다윗이라고 하는데, 히브리어 텍스트에는 없는 정보다. 그들은 이 말씀을 인용하며 온 열방이 메시아에 대해 분노하며 족속들이 허사를 경영했다고 한다(25b절). '분노하다'(φρυάσσω)는 신약에서 단 한 차례 사용되는 동사이며, 말처럼 파이팅(강인함과 자신감) 넘치는 짐승이 경기를 시작하기 전에 내는 소리를 묘사한다(NIDNTTE). 이때 힘이 넘쳐나는 말들은 닥치는 대로 짓밟고 머리를 흔들어 대지만, 끝에 가서는 주인의 지시를 따른다(Barclay). 열방은 메시아를 향해 물어뜯을 듯 대들지만, 끝에 가서는 하나님의 주권에 복종해야 한다. 그들이 아무리 원대하고 좋은 계획을 도모할지라도 모두 허사가 된다. 하나님이 이루어지지 않게 하실 것이기 때문이다. 열방의 반역은 절대 성공할 수 없는, 그러므로 참으로 어리석고 무모한 짓이라 할 수 있다(Schnabel).

세상의 군왕들과 관리들이 함께 모여 하나님과 그리스도를 대적한다(26절). 자기를 창조하신 이를 알지 못하는 세상이 하나님과 메시아를 반대하는 것은 앞으로 세상이 끝날 때까지 계속될 보편적 원칙이라 할 수 있다. 세상이 하나님과 메시아에게 반역하는 것은 다윗이 예언으로 남긴 말씀을 성취하는 일이기 때문이다(Marshall).

실제적인 역사적 사례로 헤롯과 본디오 빌라도는 이방인과 이스라엘 백성과 합세해 하나님이 기름 부으신 거룩한 종 예수님을 거슬렀다(27절). 헤롯은 아버지 헤롯 대왕에게서 유대 일부를 물려받은 분봉 왕 헤롯 안티파스(Herod Antipas)를 뜻한다(Schnabel). 빌라도는 유대를 지배하던 로마 제국의 총독이다. 원래 이 둘은 사이가 좋지 않았다. 그러나 예수님을 죽이는 일에 파트너가 되었으며, 자신들이 대표하는 유대(이스라엘을 상징)와 로마(열방을 상징)도 이 악한 일에 끌어들였다. 로마는 가장 큰 세상 권세를, 유대교는 가장 중요한 종교적 권세를 상징한다. 이 두 권세가 힘을 합해 인류 역사상 가장 악한 일을 했다.

'기름 부으신 거룩한 종 예수'(τὸν ἅγιον παῖδά σου Ἰησοῦν ὃν ἔχρισας)는 예수님이 하나님의 아들이자 메시아라는 뜻이다. 세상은 악한 뜻을 이루기 위해 메시아를 죽였지만, 성공할 수 없다(Bruce, Marshall). 메시아의 죽음마저도 하나님의 권능과 뜻에 따라 예정하신 것이 적절한 때가 되어 이루어진 일이기 때문이다(28절; cf. 눅 1:66; 23:46; 행 4:30; 7:25, 50; 11:21; 13:11).

하나님은 메시아의 죽음을 통해 믿는 자마다 구원에 이르게 하는 일을 예정하셨다. '예정하다'(προορίζω)는 신약에서 6차례 사용되는 단어이며, 누가복음-사도행전에서는 이곳에 유일하게 사용된다(cf. cf. 롬 8:29-30[2×]; 고전 2:6-8; 엡 1:3-6, 11-12). 하나님이 미리 정해 두셨다는 뜻이며, 미리 아는 것(πρόγνωσις, 2:23; 26:5)과 미리 알리는 것

(προκαταγγέλλω, 3:18; 7:52; 13:24)도 예정의 일부다(Witherington). 그러므로 헤롯과 빌라도가 사람들과 함께 악한 의도로 예수님을 십자가에 못 박은 것은 하나님이 예정하신 일을 이루는 결과를 초래했다(28절). 하나님은 인간들의 죄를 이용해 태초부터 계획한 인류 구원을 성취하신 것이다.

십자가 사건은 하나님이 예정하신 바를 이루는 일이라고 고백한 성도들은 두 가지를 간구한다(29-30절). 두 가지 모두 복음 전도가 더 효과적으로 이루어질 수 있게 해 달라는 간구다. 첫째, 악인들의 위협에 위축되지 않고 담대히 하나님의 말씀을 계속 전할 수 있도록 도와주실 것을 기도한다(29절). 성도들은 하나님이 그들의 위협함을 굽어보시기를 기도하는데(29a절), '굽어보다'(ἐπεῖδον)는 누가복음 1:25에서 한 번 더 사용되었다. 상황을 살피고 적절한 판단(심판)을 내리는 것을 뜻한다(Bock). 성도들은 복음 전도를 방해하는 사람들을 모두 하나님의 손에 맡기고, 자신들은 오직 담대히 말씀을 전하는 일에 전념하겠다고 한다.

둘째, 하나님이 행하시는 표적과 기사가 그들의 사역에 동반되길 구했다(30절). 그들은 자신들은 기적을 행할 수 없으며, 오직 하나님만 기적을 행하신다는 것을 잘 안다. 그러므로 그들은 하나님이 손을 내밀어 병을 낫게 하시고, 온갖 기적을 예수님의 이름으로 이루실 것을 기도한다.

초대교회 성도들의 기도를 통해 전도와 선교에 대한 그들의 열정을 어느 정도 짐작할 수 있다. 유대교 지도자들은 전도하지 말라고 강력하게 경고했다. 그러나 성도들은 이 지도자들에 대해서는 하나님이 알아서 판단하시고 적절하게 대응하시도록 전적으로 맡긴 채, 자신들은 더욱더 담대히 복음을 선포하겠다고 한다. 또한 하나님이 표적과 기사로 복음 선포에 함께하시면 큰 도움이 된다며 하나님의 함께하심을 구한다. 초대교회는 참으로 신실한 예수님의 대리인들이었다(Fitzmyer).

성도들이 핍박과 위협에 굴하지 않고 더욱더 신실한 예수님의 증인들이 되게 해 달라고 기도하자 하나님은 세 가지 현상(땅의 흔들림, 함께 기도한 사람이 모두 성령으로 충만해짐, 담대히 하나님의 말씀을 전함)을 보이셨다. 땅이 흔들린 것은 출애굽 때 이스라엘이 경험했던 하나님의 임재를 떠올리게 한다(출 19:18; cf. 사 6:4). 기도하던 사람들이 모두 성령으로 충만했다는 것은 새로운 성령 세례(baptism)가 임했다는 것이 아니라, 성령의 새로운 채움(filling)이 있었다는 뜻이다(Bruce, Polhill, Witherington). 성령의 새로운 채움은 그들 안에 있을 수 있는 두려움을 몰아내고, 담대함으로 복음을 선포하게 하려는 것이다. '전하다'(ἐλάλουν)는 미완료형으로 그들이 하나님의 말씀 전하는 일을 계속했다는 뜻이다(Bock, Bruce). 하나님이 그들이 기도한 대로 이루어 주겠다고 응답하신 것이다(Marshall).

이 말씀은 공동체의 소중함을 새삼 생각하게 한다. 산헤드린에서 풀려난 베드로와 요한은 곧바로 자신들을 위해 기도하던 공동체를 찾아가 그동안 있었던 일을 말하고 그들과 함께 하나님을 찬양하며 감사기도를 드렸다. 감사할 일을 경험한 사람이 그 경험을 함께 나누고 함께 하나님을 찬양하며 감사드리는 공동체를 두는 것은 참으로 중요하다. 함께 모여 하나님께 감사의 제단을 쌓는 사람들은 참으로 친밀해지기 때문이다.

초대교회 성도들이 그들을 방해하고 핍박하는 사람들을 저주하거나 비난하지 않고, 오로지 하나님의 손에 맡기고 오직 복음 전도에 힘쓰겠다며 하나님의 도우심을 구하는 것은 참으로 아름다운 신앙인의 모습이다. 우리도 누구를 원망하거나 탓하지 말고, 그들을 하나님께 맡기고 주신 사명에 성실히 임해야 한다. 남을 탓하고 원망하며 시간을 낭비하는 것은 옳지 않다. 우리는 좋고 선한 일을 할 시간도 부족하다.

II. 예루살렘(1:12-6:7)

F. 성령 충만한 공동체(4:32-5:11)

성령 충만한 성도로 이루어진 공동체 역시 성령으로 충만했다. 예루살렘 교회는 모이기를 힘썼고, 각 집에서 모여 기쁜 마음으로 서로 음식을 나누며 하나님을 찬양했다(2:46). 또한 모든 것을 공동으로 소유하고, 재산과 소유물을 팔아 각자 필요한 대로 나누었다(2:44-45). 성령으로 충만한 공동체의 특징은 힘을 합해 선한 일을 함께 하는 것이다. 그들은 함께 찬양하고, 함께 먹고, 함께 기도하며, 함께 나누었다. 강조점이 단순히 모임에 있는 것이 아니라, 모여서 함께 행하는 데 맞추어져 있다. 본 텍스트는 공동 소유와 나눔의 좋은 사례로 바나바를, 나쁜 사례로 아나니아와 삽비라를 든다. 아나니아와 삽비라는 공동체를 인도하시는 성령에게 거짓말해 죽었다. 이 섹션은 다음과 같이 두 파트로 구분된다.

A. 원리: 공동 소유와 나눔(4:32-35)
B. 좋은 사례와 나쁜 사례(4:36-5:11)

II. 예루살렘(1:12-6:7)
F. 성령 충만한 공동체(4:32-5:11)

1. 원리: 공동 소유와 나눔(4:32-35)

32 믿는 무리가 한마음과 한 뜻이 되어 모든 물건을 서로 통용하고 자기 재물을 조금이라도 자기 것이라 하는 이가 하나도 없더라 33 사도들이 큰 권능으로 주 예수의 부활을 증언하니 무리가 큰 은혜를 받아 34 그 중에 가난한 사람이 없으니 이는 밭과 집 있는 자는 팔아 그 판 것의 값을 가져다가 35 사도들의 발 앞에 두매 그들이 각 사람의 필요를 따라 나누어 줌이라

누가는 성령이 예루살렘 공동체에 가져온 획기적 변화에 관해 두 번째로 언급한다(cf. 2:44-45). 성령으로 충만한 공동체가 한마음과 한뜻으로 연합했다. 원래 사도들은 연합할 줄 모르는 자들이었다(cf. 눅 9:46-47; 22:24-47). 그런 그들이 성령으로 충만하니 하나가 되었다(2:14; 5:29; 6:2-4). 성령은 사도들을 하나 되게 한 것처럼, 예루살렘 교회 성도들도 하나 되게 하셨다. 에스겔의 예언이 생각난다: "내가 그들에게 한 마음을 주고 그 속에 새 영을 주며 그 몸에서 돌 같은 마음을 제거하고 살처럼 부드러운 마음을 주어 내 율례를 따르며 내 규례를 지켜 행하게 하리니 그들은 내 백성이 되고 나는 그들의 하나님이 되리라"(겔 11:19-20).

믿는 무리, 곧 예루살렘 성도들이 한마음과 한뜻이 되었다(32a절). '무리'(πλῆθος, 32a절)는 신약에서 32차례 사용되는데, 그중 누가복음-사도행전에서 25차례 사용된다. 누가가 즐겨 사용하는 표현이며, 예루살렘 성도의 수가 많았음을 의미한다. '한마음과 한뜻'(καρδία καὶ ψυχὴ μία)은 포괄적이고 총체적인 연합을 의미한다. 그들은 사랑과 소망과 열정으로 하나가 되었다(Barclay, Wesley). 성도가 기하급수적으로 늘어남에도 그 많은 사람이 한마음과 한뜻으로 연합했다는 것이 참으로 놀랍다.

구약에서는 '마음과 뜻'이 완전하고 온전한 헌신을 뜻한다(cf. 6:5). 초대교회 성도들이 온전하고 전인적인 헌신으로 서로를 대한 것이다(Schnabel). 당시 교인이 되는 것과 오늘날 교인이 되는 것은 참으로 다르다. 본문이 묘사하는 연합은 온 공동체가 성령으로 충만할 때 가능한 일이다.

성도들은 그들이 한마음과 한뜻이 된 것을 물건을 서로 통용하는 일을 통해 표현했다(32b절). '통용'(κοινός)은 공동으로 사용한다는 뜻이며, 누가는 강조 효과를 내기 위해 이 단어로 32절을 마무리한다(Bock). '교제'(κοινωνία), '친교하다'(κοινωνέω), '교통'(κοινώνημα), '동역자'(κοινωνός) 등도 모두 연관된 단어다.

자기 재물을 조금이라도 자기 것이라고 하는 이가 하나도 없었다. 자신이 소유한 것을 모두 하나님이 잠시 맡겨 두신 것으로 여기며, 언제든 주님께서 사용하시고자 할 때 기쁨으로 내놓았다는 뜻이다. 하나님은 어려움에 처한 성도들의 필요를 채우기 위해 그들이 내놓은 재물을 사용하셨다. 공동체가 각자의 소유를 통용하는 것에 대해 누가가 두 차례 언급하는 것(cf. 2:44-45)은 매우 중요하기 때문이다. 나눔은 성령 충만과 신앙생활의 최고봉이다. 이러한 나눔은 나누는 이들과 받는 이들이 욕심이 없을 때 가능하다. 양쪽 다 성령으로 충만해야 가능한 일이다.

성도들이 모든 물건을 통용하며 나누고, 사도들은 큰 권능으로 주 예수의 부활을 증언하니 무리가 큰 은혜를 받았다(33절). '받았다'(ἦν)는 미완료형이다. 은혜가 사도들의 증언을 통해 단 한 차례가 아니라 여러 차례 계속 임하고 있다는 것을 강조한다. 그들은 표적과 이적을 행해서가 아니라 예수님의 부활에 대해 증언함으로써 사람들에게 은혜를 끼치고 있다(Bock). 어떤 이들은 그들이 사도들에게 은혜를 받은 것으로 해석한다(Fitzmyer, Le Cornu & Shulam). 그러나 사도들을 통해 역사하신 하나님께 은혜를 받은 것으로 보는 것이 바람직하다(Bock). 성도들이 4:24-30에서 기도한 것이 모두 성취되고 있다.

예루살렘 교회에는 가난한 사람이 없었다(34a절). '가난한 사람'(ἐνδεής)은 빚쟁이에게 억압받고 시달리는 사람이다(Schnabel). 공동체가 모든 물건을 통용하니 모든 멤버의 필요가 채워졌다. 이는 성도들이 사도들의 가르침에 은혜를 받은 후 자발적으로 행한 일이었다(cf. 33-34절). 다음과 같은 다윗의 고백이 생각난다: "여호와는 나의 목자시니 내게 부족함이 없으리로다"(시 23:1). 또한 신명기가 꿈꾸던 공동체가 실현되고 있음을 본다: "네가 만일 네 하나님 여호와의 말씀만 듣고 내가 오늘 네게 내리는 그 명령을 다 지켜 행하면…너희 중에 가난한 자가 없으리라"(Le Cornu & Shulam, 신 15:4-5; cf. 마 25:35-40).

통용과 나눔을 묘사하는 34-35절은 다섯 개의 미완료형 동사로 구성되어 있다. 이러한 일이 계속, 자주 있었다는 뜻이다(Bruce. cf. NIV의 'from time to time'). 그러나 오랫동안 계속된 것은 아니며, 계속하라는 것도 아니다(Polhill). 공동체가 성령으로 충만할 때만 가능한 일이기 때문이다. 신명기는 노예를 내보낼 때 빈손으로 보내지 말고 최대한 많이 주어 보내되 "여호와께서 네게 복을 주신 대로 그에게 줄지니라"라고 한다(신 15:12-14). 하나님은 주님의 은혜를 많이 경험한 사람일수록 더 많이 주고 더 많이 나누라고 하신다. 우리가 베푸는 것은 하나님께 받은 축복과 정비례하기 때문이다.

예루살렘 교회에 가난한 사람(빚에 시달리는 사람)이 없었던 것은 밭과 집이 있는 사람들이 가진 것을 팔아서 헌금했기 때문이다(34-35절). '밭과 집 있는 자'(κτήτορες χωρίων ἢ οἰκιῶν)는 오늘날로 말하면 상당한 부를 지닌 사람이다(Capper, Gooding). 당시 사회에서 집과 밭을 소유한 중산층은 10%, 그들보다 더 잘사는 상류층은 4-7% 정도였다(Bock). 그러므로 여분의 집과 밭을 팔 수 있는 사람이 여럿 있었다는 것은 예루살렘 교회 성도 중 몇몇이 상당한 재력가였음을 암시한다. 그들은 한꺼번에 모든 소유를 판 것이 아니라, 공동체의 필요에 따라 하나씩 처분했다(Schnabel, Williams). 이 사람들은 세례 요한의 권면을 실천한 것이다: "옷 두 벌 있는 자는 옷 없는 자에게 나눠 줄 것이요 먹을 것이 있는 자도 그렇게 할 것이니라"(눅 3:11).

밭과 집을 판 사람들은 판 것의 값을 가져다가 사도들 발 앞에 두었다(35a절). '발 앞에 두다'(4:35, 37; 5:2)는 구약에서 순종과 복종을 상징한다(Johnson, cf. 수 10:24; 삼상 25:24, 41; 삼하 22:39). 본문에서는 사도들에게 밭과 집을 팔아 마련한 돈의 소유권을 이전한다는 법적인 절차이며(Marshall), 사도들의 권위를 인정한다는 의미를 지닌다(Barrett).

초대교회가 하고 있는 일이 자칫 공산주의로 오해받을 수 있다. 그러나 우리가 본문을 통해 접하는 것은 법으로 규정해 의무적으로 나눔을 강요하는 공산주의가 아니다. 성도들이 성령의 감동에 따라 자원해서 하는 일이다. 당시 쿰란 공동체도 멤버들에게 통용과 나눔을 요구했다. 그러나 그들은 의식적인 정결(ritual purity)을 이루기 위해 나누었다(Witherington).

교회는 통용하고 나누면서도 각 개인의 소유를 인정했다. 성도들은 각자의 집에서 만나 교제했으며(2:46), 아나니아와 삽비라 사건도 교회가 개인의 소유를 인정했다는 사실을 뒷받침한다(cf. 5:4). 또한 요한 마가의 어머니 마리아도 집을 소유하고 있었다(12:12). 본문이 묘사하는 나눔은 유대교가 실현하려 했지만 실패한 것으로(Conzelmann, Johnson), 예수님이 세우신 기독교 공동체가 꿈을 이루었다. 그러나 오래 지속되지는 않았다. 이런 일은 성령 충만이 지속될 때만 가능하기 때문이다.

이 말씀은 우리가 이 땅에서 실현하려는 하나님 백성 공동체가 어떠해야 하는지 보여 준다. 숫자에 상관없이 우리는 성령의 인도하심에 따라 한마음과 한뜻으로 예수님의 부활을 증언해야 한다. 또한 각 멤버는 자신이 소유한 것은 하나님의 것이라는 사실을 고백하며, 언제든지 하나님이 쓰시겠다고 할 때 하나님 나라의 확장을 위해 기꺼이 내놓을 수 있는 믿음을 달라고 꾸준히 기도해야 한다. 이것이 신약이 지향하는 공동체의 모습이다(cf. 11:27-30; 24:17; 롬 15:26; 고전 16:1-4; 고후 9:11-12; 갈 2:10).

믿음은 나눔 및 섬김과 떼어놓을 수 없는 관계다. 우리는 하나님께 받은 은혜에 합당한 섬김과 나눔을 실현해 나가야 한다. 하나님께 큰 은혜를 받은 사람은 큰 섬김으로 화답하고, 많은 은혜를 경험한 사람은 많은 나눔으로써 하나님께 받은 은혜가 얼마나 많은지 증언해야 한다.

II. 예루살렘(1:12-6:7)
F. 성령 충만한 공동체(4:32-5:11)

2. 좋은 사례와 나쁜 사례(4:36-5:11)

36 구브로에서 난 레위족 사람이 있으니 이름은 요셉이라 사도들이 일컬어
바나바라(번역하면 위로의 아들이라) 하니 37 그가 밭이 있으매 팔아 그 값을 가
지고 사도들의 발 앞에 두니라 5:1 아나니아라 하는 사람이 그의 아내 삽비라
와 더불어 소유를 팔아 2 그 값에서 얼마를 감추매 그 아내도 알더라 얼마만
가져다가 사도들의 발 앞에 두니 3 베드로가 이르되 아나니아야 어찌하여 사
탄이 네 마음에 가득하여 네가 성령을 속이고 땅 값 얼마를 감추었느냐 4 땅
이 그대로 있을 때에는 네 땅이 아니며 판 후에도 네 마음대로 할 수가 없
더냐 어찌하여 이 일을 네 마음에 두었느냐 사람에게 거짓말한 것이 아니요
하나님께로다 5 아나니아가 이 말을 듣고 엎드러져 혼이 떠나니 이 일을 듣
는 사람이 다 크게 두려워하더라 6 젊은 사람들이 일어나 시신을 싸서 메고
나가 장사하니라 7 세 시간쯤 지나 그의 아내가 그 일어난 일을 알지 못하고
들어오니 8 베드로가 이르되 그 땅 판 값이 이것뿐이냐 내게 말하라 하니 이
르되 예 이것뿐이라 하더라 9 베드로가 이르되 너희가 어찌 함께 꾀하여 주
의 영을 시험하려 하느냐 보라 네 남편을 장사하고 오는 사람들의 발이 문
앞에 이르렀으니 또 너를 메어 내가리라 하니 10 곧 그가 베드로의 발 앞에
엎드러져 혼이 떠나는지라 젊은 사람들이 들어와 죽은 것을 보고 메어다가
그의 남편 곁에 장사하니 11 온 교회와 이 일을 듣는 사람들이 다 크게 두려
워하니라

초대교회는 여러 면에서 우리가 꿈꾸는 교회였지만, 그렇다고 해서 완벽한 교회는 아니었다. 하나님 말씀에 따라 믿음대로 살고자 하는 신실한 성도가 주류를 이루었지만, 교회 내에서 자신의 위상을 드높이기 위해 하나님을 속이는 이들도 있었다. 누가는 신실한 성도들의 모범 사례로 바나바를(4:36-37), 사람들의 인기를 탐하여 하나님을 속인

자들의 사례로 아나니아 부부를 소개한다(5:1-11).

이 두 이야기의 공통점은 재물론이라 할 수 있다. 누가복음은 많은 공간을 재물과 재정관리에 할애했다(눅 7:41-43; 10:29-37; 12:16-21; 16:1-8, 19-31; 18:14, 18-23; 19:11-27). 사도행전도 상당한 분량을 교회와 성도들의 경제적 이슈에 할애한다(Willimon). 거의 모든 신앙인에게 재물과 재정은 뜨거운 감자다. 믿음을 삶에서 실천할 때 기본적으로 당면하는 이슈 중 하나가 자신이 소유한 모든 것이 자기 것이 아니라 하나님이 잠시 맡겨 두신 것이라고 고백하는 사람이 그 소유한 재물을 어떻게 사용할 것인가이기 때문이다. 그래서 예수님은 "재물이 있는 자는 하나님의 나라에 들어가기가 얼마나 어려운지 낙타가 바늘 귀로 들어가는 것이 부자가 하나님의 나라에 들어가는 것보다 쉬우니라"(눅 18:24-25; cf. 딤전 6:10)라고 말씀하셨다. 교회는 끊임없이 재물의 위험에 대해 더 많이 더 자주 가르쳐야 한다(Fernando). 인간은 쉽게 재물의 노예가 될 수 있으며, 우리는 하나님과 재물을 함께 섬길 수 없기 때문이다(마 6:24).

예루살렘 교회 성도 대부분은 모든 물건을 통용하고 자기 재물을 조금이라도 자기 것이라고 하지 않았다(4:32). 그러므로 그들 중 부유한 사람들은 필요할 때마다 자기 집과 밭을 팔아 가난한 사람들을 도왔다(4:34). 누가는 이런 일을 한 사람들의 모범 사례로 바나바를 언급한다(36-37절). 바나바는 사도행전에서 23차례나 언급되는, 누가가 가장 사랑하고 가장 자주 언급하는 성도 중 하나다(Schnabel). 신약은 그를 선지자와 교사(13:1)와 사도였다고 한다(고전 9:5-6).

바나바는 구브로(Cyprus, 오늘날의 키프로스)라는 지중해에서 가장 큰 섬에서 온 유대인이다. 유대인들은 프톨레마이오스 1세(Ptolemy I Soter) 시대인 주전 330년부터 이 섬에 정착한 것으로 알려져 있다(cf. ABD). 바나바가 잠시 예루살렘을 방문한 헬라화된 유대인(Hellenistic Jew)이었는지(Barrett), 혹은 예루살렘에 정착해 살기 위해 온 디아스포라 유대인이었는지(Bock, Wall) 정확히 알 수는 없다.

그는 레위족 사람이었고, 원래 이름은 요셉이었다. 율법은 레위 사람들이 땅을 소유하는 것을 금한다(cf. 민 18:20; 신 10:9; 수 21:1-41). 그러나 예수님 시대에 이르러서는 그들 가운데 부자가 상당히 많았다. 레위 사람들은 일반인보다 월등히 많은 교육을 받았지만, 모두 제사장은 아니었다. 레위 사람 중에서도 아론의 후손만 제사장이 될 수 있기 때문이다. 그러므로 레위 사람들은 성전에서 문지기, 보호 경찰(security guard), 율법 선생, 구약 사본 필사 등 다양한 일을 했다(Le Cornu & Shulam).

사도들은 구브로에서 온 요셉에게 '바나바'라는 이름(별명)을 붙여 주었다. 아마도 '요셉'이 당시 너무나도 흔한 이름이었기에 그를 따로 구분하기 위해 이 이름을 준 것으로 보인다(Longenecker). '바나바'(Βαρναβᾶς)의 어원이나 유래에 대해 어떠한 것으로도 설명할 수 없다는 이들이 있다(Fitzmyer, Polhill). 이 이름의 문자적 의미를 바빌론의 신 느보와 연관해 '느보의 아들' (son of Nebo)이라고 주장하는 이도 있다(Conzelmann). 그러나 레위 사람이 이방 신과 연관된 이름을 지닐 가능성은 없어 보인다(cf. Haenchen).

많은 학자가 '바나바'를 '선지자의 아들'(son of nabi)이란 의미를 지닌 이름으로 간주한다(Bock, Schnabel, Wall). 구약에서 선지자들이 하나님의 말씀으로 주의 백성을 위로한 일을 고려해 바나바(선지자의 아들)가 '위로의 아들'로 번역될 수 있다는 것이다. 헬라어 사본도 바나바를 '위로의 아들'(υἱὸς παρακλήσεως)이라는 의미로 해석한다. '바나바'는 앞으로 사도행전에서 전개될 그의 삶을 잘 요약하는 이름이라 할 수 있다(4:36-37; 9:27; 11:22, 29-30; 12:25-13:2; 13:7, 43, 46, 50; 14:11-12, 14-15, 20; 15:2, 12, 22-26, 35-40). 바나바는 누가의 영웅 중 하나다(Bock).

바나바는 상당한 부(富)를 소유한 사람이다. 그는 공동체 멤버 중 가난한 사람들에게 금전적인 도움을 주고자 자기 밭을 팔았다(37a절). 그리고 밭을 판 값을 가지고 와서 사도들의 발 앞에 두었다(37b절). 이 일은 아마도 솔로몬 행각에서 있었던 일로 보인다(cf. 5:12). 사도들의 발 앞에 두었다는 것은 그가 밭을 팔아 마련한 돈을 어디에 어떻게 사용할 것인지 온전히 사도들이 결정하게 했다는 뜻이다. 사도들의 리더십에 대한 확고한 신임을 표현하고 있다고 할 수 있다.

훗날 사울(바울)은 예루살렘 그리스도인들을 핍박하는 것으로 모자라 대제사장들에게 공문을 써 달라고 해서 다메섹으로 갔다. 그는 다메섹으로 가는 길에 회심했고 3년을 아라비아와 다메섹에서 선교하다가 예루살렘 교회를 찾았다. 그러나 아무도 그를 만나 주지 않았다. 그의 회심을 의심했기 때문이다. 이때 바나바가 사도들을 설득해 예루살렘 교회가 사울을 환영하게 했다(9:26-30). 바나바는 참으로 이름(바나바, '격려의 아들')값을 하는 사람이었다.

바나바 같은 성도만 있었다면 예루살렘 교회는 성도들이 참으로 행복하고 서로 사랑하고 섬기는 공동체를 이 땅에 실현하는 좋은 모델이 되었을 것이다. 그러나 안타깝게도 바나바와 전혀 다른 사람들도 있었다. 바로 아나니아와 그의 아내 삽비라다. 그들은 사람들에게 자신들을 과시하기 위해 마음에 내키지 않는 일을 따라 했다가 화를 당했다.

아나니아('Ανανίας)는 '여호와는 자비로우시다'라는 뜻을 지닌 히브리어 '하나냐'(חֲנַנְיָה, cf. 대상 3:19; 8:24)를 헬라어로 표기한 것으로, 당시 매우 흔한 이름이었다. '삽비라'(Σάπφιρα)는 아람어로 '아름다운'이라는 의미를 지닌 이름이다(Longenecker, Schnabel). 이 부부는 이름값을 못 하는 자들이었다.

아나니아와 삽비라 부부가 소유를 팔았다(1절). 신약에서 '소유'(κτῆμα)는 자주 사용되는 단어는 아니며, 이곳에서는 '땅'을 의미한다(BDAG, cf. 3, 8절). 그들은 사도들이나 공동체 지도자들이 요구해서 땅을 판 것이 아니다(Wall, cf. 4절). 누구도 그들에게 이러한 일을 요구하지 않았는데, 본인들이 사람들의 칭찬과 존경을 받기 위해 이런 일을 했다.

땅을 판 돈을 직접 보니 아까운 생각이 들었을까? 아나니아와 삽비라는 상의한 끝에 땅 판 돈의 일부를 감추었다(2a절). '감추다'(νοσφίζω)는 칠십인역(LXX)에서 아간이 여리고성에서 얻은 전리품 일부를 내놓지 않고 숨긴 것을 묘사할 때 사용된 단어다(수 7:1). 누가가 아나니아를 제2의 아간으로 묘사하고 있는 것이다. 그는 나머지 돈을 사도들의 발 앞에 두었다(2b절; cf. 4:35, 37). 아나니아는 전액을 가져온 다른 사람들처럼 행동하고 있다. 그러나 그들과는 다른 마음을 품고 있다. 예루살렘 공동체는 이제 더는 한마음과 한뜻이 아니다(Marshall, cf. 4:32).

예수님은 항상 사람의 마음을 읽으셨는데(cf. 눅 7:39), 이번에는 베드로가 선지자처럼 아나니아의 마음을 읽었다(Bock). 베드로는 아나니아에게 변명할 기회를 주지 않았다. 또 다른 거짓을 낳을 것이기 때문이다. 그는 곧바로 아나니아가 땅을 판 돈의 일부를 감춘 일은 사탄이 그의 마음에 가득해 성령을 속인 것이라고 했다(3절). 아나니아의 마음이 거룩하신 성령으로 가득해야 하는데 사탄으로 가득하여 자신이 하는 일이 어떤 결과를 초래할지 깨닫지 못할 정도로 숨기고 속이는 일에만 집중했다는 뜻이다(Fernando). 아나니아의 죄가 돈과 연관된 것이 가룟 유다의 죄와 비슷하다(Witherington).

사탄이 마음을 가득 채웠다는 것이 아나니아에게 변명이 될 수는 없다(Gaventa). 우리는 모두 각자의 행동에 책임을 져야 한다. 사탄이 항상 우리를 유혹하는 것이 사실이지만, 사탄이 우리를 대신해서 죄를 짓지는 않는다. 행동도 우리가 하고, 죄도 우리가 짓는다.

아나니아와 삽비라가 믿는 자들이었는가에 대해 다소 논란이 있다. 그들도 우리처럼 성도였다고 하는 이들이 있다(Williams). 반면에 그들은 성도가 아니며, 기독교를 긍정적으로 생각하는 자들(sympathizers)이었다고 하는 이들도 있다(Schnabel). 만일 그리스도인이 죄를 전혀 짓지 않는다고 생각한다면, 그들은 성도가 아니었을 것이다. 그러나 하나님을 경외하는 성도도 때때로 죄를 지을 수 있다고 생각한다면, 굳이 그들이 성도가 아니었다고 할 필요는 없다. 아나니아와 삽비라는 우리처럼 하나님을 사랑한다고 하면서도 온전히 성화되지 못한 까닭에 죄의 굴레를 확실히 벗어나지 못한 사람들이었다.

어떤 이들은 아나니아와 삽비라가 한 일이 "믿는 무리가 한마음과 한 뜻이 되어 모든 물건을 서로 통용하고 자기 재물을 조금이라도 자기 것이라 하는 이가 하나도 없더라"(4:32; cf. 34절)라는 말씀과 어울릴 수 없다고 한다(Haenchen). 그러나 누가는 이 부부의 이야기를 통해 예루살렘 교회의 모든 사람이 죄에서 자유로운 것은 아니었다는 사실을 밝히고자 한다(Bock). 예루살렘 성도들은 대체로 좋은 사람이고 죄를 멀리하는 사람이었지만, 종종 아나니아 부부처럼 그렇지 않은 사람도 섞여 있었던 것이다. 아나니아와 삽비라의 이야기를 통해 우리는 신앙을 계속 성장시키는 일을 한순간이라도 멈추면 안 된다는 사실을 깨달아야 한다. 죽는 순간까지 두려움과 떨림으로 구원을 이루어 나가야 한다(cf. 빌 2:12).

아나니아는 땅을 팔기 전이나 후에나 무엇이든 자기 마음대로 할 수 있었다(4a절). 그 누구도 그에게 땅을 팔라고 하지 않았으며, 땅을 판 후에도 그 돈을 모두 교회에 들여놓으라고 하지 않았다. 그가 땅을 팔아 마련한 돈을 사도들에게 가져온 것은 스스로 한 일이다. 그렇다면 그는 돈을 교회에 들여놓을 때 그 돈이 땅을 팔아 마련한 전액은 아니며 일부는 가져오지 않았다고 솔직하게 말하면 된다. 그러나 아나니아는 사람들 앞에서 자신의 선행을 과시하기 위해 마치 전부를 가져온 것처럼 거짓말했다. 그는 자신의 거짓말을 교인들만 속이는 것으로 생각했겠지만, 실상은 하나님을 속이는 일이기도 했다(4b절). 하나님도 예루살렘 교회 중에 계셨고, 그의 거짓말을 들으셨기 때문이다.

베드로의 책망을 들은 아나니아가 그 자리에 엎드러 죽었다(5a절). '혼이 떠나다'(ἐκψύχω)는 사도행전에서만 사용되며, 악인이 죽임당하는 것을 묘사한다(5:10; 12:23). 아나니아가 하나님께 거짓말했다는 이유로 즉결 심판을 받아 죽은 일이 참으로 혹독해 보일 수 있다. 오늘날에는 법 집행자들을 속일 수만 있다면 살인하고도 심판을 받지 않기 때문이다. 또한 아나니아가 받은 심판이 불공평해 보일 수도 있다. 오늘날 성도 중에는 하나님께 더 큰 거짓말을 하고도 즉결 심판으로 죽지 않기 때문이다.

하나님은 왜 아나니아 부부를 이처럼 혹독하게 대하셨을까? 무엇보다 공동체의 순수성을 유지하기 위해서다. 이 일은 하나님이 이 세상에 세우신 첫 교회인 예루살렘 공동체가 시작된 지 얼마 되지 않아 일어났다. 만일 교회가 시작되자마자 성도들이 하나님을 속이고 악행을 일삼는다면 하나님의 백성 공동체로 모일 이유가 없다. 그들이 예배하고 섬기는 하나님은 참으로 거룩하고 의로우신 분이며, 교회는 하나님의 거룩함과 의로움을 닮아 가려고 노력하는 사람들의 모임이기 때문이다. 그러므로 아나니아 부부에게 임한 심판은 교회의 '첫 단추'를 잘 꿰고자 하시는 하나님의 열정이 표현된 것이라 할 수 있다.

아나니아 부부에게 임한 혹독한 심판에 대해 한 가지 더 고려해야 할 사항은 성령의 임재다. 예루살렘 교회는 지금 오순절에 임한 성령을 통해 영적 르네상스를 경험하고 있다. 성령의 임재가 강할수록 많은 이적과 회심이 일어나는 것이 사실이다. 또한 성령의 임재가 강력할수록 죄에 대한 심판도 강력해지며, 곧바로 일어난다. 성령은 하나님이시고, 하나님은 죄를 태우는 불이시다(cf. 히 12:28–29). 그러므로 죄를 태우는 강력한 불이 죄와 함께 있을 수는 없다. 이러한 상황을 고려해 선지자들은 하나님이 회개하지 않는 백성이 와서 예배를 드리는 성전을 떠나셨다고 한다(cf. 렘 7:3–12; 겔 10:1–11:24; 호 5:6). 성전에 계속 머무시면 죄인이 죽어 나가야 하기 때문이다.

어떤 이들은 이 사건을 누가복음 12:10이 언급하는 '성령을 모독하는 일'과 연결하기도 한다. 그러나 성령을 속이는 것과 성령을 모독(거역)하는 것은 서로 다른 일이다(Schnabel). 아나니아 부부 이야기는 세상에 있는 모든 믿음 공동체에 주시는 강력한 경고다. 하나님은 그들의 모든 것을 아실 뿐 아니라 그들의 죄에 대해 즉시 심판하실 수도 있다(Bruce, cf. 고전 11:30; 약 5:20; 요일 5:16-17). 그러므로 경건하고 거룩하게 살지 못하는 사람이라면 누구든지 당할 수 있는 일이다.

아나니아가 성령에게 거짓말했다가 죽었다는 소식을 들은 예루살렘 성도들이 모두 크게 놀랐다(5b절). '크게 두려워하더라'(ἐγένετο φόβος μέγας)는 사도행전에서 이곳에만 사용되는 표현이다(cf. 막 4:41; 눅 2:9; 8:37). 이 일로 인해 예루살렘 성도들 사이에 하나님에 대한 경건하고 거룩한 두려움이 생긴 것이다. 하나님의 즉결 심판은 이처럼 경건한 두려움을 일으켜 많은 죄를 예방할 수 있다.

아나니아의 죽음을 지켜본 사람 중에 젊은이들이 그의 시신을 싸서 메고 나가 장사했다(6절). 시신이 빨리 부패한다는 이유로 사람이 죽으면 그날 바로 장사하는 것은 가나안 지역의 풍습이었다. 그러나 가족에게 알리지도 않고 시신을 장사하는 것은 매우 희귀한 일이다. 아나니아처럼 '하나님의 손'에 죽임당한 경우에만 가능한 일이었다(Derrett, Polhill).

세 시간쯤 지나 아나니아의 아내 삽비라가 사도들을 찾아왔다(7절). 그녀는 남편이 죽어 장사된 일을 모르고 있다. 어떤 이들은 아나니아가 죽은 지 세 시간 동안 삽비라가 그의 죽음에 대해 알지 못했다는 점에 문제를 제기한다. 그러나 저자가 사건에 대해 모든 디테일을 알려주지 않는 상황에서 이의를 제기하는 것은 바람직하지 않다(cf. Polhill). 하나님이 삽비라에게 스스로 진실을 말할 기회를 주시기 위해 남편에 대한 소식을 듣지 못하게 하셨을 수도 있다.

베드로는 아나니아가 죽은 후 세 시간 동안 많은 생각과 기도를 했을 것이다(Bruce, Marshall). 그는 삽비라에게 남편이 땅 판 값이라며 가져온 돈의 액수가 맞는지 물었다(8a절). 베드로는 이 부부가 돈의 일부를 숨긴 것을 알고 있다. 그러므로 삽비라에게 금액에 대해 묻는 것은 마지막으로 그녀에게 회개할 기회를 주는 것이다(Longenecker, Wall). 삽비라는 사실대로 말할 기회를 살리지 못하고 그렇다고 대답했다(8b절).

베드로는 그녀가 남편과 공모해 하나님의 영을 시험하려 했다며 아나니아의 시신을 장사하고 오는 사람들이 그녀의 시신도 메어 내갈 것이라고 했다(9절). 아나니아 부부가 하나님을 시험한 것은 옛적 출애굽 때 있었던 일을 연상케 한다(cf. 출 17:2; 민 20:13, 24; 신 6:16; 33:8). 그들은 사도들과 교회에 거짓말했다가 의도치 않게 하나님을 시험했다(Conzelmann). 두 사람은 죽음을 통해 그들의 의지와 상관없이 하나님의 주권에 엎드리고 있다(Johnson).

아나니아의 시신을 묻고 돌아왔던 사람들이 이번에는 삽비라의 시신을 메어다가 남편 곁에 장사했다(10절). 그들은 아나니아의 시신은 싸서 메고 갔지만(cf. 6절), 삽비라의 시신은 싸지 않고 그대로 메어다가 장사했다. 유대인 남자들은 여자들의 시신을 싸지 않았기 때문에 그녀의 시신을 싸는 일은 여자들이 해야 했다(Bock). 아마도 그녀의 시신을 싸 줄 여자들이 그 자리에 없었던 것으로 생각된다. 이 부부의 죽음은 오래전에 죽었던 아론의 아들 나답과 아비후의 죽음과 비슷하다(레 10:3). 그들도 새로운 공동체가 시작될 때 하나님의 거룩하심을 등한시하다가 죽임당했기 때문이다(Williams). 하나님은 거룩하라며 자기 백성을 부르셨고, 이 부르심에 대해 각자에게 책임을 물으신다(Bruce).

아나니아와 삽비라의 이야기는 온 교회와 이 일을 들은 사람들로 하여금 크게 두려워하게 했다(11절). 성도뿐 아니라 믿지 않은 사람까지 하나님을 경외하게 된 것이다. 거짓말했다는 이유로 하나님이 아나니아 부부를 죽이신 일이 조금은 설명되는 듯하다. 예루살렘 교회는 예수님의 재림 때까지 이 땅에 존재할 교회의 첫 모습이다. 하나님은 교회가 어떠한 거짓도 용납하지 않는 순결과 거룩을 추구하길 원하신다. 이러한 바람으로 아나니아 부부를 심판하심으로써 가장 높은 윤리적 기준으로 첫 단추를 끼우고 계신다. 예루살렘 성도들에게는 이 부부의 일이 하나님의 부르심에 대해 생각하게 하는 계기가 되었을 것이다.

'교회'(ἐκκλησία)라는 말이 사도행전에서 처음 사용되고 있다. '교회'라는 단어가 하나님을 경외하지 않고 거짓말하다가 죽임당한 사람들의 이야기에서 처음 사용된다는 점이 시사하는 바가 크다. 교회는 하나님이 세우신 거룩하고 경건한 공동체가 되어야 한다. 최선을 다해 죄로 오염되는 일을 막아야 한다. 세상 공동체와 하나님 백성 공동체의 차이가 여기에 있기 때문이다. 예수님은 '주여, 주여' 하는 자마다 다 천국에 들어가는 것은 아니라고 하셨다(마 7:21). 하나님은 우리가 함부로 대하거나 속일 수 있는 분이 아니시다. 우리 안에 하나님에 대한 거룩한 두려움이 있어야 한다. 그래야 죄를 덜 짓게 된다.

이 말씀은 교회는 하나님이 임재하시는 공동체라고 한다. 하나님이 함께하신다는 것은 큰 은혜이지만, 또한 두려움과 떨림으로 신앙생활을 해야 한다는 의미이기도 하다. 우리가 죄를 지으면 하나님의 심판을 초래할 수 있다. 또한 온 공동체에 영향을 미칠 수도 있다. 그러므로 교회의 일원으로서 경건함과 거룩함으로 온 공동체에 긍정적인 영향을 미쳐야 한다.

믿음 공동체는 멤버들이 힘을 합해 선교만 하는 것이 아니라, 서로를 돌보는 일도 겸해야 한다. 바나바는 약 8,000명에 달하는 예루살렘 성도에게 닮고 싶은 신앙의 모델이 되었다. 공동체는 리더들의 좋은 롤모델링 위에 세워지고 성장한다(Bock).

믿음 생활은 하나님 앞에서 하는 것이다. 오늘날에도 아나니아 부부처럼 보이지 않는 하나님을 속이면서 눈에 보이는 사람들에게 칭찬과 존경을 받고자 신앙생활을 하는 이들이 교회 안에 있다는 사실이 참으로 안타깝다. 이 외에도 여러 가지 이유로 교회는 완벽하지 않다. 또한 사탄은 우리의 연약한 부분을 계속 공격한다. 그러므로 공동체에 속한 우리는 서로를 믿음으로 격려하고 굳건하게 해야 한다. 공동체는 가장 연약한 지체만큼 건강하고 강하기 때문이다.

II. 예루살렘(1:12-6:7)

G. 요약: 기적과 놀라운 일들(5:12-16)

[12] 사도들의 손을 통하여 민간에 표적과 기사가 많이 일어나매 믿는 사람이 다 마음을 같이하여 솔로몬 행각에 모이고 [13] 그 나머지는 감히 그들과 상종하는 사람이 없으나 백성이 칭송하더라 [14] 믿고 주께로 나아오는 자가 더 많으니 남녀의 큰 무리더라 [15] 심지어 병든 사람을 메고 거리에 나가 침대와 요 위에 누이고 베드로가 지날 때에 혹 그의 그림자라도 누구에게 덮일까 바라고 [16] 예루살렘 부근의 수많은 사람들도 모여 병든 사람과 더러운 귀신에게 괴로움 받는 사람을 데리고 와서 다 나음을 얻으니라

예루살렘 교회의 상황을 묘사한 세 번째 요약문이다(cf. 2:42-47; 4:32-35). 아나니아 부부의 일은 모든 사람에게 두려움을 갖게 했지만, 그렇다고 그 일로 교회의 성장이 멈추지는 않았다. 오히려 예수님을 믿는 사람의 수가 더 늘었다. 아마도 사람들이 기독교가 세상 모임이나 썩어 빠진 종교 집단과 다르다는 사실을 깨닫고 사도들의 전도와 선교에 긍정적으로 반응한 것으로 보인다.

사도들의 손을 통해 표적과 기사가 많이 일어났다(12a절). '일어났다'(ἐγίνετο)는 지속성을 강조하는 미완료형이다(Bock, Schnabel). 하나님이 사도들을 통해 많은 표적과 기사를 계속 행하신 것이다(cf. 3:16-21; 4:9, 12, 22). 사도들은 아나니아 부부 일로 인해 좌절하지 않고 전도 사역을 이어 가고 있으며, 하나님도 그들과 함께하며 사역을 도우셨다. 어떤 이들은 이 기적들이 모든 성도를 통해 일어난 것이라 하지만(Barrett, Polhill), 사도들의 사역을 통해 일어난 것으로 제한하는 것이 바람직하다(Bock, Fitzmyer, Johnson, Schnabel). 하나님의 기적이 '사도들의 손을 통해'(Διὰ δὲ τῶν χειρῶν τῶν ἀποστόλων) 일어났다는 것은 그들이 병자에게 손을 얹어 안수할 때 하나님이 그들을 치료하셨다는 의미다.

성도들은 모두 마음을 같이하여 솔로몬 행각에 모였다(12b절). 솔로몬 행각은 성전 건물의 동쪽에 있으며, 바로 앞에 넓은 공간이 있어 많은 사람이 모이기에 적합한 공간이다. 예루살렘 교회는 처음부터 이곳을 모임 장소로 사용했다(cf. 3:11). 성전을 출입하는 사람들에게 예수님을 알리기에 적합한 곳이었다.

아나니아 부부 일이 어떤 사람들에게는 자극제가 되어 솔로몬 행각에 열심히 모이게 했지만(12절), 나머지 사람들에게는 감히 상종하지 않으려는 계기가 되었다(13a절). '상종하다'(κολλάω)는 어떤 모임이나 그룹에 가입한다(join)는 뜻이다(Johnson, cf. 마 19:5; 눅 10:11; 15:15). 그런데 이 '나머지 사람들'(τῶν λοιπῶν)은 누구인가? 어떤 이들은 사도들과 함께하지 않는 예루살렘 성도, 곧 믿기는 하지만 사도들의 사역에 동참하지 않는 사람들이라고 한다(Bock, Polhill, Witherington). 종교에 상관없이 상황을 지켜보는 예루살렘 주민들이라 하는 이들도 있다(Bruce, Le Cornu & Shulam). 그러나 대부분 학자는 유대인들처럼 아직 기독교 신앙을 가지지 않은 사람들로 본다(Barrett, Fitzmyer, Gaventa, Haenchen, Jervell, Longenecker, Schnabel).

세 번째 해석(아직 기독교 신앙을 가지지 않은 사람들)이 가장 설득력 있다. 아나니아 사건 이후에도 계속된 하나님의 기적이 그들을 기독교 신앙으로 이끈 것이 아니라, 오히려 두려워하며 멀리하게 했다. 그러므로 그들은 그리스도인이 되지는 않았지만, 교회와 성도들을 칭송했다(13b절). '칭송하다'(μεγαλύνω)는 매우 존귀하게 생각한다는 뜻이다(cf. ESV, NAS, NIV, NRS). 기독교 신앙은 모든 사람을 위한 것은 아니다. 누릴 축복이 많지만, 큰 책임과 헌신도 요구하기 때문이다.

기독교를 멀리하는 사람들도 있었지만(cf. 13절), 예수님을 영접하고 주께 나아오는 사람이 훨씬 더 많았다(14절). 외부의 핍박과 내부의 정결을 통해 오히려 교회가 날이 갈수록 성장한 것이다. 교인들과 상종하지 않으려는 사람들도 있었지만, 그들이 교회의 성장을 막을 수는 없었다. 예루살렘 교회의 성장은 성령이 하시는 일이었기 때문이다.

사도들을 통해 일상화된 표적과 기사를 꺼리거나 기피하는 사람들이 분명 있었지만(cf. 13절), 이 기적들이 많은 사람을 믿게 한 마중물이 된 것 또한 사실이다. 하나님이 사도들을 통해 온갖 기적을 행하신다는 소문을 듣고 많은 사람이 몰려왔다. 그들은 병든 사람을 메고 와 베드로가 지나다니는 길에 침대와 요를 깔고 그 위에 병자들을 누였다(15a절). 혹시라도 그 길을 지나는 베드로의 그림자가 병자들을 덮을까 해서였다(15b절). 사람의 그림자에 치유의 능력이 있는 것은 아니지만, 치유를 바라는 간절한 바람을 이렇게 표현하고 있다. 많은 기적이 사도들의 사역에 동반되는 것은 성도들이 그들을 위해 기도한 것이 응답되었다는 뜻이다(cf. 4:30).

예루살렘 사람뿐 아니라, 주변에 사는 수많은 사람이 소문을 듣고 모여들었다(16a절). 사도행전이 시작된 이후 예루살렘성 밖에 사는 사람들이 처음으로 언급된다. 그들은 병든 사람과 더러운 귀신에게 괴로움을 받는 사람을 데리고 와서 다 나음을 얻었다(16b절). 하나님이 사도들을 통해 그들의 영적인 병과 육체적인 병을 모두 치료해 주신 것이다. 구약의 선지자들이 종말에 임할 것이라고 예언했던 치유가 사도들을 통해 임했다. 그들의 사역은 예수님을 통해 종말이 시작되었음을 암시하기 때문이다.

이 말씀은 교회는 전도와 선교를 목적으로 윤리적-도덕적 기준을 낮추어서는 안 된다고 한다. 예루살렘 교회가 전도와 선교를 하면서 가장 큰 능력을 발휘한 때는 아나니아 부부 사건을 통해 거짓말을 용납하지 않는 높은 윤리적-도덕적 기준을 확립할 때였다. 거룩하신 하나님은 사람의 죄와 위선이 있는 곳에는 함께하지 않으시기 때문이다.

기독교는 모든 사람을 위한 것은 아니다. 사도들을 통해 온갖 기적을 경험하고 목격한 사람 중에도 성도들을 상종하지 않으려는 자들이 있었다. 그들 자신은 경건하고 헌신적인 그리스도인의 삶을 살 수 없다고 생각했기 때문이다. 그럼에도 불구하고 그들은 성도들을 존귀하게 여겼다. 우리는 믿지 않는 사람들에게도 존경받는 삶을 살아야 한다.

II. 예루살렘(1:12-6:7)

H. 지속되는 핍박(5:17-42)

예루살렘 교회와 사도들의 사역이 사람들의 입에 오르내릴수록 심기가 불편해지는 자들이 있다. 바로 유대교 지도자들이다. 전에 그들은 베드로와 요한을 잡아들여 예수를 전하지 말라고 명령한 적이 있다(cf. 4장). 그러나 사도들은 그들의 경고에 아랑곳하지 않고 계속 복음을 선포하고 있다. 그러므로 지도자들은 전도하는 사도들을 다시 잡아들였다. 본 텍스트는 유대교 지도자들과 사도들 사이의 갈등을 묘사하고 있으며, 다음과 같이 섹션화된다.

A. 사도들의 투옥과 재투옥(5:17-26)
B. 사도들의 공회 논쟁(5:27-42)

II. 예루살렘(1:12-6:7)
H. 지속되는 핍박(5:17-42)

1. 사도들의 투옥과 재투옥(5:17-26)

[17] 대제사장과 그와 함께 있는 사람 즉 사두개인의 당파가 다 마음에 시기가 가득하여 일어나서 [18] 사도들을 잡아다가 옥에 가두었더니 [19] 주의 사자가 밤

에 옥문을 열고 끌어내어 이르되 [20] 가서 성전에 서서 이 생명의 말씀을 다
백성에게 말하라 하매 [21] 그들이 듣고 새벽에 성전에 들어가서 가르치더니
대제사장과 그와 함께 있는 사람들이 와서 공회와 이스라엘 족속의 원로들
을 다 모으고 사람을 옥에 보내어 사도들을 잡아오라 하니 [22] 부하들이 가서
옥에서 사도들을 보지 못하고 돌아와 [23] 이르되 우리가 보니 옥은 든든하게
잠기고 지키는 사람들이 문에 서 있으되 문을 열고 본즉 그 안에는 한 사람
도 없더이다 하니 [24] 성전 맡은 자와 제사장들이 이 말을 듣고 의혹하여 이
일이 어찌 될까 하더니 [25] 사람이 와서 알리되 보소서 옥에 가두었던 사람들
이 성전에 서서 백성을 가르치더이다 하니 [26] 성전 맡은 자가 부하들과 같이
가서 그들을 잡아왔으나 강제로 못함은 백성들이 돌로 칠까 두려워함이더라

유대교 지도자들에게 기독교인들과 사도들은 눈엣가시였다. 그들은 베드로와 요한을 잡아들여 예수님을 전하지 말라고 강력하게 경고했다(cf. 4:1-22). 그러나 베드로와 요한은 그들의 경고에 아랑곳하지 않고 더 열심히 예수님을 전하며 기적을 행했다. 게다가 이제는 아예 열두 사도가 모두 나서서 지도자들이 금한 일을 하고 있다!

유대교 지도자들은 다시 한번 사도들을 잡아들였다. 어떤 이들은 본문에 기록된 이야기가 당시 유행하던 문학 양식—감옥 문이 스스로 열려 감금되었던 사람이 자유로운 몸이 되는 것(cf. Jeremias)—이며 4:1-3을 확대해 해석한 것이라고 한다(Conzelmann). 그러나 학자들 대부분은 두 이야기가 여러 가지 차이점을 지닌 다른 사건이라고 한다. 실제로 이 두 이야기에는 다음과 같은 차이점이 있다(Barrett, Witherington): (1)첫 사건에서는 베드로와 요한만 감금되었는데, 이번에는 모든 사도가 감금되었다. (2)첫 이야기에서는 병자가 낫는 기적이 이슈가 되었는데, 이번에는 예수님에 대한 가르침이 이슈가 되었다. (3)첫 이야기에서 중요하게 부각된 '하나님의 종'과 연관된 언어가 이 이야기에는 없다. (4)이 이야기는 천사를 통한 기적적인 구출이 있었다고 한다. (5)이 이야기는 사도들에 대한 채찍질을 포함한다. (6)이 이야기에서는 유대교 지도자(가말리엘)가 비중 있는 스피치를 한다. 그러므로 이 사건은 4장에 기록된 일과 별개 일이며, 예민해진 지도자들이 어떻게 해서든 날이 갈수록 점점 더 대중적 인기를 얻어 세력을 확장해 가는 기독교의 대중화를 막으려는 노력이라 할 수 있다(Fitzmyer, Pesch, Polhill, cf. Bruce, Longenecker).

사도들의 역동적인 사역으로 인해 예수님을 따르는 사람이 날로 늘고 있다는 소식을 접할 때마다 심기가 매우 불편한 사람들이 있다. 바로 대제사장과 그와 함께한 사두개인들이다(17a절). 대제사장은 항상 사두개인 중에서 배출되었으며, 사두개인들은 당시 사회에서 가장 큰 종교적-정치적 세력을 행사하는 집단이었다. 이 일이 있었을 당시 대제사장은 아마도 가야바였을 것이다(Schnabel). 그는 예수님을 죽음으로 몰고 간 사람이다.

사두개인은 교회를 핍박하는 자들의 상징이 되었다(Longenecker). 그러므로 누가는 바리새인들도 교회를 싫어했지만(cf. 5:32), 이번 핍박을 주도한 것은 사두개인들이라고 기록한다. 본문은 그들이 기독교를 핍박하는 가장 근본적인 이유가 무엇인지 알려 준다. 바로 시기와 질투다(17b절).

사두개인의 당파가 다 시기했다고 하는데(17b절), '시기'(ζῆλος)는 잘못된 열정이다(Larkin, cf. BDAG). '당파'(αἵρεσις)는 고유한 교리와 성향을 지닌 종교적 그룹을 가리킨다(TDNT). 오늘날로 말하자면 온 사두개인 '협회'가 교회와 사도들을 시기한 것이다. 그들은 자신이 누리고 있는 대중적 인기와 영향력이 위협받고 있다고 생각한다. 그들이 시기하는 이유는 (1)날로 커지는 사도들의 인기, (2)사도들이 예수님의 이름으로 행하는 기적들, (3)사도들이 그들의 명령을 거역함(cf. 4:1-22) 때문이다(Bock, Schnabel).

누가복음에서는 예수님을 반대하는 중심 세력이 바리새인들이었던 것에 반해, 사도행전에서는 사도들을 반대하는 중심 세력이 사두개인들이다. 예수님은 갈릴리에서 주로 사역하셨기 때문에 그곳에 사는 바리새인들이 반대했고, 사도들은 예루살렘에서 사역했기 때문에 대부분 예루살렘에서 사는 사두개인들이 반대했다. 사두개인은 예루살렘에 살면서 유대교에 관한 종교적 권력을 잡은 자들이었다(Bock).

당시 유대교와 사회에서 많은 것을 누렸던 사두개인들은 변화를 매우 싫어했다. 또한 그들이 장악하고 있는 공회(산헤드린) 회원들은 사람들이 직접 선거해 세운 것이 아니기 때문에, 기독교가 자신들의 정치적 입지를 위협하는 것보다 사도들이 메시아라고 주장하는 예수님을 그들이 죽였다는 사실이 가장 큰 심리적 압박으로 작용했을 것이다.

대제사장과 사두개인 당파는 성전 경비원들을 보내 사도들을 잡아다가 옥에 가두었다(18절). 71명으로 구성된 예루살렘 공회가 곧바로 그들을 심문하지 않는 것은 아마도 날이 저물었기 때문일 것이다. 대제사장과 사두개인들은 다음 날 아침에 공회를 소집해 차분히 심문할 예정이다.

사도들과 그리스도인들이 매일 성전 동편에 있는 솔로몬 행각에서 모여 예배하고 전도했던 것을 고려할 때, 경비원들은 별 어려움 없이 그들을 찾아 잡아들였을 것이다. '옥'(τηρήσει δημοσίᾳ)을 직역하면 '대중감옥'(public jail)이며(ESV, NAS, NIV, NRS), 예루살렘 서쪽에 있는 관저로 사용되던 헤롯왕의 옛 궁에 있었다(Schnabel). 예수님도 이곳에서 로마 군인들에게 채찍을 맞으며 온갖 수치를 당하시고 골고다로 끌려가셨다(마 27:27-31). 당시 최고 권력자들이 머물던 관저가 예수님과 사도들에게는 고난과 수치의 상징이 되었다.

밤에 주의 사자가 옥문을 열고 갇혀 있던 사도들을 풀어 주었다(19절). '주의 사자'(ἄγγελος κυρίου)는 구약에서 자주 사용되는 '여호와의 사자'(מַלְאַךְ יְהוָה)를 직역한 것으로(cf. 출 3:2, 4, 7) 하나님의 직접적인 현현이나 그분이 보내신 천사를 뜻한다. 본문에서는 하나님이 천사를 보내 대제사장과 사두개인들의 계획이 실패하게 하셨다(Longenecker).

'옥문'(τὰς θύρας τῆς φυλακῆς)은 복수형이며, 사도들이 감옥을 탈출하기 위해 열려야 할 모든 문이 열렸다는 뜻이다(Polhill, cf. 12:10). 나중에 아무도 사도들이 옥에서 풀려난 사실을 모르고 있는 점을 고려할 때(cf. 22-23절), 하나님은 특별한 방법을 사용해 사도들을 감옥에서 풀려나게 하셨다. 이 이야기는 사도행전에 기록된 세 개의 감옥 탈출 이야기 중 첫 번째다(cf. 베드로[12:6-10], 바울과 실라[16:25-26]).

사도행전에서 천사들은 지시하고(8:26; 10:3), 격려하고(27:23), 감옥에 갇힌 사람들을 구출하고(5:19; 12:7-11), 악인을 심판하는 등(12:23) 매우 분주하다. 이번에는 사도들을 감옥에서 구출한 후 그들에게 성전으로 돌아가 이 생명의 말씀을 백성에게 전할 것을 명령했다(20절). '이 생명의 말씀'(τὰ ῥήματα τῆς ζωῆς ταύτης)의 저자는 예수님이시다(3:15). 예수님의 말씀을 전하는 일이 얼마나 중요한지 사도들은 유대교 지도자들의 명령을 거역하고 이번처럼 감옥에 갇히는 일도 각오해야 한다.

사도들은 두려움으로 인해 자신들이 전하는 말씀에 무엇을 더하거나 빼는 일이 없어야 한다(Barrett). 그러므로 천사는 그들이 말씀을 전하다가 잡힌 성전으로 돌아가 다시 말씀을 전하라고 한다. 그들이 말씀을 전하다가 잡히면 언제든 다시 구출해 줄 테니 걱정하지 말고 하나님께 받은 소명을 이루는 일을 계속하라는 뜻이다. 우리는 위협과 위험이 있을 때도 담대하게 복음을 선포해야 한다(cf. 4:29-31; 18:9-11; 23:11).

사도들은 천사의 말에 따라 새벽에 성전에 들어가 가르쳤다(21a절). 성전은 밤에 일반인의 출입을 금지한다(Witherington). 그러므로 사도들은 새벽에 일반인의 성전 출입이 허락되자마자 곧바로 들어가 가르친 것이다. '가르쳤다'(ἐδίδασκον)는 미완료형이며, 멈추지 않고 계속했다는 의미다. 이 이야기에서 사도들이 가르친 일은 앞으로도 세 차례 더 언급된다(5: 25, 28, 42). 복음을 선포하는 것은 곧 가르치는 일이기 때문이다.

밤사이 천사가 와서 사도들을 탈출시킨 사실을 알지 못하는 공회와 이스라엘 족속의 원로들은 사도들을 심문하기 위해 만반의 준비를 하고는 사람을 옥에 보내 그들을 데려오게 했다(21b절). '공회'(συνέδριον)는 유대교에서 가장 권위 있는 기관으로, 각 지역에 공회를 두었으며 회당을 중심으로 활동했다. 상황에 따라 공회원 수는 유동적이었으며, 가장 권위 있고 규모가 큰 예루살렘 공회는 71명으로 구성되었다. 대제사장, 장로, 서기관, 사두개인, 바리새인 등으로 구성되어 있었다. 그러므로 '이스라엘 족속의 원로들'(τὴν γερουσίαν τῶν υἱῶν Ἰσραὴλ)과 공회는 겹치는 면모가 있다. 아마도 유대교의 모든 중요한 지도자가 모였음을 암시하는 표현으로 생각된다(Fitzmyer, Jervell).

지도자들이 보낸 사람들이 빈손으로 돌아와 전날 투옥했던 사람들이 감옥에 없다고 보고했다(22절). 특이한 것은 감옥이 굳게 잠겨 있었고, 감옥 문을 지키고 있던 사람들도 그들이 사라진 사실을 전혀 모르고 있었다는 점이다(23절). '잠기다'(κεκλεισμένον)는 완료형 수동태 분사(perfect passive participle)로 밤새 내내 잠겨 있었다는 뜻이다(Schnabel). 사도들이 감금된 이후 아무도 출입한 일이 없기에 당연히 그들이 안에 있는 줄 알았는데, 간수들이 문을 열고 보니 그들이 온데간데없이 사라졌다!

감옥에서 빈손으로 돌아와 보고한 사람들도 황당했지만, 보고를 들은 성전 맡은 자와 제사장들도 당황해서 할 말을 잃었다(24a절). '의혹하다'(διηπόρουν)는 '당혹하다'라는 의미를 지니며 미완료형이다. 보고를 들은 그들이 계속 당혹스러워했다는 뜻이다. 그들은 불안하기도 했다(24b절). 사도들이 아무도 모르는 사이에 흔적도 없이 사라졌다면, 하나님이 그들을 구출하셨을 가능성이 크다. 하나님이 자신들이 아니라 사도들과 함께하고 계신 것이다. 만일 자신들이 하나님의 일을 방해하고 있는 것이라면 앞으로 어떤 일이 벌어질지 극도로 불안하다(cf. Barrett, Bock).

시간이 얼마나 흘렀을까? 사도들의 감옥 탈출이 어찌 된 일인지 파악하기도 전에 그들이 예전처럼 성전에 서서 백성을 가르친다는 첩보가 들어왔다(25절). 유대교 지도자들은 사도들에게 겁을 주기 위해 전날 사람이 보는 앞에서 공개적으로 그들을 잡아들였다. 그런데 사도들이 아랑곳하지 않고 공개적으로 복음을 전하고 있다! 지도자들의 겁박이 효력을 발휘하지 못한 것이다. 담대하게 복음을 전하라는 소명이 확인되는 순간이다.

소식을 접한 지도자들은 곧바로 성전 경비대 대장과 부하들을 보내 다시 사도들을 잡아들였다(26a절). 당시 성전 경비대는 레위 사람으로 구성되어 있었다(Bruce). 그러나 경비대원들이 무력을 사용해 강제로 잡아들이지는 못하고, 사도들이 스스로 따라왔다(cf. Longenecker). 만일 강제로 사도들을 연행했다가는 지켜보는 사람들이 그들을 돌로 칠 것 같은 분위기였기 때문이다(26b절). 일반인들은 지도자들의 처사를 옳은 일로 생각하지 않는다. 그들은 사도들을 선지자로 생각하고 있기 때문이다(Bock). 한 주석가의 표현을 빌리자면 '사도들을 돌로 치고 싶은 사람들이 돌에 맞을까 봐 두려워하고 있다'(Polhill).

이 말씀은 하나님이 누구 편인지 확실히 보여 준다. 하나님은 이미 썩을 대로 썩어서 하나님이 보내신 독생자를 십자가에 못 박은 유대교를 버리시고, 부활한 메시아 예수를 전하는 사도들과 교회와 함께하시며 그들을 돕고 계신다. 만일 하나님이 우리 편이라면 무엇을 주저하고, 무엇을 두려워하겠는가! 우리는 강하고 담대하게 복음을 살아내고 전해야 한다.

하나님은 복음을 선포하다가 감옥에 갇힌 사도들을 구출하셨다. 그리고 그들에게 다시 성전으로 돌아가 복음을 가르치라고 하셨다. 하나님의 명령에 따라 복음을 선포하던 사도들은 성전에서 다시 잡혔다. 만일 필요하다면 하나님이 그들을 다시 구원하실 것이다. 그러므로 핍박과 억압은 하나님이 우리에게 주신 소명을 완수하는 데 걸림돌이 될 수 없다. 하나님이 언제든 개입하실 수 있기 때문이다.

사도들이 잡혀가는 것을 지켜본 사람들은 유대교 지도자들의 처사가 잘못되었다고 확신한다. 어느새 사도들의 말을 귀담아듣게 되고, 심지어 그들을 존경하게 되었기 때문이다. 우리도 삶에서 복음을 살아내며 믿지 않는 사람들에게 존경받도록 노력해야 한다. 하나님의 나라는 말에 있지 않고 오직 능력(행함)에 있다(고전 4:20).

II. 예루살렘(1:12-6:7)
H. 지속되는 핍박(5:17-42)

2. 사도들의 공회 논쟁(5:27-42)

27 그들을 끌어다가 공회 앞에 세우니 대제사장이 물어 28 이르되 우리가 이
이름으로 사람을 가르치지 말라고 엄금하였으되 너희가 너희 가르침을 예루
살렘에 가득하게 하니 이 사람의 피를 우리에게로 돌리고자 함이로다 29 베
드로와 사도들이 대답하여 이르되 사람보다 하나님께 순종하는 것이 마땅
하니라 30 너희가 나무에 달아 죽인 예수를 우리 조상의 하나님이 살리시고
31 이스라엘에게 회개함과 죄 사함을 주시려고 그를 오른손으로 높이사 임금
과 구주로 삼으셨느니라 32 우리는 이 일에 증인이요 하나님이 자기에게 순
종하는 사람들에게 주신 성령도 그러하니라 하더라 33 그들이 듣고 크게 노
하여 사도들을 없이하고자 할새 34 바리새인 가말리엘은 율법교사로 모든 백
성에게 존경을 받는 자라 공회 중에 일어나 명하여 사도들을 잠깐 밖에 나
가게 하고 35 말하되 이스라엘 사람들아 너희가 이 사람들에게 대하여 어떻
게 하려는지 조심하라 36 이 전에 드다가 일어나 스스로 선전하매 사람이 약
사백 명이나 따르더니 그가 죽임을 당하매 따르던 모든 사람들이 흩어져 없
어졌고 37 그 후 호적할 때에 갈릴리의 유다가 일어나 백성을 꾀어 따르게
하다가 그도 망한즉 따르던 모든 사람들이 흩어졌느니라 38 이제 내가 너희
에게 말하노니 이 사람들을 상관하지 말고 버려 두라 이 사상과 이 소행이
사람으로부터 났으면 무너질 것이요 39 만일 하나님께로부터 났으면 너희가

그들을 무너뜨릴 수 없겠고 도리어 하나님을 대적하는 자가 될까 하노라 하니 [40] 그들이 옳게 여겨 사도들을 불러들여 채찍질하며 예수의 이름으로 말하는 것을 금하고 놓으니 [41] 사도들은 그 이름을 위하여 능욕 받는 일에 합당한 자로 여기심을 기뻐하면서 공회 앞을 떠나니라 [42] 그들이 날마다 성전에 있든지 집에 있든지 예수는 그리스도라고 가르치기와 전도하기를 그치지 아니하니라

성전 경비대는 사도들을 잡아 공회 앞에 세웠다(27절). 유대를 지배하던 로마 사람들은 유대인들의 종교와 연관된 일에 관여하기를 매우 꺼렸다. 그들은 성전과 예루살렘에서 일어나는 모든 종교적인 일을 예루살렘 공회(산헤드린)에 일임했다. 그러므로 유대인 지도자들이 사도들을 잡아들인 것은 그들이 성전에 예배하러 오는 사람들을 현혹하고 동요시킨다고 생각했기 때문이다. 공회는 몇 달 전 예수님이 빌라도에게 넘겨지기 직전에 유대교 지도자들에게 심문받았던 곳이며(눅 22:66), 베드로와 요한이 다시는 예수님의 이름을 전하지 말라는 경고를 받았던 곳이다(4:7).

공회의 의장인 대제사장은 잡혀 온 사도들에게 그들이 감옥을 탈출한 일에 대해 어떠한 질문도 하지 않는다. 어떤 경로로 탈출했던 간에 그들을 투옥한 자신들 입장에서는 창피한 일이기 때문이다(Polhill). 그는 얼마 전 베드로와 요한을 잡아들여 다시는 예수님에 대해 가르치지 말라고 엄금한 일을 무시하고 사도들이 계속 가르치는 것을 문제 삼았다(28a절; cf. 4:17–18). '엄금했다'(παραγγελίᾳ παρηγγείλαμεν)는 하지 못하도록 가장 강력하게 경고했다는 뜻이다(Fitzmyer).

유대교 지도자들은 자신들과 예수님과 사도들과의 거리를 최대한 유지하려고 한다. 그래서 사도들이 사람들에게 가르치는 예수님의 이름을 '이 이름'(ὀνόματι τούτῳ)이라 하고, 예수님을 '이 사람'(ἀνθρώπου τούτου)이라고 한다. 또한 사도들에게 '너희 가르침'(διδαχῆς ὑμῶν)이라고 하는 것도 같은 의도에서다(Bock). 이어서 지도자들은 그들이 엄금했는데도 불구하고 사도들이 계속 예수님을 가르치고 선포하는 것은 예수님의 죽음에 대한 책임을 자신들에게 돌리려는 것이라며 억지 주장을 한다(28b절). 그동안 사도들은 인간이 구원에 이르는 길은 오직 하나님의 아들이신 예수님을 통하는 것뿐이라고 복음을 선포했다. 유대교 지도자들이 예수님을 죽음으로 몰고 간 것은 기정사실이지만, 이 사실은 그들이 선포하는 복음의 핵심이 아니다. 그러므로 지도자들은 죄책감과 후한을 두려워하는 마음에서 이러한 주장을 펼치고 있다(cf. Barrett).

유대교 성도들을 바른길로 인도해야 할 지도자들이 오히려 그들이 섬긴다는 여호와 하나님의 아들을 죽였다! 그러고는 자신들의 종교적 권위와 결정을 따르지 않는다며 사도들을 불손한 죄인으로 몰아가고 있다! 참으로 어이없는 일이 벌어지고 있는 것이다.

대제사장은 사도들이 얼마나 효과적으로 사역하고 있는지 언급한다. 사도들의 가르침이 예루살렘에 가득하다는 것이다(28b절). 이미지는 물이 컵을 가득 채우는 모습이다(Wallace). 대제사장이 본의 아니게 사도들의 성공적인 사역에 대해 증언하고 있다(Schnabel).

베드로가 열두 사도를 대변하는 대표자로 나섰다(29절). 사도행전이 시작된 이후 지금까지 사도들과 기독교인들은 베드로의 리더십 아래 하나로 연합하는 모습을 보인다. 에스겔은 오래전에 하나님의 영이 하나 된 마음을 주어 이런 일을 하실 것이라고 했다(겔 11:19). 베드로는 지도자들이 예전에 자신과 요한을 잡아들여 다시는 예수님의 이름을 가르치지 말라고 경고했을 때 그들에게 한 말을 회상하며 대답한다: "사람보다 하나님께 순종하는 것이 마땅하니라"(29절; cf. 4:19-20). 베드로는 하나님께 불순종하기보다는 차라리 사람들의 손에 죽임당하는 것이 낫다는 각오로 이렇게 증언한다. 그는 이러한 순종의 모범을 보임으로써 훗날 그리스도인은 하나님께 절대적으로 순종해야 한다고 권면할 자격을 갖춘다(Fernando, cf. 벧전 1:2, 14, 22; 3:1, 6; 4:17).

사도들을 대표해 공회 앞에 선 베드로는 자신들의 입장을 변호하지 않고 예수님에 대해 증언한다(30-32절). 첫째, 유대교 지도자들이 예수님을 나무에 달아 죽였다(30a절). 사람을 나무에 매달아 처형하는 것은 신명기 21:23을 연상케 하는 일이다. 예수님이 나무에 달려 죽으셨다는 것은 십자가 사건을 회상하는 것이고, 이 일의 가장 큰 책임은 유대교 지도자들에게 있다. 하나님을 가장 사랑해야 하는 자들이 자신의 종교적 권위로 하나님의 유일무이한 아들을 저주해 죽였다(Fitzmyer, Wilcox, cf. 13:29, 갈 3:13).

둘째, 하나님이 예수님을 살리셨다(30b절; cf. 2:24, 32; 3:15; 4:10; 10:40). 베드로는 하나님을 '우리 조상의 하나님'으로 표현하며 사도들 역시 그들을 심문하고 있는 유대교 지도자들과 같은 민족, 곧 하나님이 구원하시고자 하는 자들이라는 사실을 상기시킨다. 예수님의 오심은 이스라엘을 구원하시고자 하는 구속사의 일부라는 것이다(Schnabel). 과거에 구원자들을 세워 이스라엘을 구원하신 하나님이(cf. 삿 2:18; 3:9, 15) 이번에는 예수님을 메시아로 세우셨다(Bock, Williams).

셋째, 하나님이 이스라엘에 회개함과 죄 사함을 주시려고 예수님을 오른손으로 높이셨다(31a절). 예수님에 대한 유대교 지도자들의 관점과 하나님 계획의 차이가 가장 확연하게 드러나는 순간이다. 그들은 예수님을 죽어 마땅한 망언자로 생각했다. 반면에 하나님은 이스라엘로 하여금 회개하고 용서를 받아 구원에 이르도록 하기 위해 예수님을 구세주로 보내셨다. 베드로는 죄 사함뿐 아니라 회개함마저도 하나님이 예수님을 통해 하시는 일이라 한다. 그들은 스스로 회개하고 죄 사함을 받을 수 없다. 지도자들은 예수님을 죽이는 일에 성공했지만, 하나님은 죽임당한 예수님이 그들의 구원을 이루시도록 오른손으로 높이셨다. 예수님을 죽음에서 살리신 것이다(cf. 2:30-35; 3:20-21; 4:11).

넷째, 하나님이 오른손으로 높이신 예수님을 이스라엘의 임금과 구주로 삼으셨다(31b절). 예수님은 다윗의 후손으로 오신 이스라엘의 왕이시며 구세주이시다. 그러므로 예수님은 이스라엘에 위협이 아니라 축복이시다. 그러므로 이스라엘을 축복하기 위해 오신 예수님을 죽인 지도자들이 오히려 이스라엘을 위협하는 자들이라 할 수 있다.

다섯째, 사도들은 하나님이 예수님을 이스라엘의 왕이자 구세주로 세우셨다는 사실에 대한 증인이다(32a절). 그들은 3년 동안 예수님께 배웠고, 주님의 십자가 죽음을 지켜보았고, 부활하시고 승천하시는 것도 직접 보았다(cf. 1:1-11; 3:15). 그러므로 사도들은 이 일에 대한 확실한 증인이다.

여섯째, 성령도 예수님에 대한 증인이시다(32b절). 베드로는 성령을 언급함으로써 이 일이 삼위일체 하나님이 하신 일임을 선언한다. 성령은 직접 증언하지 않고 하나님께 순종하는 사람들을 통해 예수님에 대해 증언하신다. 그러므로 성령에 충만한 사람들의 증언은 하나님의 음성이자 증언이다(Bock).

베드로의 증언을 듣던 유대교 지도자들이 크게 노하여 사도들을 없이하고자 했다(33절). 이성을 잃은 공회가 사도들을 죽이려고 했다는 뜻이다(ESV, NAS, NIV, NRS). 복음이 모든 사람을 구원하는 것은 아니다. 당시 가장 경건하고 거룩하다며 사람들에게 존경받던 지도자들이 복음에 대해 무자비한 폭력으로 반응한다.

공회원 중 바리새인인 가말리엘이 나서서 분위기를 진정시켰다. 그는 율법 교사였으며 모든 백성에게 존경받는 사람이었다(34a절). 가말리엘은 사도행전이 언급하는 유일한 랍비다. 그는 당시 바리새인 운동(movement)을 대표하는 사람이었다(Fernando). 유대인들에게 위대한 선생으로 알려진 힐렐의 아들 혹은 손자였으며, 예루살렘에서 주후 25-50년에 활동했다(Longenecker, Schnabel). 사도 바울도 그에게 배웠다(22:3). 가말리엘이 모든 백성에게 존경받았다는 것은 그가 성숙하고 지혜롭게 말하는 종교인이자 지식인이었음을 암시한다. 그러므로 공회도 그를 함부로 대할 수 없다.

가말리엘은 사도들을 잠깐 밖으로 내보낸 후 발언했다(34b절). 사도들을 내보낸 것은 공회원들만의 대화를 나누기 위해서, 혹은 눈엣가시로 생각하는 사도들이 없으면 공회가 그의 발언에 귀를 기울일 것 같아서였을 것이다. 그는 사도들의 입장을 변호하기 위해서가 아니라, 공회를 보호하기 위해서 발언한다(Schnabel). 만일 지도자들이 하나님의 이름으로 예루살렘에서만 수천 명이 추종하는 이 열두 사도를 죽인다면 엄청난 혼란과 폭동을 야기할 것이다. 또한 그들을 죽음으로 내몬 산헤드린은 권위를 스스로 땅에 떨어뜨릴 것이며, 책임을 면할 수 없을 것이다. 아마도 그는 사도들의 기적적인 탈출이 하나님이 하신 일일 수 있다는 생각에 젖어 있는 듯하다.

사도들을 밖으로 내보낸 후 가말리엘은 공회에 사도들에 관한 일을 신중하게 대할 것을 요구했다(35절). 감정에 휩쓸려 어리석은 판결을 하지 말고, 냉철하게 생각하라는 뜻이다. 그러면서 과거에 사람들을 현혹했던 두 사람을 예로 들었다.

첫째, '드다'(Θευδᾶς)라는 사람이다(36절). 드다는 자신을 스스로 선전하며 400명이나 현혹해 끌어모았다. 그러나 그가 죽임당하자 따르던 사람들이 모두 뿔뿔이 흩어져 없어졌다. 요세푸스는 파두스(Fadus)가 총독이었던 시대(주후 44-46년)에 드다(Theudas)라는 사람이 반역을 일으켰다고 한다(cf. Schnabel). 그러나 가말리엘은 주후 30년대에 있었던 드다라는 사람을 언급하고 있다. 그러므로 요세푸스가 언급한 사람보다 더 예전에 있었던 사람이다(Bruce, Witherington, cf. Barrett).

가말리엘이 언급하는 드다는 누구인가? 다음 절(37절)에서 주후 6년에 반역을 일으켰던 갈릴리의 유다가 언급되는 것으로 보아 드다는 그 전에 무리를 현혹했던 사람이 확실하다(cf. 37절의 '그 후'[μετὰ τοῦτον]). 학자들은 주전 4년에 헤롯 대왕이 죽자 여러 사람이 반역을 일으켰는데, 그중 하나가 드다였을 것으로 추측한다(Longenecker).

둘째, '갈릴리의 유다'(Ἰούδας ὁ Γαλιλαῖος)다(37절). 이 사람이 사람들을 유혹할 때는 호적할 때였다. 아우구스투스(Augustus) 황제는 주후 6년에 유다 총독인 퀴리니우스(P. Sulpicius Quirinius)에게 호구 조사를 명령한 적이 있다(Le Cornu & Shulam). 이때 갈릴리의 유다라는 사람이 반역을 일으켰고 많은 사람이 그를 따랐지만, 유다가 망하고 나서는 따르던 사람들도 모두 흩어졌다.

가말리엘은 이 두 사례를 언급하며 대안을 제시한다(38-39절). 사도들에게 아무 일도 하지 말고 내버려 두라는 것이다(38a절). 만일 그들이 하는 일이 사람으로부터 났으면 머지않아 스스로 무너져 붕괴할 것이다(38b절). 기독교가 사람으로부터 난 것이라면, 이 무브먼트를 시작한 예수가 몇 달 전에 죽임당했으니 오래 가지 않아 와해될 것이라는 논리다.

그러나 만일 사도들이 하는 일이 하나님으로부터 난 일이라면 공회는 결코 그들을 무너뜨릴 수 없으며, 오히려 하나님을 대적하는 자들이 될 것이다(39절). 가말리엘 스피치의 핵심이다(Bock, Longenecker). 공회는 사도들의 일을 반대하지 말고 지켜보아야 한다. 가말리엘의 대안은 인간은 하나님이 하시는 일을 절대 막을 수 없다는 바리새인들의 교리를 반영하고 있다(Bruce). 이러한 논리와 관점에서 볼 때, 지난 2000년 동안 기독교가 왕성하게 성장해 온 것은 기독교가 하나님으로부터 난 것이라는 사실을 증명한다.

공회원들이 들어 보니 가말리엘의 주장이 매우 설득력 있었다. 그러므로 가말리엘의 말을 옳게 여기고 밖에 있던 사도들을 불러들였다. 그러나 사도들을 그냥 풀어 주지 않고 채찍질하며 예수의 이름으로 말하는 것을 다시 한번 금한 후에야 보내 주었다(40절). 율법은 40차례 이상 채찍질하는 것을 금한다(신 25:2-3). 사람이 죽을 수 있기 때문이다. 채찍을 맞은 사도들이 스스로 걸어서 공회 앞을 떠나는 것을 보면 심하게 채찍질을 당한 것은 아니다.

사도들은 예수님의 이름을 위해 능욕받는 일에 합당한 자로 여겨짐을 기뻐하면서 공회 앞을 떠났다(41절). 사도들은 그리스도인이라 해서 누구나 예수님을 위해 고난받을 수 있는 것은 아니라고 생각했다. 오직 그리스도의 고난에 동참하기에 합당하다고 하나님이 인정하신 이들만 고난받을 수 있다고 생각했다. 그러므로 사도들이 예수님의 이름으로 인해 공회 앞에서 고난당한 것은 하나님이 그들을 그리스도의 고난에 동참할 자격이 있다고 인정하시고 존귀하게 여기신 증거다.

그리스도를 위해 고난받는 것이 영광이며 기쁨이라는 사도들의 생각은 모순적이라 할 수 있다. 능욕받은 사람이 수치를 느끼는 것이 아니라 오히려 기뻐하기 때문이다. 그러나 이스라엘 역사에서 가장 영성이 깊었던 선지자들이 사회에서 배척당하고 종교인들에게 핍박당했던 사실을 생각해 보면 그리스도를 위해 고난받는 것은 사람이 경험할 수 있는 최고의 영광이라 할 수 있다. 오직 하나님께 사로잡혀 사는 사람만이 그리스도의 고난에 동참할 수 있기 때문이다. 초대교회가 혹독한 고난을 견뎌 낼 때, 하나님이 특별히 택하신 자들만 그리스도의 고난에 동참할 수 있다는 사도들의 가르침이 지대한 영향을 미쳤다.

공회는 사도들에게 다시는 예수의 이름을 말하지 말라고 협박하며 내보냈지만, 사도들은 위축되지 않고 어디서든 복음을 가르치고 선포했다(42절). 그들은 성전(솔로몬 행각)에 있든지, 집에 있든지 예수님이 바로 이스라엘이 기다리던 그리스도라는 것을 가르치며 전도하기를 그치지 않았다. 핍박과 채찍질이 오히려 복음을 더 열심히 선포하고 가르치게 한 것이다.

사도들이 공회의 명령을 따르지 않는 것은 일종의 시민 불복종(civil disobedience)이라 할 수 있다(Schnabel). 세상은 하나님 나라의 진리를 싫어한다. 그러므로 우리는 하나님 나라의 원칙과 세상의 기준 및 가치가 대립할 때 하나님 나라의 원칙을 따라야 한다.

이 말씀은 복음을 전하는 일로 핍박받게 될 때, 핍박하는 자들에게 우리 입장을 변호하거나 방어하지 말고 복음을 선포하라고 한다. 베드로는 사도들이 복음을 선포하는 일에 대해 어떠한 변명도 하지 않았다. 오히려 그들을 잡아들인 공회에 복음을 선포했다. 세상과 사람을 변화시키는 것은 오직 복음이기 때문이다.

하나님은 전도하는 이들에게 담대함을 주시며, 감당할 수 없는 고난에서 그들을 보호하신다. 이 이야기에서는 사도들을 죽음에서 보호하기 위해 반대하는 자 중 하나인 가말리엘을 사용하셨다. 사도들이 지금 순교로 생을 마감하기에는 아직 할 일이 많이 있기 때문이다.

대부분 그리스도인은 고난을 부정적으로 생각한다. 그러나 본문은 그리스도로 인해 받는 고난을 기뻐하라고 한다. 하나님이 그리스도의 고난에 동참하기에 합당한 이로 인정하셨다는 증거이기 때문이다. 그러므로 고난은 감사할 이유가 된다.

II. 예루살렘(1:12–6:7)

I. 일곱 일꾼을 세움(6:1–6)

[1] 그 때에 제자가 더 많아졌는데 헬라파 유대인들이 자기의 과부들이 매일의 구제에 빠지므로 히브리파 사람을 원망하니 [2] 열두 사도가 모든 제자를 불러 이르되 우리가 하나님의 말씀을 제쳐 놓고 접대를 일삼는 것이 마땅하지 아니하니 [3] 형제들아 너희 가운데서 성령과 지혜가 충만하여 칭찬 받는 사람 일곱을 택하라 우리가 이 일을 그들에게 맡기고 [4] 우리는 오로지 기도하는 일과 말씀 사역에 힘쓰리라 하니 [5] 온 무리가 이 말을 기뻐하여 믿음과 성령이 충만한 사람 스데반과 또 빌립과 브로고로와 니가노르와 디몬과 바메나와 유대교에 입교했던 안디옥 사람 니골라를 택하여 [6] 사도들 앞에 세우니 사도들이 기도하고 그들에게 안수하니라

저자는 5장에서 교회 안에서의 거짓과 외부의 핍박을 회고했다. 이번에는 예루살렘 공동체의 내부적인 갈등을 언급한다. 누가는 교회의 이상적인 면모만 부각하지 않고 당면한 문제들도 매우 현실적으로 묘사한다. 이 이야기는 성도들의 사회적-문화적 배경이 다양할수록 예측하지 못한 다양한 문제가 있을 수 있다고 한다(cf. Fitzmyer). 어떻게 보면 급성장하는 공동체가 거처야 할 일종의 성장통이라 할 수 있다.

날이 갈수록 예루살렘 교회에 제자가 더 많아졌다(1a절). 사도행전에서 '제자'(μαθητής)라는 말이 처음으로 사용되고 있다. 누가는 성도를 제자라 한다. 제자의 수가 많아지면서 헬라파 유대인과 히브리파 유대인 사이에 차별 문제가 불거졌다(1b절). 교회가 과부들에게 매일 구호물을 나눠 주면서 히브리파에게만 주고 헬라파에게는 주지 않은 것이다. 형편이 어려운 과부들을 돕는 일은 구약에 자주 등장하는 주제이며(신 14:29; 24:17; 26:12; 사 1:17, 23; 렘 7:6; 22:3; 겔 22:7; 말 3:5), 신약에서도 종종 언급된다(딤전 5:9-16; 약 1:27). 과부는 고아와 함께 가장 연약한 사회적-경제적 계층을 상징한다. 성경은 이 약자들을 얼마나 잘 돌보는가를 믿음 공동체의 건강을 가늠하는 기준으로 사용한다. 초대교회가 매일(일상적으로) 과부들에게 베푸는 구제는 음식과 옷과 현금을 포함했다(Le Cornu & Shulam).

당시 유대교에도 도움이 필요한 과부들을 돕는 제도가 있었다(Fernando). 그러므로 유대교에서 기독교로 전향한 과부들의 경우 그동안 유대교에서 받았던 구제가 끊기면 당장 어려움에 처할 수밖에 없다. 더욱이 세상 곳곳에서 살다가 예루살렘에서 여생을 보내고 묻히고자 찾아온 헬라파 사람들의 경우에는 그들을 도와줄 친척마저 없으니 더욱더 큰 문제가 될 수밖에 없다.

'헬라파'(Ἑλληνιστῶν)와 '히브리파'(Ἑβραίους)의 차이에 대해 다양한 해석이 있지만(cf. Bock, Bruce, Fitzmyer, Longenecker, Schnabel), 대부분 학자는 헬라어와 아람어 중 어느 언어를 모국어로 사용하는가로 구분했던 것으로 본다(Barrett, Hengel & Schwemer, Schnabel, Witherington). 헬라파 유

대인들은 헬라어를 모국어로 구사했으며, 주로 팔레스타인 외 다른 지역에 거주하다가 예루살렘으로 온 디아스포라 유대인으로 구성되었다(Longenecker). 헬라파 유대인들은 당시 예루살렘 인구의 10-20%에 달했다(Le Cornu & Shulam). 히브리파 유대인들은 아람어를 모국어로 사용하는 유대인이며 주로 유대에 거했다(Longenecker). 같은 민족, 혹은 비슷한 형편에 놓인 사람이라 할지라도 언어 사용에서 빚어지는 사회적-문화적 차별이 존재했던 것이다.

헬라파 사람들이 히브리파 사람들을 원망했다. 히브리파 과부들이 매일 받는 구제를 헬라파 과부들은 받지 못했기 때문이다. 이 '원망'(γογγυσμός)은 교회가 나쁜 의도를 가지고 의도적으로 헬라파 사람들을 차별해서가 아니라, 그들을 도울 행정적 제도가 없음으로 인해 빚어진 것이다(Bock, Schnabel). 이런 일이 있어서는 안 되지만, 교회가 급성장하면서 유입된 헬라파 과부들을 도울 제도적 장치가 아직 마련되지 못한 것이다. '빠졌다'(παρεθεωροῦντο)는 미완료형으로 이러한 일이 상당한 기간 지속되었음을 의미한다(Schnabel). 어떤 이들은 당시 히브리파 사람들에게 헬라파 사람들을 차별하는 성향이 있었다고도 하지만(Barclay), 그렇게 단정할 만한 증거가 없다. 헬라파 성도들이 거론하고자 하는 이슈는 공평(fairness)이다.

문제를 인식한 사도들은 곧바로 조치를 취했다(2-4절). 그러나 자신들이 직접 나서서 문제를 해결하지 않고, 문제를 해결할 사람 7명을 세우기로 했다. 자신들은 하나님 말씀을 전하는 일에 전념해야 하므로 과부들을 접대하는 데 시간을 빼앗기는 일이 마땅하지 않다는 것이다(2절). '마땅하지 않다'(οὐκ ἀρεστόν ἐστιν)는 도덕적인 선택(옳고 그름, cf. 공동, 아가페, ESV, NIV, NRS)에 관한 것이 아니다. 하나님이 기뻐하시는 일이 아니라는 뜻이다(Bock, cf. NAS). 사도들은 과부들 구제하는 일을 중요하지 않게 생각하는 것이 아니라, 각자 하나님께 받은 소명과 은사의 효율성과 우선권에 관한 일로 보고 있다(cf. 1:8, 21-22). 또한 사도들은 자신들이 교회의 모든 사역을 독식하기보다는 더 많은 성도가 함께 섬기며 사역하기를 원했다.

'식탁 옆에 서서 접대하는 것'(διακονεῖν τραπέζαις)은 오늘날로 말하면 웨이터가 하는 일이다(Wall). 누가는 '집사'(διάκονος)라는 말을 직접 사용하지는 않지만, 어원이 같은 단어(διακονεῖν)를 처음으로 사용하고 있다. 사도들이 그들의 사역을 도울 첫 직분자로 접대하는 이들을 세우는 것이 인상적이다(Fernando).

사도들은 문제를 제기한 헬라파 성도들에게 과부들을 구제하기에 적합한 사람 7명을 그들 중에서 택하면 이 일을 그들에게 맡기고 자신들은 오직 기도하는 일과 말씀 사역에 힘쓰겠다고 했다(3-4절). 그들이 7명을 추천하면 사도들이 인준하겠다는 뜻이다. '일곱'(7)은 어떤 일을 결정할 때 중요한 상징성을 지니는 숫자다(Bock, Fitzmyer, Le Cornu & Shulam, cf. 민 11:16-17). 요세푸스는 유대인 도시마다 7명의 재판관이 있었다고 한다(cf. Bock).

어떤 사람이 구제에 적합한가? 사도들은 세 가지 조건을 충족해야 한다고 말한다. 첫째, 성령으로 충만해야 한다. 교회가 성도를 섬기는 것은 영적인 일이다. 그러므로 섬기는 이는 항상 하나님과 교통하며 하나님의 지시를 따라야 한다. 그렇게 하려면 성령으로 충만해야 한다. 하나님이 성령을 통해 명령하시기 때문이다.

둘째, 지혜로 충만해야 한다. 제한된 재원으로 많은 사람을 도우려면 지혜가 필요하다. 도움이 많이 필요한 사람과 그렇지 않은 사람을 구분하는 데도 지혜가 필요하며, 도움받는 이들의 영혼이 다치지 않도록 돕는 일에도 지혜가 필요하다. 지혜롭게 봉사하고 섬겨야 한다.

셋째, 칭찬받는 사람이어야 한다. 성도들은 좋은 인품을 갖추어 공동체의 존경과 칭찬을 받는 사람의 도움은 하나님의 자비라며 기쁘게 받는다. 그렇지 않은 사람의 도움은 마지못해 베푸는 적선 정도로 생각한다. 받아도 기분이 좋지 않다. 그러므로 선하신 하나님이 베푸시는 은총은 칭찬받는 사람을 통해 전달될 때 가장 효과적이다.

사도들은 사람들이 제기한 문제를 직접 나서서 해결하는 대신 그들 스스로 문제를 해결할 수 있도록 과부들을 구제하기에 적합한 사람 7명을 세우라는 말로 방향만 제시한다. 사도들은 다른 일을 하도록 부르심을 받았기 때문이다. 그들은 기도하는 일과 말씀 사역을 소명으로 받았다. 사도들은 솔로몬 행각과 각 집에 모인 성도들을 위해 기도했으며(cf. 2:42-47), 또한 병을 앓는 사람 등 특별히 기도가 필요한 성도들을 위해 기도했다(Schnabel). 말씀 사역은 복음을 선포하고 성도들을 성경 말씀으로 양육하는 일이다.

사도들의 제안을 듣고 온 무리가 기뻐했다(5a절). 사도행전에서 '기뻐하다'(ἀρέσκω)는 이곳에만 사용되는 단어이며 '만족하다'라는 뜻이다. 일꾼 7명을 세워 이 문제를 해결하자는 사도들의 제안을 성도들이 좋게 생각한 것이다. 정확히 어떤 절차를 통해서 일꾼들이 선출되었는지는 알 수 없지만 스데반, 빌립, 브로고로, 니가노르, 디몬, 바메나, 니골라 등이 선출되었다(5b절).

이 7명은 모두 헬라어 이름을 지녔다(Le Cornu & Shulam). 모두 헬라파에서 선출된 일꾼이기 때문이다(Bock, Bruce). 헬라파 사람들이 문제를 의식하고 이슈화했던 만큼 그들이 가장 잘 해결할 수 있을 것이다. 제일 먼저 언급되는 스데반은 믿음과 성령으로 충만했다. '충만'(πλήρης)은 가득 찼다는 뜻이며, 6:8-8:1이 기록하는 그의 사역에 적임자라는 것을 암시한다(Bruce). 스데반 다음으로 언급되는 빌립 또한 사도행전에서 중요한 역할을 한다(cf. 8장).

나머지 사람들에 대해서는 별로 알려진 바가 없다. 한 전통은 브로고로가 훗날 사도 요한을 돕다가 니코메디아(Nicomedia)의 감독이 되었다고 한다(Bruce). 마지막으로 언급되는 니골라는 '유대교에 입교했던 안디옥 사람'이었다. 안디옥은 사도 바울의 사역의 시작과 중심이 될 중요한 도시다(11:19-27; 13:1, 14; 14:19, 21-26; 15:22-35; 18:20-22). 니골라가 유대교에 입교했던 사람(God-fearer, cf. 마 23:15; 행 2:9-11)이라는 것은 그가 이방인임을 암시한다(Bock, Schnabel). 그러므로 처음으로 믿은 이방인은 10장에 기록된 고넬료가 아니다. 우리가 고넬료를 첫 이방인 성도라고 하는 것은 그가 니골라처럼 유대교를 거치지 않고 곧바로 기독교인이 된 첫 이방인이라는 뜻이다(Williams). 초대교회 교부인 이레네우스(Irenaeus)는 이 니골라를 교회를 괴롭힌 니골라 당(계 2:6)을 시작한 자라고 하지만, 그렇게 단정할 만한 증거는 아무것도 없다(Witherington).

사도들은 무리가 추천한 7명을 위해 기도하고 그들에게 안수해 헬라파 과부들을 구제하게 했다(6절). 누가가 '집사'(διάκονος)라는 공식 명칭을 사용하지 않는 것으로 보아 이들이 '집사'로 세워진 것은 아니다(Barrett, Schnabel). 안수는 안수하는 이가 지닌 권위를 안수받는 이에게 넘겨준다는 의미를 지닌다(Wall, cf. 민 27:23; 신 34:9). 이후 교회는 이 방법을 통해 일꾼들을 세워 왔다(Gaventa). 교회가 맨 처음 안수해 세운 이들이 가르침이 아니라 섬기고 봉사하는 일을 위한 일꾼이라는 점이 인상적이다(Barclay).

어떤 이들은 이 7명이 과부들을 구제하기 위해 세움받은 것이 아니라고 한다(Conzelmann, Hengel & Schwemer). 사도행전이 이 사람들의 행적을 봉사와 섬김을 중심으로 기록하지 않기 때문이다. 예를 들면, 스데반은 설교하다가 순교하며(7장), 빌립은 전도 여행을 다니고 에티오피아 내시에게 안수를 베푼다(8장). 그러나 이 7명이 오직 봉사와 섬김만 해야 한다는 주장은 별로 설득력이 없다. 모든 성도가 간증하고 증언하는 소명을 받기 때문이다. 그러므로 이 이야기가 실제로 있었던 일이 아니라는 주장은 설득력이 없다.

이 말씀은 아무리 성령으로 충만하고 하나님의 축복 안에서 성장하는 교회라 할지라도 문제가 없을 수 없다고 한다. 성장은 후유증을 동반하기 때문이다. 문제가 생기면 기도하면서 머리를 맞대고 해결해 나가면 된다. 중요한 것은 신속하고 효율적인 대안을 강구해 피해와 상처를 최소화하는 일이다. 어떤 상황에서든 적임자를 세우면 이런 일이 가능하다.

II. 예루살렘(1:12–6:7)

J. 요약: 공동체의 지속적인 성장(6:7)

[7] 하나님의 말씀이 점점 왕성하여 예루살렘에 있는 제자의 수가 더 심히 많아지고 허다한 제사장의 무리도 이 도에 복종하니라

사도행전에 등장하는 여섯 개의 한 문장 요약 중 첫 번째다(Bruce, cf. 9:31; 12:24; 16:5; 19:20; 28:31). 본문은 세 개의 미완료형 동사 '왕성하다'(ηὔξανεν), '많아지다'(ἐπληθύνετο), '복종하다'(ὑπήκουον)를 사용해 교회가 지속적으로, 또한 매우 역동적으로 활동하고 있음을 강조한다(Bock). 누가는 이 한 문장 요약문을 통해 교회가 계속 성장하고 있다는 말을 마치 찬송가의 후렴처럼 반복한다(Fernando).

헬라파 과부들의 구제 문제가 있었지만, 이 문제가 예루살렘 교회의 전도와 선교에 대한 열정을 누그러뜨리지는 않았다. 그러므로 날이 갈수록 제자의 수가 늘어만 갔다. 더욱 괄목할 만한 것은 허다한 제사장의 무리도 이 도에 복종했다는 사실이다. 개역개정이 '도'로 번역한 단어(πίστις)는 '믿음'이라는 의미를 지닌다(새번역, 공동, ESV, NIV, NAS, NRS). 제사장들이 복종했다는 사실이 미완료형 동사(ὑπήκουον)로 묘사되는 것은 그들의 믿음 생활이 오랫동안 지속되었다는 의미다(Schnabel).

당시 유대교에는 상당한 규모의 제사장이 있었다. 요세푸스는 제사장의 수가 2만 명이라고 하지만, 학자들은 많게는 1만 8,000명(제사장

8,000명+레위인 1만 명)(Jeremias, Marshall), 적게는 2,000명 정도로 추측한다(Le Cornu & Shulam). 정확히 알 수는 없지만 수천 명에 달했을 것이라고 하는 이도 있다(Johnson). 대부분 제사장은 각자 생업에 종사하다가 1년에 2주만 성전에 가서 사역했다(Bock, Schnabel). 오늘날로 말하면 제사장직이 파트타임이며, 평상시에는 풀타임 잡(job)이 있었던 것이다.

제사장들이 직업을 가져야 했던 데에는 두 가지 이유가 있다. 첫째, 제사장의 수에 비해 예루살렘 성도들이 성전에 들이는 예물이 턱없이 부족했기 때문이다. 둘째, 대제사장들이 추수 때가 되면 노예들을 전국 방방곡곡에 보내 십일조를 직접 징수하게 했기 때문이다(Josephus). 그러다 보니 가난한 제사장들은 굶어 죽기까지 했다(Schnabel). 이런 상황에서 형편이 어려운 제사장들이 가난한 과부들을 정성껏 보살피는 초대교회를 보고 예수님을 믿게 된 것은 놀랄 만한 일이 아니다(Schnabel). 교회의 선행은 예수님이 어떤 분인지 가장 잘 드러내기 때문이다.

이 말씀은 하나님의 말씀이 왕성해질 때 교회가 성장한다고 한다. 그렇다면 언제 하나님의 말씀이 왕성해지는가? 교회가 복음에 복종할 때다. 교회가 말씀에 복종할 때 영성이 건강해지고, 영성이 건강할수록 교회가 성장한다. 물론 물리적인 성장이 항상 교회의 영성이 건강하다는 증거가 되지는 않는다. 건강하지 못한 무리도 사탄의 도움을 받아 성장할 수 있기 때문이다.

Ⅲ. 유대와 사마리아
(6:8–9:31)

예루살렘 교회가 크게 성장함에 따라 교회에 대한 핍박도 덩달아 거세졌다. 예루살렘 공동체에 엄청난 피해를 입힌 핍박은 의도치 않게 한 가지 좋은 일을 했다. 그동안 예루살렘에 모여 있던 그리스도인들이 핍박을 피해 유대와 사마리아 곳곳으로 흩어지면서 복음을 들고 간 것이다. 이처럼 핍박은 예루살렘 교회로 하여금 복음을 들고 세상 끝을 향해 나아가게 했다. 복음이 선포되는 곳마다 열매가 맺히고, 새로운 교회가 탄생했다. 이 섹션은 다음과 같이 구분된다.

A. 스데반의 순교(6:8–8:1a)
B. 교회가 핍박을 당함(8:1b–3)
C. 빌립의 사역(8:4–40)
D. 사울의 회심(9:1–30)
E. 요약: 안정되어 가는 교회(9:31)

Ⅲ. 유대와 사마리아(6:8-9:31)

A. 스데반의 순교(6:8-8:1a)

누가는 스데반을 처음 소개할 때, 그가 믿음과 성령으로 충만한 사람이라고 했다(6:5). 스데반이 이 섹션에 기록된 일을 감당해 낼 만한 믿음의 거인이라는 사실을 미리 알려 준 것으로 보인다. 누가는 사도행전에서 스데반 이야기에 가장 큰 공간을 할애하며, 그의 스피치도 가장 자세하고 길게 회고한다. 스데반이 그리스도의 복음을 전하다가 교회의 첫 번째 순교자가 되었기 때문이기도 하지만, 이는 그의 이야기가 초대교회 성도들에게 매우 중요했다는 것을 의미한다(Fernando, cf. Gempf). 무엇보다도 기독교가 유대교와 다르다는 사실을 입증하는 사건이었다.

그동안 교회가 예루살렘에서 유대인을 상대로 선교했다면, 스데반의 순교 이야기를 기점으로 예루살렘 밖에서 유대인이 아닌 사람들을 상대로 선교한다. 또한 이 사건이 있기 전에는 베드로를 중심으로 책이 전개되던 것에 반해, 이후로는 사울(바울)을 중심으로 이야기가 전개된다. 그러므로 스데반의 순교 이야기는 초대교회 역사에서 전환점이라 할 수 있다.

하나님은 스데반의 죽음이 헛되지 않다는 것을 하늘을 열어 예수님이 하나님 우편에 서 계신 것을 그에게 보여 주시는 일로 확인해 주신다. 스데반의 설교와 순교를 회고하는 본 텍스트는 다음과 같이 구분된다.

A. 스데반이 공회에 잡혀감(6:8-15)
B. 스데반의 증언(7:1-53)
C. 스데반이 순교함(7:54-8:1a)

Ⅲ. 유대와 사마리아(6:8-9:31)
A. 스데반의 순교(6:8-8:1a)

1. 스데반이 공회에 잡혀감(6:8-15)

8 스데반이 은혜와 권능이 충만하여 큰 기사와 표적을 민간에 행하니 9 이
른 바 자유민들 즉 구레네인, 알렉산드리아인, 길리기아와 아시아에서 온 사
람들의 회당에서 어떤 자들이 일어나 스데반과 더불어 논쟁할새 10 스데반
이 지혜와 성령으로 말함을 그들이 능히 당하지 못하여 11 사람들을 매수하
여 말하게 하되 이 사람이 모세와 하나님을 모독하는 말을 하는 것을 우리
가 들었노라 하게 하고 12 백성과 장로와 서기관들을 충동시켜 와서 잡아가
지고 공회에 이르러 13 거짓 증인들을 세우니 이르되 이 사람이 이 거룩한 곳
과 율법을 거슬러 말하기를 마지 아니하는도다 14 그의 말에 이 나사렛 예수
가 이 곳을 헐고 또 모세가 우리에게 전하여 준 규례를 고치겠다 함을 우리
가 들었노라 하거늘 15 공회 중에 앉은 사람들이 다 스데반을 주목하여 보니
그 얼굴이 천사의 얼굴과 같더라

예수님이 공회에서 재판을 받고 죽으신 일과 스데반의 순교 이야기는 (1)산헤드린에게 재판을 받음, (2)거짓 증인들의 증언, (3)성전을 허는 것에 대한 주장, (4)망언 죄 언급, (5)대제사장이 증언하라고 함, (6)하나님께 영혼을 맡김, (7)하나님이 저들을 용서해 주시기를 기도함 등의 공통점을 지닌다(Witherington).

스데반은 은혜와 권능이 충만해 큰 기사와 표적을 행했다(8절). 누가는 6:5에서 그를 믿음과 성령으로 충만한 사람으로 소개했다. 하나님이 믿음과 성령으로 충만한 그의 삶에 은혜와 권능을 더하신 것이다. 어떤 이들은 '은혜'(χάρις)를 영적 매력(charm)이나 귀여움(winsomeness) 정도로 생각하는데(Bruce, Longenecker), 스데반이 하나님이 주신 은혜와 권능으로 큰 기사와 표적을 행하는 것을 보면 하나님이 그에게 위임하신 권한, 곧 엠파워먼트(empowerment)로 해석해야 한다(Bock). 사도행전에서 '은혜와 권능이 충만하다'(πλήρης χάριτος καὶ δυνάμεως)라는 표현은 오직 스데반에게만 사용된다.

스데반은 믿음과 성령과 은혜와 권능이 충만한 그리스도인이었다. 어떤 이들은 그가 하나님이 주신 은혜로 과부들을 구제하는 사역만 했다고 하지만(Haenchen), 교회의 설교와 치유 사역에도 크게 이바지했다(Longenecker, Schnabel). 그는 2:17-21에 기록된 요엘의 예언을 가장 확실하게 성취하는 사람이었다. 스데반은 제자 중 가장 선지자 같은 이였고, 그동안 주로 사도들을 통해 역사하시던 하나님이 이번에는 이 헬라파 성도를 통해 사역하셨다(Wall). 스데반은 우리처럼 하나님을 사랑하고 섬기는 사람이지만, 우리보다 하나님을 더 깊이 알고 더 많이 교제했기 때문에 이런 일이 가능했다.

스데반이 하나님이 주신 은혜와 권능으로 기사와 표적을 행하자 그를 탐탁지 않게 생각한 자들이 문제를 제기하며 논쟁을 걸어왔다(9절). 스데반이 사역을 못해서가 아니라, 너무 잘해서 문제가 된 것이다. 문제를 제기한 '자유민들'(Λιβερτίνων)은 라틴어 단어를 헬라어로 음역한 것이며, 한때 노예로 살던 사람과 감옥에 투옥되었던 사람 중 자유인의 신분을 얻게 된 사람들의 후손이다(Bock, Fernando). 아마도 유대인 중 전쟁 포로가 되어 로마로 끌려갔던 사람들이 이 부류의 시작이 되었을 것이다(cf. ABD).

이 자유민들은 북아프리카에서 온 구레네인들, 알렉산드리아인들, 소아시아의 길리기아와 그 외 아시아 지역에서 이주해 온 사람들이었다. 자유민들의 회당이 예루살렘에 몇 개 있었는지는 확실하지 않다(cf. Longenecker, Schnabel). 확실한 것은 대부분 헬라파 사람이 자유민들의 회당에 다녔을 것이며, 스데반도 한때 이 회당의 멤버였을 것이라는 사실이다(Williams).

길리기아의 가장 중요한 도시는 사도 바울의 고향 다소(Tarsus)였다. 바울이 예루살렘에 거하면서 이 자유민들의 회당에 출석했는지는 확실하지 않다. 그가 자신을 히브리인이라고 하는 것으로 보아(고후 11:22; 빌 3:5) 유대인들의 회당에서 예배드렸을 가능성이 있기 때문이다. 신약과 연관해 가장 중요한 아시아 도시는 에베소였다.

자유민들이 스데반과 논쟁을 벌였지만, 그가 지혜와 성령으로 말했기 때문에 능히 당해 내지 못했다(10절). '지혜'(σοφία)는 성령이 그에게 주신 영감이다(Fernando, cf. 눅 21:15). 스데반의 스피치가 구약 말씀과 해석으로 가득한 것으로 보아 그들이 문제 삼은 것은 유대교에 대한 스데반의 헬라파적 생각이 아니라, 그의 기독교적 믿음이다(Longenecker, Schnabel).

그동안 유대교 지도자들이 사도들의 신앙을 문제 삼은 것과 달리, 이번 일은 일반인들이 기독교인에 대해 문제를 제기한 첫 사례라 할 수 있다. 이 자유민들은 친(親)유대교 사상을(pro-Jewish) 지녔으며, 성전과 율법에 대해서는 열성파(zealots)라 해도 과언이 아니다(Polhill). 그래서 이들은 자신들이 태어난 고향을 떠나 유대교의 성지인 예루살렘에 정착해 살고 있다(Bock). 그들은 예수님의 가르침이 자신들이 맹신하는 유대교와 성전에 위협적이라고 생각해 스데반과 논쟁함으로써 예수님이 이스라엘의 메시아가 아니라는 것을 증명하려 했다. 그러나 예수님이 메시아라는 스데반의 논리와 증언이 더 설득력이 있었다(Longenecker).

스데반과의 논쟁에서 진 자유민들은 사람들을 매수해 스데반이 모세와 하나님을 모독하는 말을 했다고 거짓말하게 했다(11절). 당시 유대교에서 하나님을 모독하면 죄이지만, 모세를 모독하는 것은 죄가 아니었다(Wall). 그럼에도 불구하고 그들이 모세에 대한 모독을 하나님에 대한 모독보다 먼저 언급하는 것은 그들이 꾸민 음모가 많은 사람을 설득하지 못했음을 의미한다(Wall).

자유민들은 매수한 사람들의 거짓말을 근거로 백성과 장로와 서기관들을 충동시켜 스데반을 잡아들여 공회에서 심문하게 했다(12절). 만일 공회가 스데반을 잡아들여 심문하는 일을 사전에 모의하지 않았다면 아마도 그를 감옥에 가두었다가 다음 날 심문했을 것이다(cf. 4:1-3; 5:17-18).

그들은 스데반을 공회 앞에 세우고 매수한 거짓 증인들에게 스데반이 한 말에 대해 증언하게 했다(13a절). 그들은 스데반을 두고 '이 사람'(ὁ ἄνθρωπος οὗτος)이라고 하는데, 경멸하는 말이다. 누가는 '거짓'(ψευδής)이라는 말로 이 증인들이 하는 말이 모두 거짓이거나 스데반이 한 말을 왜곡하고 있음을 암시한다. 구약은 위증을 매우 심각한 범죄로 규정한다(출 20:16; 신 19:16-18). 그런데 이들은 유대교를 보호한답시고 유대교의 경전인 모세 율법이 금하는 일을 하기 위해 사람들을 매수했다. 위증은 악인이나 하는 짓이다(Barrett, Haenchen, 시 27:12; 35:11; 잠 14:5; 24:28).

돈에 매수된 거짓 증인들은 스데반이 이 거룩한 곳에 대해 거슬러 말하기를 마지않았다고 한다(13b절). '이 거룩한 곳'(τοῦ τόπου τοῦ ἁγίου τούτου)은 성전이다. 스데반의 스피치를 살펴보면 그는 성전이 거룩하고 중요한 장소라고 하면서도 유대인들처럼 성전의 중요성을 과대평가해서는 안 된다고 한다(Bock). 그러므로 스데반은 성전의 무용론을 주장한 것이 아니라, 성전을 부적화하는 유대교 풍토에 문제를 제기했다. 성전으로 사람들을 현혹해 큰 이익을 취하고 있던 대제사장들에게 스데반은 특별 관심 대상이다(Bruce).

그들은 스데반이 율법에 대해서도 거슬러 말했다고 한다. 사도행전에서 '율법'(νόμος)은 매우 중요한 개념으로 총 17차례 언급되며, 이곳에서 처음으로 사용된다. 그동안 사도들은 예루살렘 성전을 찾아가 예배를 드림으로써 율법을 준수했다(Bock). 베드로가 이방인인 고넬료에게 세례를 베푼 10장과 그가 예루살렘 교회에 선교 보고를 한 11장, 그리고 사도들이 예루살렘에 모여 회의한 15장에서는 율법이 이방인에게 어떻게 적용되어야 하는지가 이슈가 된다. 21장에서 사도 바울이 예루살렘에 있는 야고보를 방문했을 때도 율법이 중요한 이슈가 된다. 사도행전은 교회의 율법에 대한 관점이 유대교의 것과 매우 다르다는 것을 암시한다(cf. Bock). 교회가 율법을 무효화한 것은 아니다. 단지 새로운 방식으로 적용하며 유대교와는 획기적으로 다른 관점을 지향하고 있다. 스데반도 이러한 흐름 속에서 율법에 대해 가르쳤을 것이며, 그의 해석과 적용은 그들을 자극하기에 충분했다.

거짓 증인들은 스데반이 나사렛 예수가 성전과 율법에 대해 심각한 문제가 될 만한 말을 한 것을 들었다고 했다고 증언했다(14절). 예수님이 성전을 헐고 모세가 전해 준 율법을 고치겠다고 했다는 것이다. 성전을 허는 것은 예수님이 종말에 성전이 무너질 것을 예언하신 말을 왜곡한 것이다(눅 21:5-9). 혹은 성전이 스스로 무너지지 않고 누군가가 헌다는 것은 예수님이 성전 된 자기 육체를 가리켜서 하신 말씀이다(요 2:19-21). 그러므로 예수님은 그 어디에서도 자신이 성전을 직접 헐겠다고 하신 적이 없다. 또한 예수님은 자신이 율법을 완전하게 하기 위해 왔다고 하셨지, 율법을 고치거나 폐하기 위해 왔다고 하신 적은 없다(마 5:17).

로마는 주후 6년에 유대를 주(州)로 편입하면서 범죄자를 사형에 처하는 권한을 박탈했다. 유대는 스스로 어떤 범죄자도 사형에 처할 수 없게 된 것이다. 유일한 예외는 예루살렘 성전의 존엄성을 훼손하는 말이나 행동을 할 때다. 이런 일을 한 경우에는 예루살렘 공회(산헤드린)가 그를 재판하고 사형을 집행할 수 있었다(Bruce). 그러므로 공회는 예수님에게 성전의 존엄성을 훼손한 죄를 뒤집어씌우려 했고, 이를 성공하지 못하자 예수님을 빌라도에게 끌고 갔다. 반면에 스데반의 경우에는 성전의 존엄성을 훼손한 죄를 뒤집어씌우는 데 성공해 죽음으로 몰고 갈 것이다.

거짓 증인들의 증언이 끝나자 사람들이 모두 스데반을 바라보았다(15a절). 스데반의 얼굴이 천사의 얼굴과 같았다(15b절). 하나님을 뵌 사람만이 가질 수 있는 모습이다(cf. 눅 9:29). 모세가 이런 얼굴을 했다(출 34:29-35). 그러므로 스데반의 얼굴은 모세가 전해 준 율법에 대해 이상한 말을 할 사람의 얼굴이 아니다. 누가는 이러한 묘사로 스데반에게 어떠한 잘못도 없다고 한다(Bock). 스데반이 재판받는 것은 순전히 돈에 매수되어 거짓말하는 증인들로 인해 빚어진 일이다.

이 말씀은 우리가 믿는 복음과 기독교 진리에 대해 생각하게 한다. 은혜와 성령으로 충만한 스데반은 당당하게 사도들에게 들은 복음과 진리를 선포했으며, 그 누구도 그가 잘못되었다고 할 수 없었다. 그러므로 반대자들이 동원할 수 있는 유일한 수단은 사람들을 매수해 사실을 왜곡하고 거짓 증언을 하게 하는 것이었다. 우리는 스데반이 선포한 진리를 통해 자유하게 되었다(요 8:32).

Ⅲ. 유대와 사마리아(6:8-9:31)
A. 스데반의 순교(6:8-8:1a)

2. 스데반의 증언(7:1-53)

스데반은 증인이라고 나선 자들의 주장에 반박하라며 대제사장이 준 기회를 이용하여 아브라함부터 시작해 자기 시대까지 이르는 이스라엘의 역사를 정리한다. 그러나 그의 스피치는 사도행전에서 가장 해석하기 어려운 부분으로 취급된다(Wall, cf. Bock). 스데반이 이스라엘의 역사를 요약하는 내용이 우리가 구약에서 접하는 디테일과 부분적으로 맞지 않는 듯하기 때문이다. 그럼에도 불구하고 그는 구약 말씀을 상당히 많이 직접 인용하거나, 요약적으로 인용한다. 이 책에서는 이런 부분을 가운데 맞춤(centering)으로 표기해 그의 개인적인 스피치와 구분했다. 많은 학자가 이 스피치를 사도행전에 기록된 가장 위대한 스피치라 한다(Barrett).

스데반은 이스라엘의 역사를 반역의 역사로 정리한다(Bock). 아브라함으로부터 시작된 이스라엘은 수많은 위기를 맞이했으며, 그때마다 하나님이 개입하셔서 그들을 보존하셨다. 그러나 배은망덕한 이스라엘은 계속 하나님께 반역했다. 가장 최근에는 하나님이 이스라엘을 보호하시는 역사적 흐름 속에서 그들을 구원하기 위해 메시아 예수를 보내셨지만, 그들은 하나님이 보내신 유일무이한 아들마저 죽였다! 참으로 어이없는 일이 벌어진 것이다. 그러므로 스데반은 방어적인 차원에서 이 스피치를 하는 것이 아니라, 공격적인 차원에서 말한다(Witherington, cf. Longenecker). 그의 이스라엘 역사 회고는 다음과 같이 구분된다.

A. 하나님과 아브라함(7:1-8)
B. 하나님과 요셉(7:9-16)
C. 하나님과 모세(7:17-43)
D. 성막과 성전(7:44-50)
E. 이스라엘이 메시아 예수를 죽임(7:51-53)

Ⅲ. 유대와 사마리아(6:8-9:31)
A. 스데반의 순교(6:8-8:1a)
2. 스데반의 증언(7:1-53)

(1) 하나님과 아브라함(7:1-8)

[1] 대제사장이 이르되 이것이 사실이냐 [2] 스데반이 이르되 여러분 부형들이여 들으소서 우리 조상 아브라함이 하란에 있기 전 메소보다미아에 있을 때에 영광의 하나님이 그에게 보여 [3] 이르시되

네 고향과 친척을 떠나
내가 네게 보일 땅으로 가라

하시니 [4] 아브라함이 갈대아 사람의 땅을 떠나 하란에 거하다가 그의 아버지

가 죽으매 하나님이 그를 거기서 너희 지금 사는 이 땅으로 옮기셨느니라
5 그러나 여기서 발 붙일 만한 땅도 유업으로 주지 아니하시고 다만

이 땅을 아직 자식도 없는 그와
그의 후손에게 소유로 주신다고

약속하셨으며
6 하나님이 또 이같이 말씀하시되

그 후손이 다른 땅에서 나그네가 되리니
그 땅 사람들이 종으로 삼아 사백 년 동안을 괴롭게 하리라

하시고
7 또 이르시되

종 삼는 나라를 내가 심판하리니
그 후에 그들이 나와서 이 곳에서 나를 섬기리라

하시고
8 할례의 언약을 아브라함에게 주셨더니 그가 이삭을 낳아 여드레 만
에 할례를 행하고 이삭이 야곱을, 야곱이 우리 열두 조상을 낳으니라

이 섹션은 이스라엘의 선조이며 이 민족을 시작한 아브라함에 관한 회고다. 스데반은 산헤드린이 진행하는 재판에서 자신의 억울함을 호소하지 않고 하나님이 계획하신 바에 따라 주님을 예배하는 기독교를 변호하는 스피치를 한다(Bruce). 그는 유대인들이 하나님의 말씀으로 받아들이는 구약 말씀을 통해 소통을 시도한다. 그러므로 스데반과 유대인들의 논쟁은 서로 공유하는 말씀을 어떻게 읽고, 이해하고, 적용하는가에 대한 것이라 할 수 있다. 스데반은 하나님께 순종한 아브라함도 중요하지만, 그를 메소포타미아에서 불러내 큰 민족으로 축복하신 하나님께 초점을 맞추어 이야기를 진행한다(Bock).

스데반을 고발한 거짓 증인들의 말이 끝나자 대제사장이 스데반에게 그들이 한 말이 사실이냐고 물었다(1절). 그가 하나님과 모세와 성전과 율법에 대해 불경스러운 말을 했는지 묻는 것이다(cf. 6:11, 13-14). 스데반의 순교를 주후 36년 이전에 있었던 일로 간주하면, 이때 대제사장은 가야바다(Bock). '가야바'(Καϊάφας)는 로마 사람들로부터 대제사장

직을 허락받은 사람이며, 주후 18-36년에 대제사장으로 활동했다. 그는 장인인 안나스(Annas, 주후 6-15년에 대제사장으로 활동함)로부터 이 자리를 물려받았다(DJG). 예수님을 죽음으로 몰고 간 자이기도 하다.

스데반은 거짓 증언자들의 말에 변증할 필요를 느끼지 못한다. 그들은 거짓말하고 있기 때문에 스데반이 무슨 말을 하든지 또 거짓말로 반박할 것이기 때문이다. 따라서 그는 변론 기회를 이스라엘의 반복되는 반역과 불순종에도 불구하고 계속 그들을 보호하시고 인도하신 하나님의 은총을 되돌아보는 계기로 삼는다. 스데반이 하나님에 대해 망언했다는 거짓 증인들의 주장은 전혀 근거가 없다.

스데반은 재판에 모인 사람들을 '부형들'이라 부르며 자기 말에 귀를 기울여 줄 것을 호소한다(2a절; cf. 1:16; 2:14). 그러나 그들은 귀를 막고 그의 말을 듣지 않을 것이다(7:57). '부형들'(ἀδελφοὶ καὶ πατέρες)은 '형제들과 아버지들'이라는 말이다. 자신을 재판에 회부한 사람들을 '형제들'이라고 부르며 어떠한 원망도 하지 않는 것도 대단한데, 자신에 대해 이미 결론을 내려놓고 재판을 진행하는 산헤드린 멤버들에게 '아버지들'이라며 경의를 표하는 것은 더욱더 대단한 일이다. 스데반은 참으로 자기 민족을 사랑하는 겸손한 사람이었다.

하나님은 아브라함이 하란에 있기 전 메소포타미아에 있을 때 그에게 보이셨다(2b절). 아브라함을 찾으신 하나님은 그에게 고향과 친척을 떠나 자신이 보여 줄 땅으로 가라고 하셨다(3절). 아브라함은 하나님의 말씀대로 갈대아 사람의 땅을 떠나 하란에 거했다(4a절). 이후 아브라함의 아버지가 하란에서 죽자 하나님이 그를 지금 이스라엘이 사는 이 땅으로 옮기셨다(4b절).

아브라함이 어떻게 고향인 메소포타미아를 떠나 하란을 거쳐 가나안에 입성하게 되었는가에 대한 스데반의 회고는 창세기에 기록된 내용과 다른 면을 지닌다(cf. 『엑스포지멘터리 창세기』). 창세기 11:26-32에 따르면 아브라함의 아버지 데라는 가족을 데리고 가나안을 향해 가다가 하란에 정착했고(학자들은 그가 하란을 지날 때쯤 지병을 얻어 더는 여행할 수 없게 된 것으로 추측함), 그곳에서 죽었다. 반면에 스데반은 데라의 가족이 메소포타미아에 있을 때 하나님이 아브라함에게 나타나셔서 고향과 친척을 떠나라고 말씀하셨다고 한다(cf. 창 12:1; 15:7).

그러므로 어떤 이들은 스데반의 스피치가 잘못된 디테일을 제시한다고 주장한다(Barrett, Haenchen). 그러나 스데반이 이렇게 말하는 것은 잘못된 것이 아니며(cf. Fitzmyer, Polhill), 이러한 차이를 설명하는 것 역시 어려운 일이 아니다. 아브라함이 아버지 데라와 함께 메소포타미아의 우르에서 살고 있을 때, 하나님이 아브라함에게 나타나 떠나라고 하셨고, 데라도 아들과 함께 가겠다며 아브라함과 더불어 길을 나섰다가 가나안까지 가지 못하고 하란에 정착하게 된 것이다.

하나님은 아브라함이 하란에 있을 때 자신이 보여 줄 땅으로 가라고 하셨는데, 이때 아브라함의 나이가 75세였다. 데라가 205세에 죽었고, 아브라함이 데라가 70세쯤 되었을 때 태어났으니(창 11:26), 아브라함이 하란을 떠나 가나안을 향했을 때 데라는 아직 살아 있었다. 그럼에도 불구하고 스데반은 마치 아브라함이 데라가 죽은 후에 하란을 떠난 것처럼 말한다. 이 부분을 설명하는 것이 더 어려운 문제다.

창세기 저자는 독자들에게 마치 데라가 오래전에 죽은 것으로 읽히기를 바라며 12장에서 공식적인 아브람 사이클이 시작되기 전인 11:32에서 "데라는 나이가 이백오 세가 되어 하란에서 죽었더라"라고 한다. 창세기 저자의 이러한 기법(등장인물이 아직 죽지 않았는데 죽었다고 정리하고 곧바로 다음 등장인물의 이야기를 시작하는 이야기 전개 방식)은 아브라함의 죽음을 기록하는 창세기 25:7-8에서도 사용된다. 아브라함의 나이를 계산해 보면 야곱-에서 쌍둥이 손주가 태어난 다음에 15년을 더 살다가 죽는데, 창세기는 마치 그가 이 쌍둥이가 태어나기 전에 죽은 것처럼 기록한다.

스데반은 창세기 저자의 이러한 기법에 따라 마치 아버지 데라가 죽은 다음에 아들 아브라함이 하란을 떠나 가나안에 입성한 것처럼 회고한다. 어떤 이들은 이미 아브라함이 아버지 데라와 함께 가나안을 향해 가고 있었다는 사실(창 11:31)이 하란을 떠날 때 '갈 바를 알지 못하고 나아갔다'는 히브리서 11:8과도 상충한다고 생각한다. 그러나 그렇지 않다. 가나안은 매우 넓은 땅이다. 그러므로 히브리서 기자는 아브라함이 가나안을 향해 가는 것은 알았지만, 가나안에 도착한 뒤 그 넓은 땅 어느 지역에 정착할 것인지는 알지 못하고 갔다는 뜻에서 이렇게 회고한다.

스데반은 아브라함을 부르신 주님을 '영광의 하나님'(O θεὸς τῆς δόξης)이라고 하는데 '영광을 소유하신 하나님'이라는 뜻이다(Wallace). 이스라엘은 하나님의 영광을 천지 창조, 시내산 율법, 출애굽, 성막과 성전을 통한 임재와 연관 지었다(Le Cornu & Shulam). 그러므로 스데반은 하나님을 가장 존귀하신 분으로 높이며 경의를 표하는 타이틀로 '영광의 하나님'을 사용한다. 거짓 증인들은 그가 하나님에 대해 망언했다고 하는데, 스데반은 그런 적이 없다. 그는 하나님은 가장 위대하고 영광스러운 분이라며 스피치를 시작한다. 또한 '영광의 하나님'을 언급하며 스피치를 마무리한다(7:55).

아브라함이 약속의 땅 밖에 있을 때 영광의 하나님이 그를 부르셨다. 하나님은 메소포타미아(2-3절)와 하란(4절)과 이집트(7:9-16)와 광야(7:30-34)와 시내산(7:38)에서도 말씀하셨다. 당시 많은 유대인이 하나님은 이스라엘 영토 안에서만 사역하신다고 했는데, 하나님은 이스라엘뿐 아니라 세상 곳곳에서 사역하시는 분이다(Bruce).

드디어 아브라함이 가나안에 도착했다. 그러나 하나님은 그에게 발붙일 만한 땅도 유업으로 주지 않으셨다(5절). 다만 그 땅을 그의 후손에게 소유로 주겠다고 하셨다(cf. 창 12:7; 13:15; 15:2, 18; 17:8; 24:7; 48:4). '발붙일 만한 땅'(βῆμα ποδὸς)은 출애굽한 이스라엘이 약속의 땅을 향해 가는 길에 에돔에 속한 세일산을 지날 무렵, 하나님이 그 땅을 넘

보지 말라며 그들의 땅은 '한 발짝'(LXX가 같은 헬라어 단어로 이 히브리어 표현을 번역함)만큼도 이스라엘에 주지 않겠다고 하신 말씀을 상기시킨다(Bock).

하나님이 이렇게 말씀하실 때 아브라함에게는 자식이 하나도 없었다. 그러므로 하나님은 이 말씀을 통해 그에게 자손도 주실 것을 약속하셨다. 또한 하나님의 말씀은 아브라함에게 믿음을 요구했다. 모든 것이 미래에 실현될 약속이지, 당장 이뤄지는 것이 아니기 때문이다. 아브라함은 언젠가는 하나님의 약속이 아직 태어나지도 않은 그의 자손들에게 실현될 것이라고 믿었다.

하나님은 아브라함의 후손이 이 땅을 차지하기 전에 먼저 다른 땅에서 나그네가 되고, 그 땅 사람들이 종으로 삼아 400년 동안 괴롭게 할 것이라고 하셨다(6절). 하나님은 아브라함의 자손을 종으로 부린 나라를 벌하시고, 그들이 그 나라를 떠나 약속된 땅으로 와서 주님을 섬기게 할 것도 약속하셨다(7절). 스데반은 창세기 15:13-14을 인용하고 있다. 이스라엘이 처음에 나그네로 살다가 종이 된 나라는 이집트다. '이곳'(τῷ τόπῳ τούτῳ)(7절)을 예루살렘 성전으로 해석하는 이가 많지만(Barrett, Le Cornu & Shulam, Polhill, Schnabel), 이스라엘의 영토가 된 가나안 땅 전체로 해석해도 무관하다(Bock, Bruce, Fitzmyer). 400년은 어림수(round number)이며, 구약은 이스라엘이 이집트에 머문 기간을 430년이라 하기도 한다(출 12:40; cf. 갈 3:17). 아브라함이 가나안에서 나그네로 살던 일은 훗날 이스라엘 자손들이 이집트에서 나그네로 살던 일과 비슷하다.

하나님은 아브라함에게 이렇게 약속하시고 그에게 할례의 언약을 주셨다(8a절). 스데반은 창세기 17장에 기록된 일을 회상하고 있다. 하나님의 약속이 곧바로 성취되지 않자 아브라함이 불안해했고, 하나님은 불안해하는 아브라함을 할례의 언약으로 안심시키셨다. 이 언약으로 인해 아브라함과 그의 집안 남자가 모두 할례를 받았다. 여종 하갈을 통해 얻은 이스마엘도 이때 할례를 받았다. 하나님은 앞으로 아브라함의 자손으로 태어나는 사내아이는 모두 태어난 지 8일째 되는 날 할례를 받게 하셨다. 할례는 하나님과 언약을 맺은 백성으로서 아브라함의 후손이 영원히 지녀야 할 육체적 증표였다.

그러므로 하나님이 할례의 언약을 주신 이듬해 이삭이 태어났을 때, 그는 여드레 만에 할례를 받았다(8b절). 이삭이 야곱을 낳았을 때도, 야곱이 이스라엘의 열두 조상을 낳았을 때도 태어난 아이들에게 할례를 행했다.

이 말씀은 하나님의 축복을 누리기 위해서는 믿음이 필요하다고 한다. 아직 자식이 하나도 없었던 아브라함은 먼 훗날 그의 후손으로 가나안을 소유하게 하겠다는 하나님의 약속을 받았다. 아브라함은 하나님의 약속을 믿었다. 약속은 하나님이 가장 흔하게 주시는 축복이다. 이 축복이 우리 것이 되게 하려면 약속하신 것이 그대로 이뤄질 것을 믿어야 한다.

좋은 일은 많은 시간이 필요하다. 아직 태어나지도 않은 아브라함의 후손이 언젠가 하나님의 백성이 되는 것은 참으로 좋은 일이다. 그러나 그 일이 있기 전에 야곱과 후손들은 이집트에서 400여 년간 나그네와 노예로 살았다. 역사적인 관점에서 이집트는 이스라엘이 큰 민족으로 태어나는 부화기(incubator)였기 때문이다.

이스라엘이 큰 민족이 되자 하나님은 그들에게 혹독한 노예의 삶을 주셨다. 만일 혹독한 어려움이 없었다면, 이스라엘은 이집트의 삶에 안주해 떠날 생각을 하지 않았을 것이다. 사람들은 대부분 본능적으로 변화와 도전을 싫어하기 때문이다. 그러므로 하나님은 그들이 어떻게 해서든 이집트를 떠나고자 하는 욕망을 품도록 고난을 주셨다. 이 같은 사실은 우리 삶에도 시사하는 바가 크다.

Ⅲ. 유대와 사마리아(6:8-9:31)
A. 스데반의 순교(6:8-8:1a)
2. 스데반의 증언(7:1-53)

(2) 하나님과 요셉(7:9-16)

[9] 여러 조상이 요셉을 시기하여 애굽에 팔았더니 하나님이 그와 함께 계셔
[10] 그 모든 환난에서 건져내사 애굽 왕 바로 앞에서 은총과 지혜를 주시매
바로가 그를 애굽과 자기 온 집의 통치자로 세웠느니라 [11] 그 때에 애굽과 가
나안 온 땅에 흉년이 들어 큰 환난이 있을새 우리 조상들이 양식이 없는지
라 [12] 야곱이 애굽에 곡식 있다는 말을 듣고 먼저 우리 조상들을 보내고 [13] 또
재차 보내매 요셉이 자기 형제들에게 알려지게 되고 또 요셉의 친족이 바로
에게 드러나게 되니라 [14] 요셉이 사람을 보내어 그의 아버지 야곱과 온 친족
일흔다섯 사람을 청하였더니 [15] 야곱이 애굽으로 내려가 자기와 우리 조상들
이 거기서 죽고 [16] 세겜으로 옮겨져 아브라함이 세겜 하몰의 자손에게서 은
으로 값 주고 산 무덤에 장사되니라

가나안에 입성한 이스라엘의 선조 아브라함은 그 땅을 다른 나라에서 노예 생활을 하다가 탈출할 그의 후손들이 차지할 것이라는 약속을 하나님께 받았다. 그때가 아직 이르지 않았기 때문에 하나님은 아브라함에게 그 땅을 허락하지 않으셨다. 이제 스데반은 그의 후손들이 어떻게 해서 그들을 노예로 부린 나라에 스스로 가게 되었는지 회고한다. 아브라함의 손주 요셉 시대에 있었던 일이다.

아브라함은 가나안에서 나그네로 살았지만, 그 땅을 그의 후손에게 주겠다고 하신 하나님의 약속을 믿으며 평온하고 행복한 시대를 살았다. 그러나 그의 손주 요셉 때부터 이스라엘은 죄로 인해 참으로 요동치는 격동의 시대를 맞이한다. 이스라엘의 역사가 죄와 반역으로 얼룩지기 시작한 것이다.

여러 조상이 요셉을 시기해 애굽에 팔았다(9a절). 야곱은 네 아내를 통해 열두 아들을 두었고, 그중 요셉은 야곱이 가장 사랑하는 아내 라헬을 통해 낳은 첫째, 집안 서열로는 열한 번째 아들이었다(창 30:22). 이후 라헬은 야곱의 열두 번째 아들인 베냐민을 낳다가 죽었다(창 35:16-19). 그러므로 라헬을 통해 낳은 요셉과 베냐민에 대한 야곱의 사랑이 각별했다. 노년에 얻은 막내들이기에 특별히 더 사랑하기도 했지만, 일찍 죽은 아내 라헬에 대한 그리움이 더해졌기 때문이다(cf. 창 37:3).

만일 야곱이 요셉에 대한 사랑을 마음에만 두고 자식들 앞에서 숨겼더라면 별문제 없었을 수도 있다. 그러나 야곱은 그다지 좋은 아버지가 아니다. 그는 다른 자식들 앞에서 보란 듯이 요셉을 편애했다. 옷이 매우 귀한 시대에 요셉에게 색동옷까지 주었다(창 37:3). 아버지의 편파적인 사랑을 지켜본 나머지 아들들은 자괴감을 느꼈고, 그들의 감정은 요셉에게 부정적으로 표출되었다. 그들은 요셉을 미워해 오늘날로 말하자면 '왕따'시켰다(창 37:4). 요셉도 자신이 꾼 두 꿈에 대해 '자랑질'을 함으로써 상황을 악화시켰다(창 37:5-11). 결국 형제들이 시기하여 요셉을 이집트에 팔게 된 것은 요셉 자신의 어리석음과 여러 아내를 통해 자식들을 둔 아버지 야곱과 배다른 형제들이 함께 이루어 낸 일이라 할 수 있다.

아브라함 이야기에서 이스라엘 영토 밖에서 역사하신 하나님이 이번에도 이집트로 끌려간 요셉과 함께하셨다(9b절). 참으로 억울하고 원통한 일을 당한 요셉을 하나님이 위로하시고 인도하셔서 절대 받아들일 수 없는 현실에 지혜롭게 순응하게 하신 것이다. 의로운 요셉이 고난당하는 것은 예수님을 따르는 초대교회 성도들이 의로운데도 고난당하는 일과 평행을 이룬다. 그러므로 요셉은 스데반의 원형(prototype)이라 할 수 있다(Schnabel).

하나님의 함께하심은 사람이 누릴 수 있는 가장 큰 축복이며 보호다. 또한 우리 능력의 근원이다. 그러므로 밤에 예수님을 찾아왔던 니고데모는 예수님께 "하나님이 함께 하시지 아니하시면 당신이 행하시는 이 표적을 아무도 할 수 없음이니이다"라고 고백했다(요 3:2). 우리가 어디서 무슨 일을 하는가는 별로 중요하지 않다. 가장 중요한 것은 하나님의 함께하심이다.

스데반은 하나님이 요셉과 함께하신 것에 대한 부연 설명으로 세 가지를 나열한다(10절). 첫째, 하나님은 요셉을 모든 환난에서 건져 내셨다(10a절; cf. 창 37:18-40:23). 형제들이 그를 죽일 수도 있었지만, 노예로 팔게 하셨다. 아프리카 다른 곳으로 팔려 갈 수도 있었지만, 바로의 신임을 받은 보디발의 집으로 보내 집사가 되게 하셨다. 보디발 아내의 음흉한 거짓말로 인해 죽을 수도 있었지만, 감옥에 감금해 그녀로부터 보호하셨다. 창세기에 기록된 요셉의 이야기 중에서 특별히 그가 노예로 팔려 가 이집트의 국무총리가 될 때까지의 환난 동안 '여호와께서 요셉과 함께하셨다'라는 말이 여러 차례 반복된다(창 39:2, 3, 21, 23; cf. 창 41:38). 그중 몇 차례는 하나님을 모르는 이방인들의 증언이다. 항상 함께하시며 그를 모든 환난에서 구원하신 하나님을 평생 경험한 요셉은 자기와 함께하신 하나님이 앞으로 이스라엘의 후손과 함께하셔서 그들을 약속의 땅으로 인도하실 것이라는 예언을 남기고 죽는다(창 48:21). 자신이 경험한 하나님의 임재를 후손에게 축복으로 남긴 것이다.

둘째, 하나님은 바로 앞에서 요셉에게 은총과 지혜를 주셨다(10b절; cf. 창 41:14-36). 스데반은 요셉이 바로의 꿈을 정확하게 해석할 수 있었던 능력을 가리켜 하나님이 주신 '은총과 지혜'(χάριν καὶ σοφίαν)라고 한다. 요셉도 자신에게 꿈을 해몽할 능력을 주신 분은 여호와이시며 바로에게 이런 꿈을 주신 분도 하나님이라며 모든 영광을 하나님께 돌린다(창 41:16, 25, 28, 32). 요셉은 자신이 하나님의 은총과 지혜로 살고 있음을 항상 의식하며 사는 겸손한 사람이었다. 하나님이 주신 은총과 지혜로 공회 앞에서 증언하는 스데반의 모습이 요셉을 닮았다(Bock).

셋째, 하나님은 요셉을 이집트와 바로의 온 집의 통치자로 세우셨다(10b절). 개역개정과 일부 번역본은 바로가 요셉을 통치자로 세웠다고 하는데(새번역, 공동, ESV, NIV, NRS), 헬라어 사본은 요셉을 통치자로 세운 이가 하나님이신지 혹은 바로인지 정확하게 말하지 않는다. 단순히 3인칭 남성 단수 '그'가 세웠다고 하기 때문이다(cf. NAS). 물론 창세기는 바로가 요셉을 통치자로 임명했다고 한다(창 41:40-41). 그러나 이 스피치에서 스데반은 어떻게 하나님이 선조들을 통해 역사하셨는지를 강조한다. 그러므로 스데반은 하나님이 요셉을 이집트와 바로의 온 집안의 통치자로 세우셨다고 한다(Barrett, Bock). 하나님이 바로를 도구로 사용해 요셉을 통치자로 세우신 것이다.

요셉이 바로의 꿈을 해몽해 준 대로 이집트에 7년의 풍년과 7년의 혹독한 기근이 이어서 임했다(cf. 창 41장). 기근은 이집트뿐 아니라 가나안 지역도 강타한 탓에 야곱 집안에도 양식이 다 떨어졌다(11절). '양식'(χόρτασμα)은 짐승의 먹이에 적합한 것을 뜻하기도 한다(Bock, Schnabel). 사람이 먹을 수 있는 가장 질 낮은 양식까지 동났다는 뜻이다(cf. 창 41:54-57). 이스라엘의 선조들이 처한 상황이 매우 절박하다. 야곱은 이집트에 곡식이 있다는 소문을 듣고 곡식을 구해 오라며 아들들을 보냈다(13절; cf. 창 42:1-5).

스데반은 요셉과 그를 알아보지 못하는 형제들의 첫 번째와 두 번째 만남에서 첩자와 베냐민과 연관해 있었던 모든 일을 생략하고, 곧바로 요셉이 형제들에게 자기 자신을 드러낸 일을 회고한다(13a절; cf. 창 45장). 형제들이 요셉을 알아보지 못한 것이 유대 사람들이 예수님을 알아보지 못한 것과 비슷하다(Johnson). 요셉의 형제들이 왔다는 소식은 곧바로 바로에게도 전해졌다(13b절).

요셉은 형제들에게 "당신들이 나를 이 곳에 팔았다고 해서 근심하지 마소서 한탄하지 마소서 하나님이 생명을 구원하시려고 나를 당신들보다 먼저 보내셨나이다"(창 45:5)라며 그들을 용서했다. 되돌아보니 하나님이 형제들의 악한 짓을 이용해 온 가족의 구원을 계획하신 것이 분명하게 드러났기 때문이다. 마치 예수님과 그를 죽음으로 몰고 간 유대인들을 보는 듯하다(cf. Bruce, Larkin). 요셉은 아직 가나안에 있는 아버지 야곱을 이집트로 모셔 오라며 형제들을 가나안으로 돌려보냈다(14a절). 이때 바로는 왕의 행렬에 걸맞은 수레와 선물들을 야곱에게 보냈다(창 45:17-27). 그동안 바로는 요셉에게 참으로 큰 마음의 빚을 지고 있었는데, 조금이나마 그 빚을 갚을 기회라고 생각했기 때문이다.

스데반은 총 75명이 이집트로 내려갔다고 하는데(14b절), 다소 혼란스럽다. 히브리어 사본들은 요셉과 아들들을 포함해 야곱 집안의 남자가 70명에 달했다고 하기 때문이다(창 46:27; 출 1:5; cf. 신 10:22). 반면에 칠십인역(LXX)은 창세기 46:27과 출애굽기 1:5에서 75명이라고 표기한다. 헬라파였던 스데반은 칠십인역에 익숙했던 만큼 그는 칠십인역(LXX)을 따르고 있다. 마소라 사본과 칠십인역(LXX) 사이에 나타나는 이 같은 차이는 본문을 해석하는 데 별문제가 되지 않는다(cf. Longenecker).

야곱은 130세가 되던 해에 이집트로 내려갔으며, 이때 요셉의 나이는 39세였다(cf. 『엑스포지멘터리 창세기』). 그가 이집트의 국무총리가 된 지 9년째 되는 해이며, 7년의 기근 중 2년째 되던 해다. 야곱과 그의 아들들은 이집트에서 죽었다(15절). 이집트로 내려간 야곱은 17년을 더 살다가 147세에 죽고, 요셉은 110세에 죽었다.

요셉이 죽은 후 오랜 시간이 지났고, 하나님의 인도하심에 따라 이집트에서 종살이를 마치고 그곳을 떠난 이스라엘 후손들이 요셉의 유언에 따라 그의 뼈를 가져다가 세겜에 묻어 주었다(16a절; cf. 창 50:22-26; 수 24:32). 16절의 나머지 디테일은 창세기와 잘 어울리지 않는다. 세겜 사람 하몰의 아들들에게 이 땅을 산 사람은 스데반이 말하는 것처럼 아브라함이 아니라 야곱이다(창 33:18-20). 여호수아기도 이렇게 기록한다(수 24:32). 아브라함은 아내 사라가 죽자 그녀를 장사하기 위해 에브론에게서 막벨라 굴을 샀다(창 23장). 막벨라 굴은 헤브론에 있었다(창 23:19). 훗날 사라뿐 아니라 아브라함, 이삭과 그의 아내 리브가, 야곱과 그의 아내 레아도 이곳에 묻혔다(창 49:30). 이 굴이 아브라함의 집안 묘로 사용된 것이다.

만일 스데반이 잘못 말하고 있다면, 훗날 그의 스피치를 사도행전에 기록한 누가가 교정했을 것이다. 그러나 그대로 남겨 두었다. 학자들은 스데반이 하는 말을 잘못된 것으로 보기보다 하나의 문학적 기법으로 간주한다. 스데반이 하는 것처럼 두 개의 독집적인 사건이나 장소를 하나처럼 축약하는 기법을 '텔레스코핑'(telescoping)이라고 한다(Bock, Bruce, Le Cornu & Shulam, Marshall). 구약에는 이러한 문학적 기법이 종종 사용된다. 예를 들어, 사무엘하는 사울왕이 죽은 후 다윗이 처음에는 유다 지파의 왕이 되어 사울 집안을 지지한 지파들과 7년 동안 내란을 겪다가 드디어 통일 왕국의 왕이 되었다고 한다(삼하 1-5장). 반면에 역대기는 이 시기를 회고하면서 마치 처음부터 다윗이 모든 지파의 지지를 받으며 통일 왕국의 왕이 된 것처럼 묘사한다(대상 11장). 역대기 저자가 사무엘하와 대조해 잘못된 정보를 제공하는 것이 아니라, 그 시대에 있었던 일들의 자세한 내용은 사무엘하에 기록되어 있다는 전제 아래(그러므로 더 자세하게 알고 싶으면 그 책을 보라는 취지) 간략하게 요약하고 뛰어넘는 것이다. 스데반도 이런 기법을 사용해 이야기를 이어 가고 있다.

이 말씀은 공동체의 건강을 위협하는 가장 기본적이고 심각한 문제는 시기와 질투라고 한다. 형제들의 시기가 형제 관계를 깨트리고 요셉을 노예로 팔아 버리게 만들었다. 이 같은 무서운 시기와 질투는 아버지 야곱의 편애와 차별에서 시작되었다. 우리가 서로 사랑하고 섬기는 공동체를 바란다면, 편애와 차별이 없어야 한다. 사역자들은 모든 성도를 공평하신 하나님의 사랑으로 사랑하고 섬겨야 한다.

우리가 어떤 상황에 처하든 가장 중요한 것은 하나님이 우리와 함께하시는가 하는 점이다. 형제들은 요셉을 노예로 팔았지만, 하나님이 요셉과 함께하시며 모든 환난에서 건져 내시고, 그를 통해 온 이집트뿐 아니라 야곱의 집안도 살리셨다. 우리가 항상 추구하고 기도해야 할 것은 어떤 능력이나 은사가 아니라 하나님의 함께하심이다.

Ⅲ. 유대와 사마리아(6:8-9:31)
A. 스데반의 순교(6:8-8:1a)
2. 스데반의 증언(7:1-53)

(3) 하나님과 모세(7:17-43)

스데반의 이스라엘 역사 회고에서 모세와 그의 시대에 있었던 일이 가장 많은 공간을 차지한다. 거짓 증인들이 그가 성전과 율법에 대해 쉴 새 없이 거슬러 말했고, 예수님이 모세가 전해 준 율법을 뜯어고칠 것이라 말했다고 증언했기 때문일 것이다(6:13-14). 이 모든 주제는 모세를 통해 이스라엘이 이집트를 탈출한 일과 연관이 있다. 또한 모세는 언젠가는 하나님이 자기와 같은 선지자를 보내실 것이라는 말을 남기고 죽었는데(7:37; cf. 신 18:15), 스데반은 그가 언젠가는 오실 것이라고 예언한 선지자가 바로 예수님이라고 한다(cf. 3:22-23; 7:52-53).

유대인들에게 하나님의 율법을 전해 준 모세는 가장 중요하고 위대한 선지자였다. 누가도 모세를 매우 특별하게 생각한다. 신약이 모세를 80차례 언급하는데, 그중 29차례가 누가의 저서에 언급된다(Jervell). 사도행전에서 모세가 19차례 언급되는데, 그중 스데반이 9차례나 언급하는 것은 그에게도 모세가 매우 중요한 인물이었음을 시사한다(Bock).

모세는 이스라엘에 참으로 위대한 하나님의 종이었지만, 처음 그가 모습을 드러냈을 때는 사람들이 그를 거부했다(cf. 7:25-29). 또한 모세가 광야에서 이스라엘을 인도하던 때는 그들이 죄를 가장 많이 지어 하나님의 즉결 심판을 받은 때이기도 하다. 그러므로 이스라엘의 역사를 지속적인 반역의 역사로 규정하며 스피치를 진행하는 스데반이 가장 중요한 역사적 사례를 모세 시대에서 찾는 것은 당연한 일이다. 그는 하나님의 끊임없는 용서와 은혜가 없었다면 이스라엘이 한 국가로 출범하기 어려웠다는 사실을 지적한다. 이 섹션은 다음과 같이 구분된다.

A. 모세의 탄생과 보호(7:17-29)
B. 모세의 부르심(7:30-34)
C. 모세와 이스라엘(7:35-43)

Ⅲ. 유대와 사마리아(6:8-9:31)
A. 스데반의 순교(6:8-8:1a)
2. 스데반의 증언(7:1-53)
(3) 하나님과 모세(7:17-43)

a. 모세의 탄생과 보호(7:17-29)

[17] 하나님이 아브라함에게 약속하신 때가 가까우매 이스라엘 백성이 애굽에
서 번성하여 많아졌더니
[18] 요셉을 알지 못하는 새 임금이 애굽 왕위에 오르매
[19] 그가 우리 족속에게 교활한 방법을 써서 조상들을 괴롭게 하여 그 어린 아
이들을 내버려 살지 못하게 하려 할새 [20] 그 때에 모세가 났는데 하나님 보
시기에 아름다운지라 그의 아버지의 집에서 석 달 동안 길리더니 [21] 버려진
후에 바로의 딸이 그를 데려다가 자기 아들로 기르매 [22] 모세가 애굽 사람의
모든 지혜를 배워 그의 말과 하는 일들이 능하더라 [23] 나이가 사십이 되매
그 형제 이스라엘 자손을 돌볼 생각이 나더니 [24] 한 사람이 원통한 일 당함
을 보고 보호하여 압제 받는 자를 위하여 원수를 갚아 애굽 사람을 쳐 죽이
니라 [25] 그는 그의 형제들이 하나님께서 자기의 손을 통하여 구원해 주시는

것을 깨달으리라고 생각하였으나 그들이 깨닫지 못하였더라 [26] 이튿날 이스라엘 사람끼리 싸울 때에 모세가 와서 화해시키려 하여 이르되 너희는 형제인데 어찌 서로 해치느냐 하니 [27] 그 동무를 해치는 사람이 모세를 밀어뜨려 이르되

누가 너를 관리와 재판장으로 우리 위에 세웠느냐

[28] 네가 어제는 애굽 사람을 죽임과 같이 또 나를 죽이려느냐

하니

[29] 모세가 이 말 때문에 도주하여 미디안 땅에서 나그네 되어 거기서 아들 둘을 낳으니라

요셉과 그 외 선조들이 모두 죽고 난 후에도 이스라엘 백성은 이집트에서 계속 번성해 많아졌다(17b절; cf. 출 1:7). 그들이 이집트를 떠날 때 당장 군대에 동원될 수 있는 20세 이상 성인 남자만 60만 명에 달했으니 수백 년 사이에 기하급수적으로 번성한 것이다(출 12:37). 하나님은 아브라함에게 하신 후손 약속을 이루기 위해 이스라엘 백성의 수를 하늘의 별처럼 많게 하셨다(cf. 창 15:5). 하나님은 이집트를 몇 명 안 되는 야곱의 후손을 큰 민족이 되게 하는 '부화기'(incubator)로 사용하신 것이다.

스데반은 이집트에 거하는 이스라엘 백성의 수가 크게 번성한 것은 하나님이 아브라함에게 약속하신 때가 가까웠기 때문이라고 한다(17a절). 아브라함의 후손들이 그곳을 떠나 약속의 땅을 차지할 때가 가까워진 것이다(창 15:13-14; cf. 창 12:7; 13:15; 15:18-20). 그러나 약속의 땅을 차지할 때가 가까워졌다는 것은 혹독한 고난의 용광로 시대도 가까워졌음을 뜻한다(신 4:20; cf. 창 15:13). 이스라엘 백성은 이집트를 떠나기 전에 이집트 왕과 사람들의 노예로 살아야 하기 때문이다.

이집트가 이스라엘 백성을 노예로 부리며 억압하고 착취하는 일은 요셉을 알지 못하는 새 임금이 이집트 왕위에 올랐을 때 시작되었다

(18절; cf. 출 1:8). 요셉을 알지 못하는 새 임금이 애굽 왕위에 올랐다는 것은 새로운 왕조의 시작을 뜻한다. 학자들은 이집트의 새 왕을 세티 1세(Seti I, 주전 1308-1290년, Fitzmyer), 람세스 2세(Rameses Ⅱ, 주전 1290-1224년, Bruce), 투트모세 1세(Thutmose I, 주전 1600-1514년, Larkin) 등으로 추측한다. 가장 유력한 왕은 건축가로 유명했던 람세스 2세다(cf. 『엑스포지멘터리 출애굽기』).

이집트의 왕위에 오른 새 왕은 교활한 방법을 써서 이스라엘 조상들을 괴롭게 했다(19a절). '교활한 방법'(κατασοφισάμενος)은 신약에서 단 한 차례 사용되는 단어이며, 착취를 내포한다(Bruce). '괴롭게 하다'(ἐκάκωσεν)는 매우 심각한 해를 입혔다는 뜻이다(TDNT). 심지어 이스라엘의 어린 아이들을 내버려 살지 못하게 했다(19b절). '어린 아이들'(τὰ βρέφη)은 갓 태어난 아이들을 뜻한다(cf. 새번역, 공동, ESV, NAS, NIV, NRS). 이 악한 이집트 왕은 갓 태어난 히브리인 아이들을 살지 못하게(죽게) 함으로써 이스라엘 민족을 상대로 인종 말살 정책을 편 것이다(출 1:10-11, 18, 22). 히브리 노예들의 수를 조절하고자 한 이집트 왕에게는 지혜로운 방법이었겠지만, 이스라엘에는 치명적인 위기였다.

히브리 노예의 아들로 태어난 모세가 어떻게 해서 바로의 딸의 아들이 되었는지를 설명하는 20-22절은 출애굽기 2:2-10을 요약한다. 이스라엘 노예들에게서 남자 아기가 태어나면 죽도록 내다 버리는 때에 모세가 태어났다(20a절). 모세가 태어난 '그때'(Ἐν ᾧ καιρῷ)는 적절한 때, 곧 하나님의 구원 사역이 시작되기 적합한 때였다(Schnabel, cf. 눅 2:1-2). 모세는 하나님 보시기에 아름다웠다(20b절). 하나님이 그를 보존하시려고 특별한 은혜를 모세에게 주셔서 누가 보든 그 아이를 참으로 아름답다고 생각하게 하신 것이다. 모세의 부모도 아이의 아름다움을 보고 석 달 동안 집에 숨겨 두고 키웠다(20c절).

아이를 숨겨 키운 지 3개월이 지나자 더는 숨길 수 없게 되었다. 모세의 어머니는 갈대 상자를 만들어 역청과 나무 진을 칠한 후, 나일강으로 가져가 아이를 넣어 갈대 사이로 떠나보냈다. 당시 나일강은 구역에 따라 악어가 득실거렸다. 반면에 매우 안전해서 사람들이 목욕하는 구역도 많았다. 그러므로 아이의 어머니는 분명 사람들이 목욕하는 안전한 구역에 아이가 실린 갈대 상자를 띄웠을 것이다. 젖먹이를 강물에 띄워 보내는 것은 부모가 할 수 있는 최선이었으며, 이제부터는 오직 하나님의 손에 아이의 생명을 맡긴다는 절박함을 상징했다.

차마 아이가 잘못되는 것을 지켜볼 용기가 없었던 아이의 부모는 집으로 돌아왔다. 그러나 그들은 혹시 하나님이 자신들과 아이를 불쌍히 여겨 기적을 베풀지 않으실까 하는 마지막 소망을 가지고 아이의 누이를 시켜 아이가 실린 갈대 상자를 뒤따르며 이 상자와 아이가 어떻게 되는지 살피게 했다(출 2:4).

하나님의 섭리는 타이밍(timing)으로 자주 표현된다. 때마침 바로의 딸이 목욕하기 위해 모세가 실린 갈대 상자가 떠내려가는 물길 근처에 와 있었다. 당시 이집트 사람들은 종교적인 예식 혹은 신체적인 청결을 위해 나일강에 와서 목욕했다. 아마도 공주는 이 두 가지 목적 모두를 위해 목욕하러 나왔을 것이다. 목욕하던 공주는 우연히 상자에 실린 모세를 발견하고 불쌍히 여겨 키우기로 했다. 이 일은 우연이 아니라 하나님이 하신 일이다.

이때까지 이집트의 공주는 목욕하러 나일강을 찾을 때마다 강물에 떠내려가는 수많은 히브리 남자아이를 보았을 것이다. 그때는 별 관심을 갖지 않았는데, 왠지 이번에는 마음이 끌려 상자를 가져다 열어 보게 했다. 상자에 실린 아이의 눈을 보는 순간 그녀는 아버지의 칙령을 어기면서까지 이 아이를 키우고 싶은 긍휼과 사랑을 갖게 되었다. 하나님이 모세를 아름답게 하셨기 때문이다.

조금 떨어진 곳에서 지켜보던 아기의 누나 미리암이 나타나 아이에게 젖을 먹여 양육할 산모를 소개하겠다고 나섰다(출 2:7). 이집트의 공주는 미리암의 제안을 좋게 받아들였고 미리암은 어머니 요게벳을 데려와 바로의 딸에게 소개했다(출 2:8). 물론 요게벳이 아이의 친모라는 것은 밝히지 않았을 것이다. 이렇게 하여 모세는 다시 친모의 손에 넘겨졌다. 모세의 어머니는 더는 아이를 숨겨 키울 필요가 없을 뿐 아니라, 아이의 양육비까지 받아 가며 당당하게 모세를 키우게 되었다! 참으로 대단한 반전이다.

요게벳은 모세를 키우면서 그가 히브리 사람이라는 사실과 언젠가는 하나님이 그를 들어 이스라엘을 구원하실 것이라는 비전을 끊임없이 심어 주었을 것이다(cf. 23절). 물론 어린 모세가 이 모든 것을 알아들었을 가능성은 별로 없다. 그러나 어쨌든 모세는 어릴 때부터 자신의 정체성과 민족성에 대해 철저한 교육을 받으며 자랐다.

아이가 어느 정도 자란 다음에 바로의 딸이 모세를 데려가 양자로 삼았다(21b절; cf. 출 2:10). 당시 아이들은 보통 만 3-4세 정도에 젖을 뗐다. 오늘날로 말하자면 모세는 유치원에 입학하기 바로 직전에 이집트 공주에게 입양된 것이다. 공주에게 입양된 이후에도 모세는 자기 친족들과 왕래하며 관계를 유지했을까? 정확히 알 수 없지만, 훗날 그가 아론이 자기 형이라는 것을 알고(cf. 출 4:14) 함께 사역하는 것을 보면 아마도 그랬을 것으로 생각된다. 그는 자랄 때부터 자신이 히브리 사람이라는 것을 알고 있었다(23절; cf. 출 2:11).

모세는 합법적으로 당당하게 바로의 궁에 입성해 이집트가 제공할 수 있는 최고의 것을 누리며 최고의 교육을 받았다. 이 시대의 이집트 왕궁의 문헌을 살펴보면 왕족 자녀들의 교육은 어릴 때 시작되어 12년 정도 계속되었다. 모세는 이집트 사람의 모든 지혜를 배웠으며, 그의 말과 하는 일들이 능했다(22절). 다방면으로 고루 실력을 갖춘 엘리트가 된 것이다.

유대인들은 오늘날에도 이 대목에서 열광한다. 회당에서 이 이야기를 함께 읽을 때는 손뼉을 치고 발을 구르고 소리를 지르며 환호한다. 우리가 상상할 수 있는 최악의 조건에서도 자비를 베푸셔서 선민을 구원할 구원자를 보호하시는 하나님을 찬양하는 것이다. 어린 모세의 이야기는 이집트 사람들의 '죽음의 소굴'(den of death)에서도 바로의 딸, 요게벳, 미리암 같은 '생명의 동맹군'(allies of life)이 있었음을 시사한다. 여성 신학자들이 말하는 것처럼 이 여인들의 영웅적인 행동이 이스라엘의 구원자가 될 모세의 생명을 구해 이스라엘 역사와 신학에 영원히 빛날 출애굽 사건의 초석을 마련해 주었다(Exum, Trible).

친모의 교육 때문이었을까! 모세는 이집트 왕궁에서 자라난 후에도 동족 히브리 사람들을 사랑했다. 나이 사십이 되었을 때 모세는 비로소 그의 형제들인 이스라엘 자손을 돌볼 생각을 하기 시작했다(23절). 오래전부터 랍비들은 모세의 120년 삶을 40-40-40년으로 삼등분했는데, 두 번째 40년이 시작될 때쯤 소명에 대해 생각하기 시작한 것이다. '생각이 났다'(ἀνέβη ἐπὶ τὴν καρδίαν)는 하나님이 모세에게 동족을 돌볼 생각(소명)을 주셨다는 뜻이다(Jervell).

모세는 정의에 대해 깊이 고민하는 사람이었다. 그는 아마도 "왜 하나님이 나를 선택해 특별한 대우를 하셨을까?"라는 질문을 많이 묵상했을 것이다. 모세가 내린 결론은 '나는 이스라엘 민족을 구원하기 위해 하나님이 예비하신 자'라는 위대한 사명감이었다. 그는 하나님의 깊은 뜻을 제대로 헤아린 것이다!

그러나 때가 문제다. 이때는 하나님의 때가 아닌 것이 확실하다. 모세가 마음에 두었던 해방 계획도 하나님의 방법이 아니다. 그는 하나님의 방법을 분별하며 때를 기다려야 했다. 섣불리 움직이면 모세는 '메시아 증후군'(Messiah Complex)을 앓는 사람밖에 되지 않기 때문이다. 하나님의 역사가 일어나려면 하나님의 뜻, 시간, 방법 등이 '삼위일체해야' 한다. 이 세 가지가 일치해야 하나님의 역사다.

24-29절은 출애굽기 2:11-15을 바탕으로 한다. 모세는 한 히브리 사람이 이집트 사람에게 원통한 일을 당하는 것을 보았다(24a절). 그는 압제받는 히브리 형제를 위해 이집트 사람을 쳐 죽였다(24b절). 출애굽

기 2:12은 모세가 이집트 사람의 시체를 모래에 묻었다고 한다. 모세는 히브리 사람들이 하나님께서 그의 손을 통해 구원해 주시는 것을 깨달으리라고 생각했지만, 그들은 깨닫지 못했다(25절). 히브리 노예들은 모세가 하나님이 그들을 구원하기 위해 세우신 구원자라고 생각하지 않은 것이다. 야곱 자손을 보존하는 데 결정적인 역할을 한 요셉이 형제들에게 거부당했던 것처럼, 이스라엘을 이집트에서 구원하는 구원자가 될 모세도 이스라엘 사람들에게 거부당했다.

다음 날 모세는 히브리인이 모여 사는 곳을 찾았다(26a절). 그는 전날 히브리 사람을 괴롭히던 이집트인을 쳐 죽인 일로 인해 이스라엘 사람들이 그를 환대해 줄 것으로 생각했다. 모세는 히브리 사람 둘이 싸우는 것을 보고 서로 해치면 안 된다며 그들을 화해시키려 했다(26b절). '해치다'(ἀδικέω)는 전날 한 히브리인이 모세에게 살해당한 이집트 사람에게 당한 '원통한 일'(ἀδικούμενον)이다(24절). 이집트 사람들에게 당하면서 사는 것도 원통한데, 어찌 히브리인들끼리 서로를 마치 이집트 사람이 히브리 사람을 대하듯 하느냐는 것이다. 모세는 잘못된 일을 바로잡으려고 노력하고 있다(Conzelmann).

또한 모세가 두 히브리인을 화해시키려 하는 것은 전날 히브리 사람에게 해를 입히던 이집트 사람을 죽인 일과는 확연한 대조를 이룬다. '화해시키려 했다'(συνήλλασσεν)는 미완료형이다. 모세가 두 사람을 화해시키려고 계속 노력한 것이다(Wallace). 모세는 동족 간의 싸움이 멈추기를 바랐다. 그러나 이 과정에서 그는 본인의 의도와 상관없이 이스라엘 백성의 재판관이 되었다.

그 동무를 해치는 사람이 모세를 밀어뜨리며 "누가 너를 관리와 재판장으로 우리 위에 세웠느냐"라고 따져 물었다(27절; cf. 출 2:14). 이 사람이 한 말은 온 이스라엘이 모세의 리더십을 거부하며 하는 말이다(cf. 7:35). 출애굽기에 기록된 이야기에는 이 사람이 모세를 밀어뜨렸다는 말이 없다. 그러므로 스데반은 온 이스라엘이 모세를 거부했다는 사실을 강조하기 위해 이 디테일을 추가한 것으로 보인다(cf. Schnabel, Wall).

그는 "네가 어제는 애굽 사람을 죽임과 같이 또 나를 죽이려느냐?" 라고 물었다(28절; cf. 출 2:14). 그는 전날 모세가 이집트 사람을 살인한 것을 알고 있었다. 또한 모세가 이스라엘 사람의 억울함을 보복한답시고 이집트 사람을 죽인 일을 고마워하지 않는다.

모세는 자기가 전날 저질렀던 살인의 전모가 이미 많은 사람에게 알려졌다는 사실을 알아차리고 두려워했다(출 2:14). 이집트 왕도 모세가 살인했다는 정보를 입수하고 그를 죽이기 위해 찾았다(출 2:15). 모세는 곧바로 미디안 땅으로 도망쳤다(29a절; cf. 출 2:15). 미디안 땅은 당시 이스라엘이 거하던 나일 삼각주 지역에서 바다를 두 번 건너야 갈 수 있는 먼 땅이었다. 모세가 바로를 얼마나 두려워했는지를 엿볼 수 있는 대목이다.

모세가 찾아간 미디안 족속은 아브라함과 그두라 사이에 태어난 아들에서 비롯된 것으로 생각되며(창 25:1-2), 그들의 땅은 매우 넓은 사막 지대를 중심으로 형성되었다. 아브라함이 가나안에서 나그네의 삶을 살았던 것처럼 모세도 미디안에서 나그네로 살며 두 아들을 낳았다(29b절). 스데반은 모세가 우물가에서 만난 제사장의 딸 십보라와 결혼해 두 아들을 얻은 일을 '텔레스코핑'하고 있다(cf. 출 2:16-22; 18:3-4).

이 말씀은 하나님의 축복과 약속이 반드시 이루어지며, 그 누구도 주님의 축복과 약속이 실현되는 것을 막을 수 없다고 한다. 하나님은 아브라함에게 그의 후손이 복을 받아 그 수가 헤아릴 수 없을 정도로 많아질 것이라고 하셨다. 또한 그들이 아브라함이 하나님께 받은 약속의 땅을 차지할 것이라고 하셨다.

이집트 왕은 온갖 악행과 권모술수로 하나님이 계획하신 바가 이루어지지 않도록 최선을 다했지만, 막을 수 없었다. 오히려 하나님이 들어 쓰실 모세가 이집트 왕 '바로의 바로 코밑'에서 이집트가 줄 수 있는 최고의 교육을 받으며 성장하게 하셨다!

하나님의 섭리에서 가장 중요한 것은 타이밍(timing)이다. 모세는 자신을 통해 이집트에서 혹독한 노예살이를 하고 있는 이스라엘 백성을 해방시키는 것이 하나님의 뜻이라고 확신했다. 그러나 아직 때가 이르지 않았는데 자기가 생각해 낸 방법으로 이스라엘의 구원자가 되려 했다가 살인자가 되어 미디안으로 도주했다. 하나님의 뜻은 헤아렸지만, 그분의 때와 방법은 알지 못했기 때문이다.

Ⅲ. 유대와 사마리아(6:8-9:31)
A. 스데반의 순교(6:8-8:1a)
2. 스데반의 증언(7:1-53)
(3) 하나님과 모세(7:17-43)

b. 모세의 부르심(7:30-34)

30 사십 년이 차매
천사가 시내 산 광야 가시나무 떨기 불꽃 가운데서 그에게 보이거늘
31 모세가 그 광경을 보고 놀랍게 여겨 알아보려고 가까이 가니 주의 소리가 있어
32 나는 네 조상의 하나님
즉 아브라함과 이삭과 야곱의 하나님이라
하신대 모세가 무서워 감히 바라보지 못하더라 33 주께서 이르시되
네 발의 신을 벗으라
네가 서 있는 곳은 거룩한 땅이니라
34 내 백성이 애굽에서 괴로움 받음을 내가 확실히 보고
그 탄식하는 소리를 듣고
그들을 구원하려고 내려왔노니
이제 내가 너를 애굽으로 보내리라
하시니라

모세가 이스라엘 사람을 괴롭힌 이집트 사람을 죽인 일로 미디안으로 도주할 때 그의 나이는 40세였다(7:23). 스데반은 모세의 삶에 있었던 다음 이야기로 그때로부터 40년이 흐른 다음에 있었던 일을 회고한다(30절). 모세의 나이가 어느덧 여든이 된 것이다(cf. 출 7:7). 그는 앞으로 40년 동안 사역하고 120세에 죽을 것이다(신 34:5-7). 어떻게 보면 삶의 3분의 2가 3분의 1을 준비하는 시간이었던 것이다.

하루는 그가 시내산 광야 가시나무 떨기 불꽃 가운데 있는 천사를 보았다(30b절). 혹은 불꽃 자체가 천사의 모습일 수도 있다(Bruce). 이날도 그는 장인 이드로의 양 떼를 먹이고 있었다(출 3:1). 모세 오경에서 시내산은 호렙산의 다른 이름이다(cf. 출 3:1; 17:6; 33:6; 신 1:2, 6). 출애굽기가 모세가 하나님께 소명을 받은 곳이 호렙산이라는 사실을 강조하는 반면, 스데반은 이 산을 다른 이름인 시내산으로 부른다. 아마도 하나님이 이곳에서 모세를 통해 율법을 주셨기 때문일 것이다(출 19:1-2). 출애굽 사건을 통해 하나님의 율법 주심과 이스라엘 구원이 예루살렘 성전이 아니라 광야에 있는 산(황무지)에서 시작되었음을 암시하고자 하는 것이다(Schnabel).

떨기나무에 불이 붙었지만 타지 않는 기이한 현상을 보고 모세의 호기심이 발동했다(31a절; cf. 출 3:2). 출애굽기에서 이 불은 이스라엘을 억압하는 이집트에는 태우는 불이 되며, 하나님께 구원받은 이스라엘에는 치료하고 정결하게 하는 불이 된다.

모세가 무슨 일이 벌어지고 있는지 알아보려고 가까이 가니 불이 붙은 떨기나무에서 하나님의 음성이 들려왔다(31b절; cf. 출 3:3-4). 모세는 떨기나무 불꽃 가운데서 천사를 보았는데(30절), 정작 하나님이 그에게 말씀하신다(32-34절). 칼뱅(Calvin)은 고린도전서 10:4을 근거로 모세에게 말씀하신 이는 성육신하기 전의 예수님이라고 하는데, 별 설득력 없는 논리이며 그렇게 단정할 만한 증거도 없다. 구약에서는 하나님의 임재와 천사들의 현현이 구분되지 않는다. 하나님이 보내신 사자인 천사를 보는 것은 곧 하나님을 뵙는 것으로 간주되었기 때문이다.

당시 랍비들은 하나님이 모세를 부르신 곳이 사람이 살 수 없는 가장 황량한 곳이라는 사실에 주목했다. 사람이 살 수 없을 정도로 메마르고 황량한 광야라 할지라도 하나님께는 어떠한 문제도 되지 않는다는 것이다(cf. Haenchen). 하나님은 스데반이 거슬러 말했다는 예루살렘 성전에도 계시지만(6:13), 세상에서 가장 단절된 곳에도 계신다(Bock).

하나님은 자기 자신을 모세의 '조상의 하나님 즉 아브라함과 이삭과 야곱의 하나님'이라고 밝히셨다(32a절; cf. 출 3:6). 모세는 말씀하시는 이가 무서워서 감히 바라보지 못하고 얼굴을 가렸다(32b절; cf. 출 3:6). 모세가 하나님 앞에서 심히 두려워하는 모습은 앞으로 모세를 통해 이스라엘에 말씀하실 하나님의 권세를 상징한다(Schnabel). 이스라엘도 심히 두렵고 떨림으로 모세를 통해 주신 말씀을 대해야 하는데, 그런 경외함이 사라졌다.

하나님은 두려워 떠는 모세에게 그가 서 있는 곳은 거룩한 땅이므로 신발을 벗으라고 하셨다(33절). 스데반은 출애굽기 3:5 후반부를 그대로 인용한다. 그는 이 말씀을 인용해 성전만이 세상에서 가장 거룩하고 특별한 공간이라고 주장하는 유대인들의 편협한 생각을 교정하고자 한다. 하나님의 임재가 있는 곳이라면, 어디든 거룩하고 특별하다(Bock, Schnabel). 또한 하나님은 성전 같은 건물과 상관없이 언제 어디서든 임하실 수 있다(Longenecker). 마치 성전을 하나님이 임하시는 유일한 공간처럼 여기는 것은 하나님의 편재(遍在, omnipresence)를 제대로 이해하지 못한 결과다.

하나님은 모세에게 이집트에서 학대받으며 탄식하는 자기 백성의 형편을 보고 그들을 구원하기 위해 왔다고 말씀하셨다(34a절). 더불어 이스라엘 백성을 구원하는 일에 모세를 도구로 쓰기 위해 그를 이집트로 보내겠다고 하셨다(34b절). 모세는 이집트에서 노예 생활을 하는 이스라엘 사람들에게 거부당한 지 오래다. 하나님은 자기 민족에게 거부당한 모세를 인정하시고 그들의 리더로 세우고자 하신다. 모세 이후에도 이스라엘은 하나님이 보내신 리더들을 계속 거부했다(Witherington). 이러한 반역적인 역사의 흐름 속에서 유대인들은 메시아 예수님도 거부했다(Schnabel).

스데반은 출애굽기 3:7-10을 요약하고 있으며, 마소라 사본은 하나님이 자기 백성의 탄식을 듣고 그들을 구원하기 위해 오셨다며 신적 1인칭(divine I)을 대여섯 차례 강조한다. 그럼에도 불구하고 모세는 이스라엘의 구원을 자신이 이루어야 하는 일로 생각해 다섯 차례나 이집트로 내려가라는 하나님의 명령을 받아들이지 않는다. 그러다가 마지막에 하나님이 화를 내시자 마지못해 이집트로 간다. 다음 도표는 하나님과 모세 사이에 있었던 실랑이를 요약한 것이다(cf. 『엑스포지멘터리 출애굽기』).

본문	모세의 문제 제기	하나님의 해결책
출 3:11	자격이 없습니다	내가 너와 함께하리라
출 3:13	자신이 없습니다	'스스로 있는 자'를 안다고 하라
출 4:1	자신이 없습니다	이적을 주리라
출 4:10	능력이 없습니다	내 주권을 믿으라
출 4:13	보낼 만한 사람을 보내십시오	입 닥치고 순종하라!

이 말씀은 하나님이 우리에게 원하시는 '거룩'은 공간적인 개념이 아니라 한다. 유대인들은 예루살렘 성전을 하나님이 임하시는 거룩한 공간이라 했지만, 스데반은 하나님이 세상 어디든 임하신다고 한다. 그러므로 한 공간을 정해 놓고 그곳에 하나님이 임하신다고 하는 것은 잘못된 일이다. 우리는 '교회는 특별한 공간이니 죽어도 교회에 와서 죽어라'는 식의 가르침을 멀리해야 한다.

성경은 '거룩'을 시간적인 개념으로 정의한다. 우리가 때를 정해 놓고 성경을 연구하고 기도하는 시간이 거룩하다. 또한 일상에서 하나님의 말씀에 순종하며 살고자 하는 노력이 거룩하다. 세상의 빛과 소금으로 살아가는 시간이 거룩하다.

하나님이 우리에게 소명을 주실 때는 하나님이 우리를 통해 일하고자 하시는 것이지, 우리가 가진 재량과 재능으로 우리가 하는 것이 아니다. 하나님은 모세를 통해 이스라엘을 구원하고자 하셨다. 그러나 모세는 자신이 그들을 구해야 하는 것으로 생각해 여러 차례 순종하기를 거부했다. 우리는 이런 과오를 범하지 않아야 한다.

Ⅲ. 유대와 사마리아(6:8-9:31)
A. 스데반의 순교(6:8-8:1a)
2. 스데반의 증언(7:1-53)
(3) 하나님과 모세(7:17-43)

c. 모세와 이스라엘(7:35-43)

35 그들의 말이 누가 너를 관리와 재판장으로 세웠느냐 하며 거절하던 그 모
세를 하나님은 가시나무 떨기 가운데서 보이던 천사의 손으로 관리와 속량
하는 자로서 보내셨으니 36 이 사람이 백성을 인도하여 나오게 하고 애굽과
홍해와 광야에서 사십 년간 기사와 표적을 행하였느니라 37 이스라엘 자손에
대하여

하나님이 너희 형제 가운데서
나와 같은 선지자를 세우리라

하던 자가 곧 이 모세라 38 시내 산에서 말하던 그 천사와 우리 조상들과 함
께 광야 교회에 있었고 또 살아 있는 말씀을 받아 우리에게 주던 자가 이 사
람이라 39 우리 조상들이 모세에게 복종하지 아니하고자 하여 거절하며 그
마음이 도리어 애굽으로 향하여 40 아론더러 이르되

우리를 인도할 신들을 우리를 위하여 만들라
애굽 땅에서 우리를 인도하던

이 모세는 어떻게 되었는지 알지 못하노라

하고 [41] 그 때에 그들이 송아지를 만들어 그 우상 앞에 제사하며 자기 손으로
만든 것을 기뻐하더니 [42] 하나님이 외면하사 그들을 그 하늘의 군대 섬기는
일에 버려 두셨으니 이는 선지자의 책에 기록된 바

이스라엘의 집이여
너희가 광야에서 사십 년간
희생과 제물을 내게 드린 일이 있었느냐
[43] 몰록의 장막과 신 레판의 별을 받들었음이여
이것은 너희가 절하고자 하여 만든 형상이로다
내가 너희를 바벨론 밖으로 옮기리라

함과 같으니라

스데반은 35-38절에서 모세를 다섯 차례나 '그[이] 사람'(τοῦτον)이라고 지칭하며 모세가 하나님이 이집트에서 자기 백성을 구원하기 위해 세우신 특별한 지도자라는 사실을 강조한다(Bock). 이처럼 모세와 같은 예언자로 오신 예수님도 하나님이 세우신 이스라엘의 구원자이시다(cf. 3:22-23).

앞서 스데반은 모세가 히브리 사람들의 싸움을 말릴 때 한 사람이 그를 밀어뜨리며 "누가 너를 관리와 재판장으로 우리 위에 세웠느냐?"라며 그를 거절했다고 말했다(7:27; cf. 출 2:14). 이번에는 그 사람의 말은 곧 온 이스라엘이 모세의 리더십을 거절한 말이라고 한다(35a절). 당시 그 사람이 온 이스라엘을 대표해 모세를 거절한 것으로 이야기를 이어가는 것이다.

이스라엘은 모세가 그들의 관리와 재판장이 되는 것을 거절했다. '관리'(ἄρχων)는 왕자 등 다스리는 자를 뜻한다(cf. BDAG). '재판장'(δικαστής)은 판결하는 사람이다. 이스라엘은 모세가 그들을 다스리고 인도하는 것과 그들 사이에 일어나는 분쟁에 대해 판결하는 것을

모두 거절했다. 모세의 모든 리더십을 거절한 것이다.

하나님이 이스라엘에 거절당한 모세를 그들의 관리와 속량하는 자로 보내셨다(35b절). 모세가 자신들의 '관리'(ἄρχων)가 되는 것을 거절했는데도 하나님이 그를 이스라엘의 '관리'(다스리는 자)로 세우신 것은 그들이 모세를 거절한 것이 잘못되었음을 시사한다. 또한 하나님은 모세를 그들을 '속량하는 자'(λυτρωτής)로도 보내셨다. 이 단어는 신약에서 이곳에만 사용되며, 어떠한 대가 없이 누구를 억압으로부터 해방시키는 행위를 강조한다(Barrett). 하나님은 이집트에 어떠한 대가(ransom)도 지불하지 않고 모세를 통해 이스라엘을 해방시키셨다. 모세를 거절한 이스라엘은 예수님도 거절했다. 그러나 하나님은 모세를 속량하는 자로 세우신 것처럼 예수님을 이스라엘의 구주로 세우셨다.

하나님의 보내심을 받은 모세는 이집트로 가서 이스라엘 백성을 인도해 이집트를 떠나게 하고, 애굽과 홍해와 광야에서 40년간 그들을 인도하며 온갖 기사와 표적을 행했다(36절). 스데반은 출애굽기에 기록된 하나님의 이스라엘 구원 이야기를 매우 요약적으로 묘사한다. 이집트에서 있었던 일은 출애굽기 7:8-11:10에, 홍해 이야기는 출애굽기 14-15장에, 광야 40년에 관한 이야기는 출애굽기 16장부터 신명기 34장까지에 기록되어 있다. 모세가 40년 동안 온갖 기사와 표적을 행한 것은 하나님이 그를 이스라엘의 리더로 삼으시고 그와 계속 함께하셨다는 증거다(Bock). 복음서에 예수님이 온갖 기사와 표적을 행하셨고, 사도행전에서는 교회가 이런 일을 했다(2:22-24, 43; 6:8).

모세와 같은 선지자에 대한 예언(37절)은 신명기 18:15에 기록되어 있다. 모세가 장차 올 것이라고 예언한 한 선지자는 모세처럼 통치자이며, 구원자이며, 온갖 기적을 행하는 분이다. 평범한 선지자가 아니다. 모세는 장차 올 '선지자'이신 예수님의 모형이며, 두 사람은 다음과 같은 공통점을 지닌다(Barrett): (1)사람들이 거절한 사람이 지도자가 됨, (2)기사와 표적을 행하는 구속자, (3)하나님과 사람 사이의 중재자, (4)

하나님의 살아 있는 말씀을 중계함.

시내산에서 이스라엘에 말하던 천사와 함께 있었고, 그들의 조상들과 함께 광야 교회에도 있었고, 살아 있는 말씀을 받아 이스라엘에 전해 준 사람도 이 사람 모세다(38절). 스데반은 이 말로 출애굽기 19장에 기록된 내용을 요약한다. 헬라어 사본에서는 모세를 뜻하며 사용되는 '이 사람'(οὗτός)이 이 구절을 시작한다. 바로 이런 일을 한 사람이 다름 아닌 모세라는 사실을 강조하기 위해서다.

스데반은 모세가 이 모든 일에 선조들과 함께했던 하나님의 종이라며 그에 대해 경의를 표하고 있다. 모세를 이처럼 존경하는 스데반이 어떻게 그에 대해 망언할 수 있겠는가(Fitzmyer)! 그러므로 스데반이 모세를 모독했다고 증언하는 자들의 모든 말은 거짓이다(6:11).

'광야 교회'(τῇ ἐκκλησίᾳ ἐν τῇ ἐρήμῳ)는 이집트를 떠났지만 아직 가나안에 입성하지 못하고 광야에서 떠돌며 살던 이스라엘 사람들의 모임(집단, 회중)을 뜻한다. 신약이 '교회'(ἐκκλησία)라고 할 때 지닌 뉘앙스와 상당히 다르다.

모세가 살아 있는 말씀을 받아 선조들에게 주었다고 하는데, '살아 있는 말씀'(λόγια ζῶντα)이라는 표현은 신약에서 유일하게 이곳에 사용되며, 율법을 뜻한다(Bock). 거짓 증인들의 말과는 달리 스데반은 율법을 '살아 있는 말씀'이라며 경의를 표한다. 율법은 사람을 살리는 말씀이며, 이스라엘의 삶(활력)에서 가장 중요한 부분을 차지한다는 의미다. 모세가 하나님께 '살아 있는 말씀'을 받아 선조들에게 준 것처럼, 예수님도 하나님의 계시를 받아 유대인들에게 주셨다.

모세는 하나님께 '살아 있는 말씀'(율법)을 받아 조상들에게 주었지만, 그들은 모세에게 복종하지 아니하고자 거절하며 그 마음이 도리어 애굽으로 향했다(39절). 스데반은 계속 '우리 조상들'(οἱ πατέρες ἡμῶν)이라는 말을 사용함으로써 자신도 거짓 증언을 하고 반발하는 유대인들처럼 모세에게 반역한 사람들의 자손이라는 사실을 상기시켜 동질감을 유도한다. 그는 그들 가운데 하나가 되어 같은 조상들의 부끄러운 불신을 회고하고 있다.

모세의 인도에 따라 광야로 나온 조상들이 그를 거절한 일은 40년 전에 모세를 밀치면서 거절한 사람의 행동과 비슷하며(cf. 7:27), 민수기 14:1-2에 기록된 일을 상기시킨다: "온 회중이 소리를 높여 부르짖으며 백성이 밤새도록 통곡하였더라 이스라엘 자손이 다 모세와 아론을 원망하며 온 회중이 그들에게 이르되 우리가 애굽 땅에서 죽었거나 이 광야에서 죽었으면 좋았을 것을!" 스데반은 조상들이 모세를 거절하고 약속의 땅으로 가기 싫어한 것처럼 그의 스피치를 듣고 있는 유대인들이 영생의 길로 인도하시는 예수님을 거절하고 죄와 죽음으로 돌아가기를 바라고 있다고 한다(cf. Schnabel). 마치 조상들의 마음이 이집트를 향한 것처럼 말이다.

조상들이 아론에게 그들을 위해 신들을 만들라고 한 일(40a절)은 출애굽기 32장에 기록된 금송아지 사건을 요약한다. 이때 모세는 하나님께 율법을 받기 위해 40일 동안 시내산에 올라가 있었다. 불안해진 조상들은 행방불명된 모세를 더는 기다릴 수 없다며 아론에게 그들의 앞길을 인도할 '신들'(θεοὺς)을 만들라고 했다(40b절). 그들은 그들을 이집트에서 구원해 낸 이를 '이 모세'(Μωϋσῆς οὗτος)라고 하는데, 경멸하는 말이다(Longenecker). 그들은 아론이 새로 만들어 내는 신들이 이집트로 되돌아가는 길을 인도해 주기를 바랐다(Schnabel, cf. 39절).

그들은 이미 모세를 따라 광야에 와 있으므로 이집트로 돌아가는 길을 안다. 그렇다면 이 신들에게 무엇을 기대하는가? 아마도 자신들이 이집트에 도달할 때까지(모세는 석 달에 걸쳐 시내산까지 그들을 인도해 옴) 광야에서 먹고 마실 음식과 물을 기대했을 것이다. 혹은 가나안에 도착할 때까지 먹고 마실 것을 주고 길을 인도해 줄 것을 기대했을 것이다. 참으로 어이가 없다! 그들은 이 순간에도 여호와 하나님이 내려 주시는 만나를 먹고 물을 마시며 살고 있다! 그러면서도 다른 신들을 갈

망한다! 그들은 다신주의를 선호하고 있으며, 이러한 생각은 십계명 중 첫 계명을 위반하는 행위다(cf. 출 20:3-4). 더 어이없는 것은 그들이 원하는 신들은 아론이 제조하는 신들이다! 그 신들은 인간이 만드는 것이기에 그것을 만들어 낸 인간보다 능력이 덜한데도 말이다.

아론은 그들이 원하는 대로 금송아지를 만들어 주었다. 사람들은 그 금송아지 우상 앞에서 제사하며 기뻐했다(41절). 스데반은 이 금송아지를 가리켜 '그들의 손이 만들어 낸 것'(ἐν τοῖς ἔργοις τῶν χειρῶν αὐτῶν)이라고 한다. '금을 불에 던졌더니 우상이 되어 나왔다'(출 32:24)라는 아론의 구차한 변명은 거짓말이다. 우상은 스스로 존재하는 신이 아니다. 모두 다 인간의 손이 제작한 것이다. '기뻐했다'(εὐφραίνοντο)는 미완료형이다. 그들은 모세가 다시 나타나 벌을 내릴 때까지 계속 금송아지를 기뻐했다. 스스로 망하는 길을 택한 것이다.

만일 그들이 하나님을 예배하고 섬기는 일을 계속 기뻐했다면 하나님이 얼마나 기뻐하셨을까? 오늘날 세상은 어떻게 바뀌어 있을까? 우리는 오늘 행하는 일들이 영원한 흔적을 남기며 미래에 지대한 영향을 미친다는 사실을 기억하며 살아야 한다.

이후 이스라엘은 광야 생활 중에도(또한 가나안에 정착하며 사는 중에도) 계속 우상들을 숭배했다. 아무리 하나님이 선지자들과 지도자들을 보내 권면하고 바로잡으려 해도 그때뿐이었다. 이스라엘은 우상 중독자들이었다. 결국 하나님이 그들을 외면하기 시작하셨다. 그들이 그렇게 기뻐하고 원했던 하늘의 군대, 곧 별들과 달과 태양을 숭배하는 일에 버려두셨다(42a절). 계속 관심을 가지고 그들을 징계하셨다가는 그들이 모두 죽을 것 같았다.

"이스라엘의 집이여 너희가 광야에서 사십 년간 희생과 제물을 내게 드린 일이 있었느냐?"(42b절)는 '그런 일은 없다'라는 답을 기대하는 수사학적인 질문으로, 아모스 5:25-27이 이 질문의 배경이다. 그러므로 스데반은 자신이 선지자의 책을 인용하고 있다고 밝힌다. 아모스 선지자는 하나님이 자기 백성의 짐승 제물이 아니라 그들의 의로운 삶을 제물로 받기를 원하신다며 이렇게 질문했다. 물론 이스라엘은 광야에서 제물을 드린 적이 있다. 하나님은 그들이 광야에 사는 동안에도 공의와 정의 행하기를 간절히 원하셨다. 그러나 그들은 짐승 제물마저 우상에게 바쳐 하나님께 등을 돌렸다. 우상을 숭배함으로써 그들은 창조주가 아니라 피조물, 그것도 자기 손으로 만든 가증한 것들을 섬겼다(신 4:16-19; 17:3).

스데반은 이스라엘이 숭배한 우상 중 몰록의 장막과 레판의 별을 예로 든다(43a절). 유다의 왕인 아하스와 므낫세가 자기 자식들을 예루살렘성에 인접한 힌놈의 아들 골짜기에서 몰록(몰렉)에게 제물로 바쳤다! 원래 모세는 회막(증거의 장막, cf. 7:44)에서 여호와 하나님을 만났고, 이스라엘도 그러해야 했다. 그런데 그들은 몰록의 장막을 찾아 하나님 대신 몰록을 만났다! 레판의 별은 이집트의 태양신 레판과 연관된 것이다(Schnabel). 왕들이 이러했으니 평민들은 얼마나 더 했겠는가! 유대인들이 정경으로 인정하는 구약이 그들을 정죄하고 있다.

이스라엘의 우상 숭배는 세대를 거듭하며 더 심해졌다. 죄를 짓고 회개하지 않는 사람은 자신의 죄를 가리기 위해 더 큰 죄를 짓게 되기 때문이다. 그러므로 창조주께 가장 특별한 대우를 받은 이스라엘이 가장 심하게 타락했다. 오래 참으신 하나님이 결국 그들을 바빌론으로 치셨다(43b절).

이 말씀은 우리가 성령의 도움을 받아 매일 회개하고 새로 시작할 필요성에 대해 증언한다. 하나님의 은혜로 이집트에서 탈출하고, 광야에서 하나님이 주시는 음식을 먹고 물을 마신 자들이 모세가 잠깐 보이지 않자 스스로 우상을 만들어 숭배했다! 인간이 지닌 죄성이 이러하다. 그러므로 우리가 하나님의 경건한 자녀로 살아가기 위해서는 매일 죄를 고백하며 용서를 구하고 새로 시작해야 한다.

예수님은 모세가 언젠가는 하나님이 보내실 것이라고 한 '그와 같은 선지자', 그러나 모세보다 훨씬 더 위대하신 분이다. 예수님은 하나님이시기 때문이다. 우리는 인류의 유일한 구원자이신 예수님처럼 경건하고 거룩하게 살면서 하나님께 영광을 돌려야 한다. 그렇지 않으면 세상이 끝나는 날 예수님에 대해 증언하는 하나님의 말씀(성경)이 우리를 정죄할 것이다.

III. 유대와 사마리아(6:8-9:31) A. 스데반의 순교(6:8-8:1a) 2. 스데반의 증언(7:1-53)

(4) 성막과 성전(7:44-50)

44 광야에서 우리 조상들에게 증거의 장막이 있었으니 이것은 모세에게 말씀
하신 이가 명하사 그가 본 그 양식대로 만들게 하신 것이라 45 우리 조상들
이 그것을 받아 하나님이 그들 앞에서 쫓아내신 이방인의 땅을 점령할 때에
여호수아와 함께 가지고 들어가서 다윗 때까지 이르니라 46 다윗이 하나님
앞에서 은혜를 받아 야곱의 집을 위하여 하나님의 처소를 준비하게 하여 달
라고 하더니 47 솔로몬이 그를 위하여 집을 지었느니라 48 그러나 지극히 높
으신 이는 손으로 지은 곳에 계시지 아니하시나니 선지자가 말한 바 49 주께
서 이르시되

하늘은 나의 보좌요 땅은 나의 발등상이니
너희가 나를 위하여 무슨 집을 짓겠으며
나의 안식할 처소가 어디냐
50 이 모든 것이 다 내 손으로 지은 것이 아니냐

함과 같으니라

스데반은 지금까지 아브라함의 이야기를 시작으로 이스라엘이 이집트에 내려가게 된 일과 그들이 하나님의 종 모세를 통해 이집트를 탈

출해 광야에서 생활하던 시대를 회고했다. 이 섹션에서는 이스라엘의 광야 시대 예배와 가나안 시대 예배의 연결 고리인 성막과 성전에 대해 회고한다. 하나님이 그분의 백성인 이스라엘과 함께하심이 예루살렘 성전과 어떤 관계가 있는지가 이 섹션의 핵심 주제다.

이스라엘의 조상들이 광야에서 드린 예배의 중심에는 증거의 장막이 있었다(44a절). '증거의 장막'('Η σκηνὴ τοῦ μαρτυρίου, tent of testimony)은 출애굽기 27:21의 '회막'(בְּאֹהֶל מוֹעֵד, tent of meeting)을 칠십인역(LXX)이 '만남'(meeting)이 '증언'(testimony)에서 유래한 것이라고 생각해 '증거의 장막'(τῇ σκηνῇ τοῦ μαρτυρίου)으로 번역한 데서 비롯되었다(Schnabel). '장막'(אֹהֶל, σκηνή)은 성막이라고도 하며, 하나님의 언약궤(덮개는 '속죄소'라고 함)가 있던 곳이다(cf. 출 25장). 하나님이 성막에서 인간을 만나 주시기 때문에 성막이 때로는 '회막'(만나는 텐트)으로 불리기도 했다. 잠시 모세가 보이지 않자 이스라엘은 몰록의 장막을 찾았지만(cf. 7:43), 하나님은 증거의 장막에서 그들을 만나 주셨다. 성막에 소장된 언약궤 안에는 십계명을 기록한 두 돌판과 아론의 싹 튼 지팡이 그리고 만나 항아리가 있었다. 이스라엘의 출애굽과 시내산 언약과 광야 생활을 상징하는 유물이 들어 있었던 것이다.

성막은 인간 건축가나 디자이너가 자기 생각에 따라 만든 것이 아니다. 하나님이 모세에게 양식을 보여 주시고 그대로 만들게 하셨다(44b절). 하나님은 오홀리압과 브살렐을 택하셔서 하나님의 영으로 충만하게 하시고 충만한 지혜와 총명과 지식으로 성막을 만들게 하셨다(출 35:30-35). 하나님은 모세에게 성막의 양식('청사진')을 미리 보여 주셨는데(출 25:40), 이 양식은 하늘에 있는 성전(성막)의 모형과 그림자였다: "그들이 섬기는 것은 하늘에 있는 것의 모형과 그림자라 모세가 장막을 지으려 할 때에 지시하심을 얻음과 같으니 이르시되 삼가 모든 것을 산에서 네게 보이던 본을 따라 지으라 하셨느니라"(히 8:5). 모세는 자신이 본 '청사진'대로 오홀리압과 브살렐에게 성막과 기구들을 만들게 했다.

스데반은 예루살렘 성전이 아니라 예루살렘 성전의 원형이라 할 수 있는 성막이 그들의 광야 생활 때부터 하나님을 예배하는 공간이었다는 점을 강조하고자 한다. 그의 스피치를 듣고 있는 유대인들이 예루살렘 성전의 중요성을 과대평가하고 있기 때문이다(Bruce). 성막이 완성되자 이스라엘은 광야에 사는 내내 성막에서 예배를 드렸다. 성막은 이스라엘이 예배할 수 있도록 하나님이 베푸신 배려이자 은혜였던 것이다.

이스라엘은 광야에서뿐 아니라 가나안에 정착해서도 성막에서 예배를 드렸다. 스데반은 이스라엘이 가나안에서 살게 된 것은 하나님이 여호수아를 통해 그들 앞에서 이방인들을 쫓아내고 그들에게 이 땅을 주셨기 때문이라고 한다(45a절). 가나안 정복은 이스라엘이 그들의 능력으로 스스로 이루어 낸 것이 아니라, 하나님이 그들 앞에 천군 천사를 보내 이루신 승리의 결과였다(cf. 수 5:13-15). 하나님이 가나안 사람들을 몰아내고 그 땅을 이스라엘에 주신 것은 아브라함에게 하신 약속을 성취하시는 일이기도 하다(cf. 창 15:18-21).

여호수아는 성막도 함께 가지고 가나안에 입성했다(45b절; cf. 수 3:10-4:18). 이후 여호수아는 성막을 실로에 세웠다(수 18:1). 실로는 예루살렘에서 북쪽으로 35km 떨어져 있었다. 성전의 원형인 성막이 예루살렘이 아니라 그곳에서 멀리 떨어진 곳에 세워진 것도 유대인들이 예루살렘 성전을 과대평가하는 것이 어느 정도 잘못되었음을 시사한다. 이렇게 하여 성막은 광야 시절을 시작으로 다윗 시대에 이르기까지 300-400년 동안 이스라엘 예배의 전당이 되었다. 이스라엘은 예루살렘 성전이 아니라 성막을 중심으로 이 긴 세월 하나님께 예배를 드렸다(Longenecker).

하나님은 이스라엘이 주님을 예배하는 데 필요한 모든 것을 그들이 약속의 땅에 들어오기 전에 이미 주셨다(Bruce). 또한 한 곳에 세워진 성막은 언제든 다른 곳으로 이동할 수 있다. 그러므로 예루살렘 성전은 유대인들이 주장하는 만큼 이스라엘 예배에서 독특하거나 중요하지 않다. 하나님께 예배드리는 처소는 때와 상황에 따라 어디에든 세워질 수 있기 때문이다. 스데반은 예루살렘 성전의 중요성에 대해 저자인 누가보다 더 강력하게 문제를 제기한다(Bruce).

이스라엘의 왕이 된 다윗은 하나님의 처소를 준비하게 해 달라고 기도했다(46절). 성막은 하나님의 임재를 상징하는 법궤의 이동식 처소다. 다윗은 법궤의 영원한 처소로 성전을 건축하길 원했던 것이다(cf. 삼하 7:2). 다윗은 하나님을 위해 성전을 세우고자 한 것이 아니라, 야곱의 집을 위해 하나님의 처소를 짓고자 했다. 일부 사본이 '야곱의 하나님의 집'이라고 표기하고 있지만 '야곱의 집'(τῷ οἴκῳ Ἰακώβ)이 맞으며, 이스라엘을 뜻한다. 성전은 하나님을 위한 집이 아니라, 이스라엘을 위한 하나님의 집이기 때문이다. 다윗은 여호와 하나님이 항상 이스라엘 백성을 위해 그들 가운데 거하시기를 바라며 성전을 건축하고자 한 것이다(Bock).

이 일을 통해 하나님이 그에게 일명 '다윗 언약'(cf. 삼하 7:1-17; 대상 17:1-15)을 주셨고 그 언약에 따라 예수님이 그의 후손으로 오셨지만, 다윗이 성전을 짓는 일은 허락하지 않으셨다. 오히려 하나님의 불편한 심기가 드러나는 듯하기도 하다(Longenecker, cf. 삼하 7:5-16; 대상 17:4-14). 성막은 이동형이라 언제든지 하나님이 이동하실 수 있음을 상징하지만, 성전은 하나님의 임재를 한곳으로 제한하는 위험성을 안고 있기 때문이다.

다윗의 아들 솔로몬이 하나님의 집을 지었다(47절). 하나님의 불편한 심기를 의식한 듯 솔로몬은 헌당 기도에서 성전은 절대 하나님의 거처가 될 수 없음을 고백한다(왕상 8:27). 하나님의 이동성을 성전으로 제한하기에는 하나님이 너무나 위대하시기 때문이다. 그러므로 솔로몬은 주의 백성이 성전에 와서 혹은 성전을 향해 기도할 때, 하나님이 하늘에서 그들의 기도에 귀를 기울여 주시기를 호소한다(cf. 왕상 8:30, 32, 34, 36, 39, 43, 45). 또한 성전은 사람들이 손으로 지은 인위적인 곳이기 때문에 하나님이 그곳에 계실 수 없다(48절). 성전이 완성된 다음에도 하나님은 하늘에 거하셨지 성전에 거하지 않으셨다.

그렇다면 하나님은 왜 성전을 거처로 삼지 않으셨는가? 선지자들에 따르면 하나님은 하늘과 땅보다 더 크고 위대하신 분이다. 하늘은 하나님의 보좌이며, 땅은 하나님의 발등상이다(49a절). 이 말씀은 이사야 66:1을 인용한 것이다(cf. 마 5:34-35; 눅 20:43). 보좌는 통치를, 발등상은 주권을 상징한다. 그러므로 하나님이 이미 창조하시고 다스리시는 곳에서 하나님이 주신 것으로 사는 사람이 무엇으로 어떻게 하나님을 위한 집, 곧 하나님이 안식하실 만한 처소를 지을 수 있겠는가(49b-50절)! 만일 하나님이 사람의 손으로 만든 성전에 거하셔야 한다면, 사람들이 신들을 자신이 만든 이미지(우상)에 가두려고 하는 것과 별반 다를 바 없다.

솔로몬 성전은 300여 년 만에 바빌론 사람들에 의해 불타 없어졌다. 이후 성전의 가장 중요한 기구인 법궤의 행방이 묘연해졌으며, 바빌론에서 돌아온 귀향민들이 참으로 초라한 성전을 재건했다. 그러나 하나님의 임재를 상징하는 법궤는 없었으며, 예수님 시대에도 성전에 법궤가 없었다.

성전은 하나님을 예배하고자 하는 사람들을 위한 것이지 하나님을 위한 것이 아니다. 그렇다면 성전은 아무 쓸모가 없는가? 그렇지 않다. 성전은 유대인들이 하나님께 기도하는 곳이었다(눅 19:46-47; 24:53; 행 2:46-47; 3:1; 5:20, 25). 그들의 기도 생활에서 매우 중요한 공간이 되었으며, 하나님은 그들이 성전에서 드리는 기도와 성전을 향해 드린 기도를 들으셨다. 그러므로 하나님이 인간의 기도를 들으시는 곳으로서 성전은 중요했다.

스데반은 성전이 하나님의 거처라고 주장하는 유대인들의 생각에 문제를 제기하고 있을 뿐이다(Bruce). 하나님은 인간이 지은 집에 거하지 않으시기 때문에 성전이 무너지거나 파괴된다고 예언하는 것은 망언이나 불손한 일이 아니다. 하나님은 성전으로부터 온전히 자유로우신 분이기 때문이다(Bruce, Jervell). 유대교는 성전의 중요성을 과대평가하고 있다(Gaventa). 더 나아가 성전이 어느새 그들에게 부적처럼 되어 버렸다(cf. 렘 7:1-15). 또한 그들은 성전을 통해서 하나님을 조정할 수 있다고 생각한다(Gaventa). 스데반은 이러한 생각이 잘못되었다고 하는 것이다.

하나님의 임재는 결코 예루살렘 성전에 제한될 수 없다고 선언한 스데반의 스피치는 온 세상을 향한 선교의 문을 열었다(Fernando). 세상 어디든 하나님이 사랑하시는 사람들이 있고, 하나님이 그들과 거하시기 때문이다. 기독교는 사람들로 하여금 이러한 사실을 깨닫게 해야 한다.

또한 스데반은 기독교를 예루살렘 성전과 유대교에서 해방시키고 있다(Fitzmyer). 그동안 어떤 사람들은 그리스도인이 되기 위해서는 유대교에 먼저 입교해야 한다고 생각했다. 스데반은 전혀 그렇게 할 필요가 없다고 한다. 스데반은 유대인들로부터 자기 생명을 지키는 일에는 실패했지만, 하나님은 그의 실패를 통해 수많은 사람이 주님을 통해 직접 구원에 이르게 하셨다(cf. Wall).

이 말씀은 어떠한 예배 처소(교회, 기도원 등)로도 하나님을 제한할 수 없으며, 이 예배 처소들은 하나님을 위한 것이 아니라 예배자들을 위한 것이라고 한다. 그러므로 교회에서 기도하면 집에서 기도하는 것보다 더 잘 들어주실 것이라는 미신적인 생각은 빨리 버려야 한다. 하나님은 우리가 골방에 들어가서 은밀히 드리는 기도를 가장 귀하게 여기신다. 공동체가 기도할 때는 두세 명이 모여서 기도해도 된다.

아무리 좋은 의도에서 한곳을 거룩한 공간으로 세우더라도 자칫 잘못하면 하나님을 그 공간에 가두려는 어리석은 생각을 하게 된다(cf.

Witherington). 하나님은 온 세상을 다스리시고 운행하시며 세상 곳곳에서 수많은 성도가 동시에 드리는 기도를 모두 들으신다. 하나님은 인간의 모든 제한에서 자유로우신 분이다.

Ⅲ. 유대와 사마리아(6:8-9:31)
A. 스데반의 순교(6:8-8:1a)
2. 스데반의 증언(7:1-53)

(5) 이스라엘이 메시아 예수를 죽임(7:51-53)

[51] 목이 곧고 마음과 귀에 할례를 받지 못한 사람들아 너희도 너희 조상과 같이 항상 성령을 거스르는도다 [52] 너희 조상들이 선지자들 중의 누구를 박해하지 아니하였느냐 의인이 오시리라 예고한 자들을 그들이 죽였고 이제 너희는 그 의인을 잡아 준 자요 살인한 자가 되나니 [53] 너희는 천사가 전한 율법을 받고도 지키지 아니하였도다 하니라

스데반은 이스라엘이 선조 때부터 하나님과 그가 보내신 종들을 거역하는 일을 반복하고 있다고 했다. 이스라엘 열두 지파의 시조인 야곱의 아들들은 형제 요셉을 노예로 팔았고(7:9), 모세는 이스라엘 사람들에게 출애굽 전(7:27-28, 35)과 후(7:39)에 거절당했다. 이스라엘은 광야에서 그들을 구원하신 하나님께 등을 돌리고 우상을 숭배했다(cf. 7:40-43). 한마디로 이스라엘은 죄와 거절과 반역의 역사를 이어 왔으며, 하나님에 대한 그들의 반역은 스데반 시대에도 이어지고 있다(Fernando, Longenecker).

스데반은 유대인들이 조상들처럼 아직도 하나님께 반역하고 있다며 그들을 맹렬히 비난한다. 스데반의 비난은 기독교와 유대교의 가장 중요하고 큰 차이를 근거로 한다. 기독교는 선지자들이 오실 것이라고 한 의인을 영접했고, 유대인들은 하나님이 그들의 구원자로 보내신 이

의인을 살인했다. 그러므로 본 텍스트를 기점으로 유대교와 기독교는 더는 하나가 될 수 없다(Bock). 만일 유대인들이 하나님께 순종하고자 한다면 그들은 회개하고 예수님을 메시아로 영접해야 한다. 다른 선택은 없다.

스데반은 자신을 망언자로 고발하고 그 고발을 근거로 공판하고 있는 산헤드린 멤버들과 유대인들을 향해 목이 곧고 마음과 귀에 할례를 받지 못한 자들이라고 한다(51a절). 모세는 광야에서 하나님께 계속 반역하는 이스라엘을 비난하며 '목이 곧은 자들'(σκληροτράχηλοι)이라고 불렀다(cf. 출 33:3, 5; 34:9; 신 9:6, 13, 27). 회개할 줄 모르고, '무식한 자가 용감하다'며 자기 고집만 피우는 자들이다. 이집트와 광야에서는 이스라엘의 선조들이 이런 모습을 보였고, 스데반 시대에는 하나님이 예루살렘 성전이 아닌 새로운 성전이신 예수님 안에 거하신다는 사실을 인정하지 않는 유대인들이 이런 모습을 보인다(Schnabel).

또한 유대인들은 '마음과 귀에 할례를 받지 못했다'(cf. 레 26:41; 렘 4:4; 6:10; 9:26; 겔 44:7). 하나님이 자신들에게만 율법을 주셨다고 하면서도 율법에 따라 살지 않고 이방인처럼 산다는 뜻이다(Johnson, cf. 삿 14:3; 삼상 14:6; 17:26). 그들은 깨닫는 마음이 없고 듣는 귀가 없으니 하나님의 말씀을 깨닫지도 듣지도 못한다. 하나님이 예수님을 통해 선포하신 구원의 메시지를 깨닫지도 듣지도 못한다. 이와 대조적으로 이방인들은 하나님이 예수님을 통해 선포하신 메시지에 기쁨으로 화답한다.

목이 곧고 마음과 귀에 할례를 받지 못해 하나님의 말씀을 들을 수 없는 유대인들은 그들의 조상처럼 항상 성령을 거스른다(51b절). 신약에서 '거스르다'(ἀντιπίπτετε)는 이곳에만 사용되며, 거역하고 반대하는 일이 지금도 계속 진행되고 있다는 뜻이다(Wallace). '성령을 거스르다'라는 말은 "그들이 반역하여 주의 성령을 근심하게 하였으므로"라는 이사야 63:10을 배경으로 한다. 구약에서 하나님의 영을 '성령'이라고 하는 곳은 이 말씀과 시편 51:10-11이 유일하다.

그동안 스데반은 이스라엘의 선조들에 대해 말할 때 항상 '우리 조상들'(οἱ πατέρες ἡμῶν)이라고 했다(7:2, 11, 12, 15, 19, 38, 39, 44, 45). 자신도 유대인이며 그를 재판하고 있는 사람들과 같은 조상을 두었다는 것이다. 그러나 이제는 '너희 조상들'(οἱ πατέρες ὑμῶν)이라고 한다. 자신도 유대인이지만, 현재는 그들과 다른 길을 가고 있다며 거리를 두기 시작한 것이다(Bock). 성령을 거스르며 예수님을 부인하는 그들과 달리 자신은 성령을 거스르지도 않고, 선지자들이 오실 것이라고 한 의인(예수님)도 영접했기 때문이다.

스데반은 "너희 조상들이 선지자들 중의 누구를 박해하지 아니하였느냐"(52a절)라며 이미 답이 정해진 수사학적인 질문을 한다. 유대인의 조상들이 하나님이 보내신 선지자들을 모두 박해했다는 뜻이다(cf. 왕상 18:4, 13; 19:10, 14; 렘 2:30; 26:20-24; 대하 24:20-21; 느 9:26; 눅 6:23; 11:47-51; 13:34). 물론 예외 없이 모든 참 선지자들에게 해를 가했다는 말은 아니고, 보편적으로(일반적으로) 평가할 때 이런 만행을 저질렀다는 것이다. 참 선지자들을 박해한 조상들은 자신이 듣기 원하는 메시지를 전하는 거짓 선지자들은 환영하고 대접했다.

그들의 조상이 죽인 참 선지자들은 의인이 오실 것이라고 예언했다(52b절). 선지자들을 죽인 자들의 후손인 유대인들(너희)도 예언자들이 장차 오실 것이라고 한 그 의인을 잡아 넘겨 죽게 했으므로 살인자이기는 마찬가지다(52c절). 본문에서 '의인'(τοῦ δικαίου)은 예수님을 뜻한다: "너희가 거룩하고 의로운 이를 거부하고 도리어 살인한 사람을 놓아 주기를 구하여"(3:14; cf. 눅 23:47). 그러므로 이 말씀은 유대인들이 예수님을 잡아 재판하고 빌라도에게 그를 사형에 처하도록 넘겨준 일을 요약한다(cf. 눅 23장).

결국 유대인들은 그들의 조상처럼 천사가 전한 율법을 받고도 지키지 않았다(53절). 예수님은 율법에 따라 이스라엘의 구원자로 오셨으므로 예수님을 영접하지 않은 자들은 율법에 순종하지 않은 것과 다름없다.

스데반은 천사들이 이 율법을 전했다고 하는데, 이스라엘은 모세를 통해 율법을 받았지 천사들에게 받은 것은 아니다. 어떻게 된 일인가? 율법은 원래 하나님이 모세를 통해 주신 것이다. 그러나 하나님은 가시나무 떨기 속에 나타난 천사의 능한 손길을 모세에게 붙여 그를 지도자와 해방자로 세우셨다(7:35). 그러므로 율법을 하나님이 천사를 통해 모세에게 주셨다고 할 수 있다(Le Cornu & Shulam, cf. 갈 3:19; 히 2:2). 또한 하나님은 이스라엘에 율법을 주실 때 많은 천사를 거느리고 시내산에 임하셨다(신 33:2).

스데반이 유대인들의 조상은 선지자들을 죽이고, 후손은 그 선지자들이 오실 것이라고 했던 의인(예수님)을 죽였다며 유대인 조상들과 자손들을 맹렬히 비난하는 것은 회개를 권면하기 위해서다(Bock). 유대교 안에는 이제 하나님께 나아갈 길이 없다. 그들도 이방인들처럼 유일한 길이요 진리요 생명이신 예수님을 통해 하나님께 나아가야 한다(cf. 요 14:6). 예수님만이 그들을 구원에 이르게 하실 수 있다.

이 말씀은 역사에서 배우지 못하는 자는 어리석으며, 조상들이 저지른 죄를 반복하는 것이라고 경고한다. 유대인의 조상들은 선지자들을 죽였다. 그들의 후손은 조상들이 죽인 예언자들이 오실 것이라고 한 의인을 죽였다. 같은 죄, 곧 무고한 의인을 죽이는 일이 반복된 것이다. 만일 그들이 조상의 죄에서 배워 같은 길 가기를 거부했더라면 예수님을 죽이는 일은 없었을 것이다. 우리는 과거를 거울로 삼고, 더 나아가 반면교사로 삼아야 한다. 그래야 선진들이 저지른 죄를 되풀이하지 않게 된다.

기독교와 유대교의 가장 기본적이면서도 가장 중요한 차이는 예수님에 대한 태도다. 유대인들은 그들의 조상처럼 하나님이 율법에 따라 보내신 구세주를 거부한다. 그러므로 스데반은 그들이 살인자의 후손일 뿐 아니라, 그들 역시 살인자라며 맹렬하게 비난한다. 반면에 기독교는 하나님의 아들이자 새로운 성전이 되신 예수님을 통해 하나님께 나아간다.

Ⅲ. 유대와 사마리아(6:8-9:31)
A. 스데반의 순교(6:8-8:1a)

3. 스데반이 순교함(7:54-8:1a)

54 그들이 이 말을 듣고 마음에 찔려 그를 향하여 이를 갈거늘 55 스데반이 성령 충만하여 하늘을 우러러 주목하여 하나님의 영광과 및 예수께서 하나님 우편에 서신 것을 보고 56 말하되 보라 하늘이 열리고 인자가 하나님 우편에 서신 것을 보노라 한대 57 그들이 큰 소리를 지르며 귀를 막고 일제히 그에게 달려들어 58 성 밖으로 내치고 돌로 칠새 증인들이 옷을 벗어 사울이라 하는 청년의 발 앞에 두니라 59 그들이 돌로 스데반을 치니 스데반이 부르짖어 이르되 주 예수여 내 영혼을 받으시옵소서 하고 60 무릎을 꿇고 크게 불러 이르되 주여 이 죄를 그들에게 돌리지 마옵소서 이 말을 하고 자니라 8:1a 사울은 그가 죽임 당함을 마땅히 여기더라

어떤 이들은 이 섹션에서 스데반을 핍박하고 죽음으로 몰고 간 사람들을 산헤드린 멤버로 제한하지만(Schnabel), 이 자리에는 산헤드린 멤버뿐 아니라 일반인도 있었다(cf. 7:1). 그러므로 그들이 함께 이러한 만행을 저지른 것으로 이해해야 한다. 그들은 예루살렘에 사는 유대인 모두를 대표한다.

스데반의 스피치를 듣고 있던 사람들이 마음에 찔림을 받았다(54a절). 그러나 회개로 이어지는 좋은 찔림이 아니라, 스데반을 향해 이를 가는 나쁜 찔림이다(54b절). 스데반의 말에 자극받은 사람들은 지체할 수 없는 분노로 가득 차 그를 해치려고 했다(cf. Barrett). 온 무리가 이처럼 흥분했으니 더는 정당한 법적 절차는 중요하지 않으며, 존중되지도 않을 것이다(cf. Le Cornu & Shulam).

분노가 치밀어 어찌할 바 모르는 유대인들과 달리 스데반은 평안하다(55절). 그는 성령으로 충만해 하늘을 우러러보았다(55a절). 이때까지 성령은 항상 스데반과 함께하셨다(cf. 6:5, 10). 그러므로 이 말씀은 스데반이 지금 이 순간에도 예전과 다름없이 성령으로 충만했다는 뜻이다.

성령으로 충만한 스데반은 그에게 열린 하늘에서 하나님의 영광과 예수님이 하나님의 우편에 서 계신 것을 보았다(55절). 그는 선지자들이 주장한 것처럼 하나님이 인간이 만든 성전에 계시지 않고 하늘에 계신다고 했는데(cf. 7:48), 이 환상을 통해 이러한 사실이 재차 확인되고 있다(Fitzmyer). 스데반은 제자들이 변화산에서 본 것과 비슷한 일을 보았다(Bruce, cf. 눅 9:32).

그런데 예수님은 왜 서 계시는가? "여호와께서 내 주에게 말씀하시기를 내가 네 원수들로 네 발판이 되게 하기까지 너는 내 오른쪽에 앉아 있으라 하셨도다"(시 110:1; cf. 막 14:62)와 같은 메시아에 대한 예언에 따르면 하나님의 우편에 앉아 계실 것으로 생각되는데 말이다. 어떤 이들은 이러한 차이가 별 의미 없다고 하지만(Larkin, cf. 단 7:13), 대부분 학자는 예수님이 순교를 앞둔 스데반을 도우시기 위해(Barrett, Williams) 스데반의 증언과 삶의 진실됨을 인정하고 그를 천국으로 환영하겠다는 뜻으로 서 계신 것이라고 한다(Bock, Bruce, Fernando, Polhill, Witherington). 스데반은 사람들 앞에 서서 예수님이 메시아이심을 증언했다. 이제 예수님이 하나님 앞에 서서 스데반의 진실됨을 증언하신다(Bruce).

스데반은 자기가 본 것을 주변에 있는 사람들에게 말했다(56절). 그는 인자가 하나님 우편에 서신 것을 보았다고 하는데, '인자'(τὸν υἱὸν τοῦ ἀνθρώπου)는 복음서를 벗어나서는 이곳에만 사용되는 표현이다. 요한계시록에서 두 차례 더 사용되지만, '인자 같은 이'(ὅμοιον υἱὸν ἀνθρώπου)라는 말에 사용된다(계 1:13; 14:14). 반면에 복음서와 본문에서는 예수님을 뜻하는 메시아의 타이틀로 사용되고 있다.

예수님이 하나님 우편에 계시는 것은 대제사장이 예수님께 하나님의 아들이냐고 물었을 때 예수님이 "내가 그니라 인자가 권능자의 우편에 앉은 것과 하늘 구름을 타고 오는 것을 너희가 보리라"(막 14:62)라고 대답하신 일을 생각나게 한다. 예수님이 이미 하나님의 우편에 계시므로 이제 하늘 구름을 타고 오실 일만 남았다.

스데반이 이렇게 증언하자 산헤드린도 어쩔 수 없는 상황에 처하게 되었다. 만일 그들이 자기 잘못을 시인하고 예수님을 메시아로 영접하지 않으려면, 유일한 대안은 스데반을 망언자로 몰아 처형하는 것이다(Fernando). 그러므로 그들은 큰 소리를 지르며 귀를 막고 일제히 스데반을 핍박하기 시작했다(57절). 큰 소리를 지르며 귀를 막는 것은 스데반의 망언을 더 듣지 않겠다는 의미다(Fernando). 유대인들은 누가 망언하는 것을 들으면, 자신도 하나님의 벌을 받을 수 있다고 생각해 귀를 막았다(Polhill). 스데반은 그들이 할례받지 못한 귀를 가졌다고 했는데(7:51), 그의 주장대로 그곳에 모인 유대인들이 스스로 귀를 막으며 진실을 외면했다.

유대인들은 무엇 때문에 스데반이 망언하고 있다고 하는가? 그들은 하나님이 한 분이시며, 그 누구도 동등한 자격으로 하나님 옆에 있을 수 없다고 생각했다(Bock). 그런데 스데반은 예수님이 하나님의 오른편에 계신다고 한다! 그러므로 그들은 스데반의 말을 명백한 망언으로 간주한다.

극도로 흥분해 이성을 잃은 무리는 스데반을 성 밖으로 내치고 돌로 쳤다(58a절). 율법은 망언한 자를 처형할 때 성 밖에서 하라고 한다(레 24:14). 그들은 이 가이드라인에 따라 스데반을 성 밖으로 끌고 간 것이다. 유대교가 교회와 그리스도인에게 가하는 핍박의 강도가 갈수록 높아지고 있다(Haenchen). 그들은 예수님을 전하다가 잡힌 사람들에게 처음에는 경고만 했다(4:17, 21). 그다음에는 채찍질했다(5:40). 이번에는 스데반을 돌로 쳐 죽인다.

어떤 이들은 사형 집행권이 없는 유대인들이 스데반을 이처럼 무자비하게 처형하는 것에 대해 문제를 제기하기도 하지만, 이 무리는 이성을 잃고 무법자들처럼 행동하고 있다(Witherington). 또한 로마 사람들은 예루살렘 성전 모독에 관해서는 산헤드린에 사형을 집행할 권한을 주었다(Bruce). 그러므로 문제 될 일이 없다.

스데반을 예루살렘성 밖으로 끌고 간 사람들이 그를 돌로 칠 때 스데반에 대해 거짓 증언을 한 사람들이 옷을 벗어 사울이라 하는 청년의 발 앞에 두었다(58절). 율법은 돌로 쳐 범죄자를 처형할 때 그에 대해 증언한 자들이 먼저 치라고 한다(신 17:7). 만일 그들이 위증해서 이런 결과를 초래했다면, 하나님이 그 죽음에 대해 증인들에게 책임을 묻겠다는 취지에서다. 사울(바울)은 잠시 후 사도행전에서 가장 중요한 인물로 부각될 것이다. 그는 예수님과 복음을 위해 생명을 걸고 사역했지만, 처음부터 그런 것은 아니다. 그는 스데반이 순교할 때 그 자리에서 가해자들을 도왔다.

스데반은 유대인들이 던진 돌에 맞아 죽으면서도 그들을 원망하지 않았다(59a절). 그는 하늘을 향해 부르짖으며 예수님께 두 가지를 호소했다. 첫째, 예수님께 자기 영혼을 받아 달라고 했다(59b절). 예수님은 이미 그의 영혼을 받기 위해 하늘 보좌에서 일어나 그를 내려다보고 계신다. 둘째, 자기 죽음에 대한 죄를 그들(유대인들)에게 돌리지 말라고 했다(60a절). 그들이 알지 못해서 이런 짓을 하고 있으니 그들을 심판하지 말라는 부탁이다. 이 같은 모습은 예수님이 십자가에서 숨을 거두실 때 모습과 비슷하다(cf. 눅 23:34-46). 스데반은 교회의 첫 순교자일 뿐 아니라, 예수님의 고난에 동참한 첫 그리스도인이 되었다.

스데반은 자기에게 돌을 던진 자들을 용서해 달라는 간절한 기도를 남기고 잠들었다(60b절). '잠들다'(κοιμάω)는 죽음에 대한 완곡어법이다

(cf. 창 47:30; 신 31:16; 요 11:11; 행 13:36; 고전 7:39). 스데반은 이날 이 세상에서의 고단한 삶을 마무리하고 하나님 품에 안겼다.

돈에 매수되어 거짓 증언을 한 자들, 곧 스데반의 죽음에 가장 결정적인 역할을 한 자들의 옷을 지키고 있던 사울은 스데반이 돌에 맞아 죽는 것을 당연하게 여겼다(8:1a). 그도 이 거짓 증인들과 한통속이며, 스데반이 망언했다고 확신한 것이다. 원래 산헤드린은 여러 이해 집단(사두개인, 서기관, 제사장, 바리새인, 장로)으로 구성되어 있어, 모든 일에 이견이 있었다. 그러나 기독교를 박해하고 스데반을 죽여 교회에 경고로 삼은 흉악한 일에는 일심동체다!

이 말씀은 예수님을 구세주로 영접하고 따르는 삶이 때로는 순교로 이어질 수도 있다고 한다. 순교는 심히 두렵고 떨리는 일이지만, 그리스도의 고난에 동참하는 일이다. 하나님은 모든 그리스도인에게 이 영광스러운 일을 허락하지는 않으신다. 오직 특별히 택하신 소수에게만 허락하신다.

기독교와 유대교는 같은 종교가 아니며, 결코 하나가 될 수 없다(cf. Wall). 스데반은 교회의 첫 순교자이며, 가장 고귀한 삶을 산 성도였다. 그러나 유대교는 그를 돌에 맞아 죽어 마땅한 망언자 정도로 생각했다. 우리는 유대인을 다른 민족처럼 선교의 대상으로 간주해야 한다. 그 이상도, 그 이하도 아니다. 그러므로 일부 신학자와 목사들이 하나님이 유대인을 특별히 사랑한다며 각별히 대하는 것은 잘못된 일이다. 그들은 스데반뿐 아니라 메시아 예수님도 죽였다.

Ⅲ. 유대와 사마리아(6:8-9:31)

B. 교회가 핍박을 당함(8:1b-3)

[1b] 그 날에 예루살렘에 있는 교회에 큰 박해가 있어 사도 외에는 다 유대와

사마리아 모든 땅으로 흩어지니라 [2] 경건한 사람들이 스데반을 장사하고 위하여 크게 울더라 [3] 사울이 교회를 잔멸할새 각 집에 들어가 남녀를 끌어다가 옥에 넘기니라

이 섹션은 스데반의 순교 이야기(7장)에서 빌립의 전도 이야기(8:5-40)로 넘어가는 전환점이다(Bock). 그동안 그리스도인들은 유대교 지도자들이 죽인 예수님이 바로 하나님이 보내신 메시아라고 증언한다는 이유로 경고받고(4:21), 채찍질당하고(5:40), 죽임당했다(7:58-60). 이제부터는 개인에 대한 핍박이 아니라 교회 전체에 대한 핍박으로 확대된다(Polhill).

스데반을 죽인 유대인들의 분노가 예루살렘에 있는 교회를 향했다(1b절). 여세를 몰아 이번 기회에 기독교를 뿌리 뽑겠다고 나선 것이다(Polhill). 스데반이 순교한 날로부터 예루살렘 교회에 임한 박해가 얼마나 컸던지 사도들 외에는 모두 예루살렘을 빠져나와 유대와 사마리아 모든 땅으로 흩어졌다(1c절).

'박해'(διωγμός)는 종교적인 이유로 심한 피해를 주는 행위이며, 사도행전에서는 이곳에서 처음 사용된다. 예수님은 이미 이런 때가 올 것이라고 경고하셨다(cf. 마 13:20-21; 막 4:16-17; 10:29-30). 드디어 교회와 성도가 예수님을 전하기 위해 반드시 감당해야 할 고난이 왔다. 이 일 이후 박해는 성도의 삶 일부가 된다(cf. 13:50; 롬 8:35; 고후 12:10; 살후 1:3-10; 딤후 3:10-11).

누가는 사도들 외에는 예루살렘 성도가 '다/모두'(πάντες) 성을 떠났다고 하는데, 과장법이다(Williams). '다/모두'(πάντες)는 9:35에서도 '많은'이라는 의미로 사용된다(Barrett, Calvin, Williams). 예루살렘 온 교회가 스데반의 순교로 인해 큰 충격을 받은 것은 사실이지만, 유대인들의 핍박은 스데반이 속한 헬라파 성도들을 대상으로 이루어졌다(Longenecker, Marshall, Schneider). 히브리파에 속한 사도들은 예루살렘을 떠나지 않았기 때문이다. 또한 사도들은 하나님이 떠나라고 말씀하시지 않는 한 예루살렘에 남아 자리를 지키는 것이 자신들의 사명이라고 생각했다(Bruce, Schnabel).

겉으로 보기에는 이날 예루살렘 교회가 큰 실패를 맛보았다. 사도행전에서 처음으로 사용되는 '흩어지다'(διασπείρω)는 긍정적인 뉘앙스를 지닌 동사다(Schnabel). 앞으로 두 차례(8:4; 11:19) 더 사용되며, 이 단어에서 '디아스포라'가 유래했다. 스데반의 일로 인해 흩어지는 성도들과 함께 예루살렘을 떠난 복음은 유대와 사마리아를 거쳐 베니게와 구브로와 안디옥까지 전진할 것이다(11:19-20). 복음이 불씨처럼 걷잡을 수 없이 땅끝을 향해 흩어지고 있다. 땅끝까지 복음을 선포하라는 대사명이 스데반의 순교와 교회에 임한 박해를 통해 성취되고 있다(cf. 마 28:18-20; 행 1:8). 그러므로 스데반의 순교와 박해는 예루살렘 교회를 선교하는 교회로 도약하게 했다.

경건한 사람들이 스데반을 장사하고 그의 죽음을 슬퍼하며 크게 울었다(2절). '경건한 사람들'(ἄνδρες εὐλαβεῖς)은 '하나님을 경외하는 사람들'이라는 뜻이며, 일상적으로 유대인들을 일컫는 말이다(Fernando). 그러므로 학자들은 스데반을 장사한 사람들은 유대교 지도자들이 그를 죽게 한 것이 잘못된 일이라며 안타까워하는 유대인이거나(Stott, Wall), 이미 기독교로 개종한 유대인 그리스도인이거나(Bruce), 스데반의 스피치로 인해 복음에 마음이 열리기 시작한 유대인이라 한다(Longenecker, Schnabel).

당시 유대인들은 산헤드린이 처형한 사람들을 위해 소리 내어 울지 못하게 했다(Longenecker). 그러나 스데반을 장사한 사람들은 크게 울었다. 만일 우는 사람들이 그리스도인이었다면 그들의 통곡은 스데반에 대한 사랑과 연민의 표현이다. 만일 유대인이었다면 산헤드린이 결정한 사형이 얼마나 잘못되었는가에 대한 탄식이라 할 수 있다. 스데반은 결코 돌에 맞아 죽을 짓을 하지 않았다는 뜻이다(Le Cornu &

Shulam). 어느 쪽이든 유대교 지도자들의 결정에 대한 공개적인 저항이다(Schnabel). 지도자들이 스데반 같은 사람의 죽음에 대해 우는 것을 금했음에도 그들이 크게 울고 있기 때문이다.

예루살렘 교회는 통곡하며 첫 순교자인 스데반을 하나님께 보냈다. 그러나 상황이 더 악화되고 있다. 스데반에게 돌을 던진 자들의 옷을 맡아 보관하던 사울이 교회를 잔멸하겠다며 각 집에 들어가 남녀를 끌어다가 옥에 넘겼다(3절). '잔멸하다'(λυμαίνω)는 신약에서 단 한 차례 이곳에서 사용되는 단어이며, 큰 피해를 입히는 것을 의미한다(BDAG). 이 동사가 미완료형(ἐλυμαίνετο)으로 사용되는 것은 그가 상당한 시간에 걸쳐 지속적으로 이런 일을 했다는 뜻이다. 사도행전 9:1-2과 26:10-11에 따르면 그는 산헤드린의 지지와 후원을 받으며 교회를 핍박하고 있다.

어떤 이들은 사울이 적극적으로 교회를 핍박했다는 것은 누가가 만들어 낸 이야기라고 한다(Haenchen). 사울은 스데반의 죽음을 당연한 일로 여겼다(7:58-8:1a). 그는 자기 스승 가말리엘의 '내버려 두라'라는 처방에 동의하지 않는다(cf. 5:34-39). 또한 신약은 사울이 교회를 핍박한 자라는 사실을 누누이 밝힌다(cf. 22:4-5; 26:10-11; 고전 15:9; 갈 1:13, 22-23; 빌 3:5-6; 딤전 1:13). 그는 충분히 이런 일을 하고도 남을 사람이다. 또한 사울은 유대교 지도자들처럼 십자가에 못 박힌 메시아는 생각만으로도 참으로 혐오스러우며 터무니없다고 생각한다(Schnabel). 그가 다메섹으로 가는 길에 못 박힌 예수님을 직접 만날 때까지는 이렇게 생각했다.

우리는 하나님이 스데반의 죽음과 예루살렘 교회를 초토화시킨 핍박을 지켜보고도 왜 침묵하시는지 묻지 않을 수 없다(Fernando). 가만히 생각해 보면 하나님은 침묵하지 않으셨다. 하나님은 이 일을 통해 복음이 유대와 사마리아를 거쳐 땅끝을 향해 가도록 여건을 만들어 가셨다. 그러므로 우리에게는 왜 침묵하시느냐는 탄식이 아니라, 주님이 하시는 일을 보는 눈을 달라는 기도가 필요하다. 복음이 예루살렘을 떠나 땅끝을 향해 가는 계기가 된 스데반의 순교는 인류 역사상 참으로 위대한 사건 중 하나다(Barclay). 하나님이 이 일을 하셨다.

이 말씀은 그리스도인의 삶에 박해가 있을 수 있으니 핍박을 당하거든 놀라지 말라고 한다. 또한 위기는 기회라고, 하나님은 분명히 박해를 통해 선한 일을 이루실 것이다. 스데반의 순교와 교회에 임한 큰 박해로 인해 복음이 예루살렘을 떠나 땅끝을 향해 가게 하신 것처럼 말이다. 그러므로 하나님을 경외하고 주의 인도하심을 받는 그리스도인에게 '재수 없는 일'은 없으며, '나쁘기만 한 일'은 더더욱 없다.

Ⅲ. 유대와 사마리아(6:8-9:31)

C. 빌립의 사역(8:4-40)

스데반의 스피치는 기독교를 예루살렘 성전에서 해방시키는 역할을 했다(Fernando). 누가는 스데반의 순교 직후 예루살렘 교회에 매우 혹독한 박해가 임했고, 이 박해로 인해 많은 성도가 유대와 사마리아로 흩어졌다고 했다. 그들의 흩어짐은 복음이 땅끝까지 가는 발판을 마련했다. 성도들이 예루살렘에서 피신할 때 복음을 지니고 갔기 때문이다. 누가는 이 섹션에서 빌립의 사역 사례를 통해 유대와 사마리아에 복음이 전파된 일을 회고한다. 사마리아와 에디오피아는 유대교가 이렇다 할 관심을 주지 않고 변방으로 취급하던 곳이다(Witherington). 그런데 기독교가 유대교가 포기한 사람들을 찾아 나섰다(Gaventa). 빌립의 이야기는 다음과 같이 두 파트로 구분된다.

A. 사마리아의 복음화(8:4-25)
B. 에디오피아 내시의 회심(8:26-40)

Ⅲ. 유대와 사마리아(6:8–9:31)
C. 빌립의 사역(8:4–40)

1. 사마리아의 복음화(8:4–25)

4 그 흩어진 사람들이 두루 다니며 복음의 말씀을 전할새 5 빌립이 사마리아
성에 내려가 그리스도를 백성에게 전파하니 6 무리가 빌립의 말도 듣고 행하
는 표적도 보고 한마음으로 그가 하는 말을 따르더라 7 많은 사람에게 붙었
던 더러운 귀신들이 크게 소리를 지르며 나가고 또 많은 중풍병자와 못 걷
는 사람이 나으니 8 그 성에 큰 기쁨이 있더라 9 그 성에 시몬이라 하는 사
람이 전부터 있어 마술을 행하여 사마리아 백성을 놀라게 하며 자칭 큰 자
라 하니 10 낮은 사람부터 높은 사람까지 다 따르며 이르되 이 사람은 크다
일컫는 하나님의 능력이라 하더라 11 오랫동안 그 마술에 놀랐으므로 그들이
따르더니 12 빌립이 하나님 나라와 및 예수 그리스도의 이름에 관하여 전도
함을 그들이 믿고 남녀가 다 세례를 받으니 13 시몬도 믿고 세례를 받은 후
에 전심으로 빌립을 따라다니며 그 나타나는 표적과 큰 능력을 보고 놀라니
라 14 예루살렘에 있는 사도들이 사마리아도 하나님의 말씀을 받았다 함을
듣고 베드로와 요한을 보내매 15 그들이 내려가서 그들을 위하여 성령 받기
를 기도하니 16 이는 아직 한 사람에게도 성령 내리신 일이 없고 오직 주 예
수의 이름으로 세례만 받을 뿐이더라 17 이에 두 사도가 그들에게 안수하매
성령을 받는지라 18 시몬이 사도들의 안수로 성령 받는 것을 보고 돈을 드려
19 이르되 이 권능을 내게도 주어 누구든지 내가 안수하는 사람은 성령을 받
게 하여 주소서 하니 20 베드로가 이르되 네가 하나님의 선물을 돈 주고 살
줄로 생각하였으니 네 은과 네가 함께 망할지어다 21 하나님 앞에서 네 마음
이 바르지 못하니 이 도에는 네가 관계도 없고 분깃 될 것도 없느니라 22 그
러므로 너의 이 악함을 회개하고 주께 기도하라 혹 마음에 품은 것을 사하
여 주시리라 23 내가 보니 너는 악독이 가득하며 불의에 매인 바 되었도다
24 시몬이 대답하여 이르되 나를 위하여 주께 기도하여 말한 것이 하나도 내
게 임하지 않게 하소서 하니라 25 두 사도가 주의 말씀을 증언하여 말한 후

예루살렘으로 돌아갈새 사마리아인의 여러 마을에서 복음을 전하니라

예루살렘에서 흩어진 그리스도인들이 유대와 사마리아 곳곳을 다니며 복음의 말씀을 전했다(4절). 그들은 핍박을 피하기 위해 도망하는 피난민이 아니라, 복음을 든 선교사가 되어 곳곳을 다닌 것이다. 활활 타오르는 장작불을 걷어차면 불씨가 사방으로 흩어져 더 큰 불이 되는 것처럼 그리스도인들이 흩어지니 복음의 불이 활활 타오르며 땅끝을 향해 전진하기 시작했다. 유대인들이 예루살렘 교회를 핍박하고 흩으며 의도한 바와 정반대되는 결과가 나왔다(Stott). 한 학자는 이러한 상황을 보며 '교회는 흩어진 사람으로 이루어졌다'라고 한다(Bock).

빌립은 사마리아성에 내려가 그리스도를 전파했다(5절). 사도 중에도 빌립이 있지만(마 10:3; 막 3:18; 요 1:44), 이 빌립은 사도들이 스데반과 함께 헬라파 과부들을 도우라며 세운 7명 중 하나였던 것이 확실하다(cf. 6:1-6). 누가가 그를 사도들과 구분하고 있기 때문이다(cf. 14절).

빌립이 사마리아의 어느 성(지역)으로 갔는지는 알 수 없지만, 학자들은 그가 세겜으로 간 것으로 추측한다(Bock, Schnabel). 스데반이 이미 언급한 세겜(7:16)은 예루살렘에서 북쪽으로 60㎞ 떨어진 곳에 있으며, 걸어서 2-3일 걸리는 곳이다(Schnabel). 남북과 동서로 난 대로가 교차하는 세겜은 사마리아 지역의 요충지였다.

원래 이 지역에는 북 왕국 이스라엘이 있었지만, 주전 722년에 백성 일부가 아시리아로 끌려가고, 끌려온 이방인들이 이곳에 정착하면서 서로 국제결혼을 했다(cf. 왕하 17:24-41). 유대인들은 사마리아 사람들을 이스라엘 집안의 잃어버린 양으로 간주하기도 했지만(Marshall), 이방인보다 못한 자들로 대하기도 했다(Wall).

바벨론에서 예루살렘으로 돌아온 유대인들은 성전 재건에 사마리아 사람들이 참여하는 것을 허락하지 않았다(스 3:7-4:5). 사마리아 사람들은 세겜에 있는 그리심산에 자신들의 성전을 세워 그곳에서 여호와를 예배했다. 주전 128년에는 유다의 하스모니안(Hasmonean) 통치자 히르카누스(John Hyrcanus)가 그리심산에 있는 사마리아 사람들의 성전을 파괴하면서 관계가 더욱 악화되었다. 로마 사람들이 주전 63년에 팔레스타인 지역을 정복했을 때 사마리아를 유대 사람들의 억압에서 해방시켰다(Bruce).

사마리아 사람들은 구약 중 오경만을 정경으로 간주했다. 또한 그들의 오경은 유대인들의 것과 비교해 몇 군데 차이가 있기도 했다. 오경만을 근거로 신앙을 정의하다 보니 그들은 모세 이후로 종말이 될 때까지 선지자는 없다고 했다. 그들은 신명기 18:15-18을 근거로 종말에 모세와 같은 선지자가 올 것이라고 믿었다. 사마리아 사람들은 종말에 올 이 메시아적 인물을 '타헵'(Taheb, '회복자'[the Restorer], '돌아오는 자'[one who returns])이라고 불렀다(Bock, Fitzmyer, Schnabel). 그가 오면 기적을 행하고, 율법을 회복하고, 예배를 갱신하며, 하늘나라에 대한 지식을 줄 것으로 생각했다(Le Cornu & Shulam).

사마리아 사람들은 빌립이 전한 예수님을 모세가 종말에 올 것이라고 한 '타헵'으로 믿었을까? 확실하지는 않지만, 많은 사람이 빌립이 선포한 복음에 긍정적인 반응을 보였다. 그들은 빌립이 전한 말도 듣고, 그가 행한 표적도 보고, 한마음으로 그가 하는 말을 따랐다(6절).

하나님이 빌립을 통해 행하신 기적을 통해 많은 사람에게 붙었던 더러운 귀신이 크게 소리를 지르며 나갔다(7a절). 귀신들이 나가면서 소리를 지르는 것은 드디어 그 사람이 악령에게서 해방되었다는 증거다(Longenecker). 중풍병자들과 못 걷는 사람들도 나았다(7b절). 빌립도 예수님이 행하시던 기적을 행하게 된 것이다(Wall, cf. 눅 7:22-23). 예루살렘처럼 사마리아에도 새로운 시대가 시작되었다는 징조다. 사마리아 사람들도 이스라엘처럼 잃어버린 하나님의 자녀라는 것을 암시한다(Wall).

직접 나음을 입었거나 친척들과 이웃들이 낫는 것을 목격한 사마리아 사람들이 모두 기뻐했다(8절). 사도행전에서 '기쁨'(χαρὰ)이 처음 사용되고 있다. 육체적 질병과 영적 억압에서 해방되었으니 얼마나 기뻤겠는가! 아마도 이 사람들은 빌립을 통해 천국을 맛보았을 것이다. 복음은 사람들을 모든 억압에서 해방시키며 기쁨을 준다.

예전부터 마술을 행하며 사람들을 놀라게 한 '자칭 큰 자'라 하는 시몬이라는 사람이 있었다(9절). 이방인 전도가 10장에서 본격적으로 시작된다는 점을 고려하면, 이 사람은 유대인이거나 혼혈이었을 것이다 (Jervell).

'마술'(μαγεύων)은 초자연적인 힘(능력)을 주술과 주문 등으로 조종하려는 시도다(BDAG). 여러 문화와 인종이 섞인 사마리아에서 흔히 있는 일이었다(Bock). 시몬이 오랫동안 마술로 사람들에게 많은 인기를 누린 것은 사실이지만(10-11절) '자칭 큰 자'(λέγων εἶναί τινα ἑαυτὸν μέγαν)라고 하는 것을 보면 그는 오늘날로 말하자면 '관종'(남의 시선을 즐기는 자)이다. 율법은 마술을 금한다(출 22:18; 레 19:26, 31; 20:6, 27; 신 18:10-11).

빌립은 시몬이 지켜보는 상황에서 복음을 선포했다(12a절). 남녀를 가리지 않고 많은 사람이 빌립이 선포한 예수님을 믿고 세례를 받았다(12b절). 시몬도 세례를 받은 후에 전심으로 빌립을 따라다니며 그를 통해 나타나는 표적과 큰 능력을 보고 놀랐다(13절). 시몬도 다른 사람들과 다를 바 없이 실제로 믿었다고 하는 이들이 있는가 하면(Barrett, Fitzmyer, Williams), 그의 믿음은 피상적인 것이라며 진정성을 인정하지 않는 이들도 있다(Bock, Bruce, Marshall, Witherington). 시몬의 믿음은 사람을 구원에 이르게 하는 믿음이 아니라는 것이다(cf. 약 2:19-20).

시몬은 예수님을 통한 하나님의 구원에 관심이 있는 것이 아니라 하나님이 빌립을 통해 행하시는 이적에 관심이 있다. 그러므로 그는 빌립 따르기를 마치 '록 스타'(rock star)를 따르듯 따라다녔다(Witherington). '따르다'(προσκαρτερέω)는 제자도와 상관없는 단어로 '지속하다'(persist)라는 의미를 지닌다(Bock, cf. 1:14; 2:42). 복음서에서는 배를 대기시키는 일을 묘사하는 데 사용되었다(막 3:9). 미완료형 '놀랐다'(ἐξίστατο)도 지속성을 강조한다. 그러나 그는 예수님이 아니라 빌립이 행하는 기적에 계속 놀랐다(Polhill).

예루살렘 사도들은 사마리아도 하나님의 말씀을 받았다는 소식을 듣고 베드로와 요한을 보냈다(14절). 사마리아에 복음이 선포되고 많은 회심자가 생겼다는 것은 기독교 역사에 매우 중요한 일이었다(Jervell, Longenecker). 예루살렘을 떠난 복음이 처음으로 열매를 맺었기 때문이다. 또한 이 선교의 열매는 사도가 아닌 빌립이 맺은 것이다. 일명 '2세대 그리스도인'이 이루어 낸 결과이므로 1세대(예수님과 사도들)가 검증하러 간 것이다(Tannehill).

베드로와 요한이 사마리아로 내려가 예수님을 영접하고 세례를 받은 사람들에게 성령이 임하기를 기도했다(15절). 그들은 빌립에게 세례를 받았지만, 아직 성령을 받지 못했다. 아마도 방언 등 성령 세례가 외적으로 드러나는 현상이 없었던 것으로 보인다(Bock, Schnabel). 사도들이 그 사람들에게 안수하자 그들이 성령을 받았다(17절). 사도들은 빌립이 할 수 없는 일을 한 것이다(Bruce).

성령이 사마리아 성도들에게 임한 것은 예루살렘 교회와 사마리아 교회가 하나라는 증거다(Polhill). 또한 예루살렘 사도들이 사마리아로 가서 그들을 위해 기도한 것은 축복을 통해 오랜 대립과 갈등을 해소하고 화해가 필요했기 때문이다(Gooding). 이 일을 계기로 사마리아에 대한 예루살렘 교회의 태도에도 큰 변화가 있을 것이다(Longenecker).

세례를 받았지만 성령이 임하지 않은 것은 사마리아 성도들에게만 있었던 특별한 상황이라는 이들이 있다(Bock, Williams). 일상적으로 성령은 세례와 함께 임한다(cf. 10장). 그러나 사도행전에서는 한 가지 원칙만 존재하지는 않는다. 성령과 세례의 관계는 매우 유동적이다(cf. 2:38-41; 10:44-48; 19:1-6). 8:38과 10:44에서 성령이 임하는 것과 세례는 사도들의 손을 필요로 하지 않는다(Barrett).

시몬은 자신이 성령을 받는 일에는 관심이 없다. 그는 사도들처럼 남에게 안수할 때 성령이 임하게 하는 일을 하고 싶다. 그러므로 사도들에게 돈을 지불하고 그 능력을 사려고 한다. 그는 성령의 임재를 마술 정도로 생각해 비법을 전수받으면 할 수 있다고 생각한 것이다. 중세 시대 일부 사제 사이에 있었던 성직 매매를 영어로 'simony'라고 하는데, 이 마술사의 이름에서 비롯된 단어다. 성직 매매는 유대교에서도 오래전부터 있었던 일이다(Larkin). 주전 2세기에 제이슨(Jason)이라는 사람이 시리아의 왕 안티오코스(Antiochus Epiphanes)에게 많은 돈을 주고 대제사장직을 샀다(마카비 2서 4:7-8; 마카비 4서 4:17-18). 성직 매매는 종교가 개혁이 불가능할 정도로 썩었다는 증거다.

베드로는 돈을 줄 테니 자신이 안수하는 사람이 모두 성령을 받게 해 달라는 시몬을 맹렬하게 비난하며 정죄한다(20-23절). 성령은 하나님의 선물이며, 하나님의 선물은 돈을 주고 살 수 있는 것이 아니다(20a절). 이런 일은 마술 세계에서나 있는 일이다. 그러므로 베드로는 시몬에게 "네 은과 네가 함께 망할지어다"라고 한다(20b절). '네 돈과 함께 망해라!'라는 뜻이며(Marshall), 이 말씀은 신약에서 발견되는 유일한 현재형 기원법(optative)이다(Bock). 한 영어 번역본은 "너와 네 돈은 지옥으로 가라!"(To hell with you and your money!)라고 번역한다(Philip). 매우 강력한 저주 또는 비난이다. 돈과 함께 망해라(Marshall)! 베드로가 이처럼 강력한 저주를 선언하는 것으로 보아 시몬은 그리스도인이 아니다.

베드로는 하나님 앞에서 시몬의 마음이 바르지 못할 뿐 아니라, 이 '도'와는 관계가 없고 분깃 될 것도 없다고 선언한다(21절). '도'(λόγος)를 직역하면 '말씀'이며, 그리스도의 복음이 믿는 자들에게 주는 축복을 뜻한다(Marshall). '분깃'(κλῆρος)은 몫이다. 기독교의 복된 사역에는 시몬이 감당할 만한(누릴 만한) 몫이 없다. 마음은 능력이나 은사보다 더 중요한데, 시몬의 마음은 바르지 않다. 그는 하나님의 백성에 속하지 않았다(Polhill). 베드로는 시몬을 거듭나지 않은 자로 간주한다(Bruce).

기독교에는 시몬의 몫이 없다고 한 베드로는 그에게 자기 악함을 회개하고 하나님의 용서를 구하라고 한다(22a절). 혹시 하나님이 그가 품은 악한 것(하나님의 선물을 돈으로 사려고 한 것)을 용서해 주실지도 모르기 때문이다(22b절). 그가 회개하면 하나님이 용서하실 수도 있고, 용서하지 않으실 수도 있다는 뜻이다. 다만 베드로는 하나님이 그를 용서해 주시기를 희망한다. 죄를 용서하는 것은 하나님이 결정하실 일이지, 죄인이 요구할 수 있는 것이 아니기 때문이다. 우리는 종종 회개하면 하나님이 자동으로 용서하신다고 생각한다. 그러나 착각이다. 하나님이 용서하지 않으실 수도 있다.

베드로는 시몬이 악독으로 가득하며 불의에 매인 바 되었다고 한다(23절). '악독'(χολή)은 쓸개나 쓴 뿌리처럼 '쓴맛'이 난다는 뜻이다(Schnabel, cf. 신 29:18; 히 12:15). 앞으로 시몬의 삶은 하나님의 심판을 받아 쓴맛으로 가득할 것이다(Barrett). 또한 그의 삶은 불의에 매인 바 될 것이다. 하나님의 심판이 임하면 그는 죄의 노예로 살게 될 것이다.

베드로의 말에 놀란 시몬은 베드로가 정죄하며 한 말이 하나도 임하지 않도록 기도해 달라고 부탁한다(24절). 그는 아직도 베드로가 그를 위해서 기도하기를 바라지, 하나님께 직접 나가 용서를 구할 생각은 하지 않는다. 또한 그가 바라는 것은 벌을 피하는 것이지 하나님과의 관계를 회복하거나 하나님이 주시는 자유가 아니다.

시몬은 빌립에게 세례를 받았다. 그러나 믿음은 구원에 이를 정도로 충분하지 않다. 그는 하나님과 관계를 발전시키기는 일에는 관심이 없다. 오직 하나님이 주실 수 있는 능력을 탐한다. 그러므로 학자들은 그가 거듭난 사람이 아니라고 한다(Bruce). 한 주석가는 그가 회심한 사람이 아니라는 증거로 다음의 여섯 가지를 제시한다(Witherington): (1)이 이야기에서 시몬은 매우 부정적으로 묘사된다(9-11절). (2)그는 믿었다는데, 그의 믿음에는 목적어(예, 예수님)가 없다(13절). (3)시몬은 다른 사마리아 사람들과 따로 취급된다. (4)그는 은사를 돈으로 사려고 한다

(18-19절). (5)그의 인격이 매우 부정적으로 묘사된다(23절). (6)자신을 위해 기도하라는 베드로의 권면을 따르지 않고 오히려 기도를 부탁한다(22절).

훗날 시몬 마구스(Simon Magus, '마술을 행하는 시몬')라는 사람이 영지주의(Gnosticism)를 통해 교회를 괴롭혔다. 확실히 알 수는 없지만, 이 시몬 마구스가 본문의 시몬이라는 전승이 많이 남아 있다(cf. Bruce, Longenecker, Polhill). 그는 많은 성도를 실족케 했다고 한다.

베드로와 요한은 사마리아에서 예루살렘으로 돌아가는 길에 사마리아인의 여러 마을에서 복음을 전했다(25절). 4절에서 시작된 사마리아 선교 이야기가 마무리되고 있다. 예루살렘 교회를 대표하는 사도들은 사마리아인 중 회심자들을 그리스도인으로 받아들였을 뿐 아니라, 사마리아 사람도 유대인처럼 예수님의 복음이 필요하다는 것을 인정했다. 전에는 예수님께 하늘에서 불을 내려 사마리아 사람들을 다 태워 버리자던 요한이 그들에게 복음을 전했다는 것은 그가 참 많이 변했다는 뜻이다(cf. 눅 9:51-55). 그동안 예루살렘에만 머물던 복음이 곧 땅끝을 향해 전진하게 될 것이다.

이 말씀은 성령의 은사와 마술은 질적으로 다르다고 한다. 마술은 돈을 주고 살 수 있지만, 은사는 하나님의 선물이므로 거래할 수 있는 것이 아니다. 또한 은사는 하늘에서 내려오는 신성한 것이다. 반면에 마술은 귀신들의 힘을 빌리거나 눈속임하는 것이다. 시몬이 돈을 주고 은사를 사려고 한 것은 이러한 차이를 인정하지 않으려는 의도였다고 볼 수도 있다. 그러므로 그는 심판을 받아 망하게 되었다. 우리는 하나님께로부터 오는 거룩하고 신성한 선물을 거룩하게 대하며 감사해야 한다.

욕심과 재물은 영적인 타락으로 이어진다. 시몬은 사도들의 능력을 욕심냈고, 자신이 가진 돈으로 그 능력을 매수하려다가 낭패를 보았다. 우리는 하늘의 신성한 것을 사모하되, 욕심을 부려서는 안 된다.

또한 하나님이 허락하신 재물은 선한 일에 사용해야지 자기 욕심을 충족시키는 일에, 혹은 나쁜 일에 사용하면 안 된다. 이런 일을 피하려면 올바른 재물관이 필요하다.

때로는 남들에게 기도를 부탁하는 것도 좋은 일이지만, 자기 스스로 기도해야 할 때는 스스로 기도하는 시간을 가져야 한다. 신앙생활은 각자 해야 하기 때문이다. 은밀한 곳에서 하나님과 단둘이 시간 갖는 일을 두려워할 것이 아니라, 오히려 습관으로 만들어야 한다.

Ⅲ. 유대와 사마리아(6:8–9:31)
C. 빌립의 사역(8:4–40)

2. 에디오피아 내시의 회심(8:26–40)

26 주의 사자가 빌립에게 말하여 이르되 일어나서 남쪽으로 향하여 예루살렘
에서 가사로 내려가는 길까지 가라 하니 그 길은 광야라 27 일어나 가서 보
니 에디오피아 사람 곧 에디오피아 여왕 간다게의 모든 국고를 맡은 관리인
내시가 예배하러 예루살렘에 왔다가 28 돌아가는데 수레를 타고 선지자 이사
야의 글을 읽더라 29 성령이 빌립더러 이르시되 이 수레로 가까이 나아가라
하시거늘 30 빌립이 달려가서 선지자 이사야의 글 읽는 것을 듣고 말하되 읽
는 것을 깨닫느냐 31 대답하되 지도해 주는 사람이 없으니 어찌 깨달을 수 있
느냐 하고 빌립을 청하여 수레에 올라 같이 앉으라 하니라 32 읽는 성경 구
절은 이것이니 일렀으되

그가 도살자에게로 가는 양과 같이 끌려갔고
털 깎는 자 앞에 있는 어린 양이 조용함과 같이
그의 입을 열지 아니하였도다
33 그가 굴욕을 당했을 때
공정한 재판도 받지 못하였으니
누가 그의 세대를 말하리요

그의 생명이 땅에서 빼앗김이로다

하였거늘 [34] 그 내시가 빌립에게 말하되 청컨대 내가 묻노니 선지자가 이 말한 것이 누구를 가리킴이냐 자기를 가리킴이냐 타인을 가리킴이냐 [35] 빌립이 입을 열어 이 글에서 시작하여 예수를 가르쳐 복음을 전하니 [36] 길 가다가 물 있는 곳에 이르러 그 내시가 말하되 보라 물이 있으니 내가 세례를 받음에 무슨 거리낌이 있느냐 [37] (없음) [38] 이에 명하여 수레를 멈추고 빌립과 내시가 둘 다 물에 내려가 빌립이 세례를 베풀고 [39] 둘이 물에서 올라올새 주의 영이 빌립을 이끌어간지라 내시는 기쁘게 길을 가므로 그를 다시 보지 못하니라 [40] 빌립은 아소도에 나타나 여러 성을 지나 다니며 복음을 전하고 가이사랴에 이르니라

빌립의 이야기가 계속되고 있지만, 이 섹션의 내용은 바로 앞에 나온 이야기뿐 아니라 이때까지 사도행전에 기록된 이야기와 중요한 차이를 보인다. 그동안 저자는 많은 사람이 한꺼번에 회심한 이야기들만 회고했다. 본 텍스트를 시작으로 앞으로는 각 개인의 회심 이야기들을 회고할 것이다. 에디오피아 내시와 사울(바울)과 고넬료가 어떻게 해서 예수님을 영접하게 되었는가를 회고할 것이다. 그러므로 이 섹션을 기점으로 복음이 개인화되고 있다고 할 수 있다.

사마리아에서 놀라운 사역을 했던 빌립이 바쁘다. 이번에는 주의 사자, 곧 천사가 그에게 유대의 남쪽 지역에 있는 예루살렘에서 가사로 내려가는 길까지 가라고 했기 때문이다(26절). 사도행전에서는 주의 천사가 분주히 활동한다. 하나님이 그들을 통해 전도와 선교를 진두지휘하시기 때문이다(cf. 5:19; 10:3, 7, 22; 11:13; 12:7-11, 23; 27:23). 남쪽 광야로 가라는 말을 들었을 때 빌립이 어디에 있었는지는 알 수 없다(cf. Longenecker). 만일 그가 아직 사마리아 지역에 머물고 있다면 상당히 먼 길을 이동해야 한다. 빌립이 천사의 말을 듣고 먼 길을 가는 것은 선지자 엘리야를 생각나게 한다(cf. 왕상 18:12; 왕하 1:3; 2:16).

'남쪽'(μεσημβρία)을 직역하면 '정오'(noon)다(TDNT). 그러나 천사는 그에게 갈 방향을 말하고 있지, 시간(때)을 제시하지 않는다. 그러므로 정오에 해가 남쪽 한가운데 있다는 점을 고려해 모든 번역본이 '남쪽'으로 번역한다(새번역, 공동, ESV, NAS, NIV, NRS). 가사는 예루살렘보다 700m가량 낮은 지역이며(Bock), 해안가로 나 있는 카라반 루트(caravan route)의 주요 거점이었다(Longenecker). 신약에서는 이곳에만 언급된다.

빌립이 천사의 말에 따라 유대 광야에 있는 길로 가 보니 하나님을 예배하러 예루살렘에 왔다가 집으로 돌아가는 사람이 있었다(27절). 그는 에디오피아에서 온 사람이었다. 구약에서는 에디오피아를 '구스'라 칭하기도 하며(창 2:13), 훗날 누비아로 불리는 곳이었다. 오늘날 이집트 남쪽과 수단 북쪽에 있던 나라이며(Bock, Fernando), 고대 문헌들은 에디오피아를 세상 끝이라고 했다(Tannehill, Witherington).

에디오피아 사람들은 피부가 까맸다(Witherington). 그러므로 새로운 인종에게 복음이 선포되고 있다고 할 수 있다. 이레네우스(Irenaeus)는 182-188년 사이에 저작한 글을 통해 이 사람이 훗날 에디오피아 선교사가 되었다고 한다(cf. Longenecker). 사실 여부를 알 수는 없지만, 1:8이 복음이 가야 할 곳으로 지목하는 네 곳(예루살렘, 유대, 사마리아, 땅끝) 중 세 곳에 복음이 선포되고 있다고 할 수 있다. 에디오피아인이 이방인인 것은 사실이지만, 이 일로 인해 에디오피아에 새로운 교회가 탄생한 것은 아니다(Conzelmann, Marshall). 그러므로 이방인 전도가 시작되었다는 것을 의미하지는 않는다(Barrett, Gaventa, Polhill). 누가는 고넬료의 회심을 기점으로 이방인 전도가 본격적으로 시작되었다고 한다(Fitzmyer, Johnson, Schnabel).

이 사람은 에디오피아 여왕 간다게의 모든 국고를 맡은 관리인이었다. '간다게'(Κανδάκη)는 당시 에디오피아를 다스리던 왕조의 이름이다. 이 왕조는 왕을 태양신의 아들로 여겼으며, 백성을 직접 다스리기에는 너무나도 거룩하다고 했다. 그래서 왕의 어머니가 왕위에 오른 아들을 대신해 통치했다(Longenecker). 빌립이 만난 사람은 오늘날로 말하면 에디오피아의 '재무장관'이었다.

그는 내시였다. '내시'(εὐνοῦχος)는 거세받은 환관을 뜻하지만, 때로는 거세 여부와 상관없이 왕이 신뢰하는 관료를 뜻하기도 한다(cf. Jervell, Longenecker). 그러나 이곳에서는 환관을 의미하며, 당시 여러 나라에서 환관들에게 왕의 재정을 담당하게 했다(Bock, Polhill).

율법은 환관들이 성전 예배에 참여하는 것을 금한다(레 21:17-21; 신 23:1-2). 이사야 56:4-5은 하나님이 정하신 때가 되면 신실한 환관들에게 영원한 이름을 주어 끊어지지 않게 하실 것이라고 한다. 누가는 환관 이야기를 이곳에 기록하면서 바로 그때가 예수님을 통해 임했음을 암시한다. 하나님이 모든 차별을 무너뜨리셨으므로, 복음은 그 누구도 차별하면 안 된다.

이 환관이 디아스포라 유대인(diaspora Jew)이었다고 하는 이들도 있고(Longenecker), 유대교로 개종한 사람(proselyte)이거나 경건한 이방인(Gog-fearing Gentile)이라고 하는 이들도 있다(Bock, Jervell, Schnabel). 그러나 당시 유대교는 환관의 개종을 받아주지 않았다(Barrett). 그러므로 성전 안뜰에는 들어가지 못하고 먼발치에서 하나님을 예배했을 것이다. 복음이 유대교가 변방으로 취급한 사람에게 선포되고 있다.

그는 선지자 이사야의 글을 읽고 있었다(28절). 이사야서가 기록된 두루마리를 읽고 있었다는 뜻이다. 32-33절에 기록된 이사야서 말씀이 칠십인역(LXX)과 거의 차이가 없다는 점에서 그가 헬라어 사본을 읽고 있었다고 주장하는 이들도 있지만(Schnabel), 훗날 누가가 이 사건을 회고하면서 칠십인역(LXX)을 인용한 결과일 수도 있다.

당시 성경 말씀을 기록한 두루마리는 폭이 20-30㎝, 길이가 5-45m에 달했다(Le Cornu & Shulam). 양피에 한 땀 한 땀 새기다시피 글을 쓴 것으로 고가의 귀한 물건이었다. 게다가 유대인들은 이방인에게는 말씀이 기록된 두루마리를 팔지 않았다. 말씀을 사모한 이 내시는 이른

바 '어둠의 경로'(black market)를 통해 이 두루마리를 구한 것으로 보인다. 한 가지 확실한 것은 그는 큰 값을 지불하고 성경 두루마리를 구할 만큼 말씀에 대한 열정과 재정적인 능력이 있었다.

이 사람은 수레를 타고 있다. 당시 수레는 부자나 탈 수 있는 교통수단이었다(Barrett, Keener). 수레를 타고 예루살렘에서 에디오피아로 가는 길은 5개월이나 걸리는 먼 여정이었다(Bock). 길에서만 왕복 10개월을 보내고 있는 것이다. 그가 예루살렘을 방문한 목적이 성전에 가서 하나님을 예배하기 위해서였다는 점을 고려하면 그는 참으로 하나님을 사모하는 사람이다. 하나님이 이런 사람을 어찌 구원하지 않으시겠는가!

성령이 빌립에게 에디오피아 사람이 타고 있는 수레 가까이 나아가라고 하셨다(29절). 빌립은 곧바로 수레 옆으로 가서 그가 읽고 있는 것이 무엇을 의미하는지 깨달았느냐고 물었다(30절). 이 사람은 여러 사람의 호위를 받으며 가고 있기 때문에 빌립이 그의 수레 곁으로 가는 데는 상당한 용기가 필요했다(Fernando).

당시 사람들은 글을 읽을 때 크게 소리 내어 읽었다(Cadbury). 소리 내어 읽으면 읽은 것을 기억하는 데 도움이 된다고 생각했기 때문이다. 그러므로 빌립은 그가 초대교회에서 메시아에 대한 예언으로 귀하게 여기는 이사야서 말씀을 읽고 있다는 것을 쉽게 파악했다.

에디오피아 내시는 지도해 주는 사람이 없어서 깨달을 수 없다며, 빌립에게 수레에 올라와 앉으라고 청했다(31절). '지도해 주는 자'(τις ὁδηγήσει)는 맹인 같은 사람을 한곳에서 다른 곳으로 안내해 주는 사람이며, 본문에서는 깨달음과 지혜로 인도하는 이를 뜻한다(Johnson, cf. 출 15:13; 32:34; 마 15:14; 눅 6:39). 그는 빌립이 '지도해 주는 자'가 되어 그를 이사야서 말씀이 의미하는 바로 인도해 주기를 기대한다.

에디오피아 내시가 아무에게나 수레에 올라와 앉으라는 말을 할 리가 없다. 그러므로 그가 주저하지 않고 빌립을 청한 것을 보면 이미 이들은 영적으로 교통하고 있다(Wall). 하나님이 그들의 마음을 이어 주신 것이다. 이렇게 하여 빌립이 그 사람에게 마음껏 말씀을 가르치고 전도할 기회가 마련되었다.

에디오피아 사람이 읽고 이해하지 못한 말씀은 이사야 53:7-8이다(32-33절). 일명 '종의 노래'라고 하는, 메시아에 대해 예언한 여러 말씀 중 일부다. 그는 억울하고 부당한 재판을 받고도 아무 말 하지 않고 죽은 이 사람이 누구인지 궁금하다. 아무 죄가 없는 예수님이 죄인 취급을 받아 처형당하신 일에 대한 예언이다(cf. 23장).

내시의 질문은 빌립이 마음껏 말씀을 나누며 전도할 여건을 마련해 주었다(35절). 그가 궁금해하는 말씀이 바로 종의 노래, 곧 예수님이 받으실 고난을 예언한 말씀이기 때문이다! 당시 유대인들은 이 종이 선지자 이사야거나, 이스라엘이거나, 엘리야 같은 특별한 사람이라고 했다. 그러나 메시아는 배제했다(Fitzmyer). 그들은 메시아가 고통당한다는 것은 있을 수 없는 일이라고 생각했기 때문이다. 에디오피아 사람이 빌립에게 이 종이 누구인지 묻는 것은 유대인들이 제시한 해석을 만족스럽게 여기지 않았다는 뜻이다.

빌립은 이사야의 종의 노래를 설명하면서 억울하게 죽은 종은 장차 온 인류의 구원자로 오실 메시아이시며, 그는 다름 아닌 예수님이라며 복음을 전했다. 에디오피아 내시도 빌립의 설명에 만족해했고, 그가 제시한 예수님에 대한 복음을 영접했다. 마태와 요한은 이사야 53장이 예수님의 치유 사역을 통해 성취되었다고 하며(마 8:17; 요 12:38), 누가는 예수님의 고난을 통해 이루어졌다고 한다(Longenecker, cf. 눅 22:37).

둘이 마차를 타고 가며 대화하는 도중 물 있는 곳에 이르자 내시가 빌립에게 세례를 베풀어 달라고 부탁했다(36절). 자기는 예수님을 구세주로 영접했으니 세례를 미룰 필요가 없다는 것이다. '물 있는 곳'(τι ὕδωρ)은 흐르는 개울 혹은 연못처럼 고인 물이 있는 곳을 뜻한다. 당시 물이 없을 때는 뿌리는 방식(sprinkling)으로 세례를 주기도 했지만(Bock, Bruce), 대부분은 물이 있는 곳에서 침례(emersion)로 세례를 주었다.

에디오피아 내시는 어떻게 세례를 받을 생각을 했을까? 그는 이미 유대교의 교리에 익숙한 사람이다. 그러므로 5개월에 걸쳐 예루살렘 성전으로 순례를 왔다가 집으로 돌아가는 길이다. 유대교도 이방인들이 유대교로 개종할 때 세례를 베풀었기 때문에 기독교도 당연히 이러한 예식 절차가 있을 것으로 생각했을 것이다. 그리고 빌립도 복음을 영접한 그에게 세례의 필요성을 확인해 주었을 것이다(Fitzmyer). 빌립이 베푼 세례를 받은 그는 여러 가지 신체적-인종적 장벽을 허물고 그리스도인이 되었다.

그들은 수레를 멈추고 함께 물가로 내려갔고, 빌립이 에디오피아 내시에게 세례를 베풀었다(38절). 물에서 세례를 베풀고 올라온 다음에는 두 사람이 각자의 길을 갔다. 빌립은 주의 영에 이끌려 갔다(39a절). 그는 주의 사자에 이끌려 이곳에 왔던 것처럼(26절), 주의 영이 인도하시는 곳으로 갔다. 옛적에 엘리야가 경험했던 일을 생각나게 한다(왕상 18:12; 왕하 2:16). 이 두 사람은 다시 보지 못했다(39c절). 누가가 사도행전을 기록할 때까지 서로 만나지 못했다는 뜻이다.

에디오피아 사람은 기쁘게 가던 길, 곧 조국으로 돌아갔다(39b절). 기쁨은 복음을 영접한 사람이 흔히 경험하는 감정이다(cf. 8:8). 하나님과의 관계가 회복되고, 예수님이 구주가 되셨으니 얼마나 기쁘겠는가! 그래서 기독교는 예로부터 기쁨의 종교라고 했다.

빌립은 아소도에 나타나 여러 성을 지나다니며 복음을 전하고 가이사랴에 이르렀다(40절). 아소도(Ἄζωτος)는 가사(cf. 26절)에서 북쪽으로 35㎞ 떨어진 곳이었으며, 구약에서는 아스돗(사 20:1)으로 알려진 곳이다(ABD). 빌립은 이곳에서 출발해 북쪽으로 난 길을 따라가며 사도들처럼 곳곳에서 계속 전도했다(cf. 8:25). 그는 '순회하는 전도자'(itinerant evangelist)였던 것이다(Schnabel).

그가 도착한 '가이사랴'(Καισάρεια)는 사마리아의 주요 도시이며, 갈멜산의 남쪽 아소도에서 90㎞ 떨어진 곳이다(ABD). 로마 황제 가이사랴 아우구스투스(Augustus Caesar)를 기념하는 도시였으며, 로마 사람들이 유대의 통치 수도로 삼은 곳이었다(Bruce). 빌립은 약 20년 후에도 여선지자로 활동하는 결혼하지 않은 네 딸과 함께 이곳 가이사랴에 산다(21:8-9). 누가는 그를 '전도자 빌립'(Φιλίππου τοῦ εὐαγγελιστοῦ)이라고 부른다(21:8). 그는 평생 전도자의 삶을 산 것이다.

이 말씀은 하나님이 때로는 우리를 예비해 두신 구도자에게 보내신다고 한다. 빌립은 성령의 이끄심에 따라 집으로 돌아가는 에디오피아 내시를 만났으며, 내시는 그리스도인이 될 만반의 준비를 하고 있었다! 그가 예수님을 영접할 때가 무르익은 것이다. 이와 같이 때로는 하나님이 우리 발걸음을 이미 오래전부터 준비해 두신 자들에게 인도하신다. 그러므로 우리는 항상 하나님의 인도하심에 예민해야 한다.

하나님은 많은 사람이 한꺼번에 구원에 이르는 일을 기뻐하시지만, 한 영혼이 구원에 이르는 것도 기뻐하신다. 그러므로 전도와 선교를 할 때는 숫자와 실적에 민감하지 않아야 한다. 한 영혼, 한 영혼이 하나님께는 온 천하보다 귀하다. 우리도 이와 같은 마음으로 전도와 선교에 힘써야 한다. 우리가 누리는 이 좋은 복음을 사랑하는 이들과 함께 나누는 것은 참으로 행복한 일이다.

하나님의 말씀은 스스로 깨닫기가 쉽지 않다. 이 에디오피아 사람이 나라의 모든 국고를 맡은 관리인이었다는 사실을 고려하면 그는 참으로 많은 교육을 받았다. 그런데도 이사야의 예언이 누구를 두고 어떤 의미로 선포된 것인지 알지 못했다. 그는 지도해 주는 사람이 있어야 깨달을 수 있을 것이라 했다. 우리는 홀로 하는 성경 공부의 한계를 의식하고 인정해야 한다. 성령의 인도하심도 필요하지만, 전문가들(신학자, 목사)의 도움과 성경에 대한 참고서와 서적들을 참조하기를 게을리하지 않아야 한다.

Ⅲ. 유대와 사마리아(6:8-9:31)

D. 사울의 회심(9:1-30)

누가는 앞으로 사도행전의 주인공이 될 사울(바울)이 어떻게 회심하게 되었고, 복음을 선포하는 이가 되었는지 회고한다. 사울은 바리새인이었기 때문에 회심이 쉽지 않았을 것이다. 또한 그는 스데반이 순교할 때 옆에서 지켜보며 스데반이 하나님과 성전에 대해 망언했으니 죽임 당하는 것이 당연하다고 생각했다(7:58; 8:1).

어떤 이들은 이 일이 있은 후에도 사울이 계속 이스라엘의 하나님 여호와를 믿기 때문에 회심은 없었다고 한다(Gaventa, Stendahl). 그러나 그는 분명히 변했다! 다메섹으로 가는 길에서 예수님을 만난 이후 바울은 순교한 스데반을 대신해서 그리스도의 복음을 선포하는 자가 되었다! 그의 삶이 기독교를 핍박하는 자에서 기독교를 옹호하고 전하는 자로 완전히 바뀐 것이다. 그는 더 이상 과거의 사울이 아니다. 그러므로 그가 다메섹으로 가는 길에서 경험한 일은 회심으로밖에 설명되지 않는다(Kern).

저자인 누가에게도 사울의 회심은 매우 중요하다. 그러므로 그는 사울의 회심을 세 차례나 기록하며(cf. 22:3-16; 26:4-18), 회고할 때마다 새로운 디테일을 더한다(Hedrick, Witherington). 그러므로 일부 학자는 누가가 최소한 세 개의 다른 출처를 인용한 것이라고 한다. 그러나 누가가 같은 이야기(사건)를 반복할 때는 그 사건이 매우 특별하고 중요하기 때문이다(Haenchen). 누가는 한 출처, 곧 얼마 후 그의 사역 동반자가 될 바울에게서 직접 들은 이야기를 회고하고 있다.

어떤 면에서는 사울이 이 섹션에서 경험한 일을 회심으로만 설명할 수 없는 부분이 있다. 그가 회심하자마자 소명을 받고 전도자의 삶을 시작하기 때문이다. 그러므로 이 이야기는 구약의 선지자들이 경험한 소명(부르심)에 비교되기도 한다(Barrett, Fitzmyer, Marshall, Witherington, cf.

렘 1:4-10). 학자들은 이 일이 예수님의 십자가 사건이 있은 후 1-3년 사이에 있었다고 한다. 사울이 회심하고 복음 전하는 자가 된 일을 회고하는 본 텍스트는 다음과 같이 구분된다.

A. 예수님이 사울을 찾아오심(9:1-9)
B. 아나니아가 사울을 찾아감(9:10-19a)
C. 사울이 다메섹에서 복음을 전함(9:19b-25)
D. 사울이 예루살렘에서 전도함(9:26-30)

Ⅲ. 유대와 사마리아(6:8-9:31)
D. 사울의 회심(9:1-30)

1. 예수님이 사울을 찾아오심(9:1-9)

[1] 사울이 주의 제자들에 대하여 여전히 위협과 살기가 등등하여 대제사장에
게 가서 [2] 다메섹 여러 회당에 가져갈 공문을 청하니 이는 만일 그 도를 따
르는 사람을 만나면 남녀를 막론하고 결박하여 예루살렘으로 잡아오려 함이
라 [3] 사울이 길을 가다가 다메섹에 가까이 이르더니 홀연히 하늘로부터 빛이
그를 둘러 비추는지라 [4] 땅에 엎드러져 들으매 소리가 있어 이르시되 사울
아 사울아 네가 어찌하여 나를 박해하느냐 하시거늘 [5] 대답하되 주여 누구시
니이까 이르시되 나는 네가 박해하는 예수라 [6] 너는 일어나 시내로 들어가라
네가 행할 것을 네게 이를 자가 있느니라 하시니 [7] 같이 가던 사람들은 소리
만 듣고 아무도 보지 못하여 말을 못하고 서 있더라 [8] 사울이 땅에서 일어나
눈은 떴으나 아무 것도 보지 못하고 사람의 손에 끌려 다메섹으로 들어가서
[9] 사흘 동안 보지 못하고 먹지도 마시지도 아니하니라

스데반이 순교할 때 맨 처음 그에게 돌을 던진 거짓 증인들의 옷을 지키던(7:58) 사울이 기독교를 뿌리째 뽑겠다고 나섰다. 그는 만일 기

독교가 하나님께로부터 온 것이 아니라면 머지않아 스스로 망할 것이니 아무 제재도 가하지 말고 지켜보자던 스승 가말리엘(5:34-39)과는 전혀 다른 태도를 보인다. 사울은 젊고 혈기가 왕성해 어리석고 폭력적인 태도를 취하고 있다.

바리새인 가말리엘에게 교육을 받은 사울도 바리새인이었다(23:6; 빌 3:5). 그는 자기 스승보다 그리스도인 이슈를 훨씬 더 심각하게 보고 있다. 스데반과 사울은 유대교와 기독교는 결코 같지 않다는 사실에 동의한다. 스데반은 새것(기독교)이 왔으니 옛것(유대교)이 사라져야 한다고 한다. 반면에 사울은 옛것이 계속 유지되어야 하니 새것이 없어져야 한다고 한다(Bruce). 사울은 기독교를 내버려 두면 유대교가 심각한 위기에 처하게 될 것이라고 확신한다. 그러므로 그는 사명감을 가지고 기독교를 없애려 한다.

누가는 사울이 예수님의 제자들에 대해 여전히 위협과 살기가 등등했다고 한다(1절). '여전히'(ἔτι)는 그가 상당 기간(아마도 스데반 순교 이후) 지속적으로 그리스도인들을 핍박해 왔음을 암시한다(cf. 8:3). '위협과 살기가 등등하다'(ἐμπνέων ἀπειλῆς καὶ φόνου)를 직역하면 '입으로 위협과 살기를 내뱉다'이다. 적극적으로 협박하고 살인하려는 것을 묘사하는 숙어다(BDAG). 그렇다고 해서 사울이 직접 그리스도인들을 죽이고자 하는 것은 아니다. 유대에서 성전과 연관된 이슈가 아니라면, 사람을 처형할 수 있는 일은 로마 사람만이 할 수 있다. 그는 자신의 노력이 그리스도인들에게 이런 결과를 안겨 주기를 기대한다(Marshall, cf. 22:4; 26:10).

사울은 대제사장 가야바(cf. 22:5; 26:10)를 찾아가 다메섹 여러 회당에 가져갈 공문을 청했다(2a절). 대제사장이 써 준 공문을 가지고 다메섹으로 가서 그 도를 따르는 자들이 있으면 남녀를 막론하고 결박해 예루살렘으로 잡아 오기 위해서다(2b절). 스데반의 순교 이후 예루살렘에서 그리스도인을 잡아들이던 일을 시리아의 다메섹까지 확대하겠다는 것이다(cf. 8:3). 바울은 훗날 자신이 교회를 핍박하는 자였음을 고백한다(고전 15:9; 갈 1:13-14; 빌 3:6; 딤전 1:13).

'그 도를 따르는 자들'(τῆς ὁδοῦ ὄντας, ἄνδρας)은 그리스도인을 뜻하며, '도'(ὁδός)는 이사야 40:3 등 하나님이 그분의 백성을 회복시킬 때 그들이 가는 구원의 길을 인도하시는 것을 염두에 둔 개념이다(cf. Bock, Haenchen, Polhill). 예수님을 따르는 이들에게 '그리스도인'이라는 호칭이 주어지기 전에는 이렇게 불렸다(cf. 19:9, 23).

다메섹(다마스쿠스)은 역사가 매우 오래된 큰 도시였으며, 예루살렘에서 북동쪽으로 220㎞가량 떨어져 있었다(Schnabel). 이집트와 메소포타미아를 왕래하는 길에 있어 자연스럽게 상업의 중심지가 되었다. 수만 명의 유대인이 살고 있었으며, 그리스도인들이 이스라엘과 예루살렘을 벗어나 정착한 이방인 나라 중 첫 도시였다(Longenecker). 다음 지도를 참조하라.

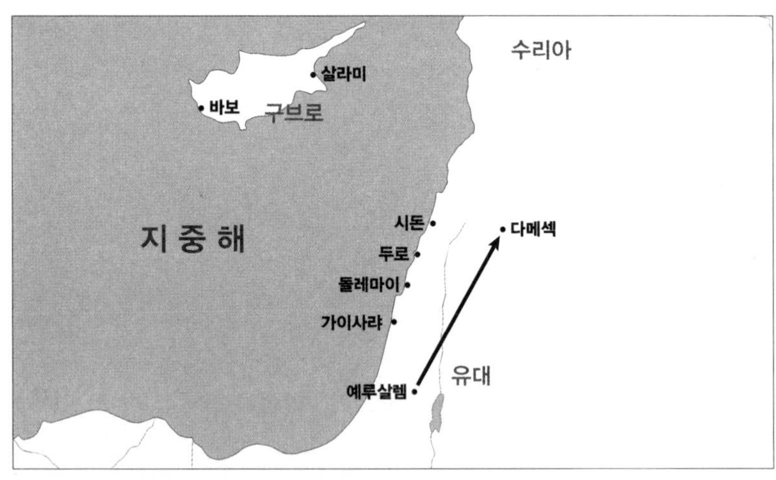

사울이 다메섹을 방문하는 이유는 그리스도인들을 잡아들이기 위해서다. 그렇다면 다메섹에는 이미 어느 정도 규모의 그리스도인이 살고

있었다는 뜻이다. 누구였을까? 핍박을 피하기 위해 예루살렘에서 이곳으로 이주한 사람들일 수 있다. 하지만 아나니아가 바울이 예루살렘 교회를 핍박한 것을 여러 사람에게 들었다고 하는 것으로 보아(9:13), 그는 핍박을 피해 예루살렘을 떠난 사람은 아니다. 또한 누가는 아나니아가 유대인 그리스도인이었다고 한다(22:12). 다메섹에 사는 유대인들을 중심으로 이미 교회가 형성되었다는 뜻이다.

십자가에서 죽임당한 메시아를 선포하는 기독교를 눈엣가시로 여긴 대제사장은 흔쾌히 공문을 써 주었다. 일부 학자는 그리스도인들을 잡아 오라는 공문을 써 줄 권한이 대제사장이나 산헤드린에 있었는지 의문을 제기한다(Barrett, Conzelmann, Haenchen). 그러나 그들이 공문을 써 줄 만한 권한을 가졌는가는 중요하지 않다. 지금 예루살렘 유대교의 분위기는 당장 모든 그리스도인을 잡아들이고 핍박해야 한다는 것이다. 그러므로 기독교 이단아들을 없애지는 못하더라도 이 패기 넘치는 젊은이를 잘 이용해 사기와 성장세를 꺾을 수 있다면 좋은 일이라고 생각해 공문을 만들어 주었을 것이다.

사울이 약 200㎞를 걸어 드디어 다메섹에 도착할 즈음, 홀연히 하늘로부터 빛이 그를 둘러 비추었다(3절). 정오쯤(midday) 되었을 때 있었던 일이다(22:6; 26:13). 정오는 하루 중 햇빛이 매우 강렬할 때다. 그러므로 정오의 강렬한 햇빛을 압도할 정도라면, 사울을 둘러싼 빛이 참으로 강력했을 것이다. 하나님의 현현이 아니라면 불가능한 일이다(Bock, Schnabel).

갑자기 햇빛을 압도하는 강한 빛에 휩싸인 바울은 너무 두려워서 땅에 엎드렸다(4a절). 옛적에 에스겔도 하나님의 영광을 보고 엎드렸다(겔 1:28; 3:23-24). 하나님의 현현이 임하면 하나님이 나타나시는데, 이번에는 예수님이 나타나셨다. 사울을 휩싸고 있는 빛에서 목소리가 들려온 것은 마치 옛적에 모세가 타지 않는 나무에서 소리를 들은 것과 같고(출 3:3), 시내산을 덮은 구름과 연기에서 목소리가 들려온 것과 비슷하다(출 19:16–20).

예수님은 그에게 "사울아 사울아 네가 어찌하여 나를 박해하느냐?"라고 물으셨다(4b절; cf. 창 22:11; 46:2; 출 3:4; 삼상 3:4). 사울은 이때까지 그리스도인들을 박해했지, 예수님을 핍박한 적은 없다. 그러므로 예수님이 이렇게 말씀하시는 것은 주님이 모든 그리스도인에게 가해지는 고통을 몸소 느끼신다는 뜻이다. 우리가 믿음으로 인해 받는 고통을 주님이 아실 뿐 아니라, 그 고통을 주님도 체험하신다는 사실이 그저 감개무량할 뿐이다!

예수님은 이와 비슷한 말씀을 이미 복음서에서 하셨다: "내가 주릴 때에 너희가 먹을 것을 주었고 목마를 때에 마시게 하였고 나그네 되었을 때에 영접하였고…의인들이 대답하여 이르되 주여 우리가 어느 때에 주께서 주리신 것을 보고 음식을 대접하였으며…내가 진실로 너희에게 이르노니 너희가 여기 내 형제 중에 지극히 작은 자 하나에게 한 것이 곧 내게 한 것이니라"(마 25:35–40). 훗날 사울은 교회를 핍박하는 것이 곧 자기를 핍박하는 것이라는 예수님의 말씀을 근거로 교회는 그리스도의 몸이라고 한다(Bock, cf. 고전 12장; 엡 3–5장).

사울은 누가 이렇게 말씀하시는지 도대체 감이 잡히지 않는다. 그러므로 "주여 누구십니까?"라고 묻는다(5a절). '주여'(κύριε)는 신분을 알 수 없는 사람을 부르는 존칭, 곧 '선생님'(sir)이라는 의미다(Fernando, Johnson). 이에 빛 안에서 "나는 네가 박해하는 예수라"라는 말씀이 들려왔다(5b절).

우리는 참으로 놀라운 광경을 목격하고 있다. 예수님이 그분을 가장 열정적으로 핍박하는 자, 곧 원수라 할 수 있는 사울을 찾아오셨다! 사울을 죽이거나 심판하기 위해서가 아니라, 그를 구원해 이방인들에게 복음을 선포하는 사도로 세우기 위해 찾아오셨다! 예수님이 핍박자를 제자로 삼기 위해 오셨다! 예수님의 사랑과 용서에는 한계가 없다!

예수님은 자신을 그리스도(메시아) 혹은 구세주라 하지 않으시고, 예수라 하신다. '예수'는 주님이 인간이심을 가장 잘 드러내는 이름이다. 또한 '예수'는 십자가에서 죽으셨다. 십자가에서 죽은 예수님이 사울을 찾아오셨다! 예수님은 자신이 죽음에서 부활하신 것을 사울에게 직접 보여 주신 것이다(Harrison). 그동안 십자가에서 죽은 가짜 메시아로만 알았던 분이 살아서(부활해서) 나타나셨으니 사울이 얼마나 놀랐을까! 예수님은 죽지 않았고 지금 살아 계신다는 것을 깨닫는 순간 사울은 온몸에 전율이 흐르는 것을 경험했을 것이다.

예전에는 사울의 회심을 로마서 7:14-25, 갈라디아서 1:13-14, 빌립보서 3:4-6 등을 근거로 심리적인 변화로 설명하려는 노력이 많았다. 어떤 이들은 사울의 경험을 뇌전증(간질병) 환자들이 종종 경험하는 '매우 향상된 조명'(extraordinary enhancement of illumination)이라고 했다. 바울이 스데반의 증언으로 인해 유대교가 지향하는 것에 대해 혼란스러워하기 시작했고, 이후 이 혼란을 기독교에 대한 열정적인 반감으로 극복하려고 했다가 오히려 역효과가 나서 기독교를 거부할 수 없게 되었다고 하는 이들도 있었다. 또한 사울은 자신이 율법을 온전히 지키지 못하는 것에 대해 매우 괴로워했고, 율법을 지키는 일에 실패한 좌절감을 교회 핍박으로 표현하다가 핍박받으면서도 확신에 찬 그리스도인들을 보고 한순간 완전히 변한 것으로 해석하는 이들도 있었다.

이러한 심리적 해석 시대는 끝난 지 오래다(Ladd, Longenecker). 전혀 설득력이 없기 때문이다(cf. Fitzmyer). 그는 유대교가 옳고 기독교는 없애 버려야 할 이단이라고 믿는 광신도(fanatic)였다. 얼마 전 유대인들이 스데반을 죽인 일을 모세가 싯딤에서 우상을 숭배하는 이스라엘 사람들을 죽인 일(민 25:1-5)과 제사장 비느하스가 미디안 여자들과 놀아난 이스라엘 남자들을 죽인 일(민 25:6-15)처럼 당연한 일로 생각했다(8:1). 그는 기독교를 핍박하는 일에 갈등을 느끼지 않았다.

사울은 자신을 가리켜 율법에 있어서 완벽한 자라고 한다(빌 3:6). 그는 율법에 대한 열정으로 교회를 핍박했다. 어떤 심적인 갈등 때문이 아니라, 믿음이 없고 무지해서 핍박했다(딤전 1:13). 사울은 내적인 갈등이 아니라 외적인 자극으로 인해 회심했다(Harrison).

사울의 회심은 그의 의지와 지성과 감정에 완전한 변화를 가져왔으며, 그의 나머지 삶과 행동을 완전히 바꾸어 놓았다(Bruce). 그리스도인을 모두 잡아들이겠다던 그의 계획도 한순간에 수포로 돌아갔다. 그가 교회의 머리이신 예수님을 만났기 때문이다!

사울의 회심 이야기는 부활하신 예수님이 보이신 마지막 모습을 포함한다. 훗날 바울은 부활하신 예수님을 직접 뵌 것이 자신의 사도 자격의 일부라고 한다(고전 9:1). 그리고 이 경험을 '하늘에서 보이신 것'이라고도 한다(26:19).

어떤 이들은 사울이 이날 경험한 것은 회심이 아니라 이방인 선교사로의 부르심이라고 한다(Stendahl). 그러나 바울은 다메섹으로 가는 길에서 경험한 것을 기준으로 옛적 삶과 예수님 안에서의 삶을 대조한다(갈 1:13-17; 빌 3:4-9). 그는 이날 회심했다.

예수님은 엎드린 채 어찌할 바 모르는 사울에게 일어나 다메섹 시내로 들어가라고 하셨다(6a절). 그곳에 가서 기다리면 사람을 보내 그가 해야 할 일을 알려 줄 것이라고 하셨다(6b절). 예수님은 사울이 얼마나 기다려야 하는지 알려 주지 않으신다. 사울은 이날 있었던 일을 묵상하고 그동안 그리스도인들을 핍박한 일을 회개하면서 주님이 그가 해야 할 일을 알려 주실 때를 기다려야 한다.

사울과 같이 가던 일행이 있었다(7a절). 아마도 대제사장이 그와 함께 그리스도인들을 잡아 오라며 붙여 준 성전 경비원들이었을 것이다. 그들은 사울이 엎드려 그를 둘러싼 빛에서 들려오는 예수님의 말씀을 듣는 동안 소리만 듣고 아무도 보지 못했다(7a절). 소리는 들리는데 보이는 것은 없으니 그들 역시 두려워 떨며 아무 말도 못 하고 그냥 서 있었다(7b절). 훗날 바울은 "나와 함께 있는 사람들이 빛을 보면서도 나에게 말씀하시는 이의 소리는 듣지 못하더라"(22:9)라고 회고한다. 아마도 그들이 무슨 소리가 난다는 것은 알았지만 그 소리가 무엇이었는지는 알지 못했으므로 빛 안에서 누가 말하고 있다는 사실은 깨닫지 못했다는 뜻이거나(Bock), 그들이 듣기에 소리는 들리지만 무슨 말인지 이해하지 못했다는 것을 이렇게 회고하는 것으로 보인다(Longenecker).

사울은 예수님이 명령하신 대로 다메섹으로 들어가기 위해 일어섰는데, 눈은 떴지만 아무것도 보지 못했다(8a절). 그가 앞을 보지 못하는 맹인처럼 된 것은 스가랴가 세례 요한의 탄생을 앞두고 벙어리가 된 일과 비슷하다(눅 1:22). 다만 차이는 스가랴는 믿지 않은 것에 대한 벌로 벙어리가 되게 하셨지만, 사울은 소명을 주려고 맹인이 되게 하셨다. 아무것도 보지 못하는 사울은 사람들의 손에 이끌려 다메섹으로 들어갔다(8b절). 왕성한 혈기로 그리스도인을 모두 죽여 버리겠다며 방방 뛰던 사울은 이제 모든 힘을 잃고 가장 연약한 자가 되어 주님을 기다려야 한다.

다메섹에 도착한 사울은 사흘 동안 보지 못했다(9절). 이 기간 사울은 먹지도 마시지도 않았다. 마시지도 않는 것은 가장 강도 높은 금식이다. 그는 회개하고 반성하며 사흘을 보냈다(Haenchen, Marshall).

이 말씀은 예수님이 우리가 믿음으로 인해 받는 핍박을 모두 아실 뿐 아니라 직접 느끼신다고 한다. 사울은 유대교의 이단으로 생각해 그리스도인들을 핍박했다. 그는 예수님을 알지도 못했고, 주님을 핍박한 적도 없다. 그러나 그를 찾아오신 주님은 그리스도인을 해한 것이 곧 예수님 자신을 해한 것이라고 하셨다(cf. 마 25:35-40). 우리가 믿음으로 인해 핍박당할 때 분명 아프고 고통스럽기는 하지만, 주님이 우리와 함께 아파하시고 고통스러워하신다는 사실이 위로가 되어야 한다.

사울이 경험한 일은 하나님이 은혜로 우리를 구원하신다는 것이 무엇을 의미하는지에 대해 새로운 깨달음을 준다. 사울은 그리스도인들, 곧 예수님을 핍박하는 자였다. 심지어 다메섹에 있는 모든 그리스도인을 잡아가겠다며 먼 길을 왔다. 그런데 예수님이 그를 찾아와 구원하셨다. 잠시 후 다른 사도들이 받지 못한 크고 위대한 소명, 곧 이방인에게 복음을 전하라는 소명을 주실 것이다. 주님이 그를 구원하신 것도 모자라 일꾼으로 세우신 것이다. 하나님이 은혜로 우리를 구원하시는 것은 바로 이런 것이다.

2. 아나니아가 사울을 찾아감(9:10–19a)

[10] 그 때에 다메섹에 아나니아라 하는 제자가 있더니 주께서 환상 중에 불
러 이르시되 아나니아야 하시거늘 대답하되 주여 내가 여기 있나이다 하니
[11] 주께서 이르시되 일어나 직가라 하는 거리로 가서 유다의 집에서 다소 사
람 사울이라 하는 사람을 찾으라 그가 기도하는 중이니라 [12] 그가 아나니아
라 하는 사람이 들어와서 자기에게 안수하여 다시 보게 하는 것을 보았느니
라 하시거늘 [13] 아나니아가 대답하되 주여 이 사람에 대하여 내가 여러 사람
에게 듣사온즉 그가 예루살렘에서 주의 성도에게 적지 않은 해를 끼쳤다 하
더니 [14] 여기서도 주의 이름을 부르는 모든 사람을 결박할 권한을 대제사장
들에게서 받았나이다 하거늘 [15] 주께서 이르시되 가라 이 사람은 내 이름을
이방인과 임금들과 이스라엘 자손들에게 전하기 위하여 택한 나의 그릇이라
[16] 그가 내 이름을 위하여 얼마나 고난을 받아야 할 것을 내가 그에게 보이리
라 하시니 [17] 아나니아가 떠나 그 집에 들어가서 그에게 안수하여 이르되 형
제 사울아 주 곧 네가 오는 길에서 나타나셨던 예수께서 나를 보내어 너로
다시 보게 하시고 성령으로 충만하게 하신다 하니 [18] 즉시 사울의 눈에서 비
늘 같은 것이 벗어져 다시 보게 된지라 일어나 세례를 받고 [19a] 음식을 먹으
매 강건하여지니라

앞을 보지 못하는 사울이 사람들의 손에 이끌려 다메섹에 입성한 후

사흘 동안 기도와 금식으로 지난날을 묵상하고 있을 때, 주님이 다음 단계 곧 그를 도울 사람을 세우셨다. 다메섹에 있는 제자 중에 아나니아라는 사람을 환상 중에 부르신 것이다(10a절). 이때 다메섹에 주님의 제자들이 있었다는 것은 정기적으로 모이는 (가정)교회 혹은 그리스도인 그룹이 있었음을 암시한다(cf. 9:19b). 이들이 이방인의 땅인 시리아 다메섹에서 예수님의 제자가 되었다고 해서 이방인이라는 것은 아니다. 아나니아는 경건한 유대인이었다(cf. 22:12). 이들은 유대인 그리스도인이었던 것이다.

'아나니아'('Ανανίας)는 '여호와께서 자비를 베푸시다'라는 의미를 지닌 히브리어 이름 '하나냐'(חֲנַנְיָה)를 헬라어로 소리 나는 대로 음역한 것이다(cf. BDAG). 본문에 기록된 아나니아와 사울 이야기(10, 12절), 그리고 베드로와 고넬료 이야기(10장)에 각각 환상이 등장하는 것은 이 일이 하나님이 하시는 것이라는 사실을 확인해 주는 효과를 발휘한다(Marshall, cf. 창 41:32). 사도행전에서 하나님이 환상을 주시는 것은 교회와 그리스도인을 통해 새로운 일을 시작하시는 방법이다(Polhill, cf. 9:10, 12; 10:3, 17, 19; 11:5; 16:9-10; 18:9; 27:22-26).

아나니아는 그를 부르시는 주님께 "주여 내가 여기 있나이다"라고 대답했다(10b절). 순종할 준비가 되어 있으니 말씀하시라는 뜻이다(창 22:1-2, 11-12; 삼상 3:4-14; 사 6:8). 누가는 그를 찾아오신 주님이 누구인지 본문에서 밝히지 않지만, 17절에서는 예수님이 아나니아를 사울에게 보내셨다고 한다. 다메섹 근처에서 사울을 만나 주신 예수님이 이 일을 진행하고 계신다.

예수님은 아나니아에게 직가라 하는 거리로 가서 그곳에 사는 유다의 집을 찾아가라고 하신다(11a절). '직가'(Εὐθεῖαν)는 지금도 다메섹에 있는 거리이며, '긴 상가'(Long Bazaar)라는 의미를 지닌 숙엣타빌(Suq et-Tawil)로 불린다(Bruce). 다메섹의 옛 도시(Old City) 동쪽에 있으며(Schnabel), 동서로 뻗은 폭이 15m에 달하는 큰 길이다(Le Cornu &

Shulam, cf. Longenecker, Haenchen).

당시 이 거리에 집을 소유한 사람은 도시의 최고 부유층이었다(Longenecker, Le Cornu & Shulam). 그러므로 유다라는 사람도 상당한 재력가였으며, 이름으로 보아 유대인이다. 사울이 앞을 보지 못하게 되었을 때, 그를 이 집으로 인도한 사람들은 사울과 함께 그리스도인들을 잡아 예루살렘으로 끌고 오도록 대제사장이 붙여 준 성전 경비원(temple guards)이었다. 아마도 사울 일행은 다메섹에서 유다의 집에 머물면서 그리스도인들을 잡아 예루살렘으로 이송하려는 계획을 가지고 왔을 것이다. 그러므로 앞을 보지 못하는 사울은 원래 머물기로 한 유다의 집에 와 있다.

예수님은 아나니아에게 유다의 집으로 가서 그곳에서 기도하고 있는 다소 사람 사울이라는 사람을 찾으라고 하셨다(11b절). '다소'(Ταρσεύς)는 오늘날 튀르키예(터키)에 속한 소아시아의 최남단에 있는 길리기아의 요충 도시다(21:39). 지중해에서 내륙으로 16㎞ 떨어져 있었으며 당시 시리아 지역의 로마 총독이 다스리던 도시다. 다소는 교역과 교육의 중심지였다(Bock). 사울은 베냐민 지파에 속한 유대교 신앙이 투철한 집안에서 태어났다. 그의 이름은 이스라엘의 초대 왕이자, 베냐민 지파 출신이었던 '사울'과 같다. 로마 시민권을 가지고 있었으며, '바울'로도 불렸다(13:9).

사울은 어린 시절을 다소에서 보내며 상당한 수준의 교육을 받은 것이 확실하며(cf. 22:3), 헬라어를 완벽하게 구사하는 것으로 보아 헬라어가 그의 모국어였을 것으로 생각된다(Bruce, Schnabel). 그는 디아스포라 유대인이었던 것이다. 그가 언제 다소를 떠나 예루살렘으로 갔는지는 알 수 없지만, 당시 유명한 바리새인 랍비 가말리엘에게 배우기 위해 유학을 간 것으로 보아 집이 상당히 부유했음을 짐작할 수 있다. 로마 시민권도 상당한 돈을 주고 산 것으로 보인다.

주님은 아나니아에게 기도 중인 사울을 찾아가라고 하시며 사울도 그가 찾아올 것을 알고 있다고 하셨다. 사울에게 아나니아라 하는 사람이 그를 찾아와 안수하여 다시 보게 하는 환상을 이미 보여 주셨기 때문이다(12절). 그러나 주님의 말씀을 듣고도 아나니아는 곧바로 일어나 사울을 찾아가려니 걱정과 우려가 앞섰다.

아나니아는 환상 중에 그를 찾아오신 예수님께 자신이 들은 바로는 사울이 위험한 사람이라고 했다. 여러 사람의 말에 따르면 사울은 예루살렘에서 주의 성도들에게 적지 않은 해를 끼친 사람이다(13절). 사도행전에서 '거룩한[구별된] 사람'이라는 의미를 지닌 '성도'(ἅγιος)가 처음으로 사용되고 있다. 누가는 이 단어를 책에서 자주 사용하지는 않는다(cf. 9:32, 41; 26:10). 반면에 바울은 이 단어를 자주 사용한다(Barrett). '주의 성도들'(τοῖς ἁγίοις σου)을 직역하면 '당신[예수님]의 성도들'이다. 아나니아는 사울이 다름 아닌 그에게 말씀하고 계신 예수님을 따르는 자들을 심하게 핍박하는 자라는 사실을 상기시킨다. 그는 매우 위험한 인물인데, 굳이 그리스도인인 자기가 가서 만날 이유가 있겠느냐는 취지의 말이다.

아나니아가 사울이 예루살렘 성도들을 핍박한 일에 대해 여러 사람에게 들었다는 것은 그가 이 같은 핍박을 피해 예루살렘에서 이곳으로 온 사람이 아니라는 것을 암시한다. 그는 상당 기간 다메섹에 살았으며, 이곳에서 예수님을 영접했다.

게다가 사울은 그리스도인을 모두 잡아 예루살렘으로 끌고 가겠다며 다메섹을 방문했다(14절). 그리스도인들을 '성도'라고 했던 아나니아가 이번에는 그들을 '당신[예수님]의 이름을 부르는 사람들'(τοὺς ἐπικαλουμένους τὸ ὄνομά σου)이라고 한다. 신약이 그리스도인이라는 의미로 종종 사용하는 호칭이다(Bock, cf. 2:21; 22:16; 롬 10:13-14; 고전 1:2). 사울은 예수님의 이름을 부르는 자를 모두 결박할 권한을 대제사장들에게 받은 사람이다. 아나니아도 잡히면 예루살렘으로 끌려갈 상황이다. 그러므로 우리는 아나니아의 우려를 충분히 이해할 수 있다.

예수님은 우려하는 아나니아에게 며칠 전에 사울에게 어떤 일이 있었는지 말씀하지 않으시고 그냥 '가라'(πορεύου)라고 하신다. 자기를 믿고 따르라는 뜻이다. 지난 일은 예수님과 사울이 알아서 할 일이므로 그가 과거에 어떤 일을 했는가는 그다지 중요하지 않기 때문이다. 중요한 것은 앞으로 사울이 하나님께 어떻게 쓰임받을 것인가다. 예수님은 사울이 어떻게 쓰임받을 것인지 두 가지로 말씀하신다.

첫째, 사울은 예수님의 이름을 이방인과 임금들과 이스라엘 자손들에게 전하기 위해 택함받은 그릇이다(15절). 본문의 '이방인-왕들-이스라엘 자손들'의 순서는 1:8의 '예루살렘-유대-사마리아-땅끝' 순서와 다르다. 사울은 가장 우선적으로 이방인을 대상으로 사역할 것이기 때문이다. 또한 사도행전에서 이방인들은 바울이 전한 복음을 주저하지 않고 영접한 사람들, 왕들은 그의 복음을 듣지만 영접하기를 꺼리는 자들, 이스라엘 자손들은 바울이 전한 복음을 부인하는 자들이다(Gaventa). 사울은 그리스도의 복음을 전하면서 다양하게 반응하는 사람들을 접하게 될 것이다.

하나님은 사울에게 이런 일을 하라며 그를 그릇으로 택하셨다. '내가 택한 그릇'(σκεῦος ἐκλογῆς ἐστίν μοι)은 하나님이 직접 사울을 택하셨다며 그와의 관계를 강조하는 표현이다. '그릇'(σκεῦος)은 특별한 역할이나 기능을 하는 물건이다(BDAG).

둘째, 사울은 주님의 이름을 위해 많은 고난을 받을 것이다(16a절). 실제로 그는 사역을 시작하자마자 많은 고난을 당한다. 사울이 기독교인이 된 것을 보고 유대교를 배신했다고 생각하는 유대인들이 그를 죽이려 하기 때문이다(9:23-24, 29). 그때마다 제자들이 나서서 그를 도피시킨다(9:25, 30). 그들은 사울이 회심해 예수님의 제자가 되었다며 그를 아끼고 사랑한 것이다. 오늘날까지 내려온 기독교 전승에 따르면 바울은 네로 황제 때 순교했다(cf. Bock). 사람들은 누가 자기 입장을 열정적으로 지지하다가 반대편에 서면 자기를 배신했다고 여겨 다른 사람들보다 그를 더 미워하는 성향이 있다. 유대인들이 앞으로 바울을 이렇게 대할 것이다.

예수님의 말씀을 들은 아나니아는 사울이 머무는 직가에 있는 유다의 집을 찾아갔다(17a절). 그는 사울에게 안수하며 그를 형제라고 불렀다(17b절). 사울을 '형제'(ἀδελφός)라고 부르는 것은 그가 지난 사흘 동안 기도하며 예수님을 영접했다는 것을 뜻한다(Schnabel). 아나니아는 사울을 형제라고 부름으로써 그가 예수님을 영접한 그리스도인이 되었음을 인정할 뿐 아니라, 주님 안에 있는 다른 '형제들'과 교류할 수 있게 했다(Bock).

아나니아는 자신이 사울에게 안수하고자 하는 두 가지 이유(목적)를 말한다(17b절). 첫째, 사울이 다메섹으로 오는 길에 나타났던 예수께서 그가 다시 볼 수 있도록 눈을 뜨게 하실 것이다. 지난 사흘 동안 앞을 보지 못했던 사울이 다시 볼 수 있도록 그의 눈을 치료하실 것이다. 둘째, 사울을 성령으로 충만하게 하실 것이다. 성령이 처음으로 이스라엘 영토 밖에서 임하고 있다. 그러므로 한 학자는 아나니아가 그를 찾아간 일을 '바울의 오순절'이라고 한다(Larkin).

사도들을 통하지 않은 교회 사역이 확장되고 있다. 사도들이 일꾼으로 세운 7명 중 하나인 스데반은 교회의 첫 순교자가 되었고(7장; cf. 6:1-6), 스데반과 함께 일꾼으로 세워졌던 빌립은 에디오피아 내시에게 세례를 베풀었다(8장). 이 이야기에서는 다메섹에 사는 예수님의 제자 아나니아가 사울의 눈을 낫게 하고, 그가 성령을 체험할 수 있도록 안수한다.

아나니아가 사울에게 안수하자 곧바로 그의 눈에서 비늘 같은 것이 벗겨져 다시 보게 되었다(18a절). '비늘'(λεπίς)은 신약에서 단 한 차례 사용되는 단어이며, 물고기 비늘로부터 양파의 껍질까지 다양한 의미를 지닌다(Schnabel). 무언가 그의 시야를 방해하던 막이 떨어져 나간 것이다.

사울은 아나니아에게 세례를 받은 다음 음식을 먹고 강건해졌다(18b절). 사흘 만에 처음으로 음식과 물을 먹고 기력을 회복한 것이다. 누가가 언급하지는 않지만, 아나니아는 그를 곧바로 자기 집 혹은 다른 처소로 옮겼을 것이다. 그리스도인이 된 사울은 유다의 집에서 더는 안전하지 않기 때문이다. 잠시 후 사울은 다메섹에서 그리스도의 복음을 선포하는 사역을 시작할 것이다.

이 말씀은 하나님은 여러 사람을 통해 사역하신다고 한다. 앞을 보지 못하는 사울을 보게 하고 성령으로 충만하게 하기 위해 아나니아를 준비하셨다. 또한 다메섹에 있는 주님의 제자들이 사울과 교제하며 그를 보호할 것이다(17b절). 하나님의 역사는 이처럼 다양한 사람을 통해 이루어져 간다. 그러므로 그리스도인은 홀로 삶을 사는 것이 아니라는 사실을 마음에 새기고 주님이 만나게 하실 사람들을 기대하며 살아야 한다.

아나니아가 사울을 찾아가 안수하는 일에는 참으로 큰 용기가 필요했다. 사울은 교회를 핍박하는 자로 명성을 날렸고, 다메섹에 온 이유도 아나니아처럼 주님을 따르는 자들을 잡아 예루살렘으로 끌고 가기 위해서였기 때문이다. 그러므로 아나니아가 사울을 찾아가 안수하고 세례를 베푼 것은 하나님이 그에게 용기를 주시고 인도하셨기에 할 수 있었던 일이다. 살면서 우리는 하나님과 교통하는 일에 나태해서는 안 된다. 아나니아처럼 주님께 쓰임받기 위해서는 항상 하나님과 연결된 대화 채널을 열어 두어야 한다.

사울이 다메섹을 찾은 일은 하나의 아이러니를 초래했다. 사울은 그리스도인을 망언자로 여겼지만, 자신이 오히려 그리스도인이 되었다! 사울은 그리스도인들을 핍박하러 갔다가 오히려 핍박받는 자가 되었다. 쫓던 자가 쫓기는 사람이 된 것이다. 예수님을 모르던 사람이 주님을 만나면 이렇게 변할 수도 있다.

Ⅲ. 유대와 사마리아(6:8–9:31)
D. 사울의 회심(9:1–30)

3. 사울이 다메섹에서 복음을 전함(9:19b–25)

19b 사울이 다메섹에 있는 제자들과 함께 며칠 있을새 20 즉시로 각 회당에
서 예수가 하나님의 아들이심을 전파하니 21 듣는 사람이 다 놀라 말하되 이
사람이 예루살렘에서 이 이름을 부르는 사람을 멸하려던 자가 아니냐 여기
온 것도 그들을 결박하여 대제사장들에게 끌어 가고자 함이 아니냐 하더라
22 사울은 힘을 더 얻어 예수를 그리스도라 증언하여 다메섹에 사는 유대인
들을 당혹하게 하니라 23 여러 날이 지나매 유대인들이 사울 죽이기를 공모
하더니 24 그 계교가 사울에게 알려지니라 그들이 그를 죽이려고 밤낮으로
성문까지 지키거늘 25 그의 제자들이 밤에 사울을 광주리에 담아 성벽에서
달아 내리니라

사울은 안수와 세례를 베푼 아나니아를 따라 직가에 있는 유다의 집을 떠났다. 아마도 아나니아의 집으로 갔거나, 혹은 다메섹 안에 있는 다른 주님의 제자 집으로 갔을 것이다. 사울은 그곳에 머물며 다메섹에 있는 그리스도인들과 함께 며칠을 지내며 교제했다(19b절). 다메섹에 사는 제자들이 아나니아처럼 예루살렘에서 그들을 잡으러 온 사울을 그리스도 안에서 형제로 환영한 것이다. 이 아름다운 모습이 복음의 능력을 단면적으로 보여 준다.

사울은 즉시로 각 회당에서 예수님이 하나님의 아들이심을 전파했다(20절). 그가 다메섹의 여러 회당을 다니며 강연(설교)할 수 있었던 것은 이 도시에 사는 유대인의 수가 많았기 때문이다. 수만 명의 유대인이 살고 있었으므로 회당도 여러 개 있었다. 사도행전에서 사울은 자주 회당을 찾아가 말씀을 선포한다(13:5, 14; 14:1; 16:13, 16; 17:1; 18:4; 19:8).

'즉시로'(εὐθέως)는 사울이 다른 제자들에게 어떠한 훈련이나 양육을 받지 않고 곧바로 전도를 시작했다는 뜻이다. 어떻게 이런 일이 가능한가를 두고 의아해하는 학자들도 있지만(cf. Hengel & Schwemer) 크게 놀랄 만한 일은 아니다. 사울은 이때까지 그리스도인들을 잡으러 다녔다. 그는 예수님과 기독교에 대해 많은 것을 알고 있었으며, 예수님을 만난 다음에 그동안 그가 거짓이라고 했던 기독교 진리에 대해 새로운 깨달음을 얻게 되었다. 성령이 사울의 마음과 귀에 할례를 행하신 것이다(cf. 7:51).

또한 사울이 고향 다소를 떠나 예루살렘으로 유학 온 것은 바리새인 선생인 가말리엘에게 배우기 위해서였다. 그러므로 그는 구약 말씀을 익히 알고 있었다. 게다가 성령이 그와 함께하며 예수님과 말씀에 대한 깨우침을 주셨다. 아마도 사울은 회당을 찾아다니며 구약 선지자들의 예언과 모세 율법 등을 인용하고 설명하면서 예수님이 바로 구약이 오실 것이라고 했던 하나님의 아들, 곧 유대인들이 기다리던 다윗의 후손으로 오신 메시아(그리스도)라는 사실을 전파했을 것이다(Wall).

회당에서 사울이 전파하는 메시지를 들은 사람들이 모두 다 놀랐다(21a절). 그들은 서로에게 어찌 된 영문인지 물었다. 사울은 분명 얼마 전까지만 해도 예루살렘에서 예수님을 따르는 사람들을 멸하려고 했다(21b절). 또한 다메섹을 찾아온 이유도 그리스도인들을 결박해 예루살렘에 있는 대제사장들에게 끌고 가기 위해서였다(21c절). 그런 사울이 순식간에 '해까닥'해서 유대인들의 회당을 찾아다니며 그들이 망언자로 여기는 예수님이 하나님의 아들이라며 그리스도의 복음을 전하고 있으니 도대체 믿기지 않는다. 아나니아가 주님께 사울에 대해 처음 들었을 때 그도 참으로 많이 놀랐으니(cf. 9:10-14) 유대인들은 얼마나 더 놀랐을까!

사울은 점점 더 힘을 얻어 예수님을 그리스도라고 증언했다(22a절). 사울의 육신이 더 강건해져 힘이 세졌다는 뜻이 아니다. 하나님의 아들이신 예수님을 메시아로 영접하고 따르는 일이 삶에서 무엇을 의미하고 어떤 희생을 요구하는지에 대해 이해가 깊어졌다는 뜻이다(cf. Longenecker). 사울은 날이 갈수록 자신이 선포하는 복음이 진리라는 확신을 가지고 더 담대하게 선포하고 있다(cf. Bock, Schnabel).

사울이 점점 더 담대하게 복음을 전하자 유대인들이 점점 더 당혹해했다. 사울은 유대인들이 복음에 반발하고 저항해도 아랑곳하지 않는다. 오히려 그의 말을 듣는 유대인들이 힘들어한다. 사도행전에서 '유대인들'(Ἰουδαίους)이 처음으로 기독교인과 구분되어 사용되고 있다(Bock).

23-25절이 의미하는 바는 쉽게 해석할 수 있지만, 이 구절에서 얼마만큼의 시간이 흘렀는지를 조명하는 일은 참으로 어려우며 많은 논쟁을 유발했다. 누가는 '여러 날이 지났다'(ἐπληροῦντο ἡμέραι ἱκαναί)라는 말로 23절을 시작하는데, 정확히 어느 정도의 시간을 뜻하는지 알 수 없다. 이 기간 무슨 일이 있었는지에 대해 바울이 신약 다른 곳에서 다르게 말하고 있기 때문이다.

사울은 갈라디아서 1:15-17에서 다메섹으로 가는 길에 예수님을 만나 회심한 후 아라비아로 떠났다고 한다. 이후 다메섹으로 [잠시] 돌아왔다가 3년이 지난 후 사도들을 만나러 예루살렘을 방문했다고 한다. 대부분 학자는 이 같은 사울의 말을 그가 3년의 대부분을 아라비아에서 보냈다는 의미로 해석한다(cf. Fernando). 이와는 대조적으로 누가는 사울이 마치 회심한 후 한동안 다메섹에 머물다가 곧바로 예루살렘을 방문한 것처럼 묘사한다(cf. 9:26-30).

이러한 차이를 도저히 극복할 수 없는 차이라고 하는 이도 있고(Barrett), 누가와 바울이 각자 사실로 아는 바를 말하는 것이라고 하는 이도 있다(Hengel & Schwemer). 사울의 다메섹 사역이 다음과 같이 아라비아 여정을 양쪽에서 책 받침대처럼 감싸고 있다고 해석하는 이도 있다(Williams, cf. Schnabel): 다메섹 사역(19-22절)-'여러 날'[3년 동안 아라비아를 다녀옴](23a절)-다메섹 사역(23b-25절). 이때 사울의 아라비아 여정이 있었던 것으로 해석하는 이들은 그가 3년 중 18개월에서 2년 동안 아라비아를 방문했고, 나머지 시간은 아라비아 여정 앞뒤로 다메섹에서 보낸 것으로 생각한다(cf. Fitzmyer, Haenchen, Marshall).

우리가 기억해야 할 것은 이 책에서 누가는 바울의 전기(biography)를 쓰고 있는 것이 아니라 그의 삶에서 교회와 연관된 일들만 기록하고 있다는 사실이다. 그러므로 누가가 이때 3년 동안 아라비아에 다녀왔다는 말을 사울에게 들었더라도 교회와 연관된 이야기가 아니라 사울의 사생활로 판단했다면 이곳에서 이 여정을 언급할 필요가 없다(Bock, Witherington). 그러므로 '여러 날'을 사울의 아라비아 여정을 포함하는 것으로 해석하는 것이 바람직하다. 사도행전과 갈라디아서 1장을 바탕으로 사울의 이때 여정을 정리하면 다음과 같다(cf. Longenecker).

순서	있었던 일	비고
1	사울의 회심과 부르심(행 9:1-19a)	주후 31/32년(Schnabel), 주후 33-36년(Bock)
2	사울이 회심한 직후 다메섹에 있는 회당들을 순회하며 복음을 전함(행 9:19b-22)	
3	사울이 아라비아를 방문함(갈 1:17)	이때 아라비아에서도 선교함
4	사울이 다메섹으로 돌아옴 (행 9:23-25)	유대인들과 아레다왕 고관들이 성문을 지킴(cf. 고후 11:32)
5	사울이 회심한 후 3년 만에 처음으로 예루살렘을 방문함(행 9:26-30; 갈 1:18-24)	이후 가이사랴, 시리아, 길리기아도 방문함

누가는 사울을 죽이려고 밤낮으로 다메섹 성문을 지킨 자들이 유대인이라고 하는데(23-24절), 사울은 고린도후서 11:32에서 성문을 지키고 있던 자들이 아라비아를 다스리던 아레다왕(Aretas IV)이 보낸 자들이었다고 한다. 무슨 일이 벌어지고 있는가? 다메섹은 시리아의 도시였지만 시리아-아라비아 접경 지역에 있었기 때문에, 아라비아는 다메

섹에서 시작해 남쪽으로 형성된 나라라 해도 과언이 아니다(Fernando). 오늘날의 요르단(Jordan)을 중심으로 형성된 나라였으며, 나바티아 왕국(Nabatean Kingdom)으로 불렸다. 다메섹에 인접한 보스트라(Bostra)와 영화 〈인디아나 존스와 최후의 성전〉의 배경이 된 페트라(Petra)가 있는 곳이다. 다음 지도를 참조하라. 유대인들은 아라비아 사람이 이스마엘에서 유래했다고 생각했다(Schnabel).

사울은 다메섹을 떠나 주로 아라비아(나바티아 왕국) 북부에 머문 것으로 생각되며, 아라비아에 머무는 동안 전도 활동을 어느 정도 이어 간 것으로 보인다. 사울이 전한 복음은 아라비아에 사는 유대인 가운데

상당한 분란을 초래했으며(cf. Fitzmyer), 지역을 다스리던 아레다왕은 분란을 초래한 장본인인 사울을 죽이려고 다메섹 성문을 지키다가 그가 나오면 죽이라며 고관들을 파견한 것으로 보인다. 그러므로 사울을 잡기 위해 다메섹 성문을 지키는 자들은 유대인과 아라비아 고관 등 두 부류다. 사울은 원래 유대인 중에서도 그리스도인들만 잡아들이려 했는데, 이제는 유대인과 이방인이 모두 그를 죽이려고 한다! 아레다왕은 주후 39/40년에 죽었다. 이 책에서는 스나벨(Schnabel)의 연대와 거리 측정을 따른다. 그러므로 이 일은 주후 34년경에 있었던 일이다.

유대인들과 아레다왕이 보낸 사람들이 사울을 죽이려고 다메섹 성문을 밤낮으로 지키고 있다는 정보가 사울에게도 알려졌다(24절). 이때는 사울이 회당을 돌며 말씀을 전하지 않았기 때문에 그들이 성문에서 그를 기다리고 있는 것으로 보인다(Schnabel).

사울의 생명이 위험하다고 생각한 그의 제자들이 사울을 광주리에 담아 성벽에서 달아 내려 다메섹을 탈출하게 했다(25절). 문맥을 고려할 때 '그의 제자들'(οἱ μαθηταὶ αὐτοῦ)은 사울의 제자들이다. 사울은 다메섹에 그를 따르는 제자들을 둘 정도로 상당 기간 그곳에 머물며 사역했다(Bock). 혹은 사울이 전한 메시지를 통해 예수님을 영접한 사람들이다(Longenecker).

'광주리'(σπυρίς)는 주로 음식을 나를 때 사용하는 큰 바구니다(BDAG). 예수님이 빵 다섯 개와 물고기 두 마리로 5,000명을 먹이실 때도 남은 음식을 모으기 위해 동원되었다(cf. 마 15:37; 16:10; 막 8:8, 20). 당시에는 광주리를 밧줄에 묶어 성 위아래로 음식을 옮기는 데 사용하는 일이 빈번했기 때문에 제자들은 별 의심을 받지 않고 사울을 도피시킬 수 있었다(Bock). 성벽 위쪽에는 창문과 구멍 등이 나 있었다. 누가는 제자들이 '성벽을 거쳐[통해]'(διὰ τοῦ τείχους) 사울을 아래로 내렸다는 말을 통해 성벽 위에 나 있는 창문이나 구멍을 이용했음을 암시한다(Le Cornu & Shulam, cf. 고후 11:33). 옛적에 라합이 이스라엘 정탐꾼을 여리고 성벽에서 달아 내린 일을 생각나게 한다(수 2:15).

이 말씀은 그리스도 안에서 이뤄지는 성도들의 교제와 교통이 참으로 강력하다고 한다. 아나니아는 그리스도인들을 잡으러 온 사울이 그가 잡고자 한 사람들(제자들)을 만나게 해 주었다! 그들은 즉시 오랜 형제들(친구들)처럼 교제했다. 또한 서로를 최대한 신뢰하고 보호했다. 사울을 노리는 자들이 다메섹 성문을 지키고 있자, 그를 광주리에 담아 성벽 아래로 보내 탈출하게 할 만큼 과감했다. 오늘날에도 세상 어디를 가든 그리스도인을 만나면 왠지 오랜 벗을 만난 듯 반갑고 곧바로 교감하고 교제가 시작되는 것은 성령이 모든 그리스도인에게 허락하신 은총이다.

사울은 회심하자마자 죽음을 두려워하지 않는 전도자가 되었다. 하나님이 그를 전도자로 부르셨기 때문이지만, 또한 그도 심적으로 결단했기 때문에 가능했던 일이다. 복음을 선포하는 일에는 큰 용기가 필요하다. 때로는 죽을 각오로 전해야 하기 때문이다. 우리는 하나님께 이러한 열정과 용기를 달라고 기도해야 한다. 또한 기도하면서 성경을 많이 공부해야 한다. 하나님은 사울이 전도자가 되기 전에 받은 훈련과 교육을 그가 더 능력 있는 사역을 하는 데 사용하셨다. 이처럼 하나님은 우리가 준비하는 만큼 사용하실 것이다. 그러니 많이 배우자. 많이 묵상하자. 많이 기도하자.

Ⅲ. 유대와 사마리아(6:8-9:31)
D. 사울의 회심(9:1-30)

4. 사울이 예루살렘에서 전도함(9:26-30)

[26] 사울이 예루살렘에 가서 제자들을 사귀고자 하나 다 두려워하여 그가 제자 됨을 믿지 아니하니 [27] 바나바가 데리고 사도들에게 가서 그가 길에서 어떻게 주를 보았는지와 주께서 그에게 말씀하신 일과 다메섹에서 그가 어떻게

게 예수의 이름으로 담대히 말하였는지를 전하니라 [28] 사울이 제자들과 함께 있어 예루살렘에 출입하며 [29] 또 주 예수의 이름으로 담대히 말하고 헬라파 유대인들과 함께 말하며 변론하니 그 사람들이 죽이려고 힘쓰거늘 [30] 형제들이 알고 가이사랴로 데리고 내려가서 다소로 보내니라

어떤 이들은 사울이 다메섹에 머무는 동안 아라비아를 다녀왔다는 것이 사실이 아닌 것처럼, 이 섹션이 회고하는 사울의 예루살렘 방문 역시 실제로 있었던 일이 아니라고 한다(Barrett, Conzelmann, Haenchen). 누가는 예루살렘 교회가 사울을 피했다고 하는데(26절), 만일 사울의 다메섹과 아라비아 사역이 사실이라면 예루살렘 교회가 그를 피하지 않았을 것이기 때문에 실제로 있었던 일이 아니라고 한다. 그러나 예루살렘 교회가 사울을 피하려고 한 일은 얼마든지 다르게 설명할 수 있다.

사울은 다메섹에 사는 유대인 중 그리스도인을 모조리 잡아 오겠다며 대제사장들의 공문을 받아 예루살렘을 떠난 지 3년 만에 돌아왔다(cf. Fitzmyer, Longenecker). 만일 그가 주후 31/32년에 회심했다면, 그의 첫 예루살렘 방문은 주후 33/34년에 있었던 일이다. 사울은 회심 후 총 다섯 차례 예루살렘을 방문하는데, 시기는 다음과 같다(Schnabel).

연대	있었던 일
31/32년	사울이 회심함
32–34년	아라비아와 다메섹 선교
33/34년	**첫 번째 방문**(행 9:26–29): 회심 후 3년 만에
34–44년	시리아와 길리기아 선교(11년)
44년	**두 번째 방문**(행 11:27–30): 첫 번째 방문 후 11년 만에, 가난한 사람들을 위한 선물을 가져감
45–47년	구브로와 갈라디아 선교
48년	**세 번째 방문**(행 15:1–29): 두 번째 방문 후 3년 만에, 사도들의 예루살렘 회의

49-51년	마게도냐와 아가야 선교
51년	**네 번째 방문**(행 18:22): 세 번째 방문 후 3년 만에
52-56년	아시아 선교와 아가야 방문.
57년	**다섯 번째 방문**(행 21:15-17): 네 번째 방문 후 6년 만에, 모금한 헌금을 가져 감
57-61년	예루살렘에서 잡혀 가이사랴와 로마에서 감옥살이를 함

사울이 회심한 지 3년 만에 예루살렘을 방문해 제자들(그리스도인들)을 사귀고자 했지만, 모두 그를 두려워하고 제자 됨을 믿지 않는 까닭에 만나서 교제하려고 하지 않았다(26절). 그들은 사울을 아직도 공포스러운 존재로 생각했으며, 그가 제자가 되었다는 것을 믿지 않았다. 거짓 회심은 당시 교회를 해하려는 자들이 종종 사용하는 방법이었다. 게다가 만일 그가 3년 전에 다메섹으로 가는 길에 회심했다면, 왜 이때까지 예루살렘 방문을 미뤄 왔단 말인가! 곧바로 나타나 그가 교회를 박해한 일을 사과했어야 한다(Schnabel). 그러므로 그가 3년 동안 예루살렘을 방문하지 않은 것이 의심과 궁금증을 더했을 수 있다(Bock). 또한 그의 회심이 헛소문이라는 추측도 난무했을 것이다(Fitzmyer, Larkin). 예루살렘 성도들이 사울을 기피한 것은 충분히 이해되는 일이다. 예수님이 사울을 찾아가라고 직접 말씀하셨을 때 아나니아도 그에 대해 우려했다(cf. 9:11-14).

한편, 사울 입장에서는 감회가 새로웠을 것이다. 예루살렘을 떠날 때는 그리스도인들을 핍박하는 자였는데, 돌아올 때는 자신이 그리스도인이 되었기 때문이다. 그가 떠나 있던 3년 동안 예루살렘 상황은 바뀐 것이 없다. 문제는 그의 친구들과 원수들의 위치가 바뀌었다는 것이다. 그는 이제 더는 기독교를 뿌리 뽑겠다는 유대교인들의 친구가 아니다. 오히려 그들이 박해하는 그리스도인들이 그의 친구다. 사울의 신분 변화를 고려할 때 그는 대제사장들을 찾아가지 못하고, 자기 누이 집에 머물렀을 것이다(Longenecker, cf. 23:16).

사울은 게바(베드로)를 방문하기 위해 예루살렘을 찾아갔다(갈 1:18). 베드로는 예수님이 3년 동안 훈련하신 열두 제자 중 리더였으며, 교회의 핵심 리더이기도 하다. 그러므로 그는 베드로에게 경의를 표하는 의미에서 그가 있는 예루살렘을 찾았다(Schnabel).

사울과 예루살렘 성도들 사이가 서먹해지자 바나바가 나섰다(27a절). 하나님이 사울을 위해 다메섹에 아나니아를 예비해 두셨던 것처럼, 이번에는 예루살렘에 바나바를 예비하신 것이다. 바나바는 구브로(Cyprus, 오늘날의 키프로스)에서 온 레위 지파 사람이었으며, 가난한 자들을 돕기 위해 자기 땅을 팔아 사도들에게 가져온 모범 신앙인이었다(4:36-37). '바나바'(Βαρναβᾶς)는 '격려의 아들, 격려하는 자'라는 의미이며, 그는 '이름값을 하는 사람'이었다. 그는 사울의 동역자가 되지만(11-13장), 요한 마가의 일로 그와 헤어진다(15:37-40).

바나바는 사울을 데리고 제자들을 찾아간 것이 아니라, 직접 사도들에게 갔다(27a절). '데리고 가다'(ἐπιλαμβάνομαι)는 날개 아래 두어 보호하며 이끌어 간다는 뜻이다. 바나바는 사울이 어떠한 해도 당하지 않도록 철저하게 보호한 것이다(Le Cornu & Shulam). 바나바는 사도들에게 사울에 대해 세 가지를 증언했다(27b절): (1)사울이 다메섹으로 가는 길에 예수님을 보았다. (2)예수님이 사울에게 말씀하셨다. (3)사울이 다메섹에서 예수님의 이름을 담대히 전했다. 사울이 회심한 것이 확실하며, 회심한 때부터 이미 복음을 전파하는 사람이 되었다는 것이다. 예루살렘 교회에서 존경받는 바나바가 사울에 대해 이렇게 말하니 사도들이 쉽게 그를 환영했다. 바나바는 자신이 사람들에게 받은 신임을 참으로 적절하게, 효과적으로 사용해 사울이 기독교인들과 교류할 수 있게 했다.

이후 사울은 제자들과 함께 있으며 예루살렘에 출입했다(28절). 갈라디아서 1:17-18은 이때 사울이 사도 중에서도 베드로와 야고보만 만났다고 한다. 다른 사도들과도 인사했지만 특별히 이 두 사람과 깊이 교제했다는 뜻으로 풀이할 수 있고(Bock), 혹은 열두 사도 중 열 사도는 다른 곳에서 선교 사역을 하고 있었기 때문이라는 해석도 가능하다(Schnabel). 혹은 베드로와 야고보가 열두 사도를 대표해서 그를 만났으므로, 그들을 만난 것은 곧 열두 사도를 모두 만난 것과 같다는 의미일 수도 있다(Bruce). 사울은 이때 예루살렘에서 15일 동안 지냈다고 한다(갈 1:18). 아마도 이 기간에 사울은 베드로와 야고보에게 예수님의 삶과 가르침에 대해 많은 정보를 얻었을 것이다(Fernando).

사울은 주 예수의 이름으로 담대히 말하고 헬라파 유대인들과 함께 예수님이 바로 다윗의 후손으로 오실 것이라고 한 메시아라는 사실을 변론했다(29a절). 사울은 예루살렘에 있는 헬라파 유대인들의 회당을 찾아다니며 예수님이 구세주이심을 전했다(Longenecker). 헬라파 유대인들은 강경파다. 그들은 스데반을 죽인 자들로, 이제는 사울을 죽이려고 힘썼다(29b절). '힘썼다'(ἐπεχείρουν)는 미완료형으로 지속적인 행동을 강조한다. 계속 사울을 죽이려고 한 것이다.

사울이 열정만 있고, 아는 것이 별로 없었을 때는 이용해 먹기 좋다며 그를 앞장세워 기독교를 박해했다. 그러나 그가 그리스도를 알고 성령으로 충만해 돌아오니 이제는 이용 가치가 전혀 없다. 오히려 눈엣가시가 되었다. 그러므로 그들은 사울을 제거하고자 한다.

형제들(그리스도인들)은 헬라파 유대인들이 사울을 죽이려고 한다는 것을 알고 그를 가이사랴로 데리고 내려가서 다소로 보냈다(30절). 사울이 안전하게 목적지에 도착할 수 있도록 그를 보호하며 가이사랴로 간 것이다. 훗날 사울은 이 일을 회상하면서 그가 성전에서 기도하는 중에 주께서 속히 예루살렘을 떠나라며 그를 이방인에게 보내는 사도로 세우셨다고 한다(22:17-21). 사울은 이 예루살렘 여정을 통해 이방인들에게 사도로 세움을 받았고, 하나님의 명령에 따라 예루살렘을 떠난 것이다.

가이사랴(Καισάρεια)는 예루살렘에서 100㎞ 떨어져 있는 먼 곳이다.

'가이사랴 빌립보'(Καισάρεια ἡ Φιλίππου, Caesarea Phillipi)와 구분하기 위해 '해안에 있는 가이사랴'(Caesarea Maritima)로 불린다. 예루살렘 형제들은 사울을 이곳까지 안전하게 보호했다. 항구 도시인 가이사랴는 유대를 다스리는 로마 총독이 머무는 곳이었다(Schnabel). 로마 제국에서 다섯 번째로 큰 도시였으며, 인구의 절반이 유대인이었다(Le Cornu & Shulam). 사울은 이곳에서 배를 타고 길리기아에 있는 자기 집으로 돌아갔다(Bock, Schnabel). 사울이 지난 3년 동안 어떤 삶을 살아왔는지 고려할 때, 비용은 예루살렘 성도들이 부담했던 것으로 보인다(Schnabel). 몇 년 후 사도행전에서 사울을 다시 만날 때 그는 계속 다소에 있다(11:25).

이 말씀은 그리스도인 공동체에도 극복해야 할 벽이 있다고 한다. 사울은 3년 전에 회심했지만, 예루살렘 교회는 그를 형제로 맞아들이기를 주저했다. 바나바가 사울과 사도들과의 만남을 주선하고 나서야 비로소 예루살렘 성도들과 교제할 수 있었다. 우리가 속한 공동체에도 처음 주님을 믿은 이들이 공동체에 융화되는 것을 어렵게 하는 벽들이 있는지 돌아보아야 한다.

사울은 이방인 선교를 위해 세움받은 사도이며, 그 일을 위해 열정을 불태우고 있다. 그러나 그는 하나님이 적절한 때에 사역을 허락하실 때까지 기다려야 한다. 모든 일에는 때가 있다. 우리는 하나님의 선하신 때를 분별하기 위해 열심히 기도하며, 주님의 때를 기다려야 한다.

Ⅲ. 유대와 사마리아(6:8-9:31)

E. 요약: 안정되어 가는 교회(9:31)

31 그리하여 온 유대와 갈릴리와 사마리아 교회가 평안하여 든든히 서 가고 주를 경외함과 성령의 위로로 진행하여 수가 더 많아지니라

사울은 가이사랴에서 배를 타고 다소에 있는 집으로 돌아갔다. 앞으로 몇 년 동안 우리는 그를 볼 수 없을 것이다. 그러나 그때까지 하나님의 역사는 계속된다. 하나님의 교회는 주님이 세워 가는 것이며, 하나님은 쉬지 않고 사역하신다.

유대와 갈릴리와 사마리아 교회가 평안하여 든든히 서 갔다. 팔레스타인 곳곳에 세워진 유대인 교회가 한동안은 핍박받지 않았다는 뜻이다(cf. Barrett, Longenecker, Schnabel). 앞으로도 계속될 핍박에 대비해 숨 고를 시간을 주시는 것인가?

이 말씀은 순교와 핍박에도 불구하고 교회는 계속 성장한다고 한다. 순교와 핍박이 닥쳐오면 교회가 오히려 더 왕성하게 성장한다고 하는 이들도 있다. 하나님이 위로하시고 축복하시기 때문이다. 하나님은 순교자의 피를 결코 헛되게 하지 않으신다. 순교와 핍박은 교회를 건강하게 하고, 건강한 교회는 성장한다.

Ⅳ. 팔레스타인과 수리아
(9:32-12:24)

이 섹션은 예루살렘을 벗어나 세상 끝을 향해 가는 복음이 팔레스타인과 시리아 지역에 선포되고 안디옥에 교회가 세워진 일을 회고한다. 하나님은 로마인 백부장 고넬료를 회심시키심으로써 그리스도의 복음이 유대인뿐 아니라 이방인도 구원한다는 사실을 확실하게 알리신다. 그리스도의 몸인 교회는 유대인과 이방인을 차별해서는 안 된다는 것이다.

하나님은 스데반의 순교와 핍박으로 인해 성도들이 흩어지면서 상당히 약화된 예루살렘 교회를 위해 기적을 베푸신다. 하나님은 아직도 예루살렘 교회를 사랑하시고, 은혜를 베풀어 그들을 위로하기를 원하시는 것이다. 이 섹션을 통해 책의 중심인물이 베드로에서 사울(바울)로 대체된다. 본 텍스트는 다음과 같이 구분된다.

A. 팔레스타인 연안 사역(9:32-43)
B. 이방인 고넬료의 회심(10:1-11:18)
C. 안디옥 교회(11:19-30)
D. 예루살렘 교회에 임한 기적들(12:1-23)

E. 요약: 하나님의 말씀이 계속 선포됨(12:24)

Ⅳ. 팔레스타인과 수리아(9:32-12:24)

A. 팔레스타인 연안 사역(9:32-43)

5장 이후 거의 보이지 않던 베드로가 다시 중앙 무대에 섰다. 그가 마지막으로 모습을 보인 곳은 8:25이다. 베드로는 팔레스타인 해안 지역을 두루 다니며 그리스도의 복음을 선포했다. 그가 예루살렘에서 북서쪽에 있는 해안가에 와 있다는 것은 다음 장에서 그가 가이사랴에서 고넬료를 만나는 일을 준비하는 듯하다(Fitzmyer, Marshall). 베드로는 사역하는 도중 기적도 행했다. 마치 예수님뿐 아니라 엘리야와 엘리사도 생각나게 하는 기적들이다(cf. 왕상 17:17-24; 왕하 4:32-37). 또한 누가는 이 섹션에서 성별의 장벽도 허문다. 바울이 남자뿐 아니라 여자에게도 기적을 행하기 때문이다(Bock). 본 텍스트는 그가 예수님의 이름으로 행한 기적 중 다음 두 가지를 회고한다.

A. 베드로가 룻다에서 애니아를 낫게 함(9:32-35)
B. 베드로가 욥바에서 다비다를 살림(9:36-43)

Ⅳ. 팔레스타인과 수리아(9:32-12:24)
A. 팔레스타인 연안 사역(9:32-43)

1. 베드로가 룻다에서 애니아를 낫게 함(9:32-35)

[32] 그 때에 베드로가 사방으로 두루 다니다가 룻다에 사는 성도들에게도 내려갔더니 [33] 거기서 애니아라 하는 사람을 만나매 그는 중풍병으로 침상 위에 누운 지 여덟 해라 [34] 베드로가 이르되 애니아야 예수 그리스도께서 너를

낫게 하시니 일어나 네 자리를 정돈하라 한대 곧 일어나니 [35] 룻다와 사론에 사는 사람들이 다 그를 보고 주께로 돌아오니라

사도 베드로가 오늘날의 목회자처럼 곳곳을 다니며 성도들을 심방했다(32a절) 사도행전에서 불과 4차례 사용되는 '성도'(ἅγιος)는 그다지 흔한 단어는 아니다. 4차례 중 3차례가 9장에서 사용된다(9:13, 32, 41; 26:10). 신약은 이 단어를 이곳에서처럼 개인이 아니라 그룹을 뜻하는 의미로 주로 사용한다. '성도들'은 경건함과 거룩함을 강조하기보다는 하나님께 속했음을 강조한다(Fernando).

그는 갈릴리 지역 곳곳을 다니다가 룻다에 사는 성도들에게도 내려갔다(32b절). '룻다'(Λύδδα)는 예루살렘에서 40㎞ 북서쪽으로 떨어진 곳으로, 히브리어로는 '롯'(לֹד)이라고 했다(Longenecker, cf. 대상 8:12). 예루살렘에서 욥바(cf. 9:36)로 가는 길목에 있었다(Bock). 룻다에 사는 사람들은 대부분 유대인이었으며(Johnson), 주로 도자기와 술과 무화과와 옷감을 생산했다(Le Cornu & Shulam). 스데반의 순교 이후 빌립의 사역으로 이곳에 유대인 교회가 세워진 것으로 보인다(Barrett, Wall, 8:1, 4, 40). 혹은 오순절 때 예루살렘에 있었던 성도들을 통해 교회가 세워졌을 가능성도 있다(Bock, cf. 2:5-41).

베드로는 룻다에서 애니아라는 중풍을 앓은 지 8년 된 사람을 만났다(33절). 애니아가 그리스도인이었는지 아니었는지에 대해 다소 논란이 있지만(cf. Bock, Fernando), 그의 믿음 여부는 중요하지 않다. 한 가지 확실한 것은 이방인은 아니라는 사실이다(Longenecker). 사도행전에서 공식적인 첫 이방인 성도는 다음 장에서 만나게 될 고넬료이기 때문이다.

누가는 베드로가 어떻게 해서 애니아를 만나게 되었는지 이렇다 할 언급을 하지 않는다. 그러므로 베드로가 그의 집으로 찾아갔을 수도 있고, 그가 그리스도인이었다면 교회로 모이는 집에서 베드로를 만났을 수 있다. 혹은 애니아의 지인들이 그를 교회로, 혹은 베드로가 묶고 있는 숙소로 데려왔을 수도 있다.

베드로는 예수님이 그를 낫게 하실 것을 알고 있었다. 그러므로 애니아에게 예수 그리스도께서 낫게 하시니 일어나 누워 있던 자리를 정돈하라고 했다(34절). 베드로는 치료하는 능력이 누구 것인지를 정확히 안다. 그는 예수님의 능력이 치료한다고 한다. 자신은 예수님의 도구로 사용되고 있을 뿐이라는 것이다. 베드로가 애니아 앞에서 치료를 위해 기도하지 않고 곧바로 명령한 것은 사전에 한 기도를 통해 예수님이 그를 치료하실 것을 이미 알았기 때문이다(Bock).

베드로는 이 여정 중 애니아를 걷게 하는 일과 다비다를 살리는 일(9:36-43) 외에도 여러 기적을 행했을 것이다. 그런데 누가는 왜 이 두 가지만 언급하는 것일까? 다음 이야기, 곧 하나님이 예수 그리스도의 복음을 통해 이방인인 고넬료를 구원하시는 것을 준비하기 위해서다(Bock). 이곳에 기록된 기적 이야기는 하나님의 능력이 아직도 베드로를 통해 왕성하게 역사하고 있음을 선언한다. 또한 하나님의 능력은 언제든 복음의 새로운 돌파구(new breakthrough)를 마련하실 수 있다. 다음 장에서는 베드로를 통해 이방인 선교의 돌파구를 마련하실 것이다.

중풍을 8년이나 앓던 사람이 걷게 되었다는 소식이 전해지자 룻다와 사론에 사는 사람들이 다 그를 보고 주께 돌아왔다(35절). '사론'(Σαρών)은 룻다에서 욥바와 갈멜산으로 이어지는 평지다(Bock, Longenecker). 애니아가 낫게 된 일이 온 지역에 큰 이슈와 대화거리가 된 것이다. 누가는 애니아가 걷게 되었다는 소식을 들은 '다/모든 사람'(πάντες)이 주께로 돌아왔다고 하는데, 과장법이다. 많은 사람이 예수님을 영접한 것을 의미하지만, 모든 사람이 믿은 것은 아니다.

이 말씀은 사역은 정해진 예배 장소를 벗어나서도 이루어져야 한다고 한다. 베드로는 사방으로 두루 다니며 성도들을 만나 교제하면서 함께 기도하고 병자들을 치료했다. 정해진 예배 처소를 찾아오는 성도들만 상대로 사역했다면 결코 만날 수 없는 성도들을 만나 그들의 고민을 듣고 함께 기도했다. 목회자는 사무실을 떠나 성도들 삶의 터전으로 찾아가야 한다. 우리가 죄인이었을 때 예수님이 먼저 우리를 찾아오신 것처럼 말이다.

베드로는 스데반의 순교와 예루살렘 성도들이 곳곳으로 흩어진 이후에도 변함없는 능력으로 사역하고 있다. 그가 사역하는 것이 아니라, 그 안에 있는 예수 그리스도께서 사역하시기 때문이다. 주의 도구가 되는 사람은 늙고 변하지만, 능력자이신 예수님은 변하지 않으신다. 그러므로 우리 삶에서 중요한 것은 우리의 능력이 아니라, 우리 삶을 주님이 사용하시도록 드리는 일이다.

Ⅳ. 팔레스타인과 수리아(9:32-12:24)
A. 팔레스타인 연안 사역(9:32-43)

2. 베드로가 욥바에서 다비다를 살림(9:36-43)

36 욥바에 다비다라 하는 여제자가 있으니 그 이름을 번역하면 도르가라 선
행과 구제하는 일이 심히 많더니 37 그 때에 병들어 죽으매 시체를 씻어 다
락에 누이니라 38 룻다가 욥바에서 가까운지라 제자들이 베드로가 거기 있음
을 듣고 두 사람을 보내어 지체 말고 와 달라고 간청하여 39 베드로가 일어
나 그들과 함께 가서 이르매 그들이 데리고 다락방에 올라가니 모든 과부가
베드로 곁에 서서 울며 도르가가 그들과 함께 있을 때에 지은 속옷과 겉옷
을 다 내보이거늘 40 베드로가 사람을 다 내보내고 무릎을 꿇고 기도하고 돌
이켜 시체를 향하여 이르되 다비다야 일어나라 하니 그가 눈을 떠 베드로를
보고 일어나 앉는지라 41 베드로가 손을 내밀어 일으키고 성도들과 과부들을
불러 들여 그가 살아난 것을 보이니 42 온 욥바 사람이 알고 많은 사람이 주
를 믿더라 43 베드로가 욥바에 여러 날 있어 시몬이라 하는 무두장이의 집에
서 머무니라

욥바에 다비다라는 여제자가 있었다(36a절). 욥바는 예루살렘에서 북서쪽으로 60㎞ 떨어진 곳으로, 오늘날에는 텔아비브(Tel Aviv) 근처 항구인 야파(Jaffa)로 불린다(cf. BDAG). '다비다'(Ταβιθά)는 히브리어 이름이며, 헬라어로 번역하면 '도르가'(Δορκάς)다. 둘 다 '사슴'(gazelle)이라는 의미다(Longenecker). 도르가는 아가 2:9과 8:14에서 '사랑하는 자'의 애칭으로 사용된다. 그녀의 사랑스러운 행실과 잘 어울리는 이름이다(Johnson). 누가는 그녀를 '여제자'(μαθήτρια)라고 하는데 신약에서 '제자'(μαθητής)의 여성형이 사용되는 것은 이곳이 유일하다(Wall).

도르가는 선행과 구제하는 일이 심히 많은 여인이었다(36b절). '선행과 구제하는 일이 심히 많다'(πλήρης ἔργων ἀγαθῶν)는 그녀의 삶이 이러한 섬김으로 가득하다는 뜻이다. '구제하는 일'(ἐλεημοσυνῶν)은 가난한 사람들에게 돈과 옷과 음식 등을 나누어 주는 것을 뜻한다. 유대교는 구제의 중요성을 매우 강조했다. 도르가는 주로 과부들을 도운 것으로 보인다(cf. 39절). 과부들은 가장 연약한 지체이며, 받은 은혜를 되갚을 수 없는 사람을 상징한다. 도르가는 그들에게서 어떠한 대가도 바라지 않고 기쁨으로 섬겼다. 이런 일을 했다는 것은 그가 부자였거나 재정 형편이 괜찮았다는 뜻이다. 그 어디에도 남편에 대한 언급이 없는 것으로 보아 도르가 역시 과부였을 가능성이 크다(Schnabel).

도르가가 선행도 즐겨 했다는 것은 가난한 사람들을 도왔을 뿐 아니라 환우들도 지극 정성으로 섬기며 돌보았다는 뜻이다(Schnabel). 중풍 환자였던 애니아(cf. 9:32-34)가 그리스도인이었는지 혹은 아니었는지 확실하지 않다면, 도르가는 확실히 그리스도인이었으며 그녀가 속한 교회에서 구제 사역을 도맡아 하다시피 한 사람이다. 그녀는 하나님을 사랑하고 예수님을 섬기는 것을 온갖 선행과 구제하는 일로 표현한 것이다.

선하고 자비로운 도르가가 죽었다(37a절). 누가는 그녀가 왜 죽었는지 말하지 않는다. 병명은 중요하지 않기 때문이다. 중요한 것은 천사처럼 살던 착한 여인이 죽었다는 사실이다. 사람들은 그녀의 시체를 씻어 다락에 누였다(37b절). 유대인들은 사람이 죽으면 시신을 깨끗이 씻었다. 그런 다음 고인이 숨을 거둔 날 해가 지기 전에 장사했다. 그러므로 사람들이 그녀의 시신을 씻은 것은 당연한 일이지만, 씻어서 다락에 누인 것은 특이한 일이다.

욥바에 사는 성도들도 베드로가 룻다에서 애니아를 걷게 했다는 소문을 들은 것으로 보인다. 게다가 예루살렘에서 온갖 기적을 행한 사도가 지금 욥바에서 불과 16㎞ 떨어진 룻다에 와 있다. 그들은 베드로에게 그녀를 살려 달라고 도움을 청하기로 했다. 자신들에게 온갖 선행과 구제를 베푼 도르가를 이대로 보낼 수 없기 때문이다. 욥바 성도들은 베드로가 중풍을 8년이나 앓은 사람을 걷게 했으니, 주의 백성을 그토록 사랑하고 섬겼던 도르가도 반드시 살릴 수 있을 것으로 믿었다.

베드로는 그동안 많은 사람을 낫게 했다(cf. 3:1-10; 5:12-16; 9:32-35). 또한 아나니아와 삽비라 부부에게 죽음을 선고한 적도 있다(5:1-11). 그러나 사람을 살린 적은 없다. 그럼에도 불구하고 욥바 성도들이 그에게 도움을 청하는 것은 도르가는 그냥 떠나보내기에는 너무나도 귀하고 아름다운 일을 많이 한 여인이기 때문이다. 그들은 자신들이 도르가를 위해 할 수 있는 마지막 일을 하고자 한다. 하나님은 그들의 '마지막 일'을 '최선의 일'로 간주해 그들의 염원을 들어주신다.

욥바 성도들은 두 사람을 베드로가 있는 룻다로 보내 지체하지 말고 욥바로 와 달라고 간청했다(38절). 욥바에서 룻다는 16㎞에 불과한 짧은 거리지만, 걸어서 반나절(4시간) 정도 걸리는 길이었다. 그러므로 베드로가 기별을 받자마자 곧바로 출발해도 다음 날에나 도착할 것이다(Schnabel). '간청하다'(παρακαλέω)는 베드로가 반드시 왔으면 하지만, 여건이 여의치 않다면 거부할 수도 있음을 염두에 둔 단어다(Barrett). 그들은 베드로가 와 주기를 간절히 바라면서도 강요하지는 않는다. 욥바 성도들은 하나님이 도르가를 살리고자 하신다면 베드로를 반드시 욥바로 보내실 것이라고 믿는다.

베드로가 소식을 전하러 갔던 두 사람과 함께 욥바로 왔다(39a절). 기다리던 사람들이 곧바로 베드로를 도르가의 시신이 놓여 있는 다락방으로 안내했다. 이 당시 다락방은 비좁은 공간이 아니다. 집에서 가장 큰 공간이었다. 가나안 지역에서는 집의 평평한 지붕 위에 있는 공간이 주로 다락방으로 쓰였다(BDAG, cf. 단 6:10-11). 지붕 위에 있기에 거리의 분주함과 지나가는 사람들의 시선을 피할 수 있는 사적인 곳이었다. 오늘날로 말하자면 집에서 응접실(living room) 공간으로 쓰기에 가장 좋은 장소였다(Longenecker).

베드로가 다락방으로 올라가니 과부들이 모여 있었다. 그들은 베드로를 보자 울며 도르가가 그들을 위해 지어 준 속옷과 겉옷을 보여 주었다(39b절). 당시에는 옷감이 귀했다. 그러므로 도르가가 속옷과 겉옷을 만들어 과부들에게 주었다는 것은 참으로 아름답고 귀한 일이다. 과부들에게는 도르가가 만들어 준 옷이 유일한 의복이었다(Barrett). 그들은 이날도 그녀가 만들어 준 옷을 입고 와서 베드로에게 보여 주었다(Barrett, Wall).

가난한 과부들은 도르가가 얼마나 자비로웠고 자신들에게 많은 것을 베풀었는지 그 증거를 베드로에게 보여 주며 그녀를 살려 달라고 애원했다. 도르가는 참으로 선행과 구제가 무엇인지를 아는 사람이었다. 그녀는 가장 처량하고 연약한 지체들, 그러므로 그녀가 베푸는 자비를 되갚을 수 없는 사람들을 섬겼다. 평소에 그 무엇으로도 도르가에게 보답할 수 없어서 그저 감사하고 미안한 마음으로 그녀의 사랑을 받기만 했던 과부들이 베드로에게 그녀를 살려 달라며 눈물로 호소한다. 참으로 아름다운 광경이다. 우리도 죽을 때 우리의 죽음을 안타까워하고 슬퍼하는 사람이 많으면 좋겠다. 그만큼 선하고 자비를 베풀며 잘 살았다는 증거일 것이기 때문이다.

베드로는 다락방에서 사람들을 모두 내보냈다(40a절). 홀로 간절히 하나님께 그녀를 살려 달라고 기도하기 위해서다. 그는 무릎을 꿇고 한참 기도한 후 도르가의 시체를 향해 일어나라고 외쳤다(40b절). '다비다야 일어나라'(Ταβιθά, ἀνάστηθι)는 베드로가 아람어로 말한 것을 누가가 헬라어로 번역한 것이다. 베드로는 아람어로 'ταβιθα κουμ'(Tabitha koum)이라고 외쳤을 것이다(Bruce, Longenecker). 예수님이 회당장 야이로의 죽은 딸을 살리실 때 외치신 아람어 '달리다굼'(ταλιθα κουμ, Talitha koum)(막 5:41)과 글자 하나(l[λ]이 b[β]로 바뀜) 차이다.

처음으로 죽은 사람을 살리는 기적을 행하고 있는 베드로는 기억을 더듬어 예수님이 야이로의 딸을 살리신 일을 회상하며 주님이 하신 일을 따라 하고 있다. 시신이 누워 있는 방에서 모든 사람을 내보낸 일(cf. 막 5:40), 죽은 사람에게 일어나라고 명령한 일(막 5:41; 눅 7:15), 손을 내밀어 살아난 사람을 세운 일(막 5:41) 등 모두 다 비슷하다(cf. Bock, Longenecker, Schnabel).

누가복음은 예수님이 죽은 사람을 살리신 일을 두 차례 기록한다(눅 7:11-17; 8:49-56). 베드로는 그때의 기억을 더듬으며 도르가를 살린 것이다. 베드로가 도르가를 살리는 모습은 옛적 선지자 엘리야와 엘리사가 죽은 아이들을 살릴 때 일을 생각나게도 한다(Marshall, cf. 왕상 17:19; 왕하 4:10, 21).

베드로가 밖에서 기도하며 대기하고 있던 성도들과 과부들을 다락방으로 불러 살아난 도르가를 보여 주었다(42절). 하나님이 죽은 도르가를 살리셨으니, 그들의 기쁨과 감격이 어떠했을지 상상해 보라! 다니엘이 느부갓네살왕에게 그가 곧 짐승처럼 변해 수년을 보낼 것이라 예언하며 권면한 말이 생각난다: "왕이여 내가 아뢰는 것을 받으시고 공의를 행함으로 죄를 사하고 가난한 자를 긍휼히 여김으로 죄악을 사하소서 그리하시면 왕의 평안함이 혹시 장구하리이다"(단 4:27). 우리가 이웃들에게 베푸는 자비와 선행은 아름다운 열매가 되어 우리에게 돌아오기도 한다. 이날 욥바 공동체에는 천국이 임했을 것이다!

하나님이 죽은 도르가를 살리셨다는 소문이 순식간에 퍼져 나갔다(42a절). 이 일로 인해 많은 사람이 주를 믿었다(42b절). 예수님을 영접한 것이다(cf. 9:35).

베드로는 곧바로 룻다로 돌아가지 않고 욥바에 여러 날 머물렀다(43a절). 다음 장에서 고넬료가 그에게 사람을 보낼 때 욥바로 보내는 것으로 보아 하나님이 다음 사역을 위해 그를 이곳에 머물게 하신 것으로 보인다.

베드로는 욥바에 있는 동안 무두장이 시몬의 집에 머물렀다(43b절). '무두장이'(βυρσεύς)는 가죽을 다루는 직업을 가진 사람을 말한다. 유대인들은 짐승의 주검과 연관된 직업이라는 점에서 이들을 부정하게 여기고 기피했으며 경멸하기도 했다(Le Cornu & Shulam). 짐승의 주검을 다루는 일이라 냄새도 많이 났다. 그러므로 무두장이들은 항상 마을의 변방에서 일했다. 무두장이 시몬의 집도 바닷가에 있었다(10:6).

유대인인 베드로가 무두장이 시몬의 집에 머무는 것을 보면 사도들과 교회 지도자들은 유대교의 정결법을 따르는 일을 별로 중요하게 여기지 않은 것으로 보인다(Bock). 베드로는 룻다와 욥바에서 기적을 행했을 뿐 아니라 복음도 선포했을 것이다. 그러나 누가는 그가 행한 기적에 대해서만 기록한다. 이 섹션에서는 성령의 역사가 베드로를 통해 아직도 왕성하게 일어나고 있다는 것을 강조함으로써 다음 장에서 베드로가 이방인인 고넬료에게 세례를 주어 그리스도인이 되게 한 일이 충만한 성령의 인도하심에 따른 일이라는 것을 암시하기 위해서다.

이 말씀은 죽음이 우리의 삶을 평가한다고 한다. 평소에 선을 행하고 이웃에게 자비를 베풀면, 많은 사람이 우리의 죽음을 애도할 것이다. 심지어 도르가의 죽음을 안타까워한 과부들이 그녀를 살려 달라고 하나님께 기도한 것처럼 우리를 위해 기도할 것이다. 그렇다면 하나님이 애도하는 이들의 기도를 듣고 우리를 살리시든 살리지 않으시든 우리의 죽음은 주님 안에서 참으로 복된 죽음이 될 것이다. 매일매일 하루씩 가까이 다가오는 죽음을 마음에 두고 더 많은 선을 행하며 살자. 도움을 청하는 사람들에게 인색하게 굴지 말고 성심껏 돕자. 도움을 주는 것이 도움을 받는 것보다 더 복되고 행복한 일이다.

Ⅳ. 팔레스타인과 수리아(9:32-12:24)

B. 이방인 고넬료의 회심(10:1-11:18)

예수님이 승천하시고 오순절에 성령이 예루살렘에 모인 유대인 성도들에게 강림하신 후 복음은 유대인들에게만 선포되었다. 드디어 복음이 유대인과 이방인을 구분하는 선을 넘는 순간이다. 그동안에도 소수의 이방인(에디오피아 내시 등)에게 복음이 선포되었지만, 그들은 그리스도인이 되기 전에 먼저 유대교로 개종했던 사람들이다. 로마 사람 고넬료의 회심을 시작으로 이제는 이방인이 그리스도인이 되기 위해 더는 유대교를 중간 단계로 삼을 필요가 없어졌다. 곧바로 예수님을 영접하면 된다.

로마 사람인 고넬료의 회심은 기독교 역사에서 매우 중요한 사건이다. 이를 통해 유대인과 이방인을 갈라놓은 벽이 무너져 내렸기 때문이다. 앞으로 그리스도의 복음은 온 세상을 향해 뻗어 나갈 것이다. 이 일도 사울의 회심처럼 하나님이 계획하고 이루신 일이다. 또한 복음이 땅끝까지 가는 여정을 기록하는 사도행전에도 매우 중요하다(cf. Bock). 그러므로 저자인 누가는 고넬료의 회심 이야기에 무려 66절을 할애하며 사도행전에서 가장 긴 단일 내러티브(single narrative)를 형성해 자세하게 회고한다(Fernando). 이 이야기는 다음과 같이 구분된다.

A. 고넬료의 환상(10:1-8)
B. 베드로의 환상(10:9-16)

C. 베드로가 고넬료가 보낸 사람들을 맞이함(10:17-23a)
D. 고넬료가 베드로를 맞이함(10:23b-33)
E. 베드로의 설교(10:34-43)
F. 첫 이방인 그리스도인들(10:44-48)
G. 예루살렘 교회의 반응(11:1-18)

Ⅳ. 팔레스타인과 수리아(9:32-12:24)
B. 이방인 고넬료의 회심(10:1-11:18)

1. 고넬료의 환상(10:1-8)

[1] 가이사랴에 고넬료라 하는 사람이 있으니 이달리야 부대라 하는 군대의 백부장이라 [2] 그가 경건하여 온 집안과 더불어 하나님을 경외하며 백성을 많이 구제하고 하나님께 항상 기도하더니 [3] 하루는 제 구 시쯤 되어 환상 중에 밝히 보매 하나님의 사자가 들어와 이르되 고넬료야 하니 [4] 고넬료가 주목하여 보고 두려워 이르되 주여 무슨 일이니이까 천사가 이르되 네 기도와 구제가 하나님 앞에 상달되어 기억하신 바가 되었으니 [5] 네가 지금 사람들을 욥바에 보내어 베드로라 하는 시몬을 청하라 [6] 그는 무두장이 시몬의 집에 유숙하니 그 집은 해변에 있다 하더라 [7] 마침 말하던 천사가 떠나매 고넬료가 집안 하인 둘과 부하 가운데 경건한 사람 하나를 불러 [8] 이 일을 다 이르고 욥바로 보내니라

가이사랴에 고넬료라 하는 사람이 있었는데, 그는 이달리야 부대라 하는 군대의 백부장이었다(1절). 가이사랴(Καισάρεια)는 예루살렘에서 100㎞ 떨어져 있는 먼 곳이다. '가이사랴 빌립보'(Καισάρεια ἡ Φιλίππου, Caesarea Phillipi)와 구분하기 위해 '해안에 있는 가이사랴'(Caesarea Maritima)로 불린다. 헤롯 대왕(Herod the Great)이 재건한 항구 도시이며, 로마 황제 아우구스투스(Caesar Augustus)를 기념하는 도시였다. 또한 유대를 다스리는 로마 총독이 통치 거점으로 삼아 머무는 곳이었다(Schnabel). 로마 제국에서 다섯 번째로 큰 도시였으며, 인구의 절반이 유대인이었다(Le Cornu & Shulam). 그러나 유대인들은 이 도시를 유대의 일부로 생각하지 않았으며, '에돔의 딸'이라 부르며 싫어했다(Williams).

'고넬료'(Κορνήλιος)는 그의 조상이 한때 노예였음을 암시하는 이름이다. 주전 82년에 고넬료(Cornelius Sulla)라는 사람이 자신이 소유하던 노예 1만 명을 자유인으로 풀어 주었다. 자유인이 된 노예들은 모두 주인의 이름인 '고넬료'로 불렸다. 이 사람도 이때 자유인이 된 노예의 후손이다(Longenecker). 당시 '백부장'(ἑκατοντάρχης)은 80-100명으로 구성된 부대를 통솔했다(cf. Schnabel). '이달리야라 하는 군대'(σπείρης τῆς καλουμένης Ἰταλικῆς)는 군인이 3,000명에 달했으며, 정예군이 아니라 6-7개로 구성된 예비군 부대 중 하나였다(Bock, Polhill, Schnabel). 로마의 정예 부대는 반란을 제압하기 위해 종종 유대로 진군했지만, 평상시에는 유대에 주둔하지 않았다(Schnabel). 이곳에 기록된 이야기는 주후 41년경에 있었던 일로 생각된다(Fitzmyer).

고넬료는 경건한 사람이었고, 온 집안과 함께 하나님을 경외했다(2a절). 그의 가족뿐 아니라 종들까지 모두 하나님을 경외한 것이다. 한때 학자들은 고넬료가 '경건하다'(εὐσεβὴς)는 것을 그가 유대교 회당에 출석하고 유대인의 율법을 지키지만, 개종은 하지 않은 사람을 뜻하는 것으로 해석했다. 그러나 오늘날에는 회당 출석이나 율법 준수 여부와 상관없이 단순히 유대교에 우호적인 사람으로 해석한다(Barrett, Bock, Jervell, Le Cornu & Shulam, Longenecker, Wall). 고넬료는 어느 정도 나이가 들어 연륜이 있는 사람이며, 사회적 지위도 높다. 유대인들은 이런 사람이 기독교인이 되면 어느 정도의 위협을 느꼈을 것이다(Le Cornu & Shulam).

고넬료의 경건과 하나님에 대한 경외가 그의 삶에서 구제와 기도 두 가지로 표현되었다(2b절). 그는 백성을 많이 구제했다. '구제'(ἐλεημοσύνη)는 유대교가 가장 중요하게 여기는 미덕이었다: "옳지 못한 방법으로 부자가 되는 것보다는 진실한 마음으로 기도를 드리고 올바른 마음으로 자선을 행하는 것이 더 좋습니다. 황금을 쌓아두는 것보다는 자선을 행하는 것이 더 좋은 일입니다. 자선은 사람을 죽음에서 건져내고 모든 죄를 깨끗이 없애버립니다. 자선을 행하는 사람은 장수하게 될 것입니다"(토비트 12:8-9).

또한 고넬료는 항상 기도했다. '항상'(διὰ παντός)은 그가 늘 기도하는 자세로 삶에 임했고, 정해 둔 시간이 되면 또 기도했다는 뜻이다(cf. NIV). 그는 매일 하나님께 겸손히 기도하고, 이웃에게는 구제를 베푸는 참으로 좋은 사람이었다(cf. 미 6:8; 약 1:27; 벧전 4:7-11).

하루는 제구시쯤 되어 환상 중에 하나님의 사자가 그를 찾아왔다(3절). 제구시는 오후 3시이며, 유대인들이 매일 세 번 하나님께 드리는 기도 중 마지막 기도를 드리는 시간이다. 고넬료도 이때 기도를 드리고 있었다(10:30). 그는 환상 중 '밝히'(φανερῶς) 보았다고 하는데, 잠을 자거나 졸려서 비몽사몽하는 상황이 아니라 깨어 있는 상황에서 뚜렷하고 확실하게 보았다는 뜻이다(BDAG).

하나님의 사자를 본 고넬료는 두려웠다(4a절). '두려워'(ἔμφοβος)는 얼마나 무서웠는지 공포를 느낄 정도였다는 뜻이다(공동, ESV, NRS). 두려움은 하나님의 사자를 본 사람들이 느끼는 공통된 감정이다(cf. 눅 1:12). 고넬료는 마음을 가라앉히고 무슨 일인지 물었다(4b절). 그가 천사를 '주여'(κύριε)라고 부르는 것은 모르는 사람에게 존경을 표하기 위해서다. 고넬료는 그의 이름을 부르는 이의 존재를 아직 모른다.

천사는 고넬료의 기도와 구제가 하나님 앞에 상달되어 기억하신 바 되었다고 한다(4b절). '상달되다'(ἀναβαίνω)는 그의 기도와 구제가 제물의 향과 연기가 되어 하나님께 올라갔다는 뜻이다(Bruce, cf. Bock). 고넬료는 성전을 통하지 않고 주님이 기뻐하시는 예물을 드렸다(Witherington). 유대인들은 성전 예배를 통해 하나님께 가까이 나아갔지만, 이방인인 고넬료는 기도와 구제를 통해 하나님께 가까이 나아갔다고 할 수 있다.

'기억하신 바'(μνημόσυνον)는 칠십인역(LXX)에서 유래한 것이며, 화제를 드릴 때 제사장이 곡물 한 움큼과 기름과 모든 유향을 섞어 제단 위에서 하나님께 '기념물'로 드린 예물(memorial offering)을 뜻한다(cf. 레 2:2, 9, 16; 5:12). 하나님은 주님을 더 깊이 알고자 하는 고넬료의 마음을 헤아리시고 천사를 보내 그에게 '더 밝고 많은 빛'을 주셨다(Larkin).

천사는 고넬료에게 당장 사람들을 욥바로 보내 베드로를 청하라고 했다(5절). 베드로는 무두장이 시몬의 집에 있으며, 그의 집은 해변에 있다는 말도 해 주었다(6절). 천사는 사람들을 보내 베드로를 데려오라고 할 뿐, 앞으로 베드로를 통해 어떤 일이 일어날 것인지는 말하지 않는다. 그러나 정황을 고려할 때 베드로가 오면 고넬료에게 참으로 복되고 좋은 일이 있을 것을 짐작할 수 있다.

고넬료는 유대교 율법과 유대인의 정서를 잘 아는 사람이다. 따라서 유대인들이 무두장이를 어떻게 생각하는지 안다. 그러므로 그가 청해야 할 귀빈이 무두장이 집에 머물고 있다는 것이 그에게는 다소 충격적일 수 있다(Fernando).

고넬료는 천사가 떠나자 곧바로 집안 하인 둘과 자기 부하 가운데 경건한 사람 하나를 불렀다(7절). 그의 부하가 경건하다는 것은 그도 고넬료처럼 하나님을 경외하는 사람이라는 뜻이다(cf. 2절). 그러므로 이 부하는 고넬료가 하고자 하는 일에 적극적으로 동참할 것이며, 모든 예우를 갖추어 베드로를 모셔 올 것이다.

고넬료는 그들에게 자신이 환상을 본 것과 천사가 그에게 한 말을 다 알려 준 뒤 욥바로 보냈다(8절). 가이사랴에서 욥바까지는 60㎞가 넘는 먼 길이다(Schnabel). 말을 타고 가도 온종일 걸린다(Bock). 고넬료가 곧바로 보낸 사람들이 다음 날 정오쯤에 시몬의 집에 도착한 것을 고려하면(10:9), 그들은 가이사랴를 떠난 지 21시간 만에 욥바에 도착했다.

다음 지도는 베드로가 애니아를 낫게 한 룻다(9:32-35)에서 도르가를 낫게한 욥바(9:26-43)로 갔다가, 고넬료의 청을 듣고 가이사랴로 가는 경로를 보여 준다.

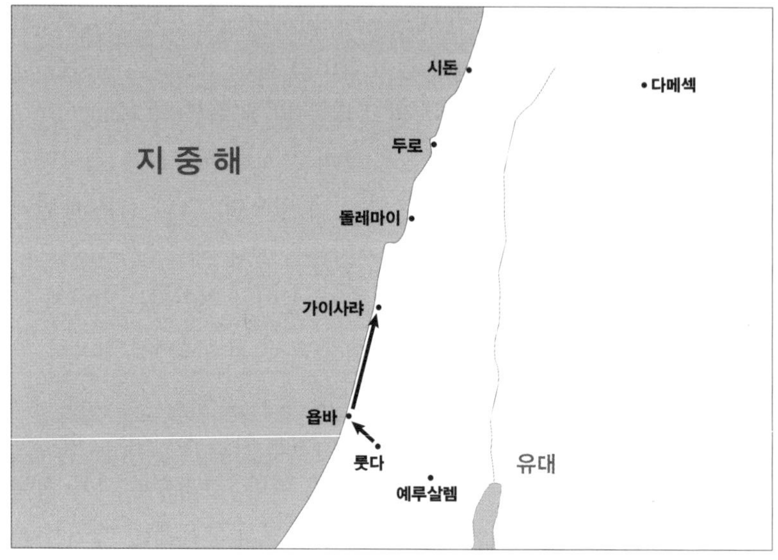

이 말씀은 이방인인 우리도 유대인만큼이나 하나님께 소중한 사람이라고 한다. 하나님은 이방인인 고넬료를 구원하시고자 천사를 보내 직접 그에게 말씀하셨다. 사도행전에서 하나님이 천사를 보내 사람을 구원하시는 일은 이번이 두 번째다. 첫 번째는 에디오피아 내시를 구원하기 위해 빌립에게 천사를 보내셨다(8:26-40). 공교롭게도 하나님이 천사를 보내 구원하시는 이들은 유대교가 차별하고 배제하는 사람들이다. 하나는 내시이고, 하나는 이방인이다. 하나님의 구원하시는 사랑에는 한계가 없다. 하나님은 이방인도 유대인만큼이나 사랑하신다.

고넬료는 아직 예수님을 알지 못하지만, 창조주 하나님께 항상 기도할 정도로 신앙이 두터운 사람이었다. 또한 그는 창조주에 대한 경외를 어려운 이웃들을 구제하는 일로 표현했다. 하나님은 누가 그에게 예수님을 전하기만 하면 곧바로 영접할 수 있도록 그의 삶을 준비해 두신 것이다. 우리도 전도하다가 때때로 이런 사람을 만나지 않는가! 그러므로 전도는 우리 안에 있는 주님이 예비해 두신 사람들을 만나는 일이라 할 수 있다.

Ⅳ. 팔레스타인과 수리아(9:32–12:24)
B. 이방인 고넬료의 회심(10:1–11:18)

2. 베드로의 환상(10:9–16)

[9] 이튿날 그들이 길을 가다가 그 성에 가까이 갔을 그 때에 베드로가 기도하
려고 지붕에 올라가니 그 시각은 제 육 시더라 [10] 그가 시장하여 먹고자 하
매 사람들이 준비할 때에 황홀한 중에 [11] 하늘이 열리며 한 그릇이 내려오는
것을 보니 큰 보자기 같고 네 귀를 매어 땅에 드리웠더라 [12] 그 안에는 땅에
있는 각종 네 발 가진 짐승과 기는 것과 공중에 나는 것들이 있더라 [13] 또 소
리가 있으되 베드로야 일어나 잡아 먹어라 하거늘 [14] 베드로가 이르되 주여
그럴 수 없나이다 속되고 깨끗하지 아니한 것을 내가 결코 먹지 아니하였나
이다 한대 [15] 또 두 번째 소리가 있으되 하나님께서 깨끗하게 하신 것을 네가
속되다 하지 말라 하더라 [16] 이런 일이 세 번 있은 후 그 그릇이 곧 하늘로
올려져 가니라

예수님이 베드로에게 천국 열쇠를 주겠다고 하신 적이 있다(마 16:19). 이 이야기에서 베드로는 자신이 받은 열쇠를 사용해 새로운 문, 곧 이방인들이 하나님 나라로 들어올 수 있는 문을 열어야 한다. 그러나 그가 이 새로운 문을 열기 위해서는 정결한 짐승과 부정한 짐승에 대한 편견과 유대인 및 이방인에 대한 편견을 버려야 한다. 베드로는 낡은 편견을 버리고 하나님 나라의 새로운 질서와 가치관을 껴안아야

한다. 그렇게 해야만 이방인들이 들어올 수 있도록 교회의 새로운 문을 열 수 있다.

다음 날 고넬료가 보낸 사람들이 욥바에 도착할 때쯤 베드로가 기도하려고 머물고 있는 시몬의 집 지붕으로 올라갔다(9절). 이 사람들은 가이사랴에 있는 집을 떠난 지 21시간만에 욥바에 도착했다. 욥바는 요나가 니느웨로 가서 이방인들에게 메시지를 선포하라는 하나님의 말씀을 거역하고 다시스로 가는 배에 오른 곳이다(욘 1:3). 공교롭게 베드로 역시 욥바에서 복음을 이방인에게도 선포할 것인지 혹은 선포하지 않을 것인지 갈림길에 서 있다.

하나님의 역사에서 가장 중요한 요소는 시간이다. 그러므로 누가는 이때가 '이튿날'이었고, 그들이 '성에 가까이 갔을 그때'였으며, 베드로가 기도하려고 '지붕에 올라간 때' 곧 그날 '제육시'였다고 한다. 가나안 지역의 집들은 지붕이 평평했다. 집 밖에 나 있는 계단을 통해 올라갔으며, 집안의 분주함과 소음을 피할 수 있는 곳이어서 흔히 기도 장소로 사용되었다(cf. 왕하 23:12; 느 8:16; 렘 19:13; 32:29; 습 1:5). 제육시는 정오를 뜻한다.

모든 유대인은 제삼시(오전 9시)와 제구시(오후 3시)를 하나님께 기도하는 시간으로 정해 두었다. 그러나 제육시(정오)에는 독실한 유대인들만 시편 55:17과 다니엘 6:10을 근거로 기도드렸다(Longenecker, cf. Jervell, Fernando). 그러므로 어떤 이들은 베드로가 정오에 기도하기 위해 지붕에 올라간 것은 그가 일이 있어 아침 기도를 놓쳤기 때문이라고 한다.

정오에 옥상에서 기도하던 베드로가 시장했다(10a절). 당시 유대인들은 매일 오전 중반(10시쯤)과 오후 중반(4시쯤)에 두 차례 식사를 했다. 그러므로 이날은 베드로가 아침을 먹지 못했던 것으로 보인다(Schnabel). '시장하다'(πρόσπεινος)는 매우 희귀한 단어로 성경에서는 이곳에서 단 한 차례, 세속 문헌에서도 단 한 차례 사용된 단어다(Bock).

베드로는 배가 고프다며 사람들에게 음식을 부탁했다. 베드로는 식사를 기다리다가 황홀한 중에 환상을 보았다(10b절). '황홀한 중'(ἐγένετο ἐπ' αὐτὸν ἔκστασις)은 무아지경(trance)을 뜻하며(cf. 공동, ESV, NAS, NIV, NRS) '환상 중'(ἐν ὁράματι, 10:3)과 비슷한 말이다(Longenecker). 베드로는 하늘이 열리는 것을 보았다고 하는데(11a절), 하늘이 열린 것은 예수님이 세례를 받으실 때(눅 3:21-22)와 스데반이 하나님의 우편에 서 계신 인자를 보았을 때(7:56) 있었던 일이다.

베드로는 열린 하늘에서 그릇 하나가 네 귀를 맨 보자기에 싸여 땅으로 내려오는 것을 보았다(11b절). 그 그릇 안에는 각종 네 발 가진 짐승과 기는 것과 공중에 나는 것들이 있었다(12절). 모두 다 부정한 짐승이었다(cf. 14절). 이때 하늘에서 소리가 들려왔는데, 그 짐승들을 잡아먹으라는 명령이었다(13절).

베드로가 말씀하시는 이를 '주여'(κύριε)라고 부르는 것으로 보아 그에게 그 짐승을 먹으라고 명령한 하늘의 음성은 베드로에게 익숙한 예수님의 목소리였을 것이다(Longenecker, Schnabel, cf. Bruce). 베드로는 예수님이 그에게 이 짐승들을 잡아먹으라고 하시는 것을 음식법에 대한 충성도를 시험하는 것으로 생각했다(Barrett, cf. Schnabel). 그러므로 거부하는 것이 옳은 일이라고 생각했다.

그래서 베드로는 절대 그럴 수 없다고 했다(14a절). '그럴 수 없다'(μηδαμῶς)는 '절대 그렇게 안 한다'는 강력한 의지의 표현이다(Schnabel). 자신은 평생 속되고 깨끗하지 않은 것을 먹지 않았다는 말도 덧붙였다(14b절). 베드로는 이때까지 유대교의 음식법(cf. 레 11장)을 따랐으며 이제 와서 부정한 짐승을 먹을 수는 없다고 단호하게 거부하면서 앞으로도 음식법을 철저하게 지킬 것을 암시한다.

이때 하늘에서 두 번째 소리가 들렸다(15a절). 내용은 베드로가 기대한 것과 전혀 달랐다. 만약 베드로가 하나님이 음식법에 대한 충성도를 테스트하는 것이라고 생각했다면, "잘했다"라는 칭찬을 기대했을 수도 있다. 그러나 그의 기대와 달리 예수님은 "하나님께서 깨끗하게 하신 것을 네가 속되다 하지 말라"라고 하셨다(15절). 예전에는 베드로가 말한 것처럼 이 짐승들이 부정했지만, 하나님이 그 짐승들의 부정함을 정결하게 하셨으므로 더는 부정하다며 거부하지 말라는 뜻이다.

예수님은 베드로에게 새로운 시대가 이미 시작되었음을 알리고자 하신다. 그러므로 베드로는 생각을 바꾸어야 한다. 그의 사고 체계와 가치관에서 옳지 않은 것과 편견을 버려야 한다. 예수님은 이미 모든 음식이 정결하다고 하시며 사람을 부정하게 하는 것은 입으로 들어가는 것이 아니라 그의 안(마음)에서 나오는 것이라고 하셨다(막 7:5-23). 그러므로 예수님은 베드로에게 그의 생각을 바꾸라고 하신다.

어떤 이들은 이 환상이 음식법과 연관이 있지, 이방인들을 교회로 받아들이는 일과는 상관없다고 한다(cf. Polhill). 혹은 이 일은 이방인에 관한 것이지, 음식법에 관한 것은 아니라고 하는 이들도 있다(Jervell). 그들은 만일 이 환상이 음식법에 관한 것이었다면 나중에 사도들이 왜 이방인들에게 피째 고기를 먹지 말라고 했는가(cf. 15장)를 근거로 든다.

그러나 이 이야기에서 이방인이 교회에 들어오는 것과 음식법은 떼어 놓을 수 없는 관계이다. 레위기 20:24-26은 하나님이 이스라엘을 열방에서 구별하신 것처럼 정한 짐승과 부정한 짐승도 구별하셨다고 한다(Bock, Bruce, Polhill). 정한 짐승과 부정한 짐승은 이스라엘과 열방의 관계를 나타내기 위해 임의로 정한 것이지, 부정한 짐승들이 하나님께 혐오스럽거나 사람들에게 해롭기 때문이 아니라는 뜻이다. 그러므로 예수님은 베드로에게 하신 말씀을 통해 더는 유대인과 이방인을 구분하지 않는 시대가 이미 시작되었다고 하신다. 또한 본 텍스트는 사도행전에서 음식법이 유효하지 않다는 가장 확실한 선언이다(Bock). 잠시 후 이러한 사실이 확실해진다.

사도들이 15장에서 이방인들에게 피째 고기를 먹지 말라고 한 것은 교회 밖과 안에 있는 유대인들을 배려하는 차원에서 부탁한 것이지, 이 음식법이 아직도 유효해서가 아니다(Bock). 사도들은 이방인에게 음식법을 지키는 것보다 더 중요한 할례는 하지 않아도 된다고 한다. 이방인들이 할례를 받든 받지 않든 유대인들은 자극받지 않을 것이기 때문이다.

이런 일이 세 번 있은 후 보자기에 쌓인 그릇이 하늘로 올려졌다(16절). 베드로가 예수님의 말씀에 순종해 부정한 짐승들을 잡아먹었을까? 정확히 알 수 없다. 그러나 그가 고넬료가 보낸 사람들을 따라가 세례를 베푸는 것을 보면, 이 환상이 교회의 문을 이방인에게 여는 일과 연관이 있다는 것을 알았다.

이 말씀은 하나님은 모든 일을 준비해 진행하신다고 한다. 전날에는 고넬료에게 욥바에 있는 베드로를 청하라고 하시더니, 이날은 베드로가 고넬료가 보낸 사람들을 따라 가이사랴로 가도록 준비시키셨다. 하나님은 세상 곳곳에서 모든 사람을 준비시키시고 만나게 하신다. 그러므로 우리가 사역이나 혹은 단순한 교제를 위해 주님 안에서 누구를 만나는 것은 절대 우연이 아니다. 하나님이 태초부터 계획하신 일이며, 만나야 할 사람들을 사전에 준비시키신 결과다. 그러므로 우리는 모든 선한 만남에 대해 하나님께 감사하며 찬양을 드려야 한다.

사도 중 우두머리인 베드로는 유대인이다. 그는 이때까지 이방인에게 복음을 전할 생각은 하지 않았다. 그는 그리스도의 복음이 세상 곳곳에 흩어져 있는 유대인만을 위한 것이라고 생각했다. 그의 편견과 잘못된 생각이 무너지고 있다. 하나님 안에서는 유대인도 이방인도, 헬라인도 야만인도, 남자도 여자도, 주인도 종도 없다. 모두 다 하나님의 자녀다. 우리는 복음이 일찍이 유대인과 이방인을 나누는 벽을 무너뜨리고 선을 넘은 데 대해 감사해야 한다.

Ⅳ. 팔레스타인과 수리아(9:32-12:24)
B. 이방인 고넬료의 회심(10:1-11:18)

3. 베드로가 고넬료가 보낸 사람들을 맞이함(10:17-23a)

[17] 베드로가 본 바 환상이 무슨 뜻인지 속으로 의아해 하더니 마침 고넬료
가 보낸 사람들이 시몬의 집을 찾아 문 밖에 서서 [18] 불러 묻되 베드로라 하
는 시몬이 여기 유숙하느냐 하거늘 [19] 베드로가 그 환상에 대하여 생각할 때
에 성령께서 그에게 말씀하시되 두 사람이 너를 찾으니 [20] 일어나 내려가 의
심하지 말고 함께 가라 내가 그들을 보내었느니라 하시니 [21] 베드로가 내려
가 그 사람들을 보고 이르되 내가 곧 너희가 찾는 사람인데 너희가 무슨 일
로 왔느냐 [22] 그들이 대답하되 백부장 고넬료는 의인이요 하나님을 경외하는
사람이라 유대 온 족속이 칭찬하더니 그가 거룩한 천사의 지시를 받아 당신
을 그 집으로 청하여 말을 들으려 하느니라 한대 [23a] 베드로가 불러 들여 유
숙하게 하니라

베드로는 매우 혼란스럽고 충격적인 환상을 보았다. 하나님이 부정한 짐승들을 정결하게 하셨다는 것이 무슨 의미인지 알 수 없어 매우 혼란스러웠다(Schnabel). 그러므로 자기가 본 환상이 무엇을 의미하는지 의아해하고 있었다(17a절). '의아해하다'(διηπόρει)는 매우 당혹스러워한다는 뜻이며(BDAG), 미완료형이다. 환상을 본 이후 계속 의아해하고 있었던 것이다.

베드로가 지붕에서 깊은 생각에 잠겨 있는 동안 마침 고넬료가 보낸 사람들이 그가 머물고 있는 시몬의 집에 도착했다(17b절). '마침'(ἰδοὺ)은 '바로 그때'라는 의미로 해석할 수 있으며, 베드로가 환상의 의미에 대해 의아해하고 있는 바로 그 순간에 왔다는 것이다. 이번에도 하나님은 절묘한 타이밍을 통해 그분 자신이 이 일을 주관하고 있음을 암시하신다. 이제부터 베드로는 자신이 본 환상이 무엇을 의미하는지 조금씩 이해하게 될 것이다(Bock).

그들은 문밖에 서서 베드로라 하는 시몬이 이 집에서 유숙하고 있냐고 물었다(18절). 고넬료의 사람들이 시몬의 집에 도착했을 때 베드로는 옥상에서 계속 환상에 대해 생각하고 있었다(19a절). 신약에서 '생각하다'(διενθυμέομαι)는 이곳에만 사용되는 단어이며, 깊은 생각에 빠졌다는 뜻이다(Fernando). 베드로는 아무리 생각해도 환상의 의미를 깨닫지 못하고 있다.

그때 성령께서 베드로에게 말씀하셨다. 앞에서는 하늘에서 들려온 [예수님의] 음성이 있었는데(10:13, 15) 이번에는 성령이 말씀하신다. 베드로는 자신이 경험하고 있는 일이 예사로운 일이 아니라는 것을 직감했을 것이다. 성령은 두 사람이 그를 찾아올 것이니 옥상에서 내려가 의심하지 말고 그들과 함께 가라며, 그들은 성령인 자기가 보낸 자들이라고 하셨다(19b-20절). '의심하지 말라'(διακρίνω)는 무슨 일이 벌어지고 있는지 판단하기 위해 주저하지 말라는 뜻이다(cf. ESV, NIV, NRS). 혹은 그들이 이방인이므로 부도덕하고 부정하다며 차별하지 말라는 뜻으로 해석할 수도 있다(Schnabel, cf. Bock, NAS). 성령은 이 말씀을 '그러나'(ἀλλὰ)로 시작하며 거부하지 말고 반드시 그들과 함께 가라고 하신다(Barrett).

개역개정은 '두 사람'이라고 하지만, 사본에 따라 사람 수를 다양하게 기록한다. 어떤 사본은 세 사람이라 하고, 어떤 사본은 아예 사람 수를 언급하지 않는다. 고넬료가 자기 부하와 종 둘을 보낸 것을 고려할 때(cf. 10:7) 이날 '세 사람'이 무두장이 시몬의 집을 찾았다.

문 앞에 누군가가 자기를 찾아온 것을 알아차린 베드로는 지붕에서 내려와 그들에게 다가가서는 자신이 바로 그들이 찾는 사람인데 무슨 일로 찾아왔냐고 물었다(21절). 그들과 함께 가라는 성령의 말씀을 듣고도 무슨 일로 왔냐고 하는 것을 보면 베드로는 아직도 그들과 함께 가기를 주저하고 있다(Wall). 어느 정도는 이해가 간다. 평생 유대인하고만 어울리던 베드로였는데, 세 이방인이 그를 찾고 있으니 심적 갈등이 쉽게 없어지지 않았을 것이다.

베드로를 찾아온 세 사람은 그들을 보낸 고넬료를 간단하게 소개했다(22절). 첫째, 그는 백부장이다. 군사적-사회적 지위가 상당한 사람이라는 뜻이다. 둘째, 그는 의인이다. 누가는 그를 소개할 때 '경건한 사람'(εὐσεβής)이라고 했는데(10:2), 이곳에서는 유대인인 베드로를 배려해 '의인' (ἀνὴρ δίκαιος)으로 대체했다(Fitzmyer). 유대인들은 이방인이 경건해 보았자 얼마나 경건하겠느냐는 편견을 가지고 있었다. 그러나 이방인이라 해도 율법에 따라 의롭게 살 수는 있다고 했다. 셋째, 그는 유대 온 족속이 칭찬하는 사람이다. 많은 유대인이 고넬료와 그의 의롭고 자비를 베푸는 삶을 알고, 그를 아는 유대인마다 모두 이 이방인 백부장을 존경한다는 뜻이다(Fitzmyer, cf. 10:1-2).

세 사람은 고넬료가 베드로를 청하여 말을 들으라는 거룩한 천사의 지시를 받고 자기들을 보냈다고 한다(22b절). 가이사랴에 사는 이방인들이 유대인 베드로의 이름을 아는 것도, 그들이 60㎞ 떨어진 욥바에 와서 사람들에게 묻지 않고 베드로가 묵고 있는 무두장이 시몬의 집을 곧바로 찾아온 것도 이 일이 천사의 지시라는 것을 입증하는 증거다. 고넬료는 그가 보낸 사람들에게 이 일이 하나님이 시작하신 일임을 강조하게 했다(Polhill).

베드로는 이제야 환상의 의미를 조금씩 깨닫기 시작했을 것이다(cf. 10:28). 그는 주저하지 않고 세 사람을 환영하며(Fitzmyer) 집으로 불러들여 유숙하게 했다(23a절). 이때가 오후였으므로 60㎞를 가기에는 날이 짧다. 게다가 이 사람들은 먼 길을 와서 피곤한 상태다. 그러므로 이날은 자기와 함께 쉬고, 다음 날 함께 가이사랴에 있는 고넬료에게 가자며 그들을 맞아들인 것이다.

이 세 이방인을 맞이한 것도 베드로에게는 큰일이었다(Gaventa). 그동안 그는 이방인들과 이렇다 할 교류를 한 적이 없다. 그러므로 이날 밤 같은 숙소에서 함께 묵으며 교제와 친교를 시작한 것은 그의 삶에 큰 변화가 시작되었음을 암시한다(cf. Bock). 교회의 유대인 지도자를 대표하는 베드로가 유대인이 참으로 싫어하는 로마 사람을 찾아갈 준비를 하고 있다! 나라와 민족의 장벽을 무너뜨리고 전진하는 복음의 능력이 참으로 경이롭다!

이 말씀은 하나님이 사역하실 때는 모든 것이 합력해 선을 이룬다고 한다. 유대인인 베드로가 환상을 보고, 성령의 말씀을 듣고, 이방인인 고넬료에게 가기 전에 그가 보낸 사람들을 맞이하는 일 등은 마치 오케스트라의 여러 연주자가 한 교향곡을 연주하기 위해 각자의 악기를 연주하는 것과 같다. 하나님은 이처럼 적기 적소에 사람들을 두고 서로 만나게 하신다. 하나님의 역사는 이렇게 시작된다. 그러므로 만남에 대해 감사하며 사는 습관을 가져야 한다. 좋은 만남은 새로운 시작을 예고하기 때문이다.

Ⅳ. 팔레스타인과 수리아(9:32-12:24)
B. 이방인 고넬료의 회심(10:1-11:18)

4. 고넬료가 베드로를 맞이함(10:23b-33)

23b 이튿날 일어나 그들과 함께 갈새 욥바에서 온 어떤 형제들도 함께 가니
라 24 이튿날 가이사랴에 들어가니 고넬료가 그의 친척과 가까운 친구들을
모아 기다리더니 25 마침 베드로가 들어올 때에 고넬료가 맞아 발 앞에 엎드
리어 절하니 26 베드로가 일으켜 이르되 일어서라 나도 사람이라 하고 27 더
불어 말하며 들어가 여러 사람이 모인 것을 보고 28 이르되 유대인으로서 이
방인과 교제하며 가까이 하는 것이 위법인 줄은 너희도 알거니와 하나님께
서 내게 지시하사 아무도 속되다 하거나 깨끗하지 않다 하지 말라 하시기로
29 부름을 사양하지 아니하고 왔노라 묻노니 무슨 일로 나를 불렀느냐 30 고
넬료가 이르되 내가 나흘 전 이맘때까지 내 집에서 제 구 시 기도를 하는데
갑자기 한 사람이 빛난 옷을 입고 내 앞에 서서 31 말하되 고넬료야 하나님이

네 기도를 들으시고 네 구제를 기억하셨으니 [32] 사람을 욥바에 보내어 베드로라 하는 시몬을 청하라 그가 바닷가 무두장이 시몬의 집에 유숙하느니라 하시기로 [33] 내가 곧 당신에게 사람을 보내었는데 오셨으니 잘하였나이다 이제 우리는 주께서 당신에게 명하신 모든 것을 듣고자 하여 다 하나님 앞에 있나이다

베드로는 고넬료가 보낸 세 사람을 자신이 묵고 있는 무두장이 시몬의 집에서 하룻밤 지내게 한 다음 이튿날 그들과 함께 욥바를 떠나 가이사랴로 갔다. 이때 욥바에 사는 형제(그리스도인) 몇 명도 함께 갔다(23절). 11:12은 욥바에서 온 형제의 수가 6명이었다고 한다. 베드로와 고넬료가 보낸 3명을 포함하면 총 10명이 가이사랴를 향해 간 것이다. 욥바에서 온 형제들은 잠시 후 성령이 이방인들에게 임하는 것을 직접 목격한다(10:45).

고넬료가 환상을 본 지 나흘째 되는 날 베드로 일행이 가이사랴에 도착했다(24a절). 고넬료는 자기 집안사람뿐 아니라 친척과 가까운 친구들까지 모아 베드로를 기다리고 있었다(24b절). 그는 하나님이 베드로를 통해 하실 말씀이 자기 집안사람들과 친구들 그리고 친척들에게 도움이 될 것으로 확신하며 그들도 초청했다.

집에 들어서는 베드로를 보자마자 고넬료는 그의 발 앞에 엎드려 절했다(25절). 당시에는 집에 들어서는 귀빈에게 주인이 절하며 경의를 표하는 일이 자주 있었다(Gaventa). 그러나 고넬료는 베드로를 귀빈이 아니라 하나님이 보내신 사신, 곧 인간 이상으로 생각하며 그에게 절하고 있다(Le Cornu & Shulam, Polhill). 그러므로 베드로가 자신도 사람이라며 절하는 그를 일으켜 세웠다(26절). 고넬료의 경배를 받으실 만한 분은 오직 한 분이신 하나님뿐이기 때문이다. 그럼에도 불구하고 로마인 백부장이 유대인에게 절하는 것은 자신을 참으로 낮추는 겸손한 일이다(cf. 눅 7:6).

유대인인 베드로가 이방인의 집에 들어왔다. 게다가 이 집에 모여 있는 사람들도 모두 이방인이다(27절). 당시 유대인이 이방인의 집에 들어가는 것은 흔한 일이 아니었다(Bock, cf. Le Cornu & Shulam). 랍비들은 이방인이 십일조를 하지 않는다는 이유로 그들의 호의를 받아들여 함께 식사하는 것을 금했다(Longenecker). 한 유대인 문헌은 이방인과의 교류를 아예 금한다: "내 아들 야곱아 너는 내 말을 기억하고 네 조상 아브라함의 명령을 지키라 너는 열방 중에서 떠나 그들과 함께 먹지 말며 그들의 행위를 본받지 말며 그들의 동료가 되지도 말라 이는 그들의 행위가 부정하고 그들의 모든 행위가 더러움과 가증하고 부정한 것이기 때문이다"(희년서 22:16).

유대인이 이방인과 교제하는 일이 위법이라는 것은 모든 사람이 안다(28a절). '위법'(ἀθέμιτος)은 법이 허락하지 않는다는 뜻이다(BDAG). 그러므로 유대인들의 예식법에 따르면 베드로가 고넬료의 집을 방문한 것은 불법이다. 그러나 그가 이 집을 찾은 것은 하나님이 그에게 아무도 속되다 하거나 깨끗하지 않다고 하지 말라고 하셨기 때문이다(28b절; cf. 10:15). 베드로는 드디어 자신이 본 환상이 음식법에 관한 것이 아니라 이방인에 관한 것이며, 정확히 무엇을 의미하는지 깨닫게 되었다. 이방인에 대한 베드로의 생각이 많이 바뀌었다.

베드로는 자신이 유대인의 법을 어기고 고넬료를 찾아 먼 길을 왔다며, 그에게 무슨 일로 자기를 불렀냐고 물었다(29절). 고넬료는 나흘 전 기도하던 중에 환상을 본 일을 베드로에게 말했다(30-32절). 10:3-4에 기록된 내용을 회고한 것이다. 그는 환상에서 본 빛난 옷을 입은 사람의 지시에 따라 베드로를 청하기 위해 사람들을 보냈다고 했다. 그러면서 베드로가 초청에 응했으니, 이제 하나님이 그에게 고넬료와 그와 함께한 사람들에 대해 주신 말씀을 전해 달라고 부탁했다(33절). 고넬료는 그들 모두 베드로가 하는 말을 전부 하나님이 하시는 말씀으로 받겠다는 의미에서 '우리는 모두 하나님 앞에 있다'(νῦν οὖν πάντες ἡμεῖς ἐνώπιον τοῦ θεου)라고 고백했다.

이 말씀은 하나님이 뜻하시면 우리는 모든 편견과 선입견을 뒤로하고 순종해야 한다고 한다. 그동안 베드로는 유대인으로서 이방인에 대해 참으로 넘기 힘든 편견과 선입견의 벽 안에 갇혀 있었다. 그러나 자신과 고넬료가 본 환상을 바탕으로 하나님의 뜻을 깨닫고는 곧바로 편견의 벽을 넘어 이방인인 고넬료를 찾아갔다. 하나님 안에서 이러한 편견은 더는 존재해서는 안 되기 때문이다.

고넬료는 베드로가 전할 메시지를 함께 듣고자 친척들과 친구들을 초대했다. 베드로가 어떤 말씀을 선포할지 모르지만, 혼자 듣기에는 너무나도 귀한 메시지라고 확신했기 때문이다. 또한 그들에게도 베드로의 메시지가 유익할 것을 알았다. 사도행전이 고넬료의 이름을 언급하는 것은 10:31이 마지막이다. 이후 베드로는 그의 집에 모인 사람 모두에게 복음을 선포하고, 세례를 준다. 그리고 성령이 그곳에 모인 모든 사람에게 임하신다. 고넬료는 단지 자기 자신만을 위해 베드로를 청한 것이 아니라, 그가 사랑하는 모든 사람에게 복음을 들을 기회를 마련해 주었다. 하나님 나라의 복음은 이처럼 모두에게 아름답고 귀한 것이다. 그러므로 되도록 사랑하는 이들과 함께 나누어야 한다.

Ⅳ. 팔레스타인과 수리아(9:32-12:24)
B. 이방인 고넬료의 회심(10:1-11:18)

5. 베드로의 설교(10:34-43)

**[34] 베드로가 입을 열어 말하되 내가 참으로 하나님은 사람의 외모를 보지 아
니하시고 [35] 각 나라 중 하나님을 경외하며 의를 행하는 사람은 다 받으시는
줄 깨달았도다 [36] 만유의 주 되신 예수 그리스도로 말미암아 화평의 복음을
전하사 이스라엘 자손들에게 보내신 말씀 [37] 곧 요한이 그 세례를 반포한
후에 갈릴리에서 시작하여 온 유대에 두루 전파된 그것을 너희도 알거니와**

[38] 하나님이 나사렛 예수에게 성령과 능력을 기름 붓듯 하셨으매 그가 두루
다니시며 선한 일을 행하시고 마귀에게 눌린 모든 사람을 고치셨으니 이는
하나님이 함께 하셨음이라 [39] 우리는 유대인의 땅과 예루살렘에서 그가 행
하신 모든 일에 증인이라 그를 그들이 나무에 달아 죽였으나 [40] 하나님이 사
흘 만에 다시 살리사 나타내시되 [41] 모든 백성에게 하신 것이 아니요 오직 미
리 택하신 증인 곧 죽은 자 가운데서 부활하신 후 그를 모시고 음식을 먹은
우리에게 하신 것이라 [42] 우리에게 명하사 백성에게 전도하되 하나님이 살아
있는 자와 죽은 자의 재판장으로 정하신 자가 곧 이 사람인 것을 증언하게
하셨고 [43] 그에 대하여 모든 선지자도 증언하되 그를 믿는 사람들이 다 그의
이름을 힘입어 죄 사함을 받는다 하였느니라

고넬료의 이름이 31절에서 마지막으로 언급되었다. 이곳에 기록된 베드로의 설교와 앞으로 전개될 이야기에서는 그의 이름이 다시 등장하지 않는다. 고넬료가 천사의 지시에 따라 베드로를 초청해 이방인 선교의 토대를 만드는 중요한 역할을 하긴 했지만, 지금부터 선포되는 메시지와 진행되는 일은 고넬료 한 사람에 관한 일이 아니라 모든 이방인에 관한 이야기로 확대되기 때문이다.

고넬료의 집에 모인 사람들은 모두 하나님을 경외하는 경건한 사람들이며 하나님의 말씀에 관심이 있는 이들이다. 또한 구약에 대해서도 어느 정도 알고 있었던 것으로 보인다(cf. 43절). 그러므로 베드로는 아주 편안한 마음으로 그리스도의 복음을 마음껏 전했다.

베드로가 입을 열어 말하기 시작했다(34a절). 성경은 누군가가 중대한 발언(weighty utterance)을 할 때 '입을 열어 말했다'('Ἀνοίξας τὸ στόμα εἶπεν)라고 표현한다(Bruce, Longenecker, cf. 욥 3:1; 마 5:2; 13:35; 행 8:35; 18:14). 하나님께 영감을 받아 예언할 때도 이렇게 표현한다(Wall). 베드로가 하고자 하는 중대한 발언은 무엇인가? 그는 지난 수백 년 동안 유대인 가운데 이어져 내려온 편견과 선입견이 옳지 않다는 것을 선언하고자 한다(Longenecker).

그동안 유대인은 사람이 지닌 외형적인 조건(나라, 민족, 성별 등)으로 사람들을 차별하고, 하나님과 율법을 근거로 이 같은 불평등이 옳다고 주장해 왔다. 베드로는 이제 새로운 시대가 시작되었다는 사실을 깨달았다고 고백한다. 그는 지난 며칠 사이에 일어난 일로 인해 하나님이 사람의 외모를 보지 않으시며, 각 나라에서 하나님을 경외하고 의를 행하는 사람을 다 자기 백성으로 받으시는 줄을 알게 되었다(34b-35절). 새로운 신학적 진리를 깨달은 것이다.

구약은 하나님이 외모로 사람을 판단하지 않으신다는 것을 누누이 강조한다(신 10:17; 16:19; 삼상 16:7; 욥 34:19). 이제 드디어 베드로도 유대인으로 태어나 어릴 때부터 이방인을 싫어하고 멀리하던 편견을 버리게 되었다(34b절). 아마도 환상과 하나님의 말씀 외에 베드로가 편견을 버리게 된 또 다른 이유는 유대인이나 이방인이나 상관없이 죄를 짓는 사람은 모두 죗값을 치러야 하며, 하나님은 나라와 민족을 차별하지 않는 심판주라는 사실 때문이었을 것이다(Barrett, cf. 42절).

베드로가 편견을 버리고 나니 유대인만 하나님의 백성이 될 수 있는 것이 아니라, 어느 민족과 백성이든 상관없이 하나님의 백성이 될 수 있다는 사실을 깨달았다(35절). 누구든지 삶에서 두 가지 조건(하나님 경외, 의를 행함)을 충족하면 하나님이 그분의 백성으로 삼으신다는 것이다(cf. 시 14:2; 잠 1:7; cf. 신 10:12-13; 롬 1:21; 히 11:33; 약 1:20). 이 두 가지는 미가 선지자가 하나님이 사람들에게 바라는 선한 삶은 이런 것이라며 하나님께 보여야 할 경건과 거룩함 그리고 다른 사람들에게 보여야 할 의에 대해 선포한 신탁을 상기시킨다: "사람아 주께서 선한 것이 무엇임을 네게 보이셨나니 여호와께서 네게 구하시는 것은 오직 정의를 행하며 인자를 사랑하며 겸손하게 네 하나님과 함께 행하는 것이 아니냐"(미 6:8). 미가 외에 다른 선지자들도 이스라엘이 누리는 특권이 아니라, 그들이 하나님의 백성으로서 실천해야 할 의무에 대해 누누이 강조했다.

물론 우리가 삶에서 하나님을 경외하고 의를 행하는 것도 하나님이 은혜를 주셔야 가능한 일이다. 하나님은 백성으로 삼고자 하는 이들을 따로 구분해 그들이 주를 경외하고 의를 행하며 살게 하신다. 그러므로 이스라엘이 하나님의 백성이 된 것은 순전히 하나님이 경건하고 의롭게 살라며 그들을 택하신 은혜이지, 열방에 대한 차별이 아니었다(Bruce). 안타깝게도 이스라엘은 그들을 백성 삼으신 하나님의 뜻에 부응하는 삶을 살지 못했다.

베드로가 하나님은 이런 사람을 자기 백성으로 삼으신다며 제시한 두 가지 조건에 가장 합당한 사람이 고넬료다(cf. 10:2, 4, 22). 하나님의 백성이라고 자부했던 이스라엘이 살지 못한 삶을 그가 살아 냈기 때문이다. 그러나 고넬료는 의로워서 구원에 이른 것이 아니라, 그가 주님을 경외했기에 하나님이 베드로를 보내 하나님을 더 깊이 알도록 은혜를 베푸셨다(Bock).

예수님이 주로 이스라엘 사람들을 구원하는 사역을 하신 것은 사실이지만, 때로는 이방인에게도 구원의 손길을 내미셨다(마 8:5-13; 15:21-28; 요 4:5-42). 또한 때가 되면 하나님이 이방인도 구원하실 것을 예고하셨다(요 10:16; 12:32). '지상 대명령'(Great Commission)도 온 열방에 복음이 선포될 것을 전제한다(마 28:19; 막 16:15; 눅 24:47; 행 1:8). 그러나 사도들과 교회가 열방 선교의 필요성을 깨닫는 데는 특별한 계시와 환상이 필요했다. 바울도 하나님 나라의 복음을 선포하는 일에 인종이나 민족 등 육신적 차별은 없다고 한다(고후 5:16; 갈 3:28; 엡 2:11-22).

어떤 이들은 고넬료와 친지들이 베드로가 도착하기 전에 이미 구원을 얻었다고 한다(Arrington). 베드로의 설교가 전형적인 전도 설교가 아니기 때문이다(Jervell). 또한 고넬료와 친지들은 예수님이 그리스도이시고 어떤 일을 하셨는가에 대해 이미 알고 있다(36-37절). 그러므로 베드로는 단지 성령 세례를 베풀기 위해 간 것이라 한다.

그러나 천사가 고넬료에게 베드로에 대해 "그가 너의 네 온 집이 구원 받을 말씀을 네게 이르리라"(11:14)라고 한 것을 보면 베드로는 전도 메시지를 전하러 갔다. 아마도 회개하라는 권면과 회심 이야기가 빠진 것은 성령이 베드로의 설교 도중 임하셨기 때문이거나(Bock), 43절에 구원 메시지가 암시되어 있기 때문이다(Fernando). 또한 42절은 예수님이 심판자라는 사실을 강조함으로써 고넬료와 친지들에게 새로운 신앙이 필요함을 암시한다.

베드로는 자신이 선포하는 메시지를 만유의 주가 되신 예수 그리스도로 말미암은 화평의 복음이요 하나님이 이스라엘 자손들에게 보내신 말씀이라고 한다(36절). '만유의 주'(πάντων κύριος)는 원래 이방인들이 자신이 숭배하는 신(들)을 부르는 호칭이었다(Longenecker). 그리스도인들은 이 타이틀을 예수님에게 적용해 이방인들이 '만유의 주'로 숭배하던 신들은 참된 신이 아니며, 예수님만이 참되신 '만유의 주'이심을 선포했다. 오직 예수님만 이방인을 포함한 모든 사람을 구원하실 수 있는 신이라는 것이다(Fernando, Schnabel).

'화평'(εἰρήνη)은 히브리어의 '샬롬'(שָׁלוֹם)을 반영한 것이며, 구약에서 하나님이 인간에게 주시는 가장 크고 중요한 선물이다(cf. 시 29:11; 72:7; 85:8-10; 잠 3:17; 사 48:18; 54:10; 겔 34:25-29). 하나님과 인간 사이에 더는 죄로 인한 갈등이나 적대감이 없으며 진정한 화해가 임한 상황이다(Marshall). 신약에서는 메시아 시대에 임할 구원과 비슷한 말로 쓰이기도 한다(Schnabel, cf. 눅 1:79; 2:14; 엡 2:17; 6:15).

베드로는 예수님의 사역이 세례 요한이 세례를 베푸는 일로 시작되었다고 한다(37절). 요한의 사역과 예수님이 하신 일은 질적으로 다르지만, 요한은 예수님의 길을 예비하도록 하나님이 먼저 보내신 자이기 때문이다(cf. 눅 1:76). 그러므로 구속사적 관점에서 요한의 세례와 예수님의 사역은 연결되어 있다. 세례 요한의 세례가 이방인이 많이 사는 갈릴리에서 시작해 온 유대에 두루 전파된 것은 때가 되면 이방인에게도 복음이 전파될 것을 암시했다(cf. Fitzmyer).

요한의 세례는 나사렛 예수의 사역으로 이어졌으며, 하나님은 예수님의 사역을 여러 가지로 축복하셨다(38절). 하나님은 예수님과 함께하시며 성령과 능력을 기름 붓듯 하셨다. 예수님이 하나님의 임재와 영과 능력이 항상 거하는 '장소'(locus)가 되신 것이다(Schnabel).

예수님은 두루 다니시며 하나님이 주신 능력으로 선한 일을 행하시고, 마귀에게 눌린 모든 사람을 고치셨다. 그러므로 예수님의 사역은 이사야 선지자의 말씀을 생각나게 한다: "주 여호와의 영이 내게 내리셨으니 이는 여호와께서 내게 기름을 부으사 가난한 자에게 아름다운 소식을 전하게 하려 하심이라 나를 보내사 마음이 상한 자를 고치며 포로된 자에게 자유를, 갇힌 자에게 놓임을 선포하며 여호와의 은혜의 해와 우리 하나님의 보복의 날을 선포하여 모든 슬픈 자를 위로하되"(사 61:1-2; cf. 눅 4:14-22).

사도들은 예수님이 유대인의 땅(유대와 갈릴리)과 예루살렘에서 하신 사역에 대한 증인이다(39a절). 제자들은 예수님이 사역하신 3년 동안 주님 곁에서 훈련받았다. 그러므로 사도들은 예수님의 사역을 바로 곁에서 지켜본 사람들이다. 또한 그들은 예수님의 죽음과 부활에 대한 가장 확실한 증인이기도 하다(39b-40절). 사도들은 유대인들(그들)이 예수님을 나무(십자가)에 달아 죽이는 것을 보았다(39b절). 또한 하나님이 사흘 만에 예수님을 다시 살리셔서 사람들 앞에 나타나게 하신 일도 목격했다(40절).

그러나 부활하신 예수님이 모든 백성에게 모습을 보이신 것은 아니며 오직 택하신 증인들, 곧 죽은 자 가운데서 부활하신 후 그분을 모시고 음식을 먹은 제자들에게만 모습을 보이셨다(41절). 예수님이 예루살렘에 있는 모든 사람에게 자신을 드러내지 않으신 이유는 예수님이 고난받으실 때 그들이 보인 불손한 태도와 자세 때문이다(Lenski). 그들이 보인 태도로 미루어 볼 때 만일 예수님이 그들에게 부활하신 모습을 보이셨다면, 예수님을 영접하기는커녕 오히려 더 많은 논쟁과 불신 사유를 만들었을 것이다.

예수님이 제자들과 함께 음식을 드신 일(cf. 눅 24:41-43)은 유대인과 이방인 모두에게 중요하다. 유대인들은 천사는 음식을 소화할 장기가 없기 때문에 음식을 먹을 수 없다고 했다(Longenecker). 한편, 고넬료 같은 이방인들에게 음식을 먹고 마실 수 있는 육체적 부활은 새로운 개념이다(Polhill, cf. 17:18). 즉, 예수님의 부활은 유대인과 이방인의 생각을 모두 깨는 일이었다. 부활하신 예수님이 그분의 부활을 믿고 경험한 제자들에게만 모습을 보이신 일은 주님의 구원이 모든 사람을 위한 것은 아님을 암시한다. 예수님의 구원은 주님의 부활을 믿는 이들만을 위한 것이다.

42절에서 제자들에게 증언하게 하신 이는 누구인가? 어떤 이들은 하나님이라 하고(Jervell), 다른 이들은 예수님(Bock)이라고 한다. 이 구절이 예수님을 3인칭인 '이 사람'이라고 하는 것으로 보아 하나님이 제자들에게 예수님에 대해 증언하라고 명하신 것으로 보인다. 하나님은 제자들로 하여금 하나님이 예수님을 살아 있는 자와 죽은 자의 심판장으로 정하셨다는 사실을 백성에게 증언하고 전도하게 하셨다(42절). '백성'(λαός)은 흔히 이스라엘을 하나님의 백성으로 말할 때 사용하는 단어지만(눅 2:32), 이곳에서는 세상 모든 민족을 의미한다(Bock, Schnabel, cf. 15:14).

'전도하다'(κηρύσσω)는 하나님이 주신 메시지를 가감 없이 직설적으로 선포하는 것이다(BDAG). '증언하다'(διαμαρτύρομαι)는 법정에서 증인이 증언하는 것이다(BDAG). 하나님이 사도들에게 다가오는 예수님의 심판에 대해 선포하라고 하신 것은 심판이 전도 설교의 중요한 부분이 되어야 한다는 의미다(Fernando). 또한 예수님이 살아 있는 자와 죽은 자를 모두 심판하시는 재판장(κριτὴς)이라는 사실은 예수님이 왜 온 인류의 '주'(κύριος)가 되시는지에 대한 부분적인 설명이라 할 수 있다(Fitzmyer, cf. 요 5:22, 27; 롬 14:9; 딤후 4:1; 벧전 4:5). 다니엘은 예수님이 하나님 아버지께 이 권한을 받으시는 것을 환상으로 보았다: "내가 또 밤 환상 중에 보니 인자 같은 이가 하늘 구름을 타고 와서 옛적부터 항상 계신 이에게 나아가 그 앞으로 인도되매 그에게 권세와 영광과 나라를 주고 모든 백성과 나라들과 다른 언어를 말하는 모든 자들이 그를 섬기게 하였으니 그의 권세는 소멸되지 아니하는 영원한 권세요 그의 나라는 멸망하지 아니할 것이니라"(단 7:13-14). 세상 모든 민족을 다스리고 심판하시는 예수님은 진정한 의미에서 '만유의 주'(πάντων κύριος)이시다(cf. 36절).

사도들만 예수님에 대해 증언하는 것이 아니라, 모든 선지자도 증언했다(43a절). 구약의 선지자들은 예수님을 믿는 사람은 모두 다 그의 이름을 힘입어 죄 사함을 받는다고 증언했다(43b절). 이 말씀은 구약 전반이 예수님을 통한 구원에 대해 이렇게 말하고 있다는 의미로 해석할 수 있고(Fitzmyer), 이사야 33:17-24과 53:4 등 구체적인 말씀에 대한 암시로 간주할 수도 있다(Marshall). 또한 선지자들이 예언한 '새 언약'도 내포한다(Barrett, cf. 렘 31:31-34). 하나님이 모든 사람에게 성령을 부어 주시고 누구든지 주의 이름을 부르는 자는 구원을 얻을 것이라는 요엘 2:32도 예수님의 시대에 관한 말씀이다(Schnabel, cf. 2:21).

이 말씀은 하나님의 구원하시는 은혜가 인종과 민족을 차별하지 않고 그리스도를 사모하는 모든 사람에게 임한다고 한다. 하나님은 외모를 보시지 않으며, 누구든지 하나님을 경외하고 의를 행하는 사람을 그분의 백성으로 삼으신다. 이 놀라운 은혜의 가장 큰 수혜자가 바로 이방인인 우리다. 하나님이 우리를 구원하시고 그분의 백성으로 삼으셨다!

예수님은 유대인들을 구원하기 위해 사역하셨지만, 그들은 예수님을 십자가에 못 박아 죽였다. 사흘 후에 부활하신 예수님은 제자들에게 나타나셨을 뿐 아니라, 그들과 함께 음식을 드셨다. 예수님은 죽은 자와 산 자를 심판하시는 심판주이시다. 그러므로 심판주로부터 죄 사함을 받기 위해서는 반드시 예수님을 통해야 한다. 이것이 복음의 핵심 내용이다.

Ⅳ. 팔레스타인과 수리아(9:32-12:24)
B. 이방인 고넬료의 회심(10:1-11:18)

6. 첫 이방인 그리스도인들(10:44-48)

44 베드로가 이 말을 할 때에 성령이 말씀 듣는 모든 사람에게 내려오시니
45 베드로와 함께 온 할례 받은 신자들이 이방인들에게도 성령 부어 주심으
로 말미암아 놀라니 46 이는 방언을 말하며 하나님 높임을 들음이러라 47 이
에 베드로가 이르되 이 사람들이 우리와 같이 성령을 받았으니 누가 능히
물로 세례 베풂을 금하리요 하고 48 명하여 예수 그리스도의 이름으로 세례
를 베풀라 하니라 그들이 베드로에게 며칠 더 머물기를 청하니라

베드로가 말씀을 증거할 때 성령이 그곳에 모인 모든 사람에게 내려오셨다(44절). 베드로가 한 '이 말'(τὰ ῥήματα ταῦτα)이 설교 전체를 의미할 수도 있지만, 이는 "그를 믿는 사람들이 다 그의 이름을 힘입어 죄 사함을 받는다"(10:43)라는 선지자들의 증언이다(Longenecker). 회개의 필요성과 하나님의 용서를 암시하기 때문이다(Schnabel). 나중에 베드로도 이 일을 되돌아보면서 "하나님이 우리가 주 예수 그리스도를 믿을 때에 주신 것과 같은 선물을 그들에게도 주셨으니 내가 누구이기에 하나님을 능히 막겠느냐"(11:17)라며 고넬료 일행이 예수님을 믿을 때(죄를 회개하고 하나님의 용서를 받을 때) 성령이 임했다고 한다. 베드로가 죄를 회개하고 하나님의 용서를 구하라는 말씀(10:43)을 선포할 때 고넬료와 친지들은 온몸에 전율이 흐르는 것을 느꼈을 것이다(Longenecker).

사도행전에서 성령이 세례 전에 임하시는 것은 이곳이 유일하다(Gaventa). 그럼에도 불구하고 베드로는 이방인에게 성령이 임하신 것이 유대인에게 임하신 것과 차이가 없다고 한다(11:15). 누가는 첫 이방인 그리스도인의 이야기를 회고하면서 '회개→믿음→성령이 임함' 순서에 별로 개의치 않는다(Wall). 성령이 하신 일이라는 데 이야기의 초점을 맞출 뿐이다. 하나님 스스로 이방인들을 교회로 들이신 것이다(Conzelmann).

요엘의 예언(욜 2:28–32)은 이때까지 유대인을 통해서만 성취되었다. 그러나 이곳에서는 이방인을 통해서도 성취되고 있다. 성령이 유대인에게 임했던 것처럼(cf. 2:17–21) 이방인에게도 임했다. 성령의 임재는 구원에 반드시 필요하며 새로운 시대의 시작을 상징한다(눅 3:15–17). 그러므로 학자들은 베드로가 메시지를 선포하는 도중에 성령이 이방인에게 임한 이 사건을 '이방인 세상의 오순절'(the Pentecost of the Gentile World)이라고 하기도 한다(Chase, cf. Longenecker). 이 '이방인 세상의 오순절'에는 사도들이 성령을 이방인에게 중계하는 일도 없었다. 성령이 스스로 그들에게 임하셨다(Bock).

욥바에서 베드로를 따라온 할례받은 신자들(유대인 그리스도인들)은 이번 일을 통해 하나님이 이방인에게 교회의 문을 여실 것을 어느 정도는 예측했음에도 성령이 그들에게 임하자 놀랐다. '놀라다'(ἐξίστημι)는 충격을 금하지 못한다는 뜻이다(BDAG). 미리 마음의 준비를 한 유대인 그리스도인들에게도 이방인이 그들과 어떠한 차이도 없는 그리스도인이 된 것은 참으로 놀랄 만한 일이었다.

성령이 고넬료와 그의 친지들에게 임했다는 증거는 그들이 방언을 말하며 하나님을 높이는 일로 드러났다(46절). '방언들'(γλώσσαις)은 세상 민족들이 사용하는 언어를 뜻할 수 있다. 그러나 베드로 앞에 모여 있는 사람들은 모두 헬라어와 로마어(라틴어) 정도를 말하지, 다른 언어는 구사하지 못한다. 그러므로 그들에게 알아듣지 못하는 다른 언어를 말하는 것은 별 의미가 없다(Longenecker). 이에 대부분 학자는 그들이 사람이 알아들을 수 없는 언어로 하나님을 찬양한 것을 누가가 이렇게 표현한 것으로 해석한다(Bock, Longenecker, Schnabel, cf. 고전 12-14장).

설교 도중 성령이 고넬료와 친지들에게 임하시자 베드로는 이 사람들에게 물로 세례를 베푸는 일이 당연하다고 했다(47절). 예루살렘 마가의 다락방에 모여 기도하던 유대인 성도들에게 임하신 오순절 성령이 이들에게도 임했다(cf. 2장). 그러므로 베드로는 이 이방인 성도들이 유대인 성도들과 다를 바 없다고 한다. 성령은 종말이 시작되었다는 징조이며, 하나님이 이방인을 직접 축복하기 시작하셨다. 훗날 베드로는 이 일을 회고하며 하나님이 "믿음으로 그들의 마음을 깨끗이 하사 그들이나 우리나 차별하지 아니하셨느니라"라고 말한다(15:9). 사도들의 리더인 베드로가 교회의 문이 이방인에게 활짝 열린 것을 선언한다.

베드로는 그와 함께한 성도들, 곧 욥바에서 따라온 6명의 그리스도인에게 세례를 베풀라고 했다(48a절). 이날 고넬료와 함께 세례를 받고자 한 사람들이 상당히 많았던 것으로 생각된다. 그러므로 홀로 세례를 주기 버거워 이렇게 명령한 것으로 보인다. 이는 누구든지 그리스도인이면 남에게 세례를 베풀 수 있다는 것을 암시한다.

고넬료와 사람들은 베드로 일행에게 며칠 더 머물기를 청했다(48b절). 베드로는 그들의 제안을 좋게 받아들여 며칠 머물며 기독교에 대해 가르친 것으로 보인다. 이방인을 상종하지도 않던 베드로가 그들과 함께 며칠 동안 지낸 일은 그의 삶에 참으로 큰 변화가 임했다는 증거다. 베드로는 며칠 전 무두장이 시몬의 집 지붕에서 본 환상의 의미를 확실하게 깨닫고 그 깨달음에 따라 행동하고 있다. 그는 하나님이 이방인도 정결하게 하셨다는 것을 깨닫게 되었다(Bock). 바울도 그리스도 안에서는 이방인과 유대인이 동일하다고 한다(엡 2:11-22). 이방인이나 유대인이나 창조주 하나님께 피조물이긴 마찬가지이며, 모든 피조물은 언젠가는 심판하시는 창조주 앞에 서야 한다는 것이 바울이 선포하는 메시지의 주요 테마다(cf. 17장).

바울이 고넬료 집에 머무는 동안 이방인에게도 성령이 임하셨다는 소식이 예루살렘에 전해졌다. 며칠 후 베드로가 예루살렘으로 올라가 유대인 그리스도인들과 이 일에 대해 논의할 여건이 마련된 것이다. 유대인 그리스도인들은 베드로가 이방인에게 세례를 베푼 것보다 그들과 함께 머문 일을 더 심각한 문제로 생각하는 듯하다(cf. 11:3).

이 말씀은 이방인 선교와 전도는 삼위일체 하나님이 함께하신 일이라고 한다(Gaventa). 하나님 아버지께서 이 일을 시작하시고, 성령이 강림하심으로써 마무리하셨다. 또한 예수님이 그들의 죄를 용서하시고 교회의 새 멤버로 환영하셨다. 우리의 구원도 마찬가지다. 삼위일체 하나님이 이루신 일이므로 세 분께 감사드려야 한다.

사람이 편견을 깨는 일은 참으로 어렵다. 욥바에서 온 유대인 그리스도인들은 하나님이 이방인을 구원하실 것을 알고 마음을 준비하며 베드로를 따라왔다. 그러나 정작 성령이 그들에게 임하자 매우 놀랐다. 우리는 꾸준히 자신을 성찰하며 돌아보아야 한다. 혹시 어떤 사람이나 일에 대해 건강하지 않은 편견이 있다면, 기도하며 하나씩 정리해 나가야 한다. 이렇게 해도 정작 그 사람 혹은 일을 당면하면 당황하게 될 것이다. 그러나 아무런 준비도 하지 않고 당하는 것보다는 충격이 훨씬 줄어들 것이다.

Ⅳ. 팔레스타인과 수리아(9:32-12:24)
B. 이방인 고넬료의 회심(10:1-11:18)

7. 예루살렘 교회의 반응(11:1-18)

1 유대에 있는 사도들과 형제들이 이방인들도 하나님의 말씀을 받았다 함을
들었더니 2 베드로가 예루살렘에 올라갔을 때에 할례자들이 비난하여 3 이르
되 네가 무할례자의 집에 들어가 함께 먹었다 하니 4 베드로가 그들에게 이

일을 차례로 설명하여 5 이르되 내가 욥바 시에서 기도할 때에 황홀한 중에
환상을 보니 큰 보자기 같은 그릇이 네 귀에 매어 하늘로부터 내리어 내 앞
에까지 드리워지거늘 6 이것을 주목하여 보니 땅에 네 발 가진 것과 들짐승
과 기는 것과 공중에 나는 것들이 보이더라 7 또 들으니 소리 있어 내게 이
르되 베드로야 일어나 잡아 먹으라 하거늘 8 내가 이르되 주님 그럴 수 없
나이다 속되거나 깨끗하지 아니한 것은 결코 내 입에 들어간 일이 없나이다
하니 9 또 하늘로부터 두 번째 소리 있어 내게 이르되 하나님이 깨끗하게 하
신 것을 네가 속되다고 하지 말라 하더라 10 이런 일이 세 번 있은 후에 모든
것이 다시 하늘로 끌려 올라가더라 11 마침 세 사람이 내가 유숙한 집 앞에
서 있으니 가이사랴에서 내게로 보낸 사람이라 12 성령이 내게 명하사 아무
의심 말고 함께 가라 하시매 이 여섯 형제도 나와 함께 가서 그 사람의 집에
들어가니 13 그가 우리에게 말하기를 천사가 내 집에 서서 말하되 네가 사람
을 욥바에 보내어 베드로라 하는 시몬을 청하라 14 그가 너와 네 온 집이 구
원 받을 말씀을 네게 이르리라 함을 보았다 하거늘 15 내가 말을 시작할 때에
성령이 그들에게 임하시기를 처음 우리에게 하신 것과 같이 하는지라 16 내
가 주의 말씀에 요한은 물로 세례를 베풀었으나 너희는 성령으로 세례를 받
으리라 하신 것이 생각났노라 17 그런즉 하나님이 우리가 주 예수 그리스도
를 믿을 때에 주신 것과 같은 선물을 그들에게도 주셨으니 내가 누구이기에
하나님을 능히 막겠느냐 하더라 18 그들이 이 말을 듣고 잠잠하여 하나님께
영광을 돌려 이르되 그러면 하나님께서 이방인에게도 생명 얻는 회개를 주
셨도다 하니라

비록 베드로가 열두 사도를 대표하며 예루살렘 교회의 가장 중요한 지도자이지만, 그가 이방인에게 세례를 주고 그들을 교회로 환영했다고 해서 모든 사람이 그의 결정을 따르는 것은 아니었다. 소식을 들은 예루살렘 교회는 베드로의 처사에 대한 비난으로 들끓었다. 그러므로 베드로는 하나님이 이방인도 그리스도인이 되게 하셨다며 그들을 설

득해야 한다.

유대에 있는 사도들과 형제들(그리스도인들)이 이방인들도 하나님의 말씀을 받았다는 소식을 접했다(1절). '사도들과 형제들'은 예루살렘 교회 전체를 의미한다(Bock, Fernando). '하나님의 말씀을 받았다'(ἐδέξαντο τὸν λόγον τοῦ θεοῦ)는 복음에 긍정적으로 반응해 예수님을 영접했다는 의미다(cf. 눅 8:13). 저자가 복음을 받은 사람을 고넬료가 아니라 '이방인들'(τὰ ἔθνη)이라고 표현하는 것은 이 일이 하나의 원칙이 되어 모든 이방인에게 적용되어야 하기 때문이다(Schnabel). 누가는 고넬료가 경험한 일을 모든 이방인의 경험으로 확대하고 있다.

베드로와 욥바에서 온 형제들이 함께 가이사랴에 있는 고넬료의 집을 떠나 예루살렘에 도착했을 때 할례자들이 그를 비난했다(2절). '할례자들'(οἱ ἐκ περιτομῆς)은 이방인 성도들도 반드시 할례를 받아야 한다고 주장하는 유대인 성도 그룹일 수도 있지만(Polhill, cf. 갈 2:12), 이 이야기가 마무리될 때 이방인도 반드시 할례를 받아야 한다고 요구하지 않는 것으로 보아 그 그룹과는 다른 사람들로 보인다(Schnabel). 자초지종을 모르는 상황에서 그들이 이방인에 대해 가지고 있는 편견과 선입견이 작동한 것으로 보인다.

할례자들이 베드로를 비난한 것이 반드시 나쁜 의도에서 한 일은 아니다. 그들은 교회가 유대교의 율법과 언약을 어떻게 대해야 하는지에 대해 우려하고 있다. 게다가 지금은 유대교와의 갈등으로 인해 스데반이 순교당하고, 많은 성도가 박해받는 상황이다. 날이 갈수록 교회와 유대교의 관계가 나빠지고 있는데, 만일 교회가 이방인을 동일한 자격으로 받아들였다는 소문이 나면 유대교와 더 큰 갈등을 겪을 수도 있다. 그들은 교회가 당면한 이러한 상황을 잘 알기에 베드로가 이방인에게 세례를 주고, 교회 멤버로 받아들였으며, 로마인인 고넬료의 집에서 며칠 묵었다는 소식에 놀란 것이다.

할례자들은 무엇보다도 베드로가 무할례자의 집에 들어가 함께 먹은 일을 비난했다(3절). 그들은 베드로가 이방인에게 세례를 베푼 일도 거북하지만, 이방인의 집에 며칠씩 머물며 그들과 함께 먹은 일을 더욱 더 불편해했다. 이방인들과 음식을 먹었다는 것은 유대교의 음식법을 어겼음을 의미하기 때문이다(Bruce, Marshall, Schnabel). 고넬료는 유대인들에게 존경받는 사람으로(10:2, 22), 유대교에 대해 어느 정도 알고 있는 사람이다. 그러므로 유대인인 베드로 일행에게 정결한 음식을 대접했을 것이다. 그런데도 할례자들은 베드로가 이방인과 함께 먹은 것을 문제 삼는다. 모든 이방인은 부정하다는 편견이 작용한 것이다. 당시 유대인에게 음식법이 얼마나 중요했는지를 보여 주는 일이다.

또한 유대인 그리스도인들은 이방인도 율법을 지키고, 부정한 음식을 먹지 않고, 할례를 받음으로써 언약에 참여한다는 의지를 밝혀야 한다고 생각했다(Bock). 그러므로 고넬료와 친지들은 베드로를 만나기 전에 먼저 그들 자신의 정결함을 증명해야 했다. 그러나 그렇게 하지 않았기 때문에 베드로가 부정한 자들을 만나 부정하게 되었을 것으로 확신했다.

그렇다면 유대인 사도들이 이슈화하는 것은 '이방인 선교가 정당한 것인가'가 아니라, '이방인 그리스도인들도 정결 음식법을 따라야 한다'는 것이다(Schnabel). 오늘날 우리가 보기에는 참으로 어이없는 주장 같지만, 초대교회에서는 음식법이 매우 중요한 주제였다. 심지어 베드로도 음식법으로 인해 실족한 적이 있다: "야고보에게서 온 어떤 이들이 이르기 전에 게바가 이방인과 함께 먹다가 그들이 오매 그가 할례자들을 두려워하여 떠나 물러가매 남은 유대인들도 그와 같이 외식하므로 바나바도 그들의 외식에 유혹되었느니라"(갈 2:12-13). 예루살렘 회의(15:1-29)에서도 이방인 그리스도인들이 음식과 할례 등에 관한 율법을 지켜야 하는가에 대해 논의한다.

할례자들에게 비난받은 베드로가 그동안 일어난 일을 차례로 설명했다(4절). '차례로 설명했다'(καθεξῆς λέγων)는 처음부터 차근차근 자초지종을 모두 말했다는 뜻이다. 베드로는 그들이 이 사건에 대해 어디서 어떤 말을 들었는지 알지 못한다. 그러므로 자기가 경험한 대로 말할 것이다. 그렇다면 독자인 우리는 이미 들은 이야기를 다시 들어야 한다. 그럼에도 불구하고 저자가 베드로가 경험한 일을 이곳에 다시 기록하는 것은 이 사건이 저자에게도 매우 중요하다는 것을 암시한다 (Barrett).

10장은 고넬료가 본 환상으로 시작했는데, 본 텍스트는 베드로가 본 환상에 관한 이야기로 시작한다. 이 사건에 대한 베드로의 버전이기 때문이다. 그는 고넬료와 연관해 있었던 일을 다음과 같이 회고한다 (5-10절): 무두장이 시몬의 집 지붕에서 기도하다가 환상을 본 일(5절), 하나님이 온갖 부정한 짐승을 보여 주시며 잡아먹으라고 하신 일(6-7절), 자신은 부정한 짐승을 절대 먹지 않겠다고 한 일(8절), 하늘에서 들려온 음성이 하나님이 깨끗하게 하신 것을 부정하다 하지 말라고 한 일(9절), 이런 일이 세 번 있은 후에 부정한 짐승들을 싼 보자기가 하늘로 올라간 일(10절), 바로 그때 가이사랴에서 세 사람이 그가 묵고 있는 집을 찾아온 일(11절), 성령이 아무 의심 말고 그들과 함께 가라고 하셔서 욥바에 사는 여섯 형제와 함께 가이사랴로 간 일(12절), 자신을 초청한 자가 천사의 지시에 따라 사람들을 욥바로 보내 베드로를 청한 일 (13절), 천사가 베드로가 와서 고넬료의 온 집이 구원받을 말씀을 전할 것이라고 한 일(14절), 베드로가 말씀을 전하기 시작할 때 성령이 그들에게 임한 일(15절).

이 회고가 제공하는 추가 정보는 베드로와 함께 가이사랴로 간 욥바 형제의 수가 6명이었다는 사실이다(12절). 그렇다면 베드로를 포함해 성령이 이방인에게 임하시는 것을 본 증인은 7명이 된다. 중요한 사건에 대해 율법이 요구하는 증인 수인 2명보다 훨씬 더 많다. 또한 당시 로마 사람들의 유언에는 증인 7명의 인(seal)이 찍혔다(Bruce, cf. 계 5:1). 이 일은 하나님이 하신 것이라는 사실에 어떠한 의심의 여지도 없다는 것이다. 또한 베드로는 고넬료와 그의 온 집안이 구원받을 말씀을 선포하도록 초청받았다(14절). 베드로가 고넬료와 친지들에게 선포한 메시지는 전도 설교였던 것이다.

반면에 베드로가 말하지 않은 디테일은 그가 허기져서 음식을 청해 놓고 기다리는 도중에 환상을 본 사실이다(10:10). 혹시라도 배가 고파 음식에 대한 환상을 보게 된 것이라는 오해를 피하기 위해서다. 또한 고넬료가 보낸 사람들을 자기가 머물던 시몬의 집에서 하룻밤 묵게 했다는 사실도 빠져 있다(10:23). 그가 이방인들과 함께 먹었다는 것에 대해 문제가 제기된 상황에서 문제를 제기한 사람들을 자극할 필요가 없기 때문이다.

또한 베드로는 고넬료의 이름과 그의 직업이 백부장이며, 구제를 많이 해 유대인들에게 존경받는 경건하고 의로운 사람이라는 정보도 언급하지 않는다(cf. 13-14절). 이 일을 기점으로 유대인으로 구성된 예루살렘 교회가 앞으로는 모든 이방인이 교인이 될 수 있도록 이를 허락하는 원칙을 세우기를 바라기 때문이다(cf. Barrett).

베드로가 예루살렘 성도들에게 하는 증언의 핵심은 이 모든 일이 처음부터 하나님이 계획하고 진행하신 일이라는 것이다(Longenecker). 베드로는 평생 한 번도 부정한 음식을 먹은 적이 없다(8절). 그러므로 만일 이 일이 베드로가 스스로 결정하고 진행한 일이었다면, 절대 이렇게 하지 않았을 것이다. 베드로는 하나님이 하신 말씀을 따른 것뿐이다.

베드로는 자신이 설교를 시작할 때 성령이 이방인들에게 임했다고 한다(15a절). 이 말씀과 그가 설교하는 도중에 성령이 임했다는 10:44의 기록은 베드로가 그날 선포하고자 했던 모든 말씀을 선포하지 못한 상황에서 성령이 임했다는 사실을 거듭 확인해 준다(Fitzmyer, Marshall). 그러므로 베드로는 고넬료의 권유에 따라 그의 집에서 며칠 묵으며 복음과 기독교에 대해 가르쳤을 것이다.

베드로는 설교 도중 성령이 이방인들에게 임하시기를 처음 '우리'(오순절에 예루살렘에 모여 기도하던 유대인 성도들)에게 임하신 것과 같았다고 한다(15절). 이방인들에게 강림하신 성령이 오순절 때 유대인들에게 임하셨을 때처럼 방언 등 여러 가지 은사를 주셨다는 뜻이다(cf. 10:46). 그러므로 학자들은 고넬료 집에서 있었던 일을 '이방인들의 오순절'이라고 부른다.

베드로는 이방인들에게 성령이 임하시는 것을 보면서(cf. 10:45-46) 예전에 예수님이 하신 말씀을 떠올렸다(16절). 부활하신 예수님은 승천하시기 전에 제자들에게 "요한은 물로 세례를 베풀었으나 너희는 몇 날이 못되어 성령으로 세례를 받으리라"라고 하셨다(1:5; cf. 눅 3:16; 요 1:33). 이 말씀은 물세례가 필요 없다는 것이 아니라, 성령 세례가 물세례보다 더 중요하다는 것을 강조한다(Schnabel).

베드로는 성령이 이방인들에게 주신 선물은 '우리'(유대인들)가 주 예수 그리스도를 믿을 때 주신 것과 같다고 한다(17a절). 하나님이 이방인이라며 그들을 차별하지 않으시고 유대인과 다름없이 대하신 것이다. 그러므로 베드로는 감히 "내가 누구이기에 하나님을 능히 막겠느냐?"라고 그들에게 물었다(17b절). 하나님이 하시는 일을 인간인 자기가 막을 수 없으며, 막을 이유도 없었다는 뜻이다. 베드로는 자신이 한 일을 변호하기 위해 말을 시작했는데, 마무리하면서는 듣고 있는 사람들에게 이방인에게 세례를 베푼 것은 하나님이심을 인정하라고 한다. 환상을 주신 일, 고넬료 집으로 가라고 명령하신 일, 고넬료와 친지들을 준비하신 일, 설교하는 도중 성령이 임하신 일 등 모두 하나님이 하신 일이다(Stott).

고넬료 일을 통해 가장 많이 변한 사람은 베드로다. 그도 처음에는 이방인 선교에 매우 부정적이었다. 그러나 지금은 이방인 선교는 하나님이 하시는 일이라며 적극적으로 옹호하고 있다. 베드로 사례에서 보듯이 때때로 사역은 사역하는 사람을 가장 확실하게 변화시킨다. 이런 일을 경험하기 위해서라도 우리는 선교하며 가르쳐야 한다. 복음에는 선포하는 사람을 가장 확실하게 변화시키는 힘이 있기 때문이다.

베드로의 말을 듣고 있던 사람들은 할 말을 잃었다(18a절). 그들은 베드로를 비난하기 위해 모였다(cf. 2절). 그러나 베드로가 이 일을 차례로 설명하자(cf. 4절) 모두 하나님이 하신 일이라는 사실이 확실하게 드러났다. 게다가 예루살렘 교회의 수장이자 사도들의 대표인 베드로가 이방인 선교를 부인하거나 막는 것은 인간이 하나님을 막으려 하는 것이라고 단언한다. 사람이 하나님을 막는 것은 있을 수 없는 일이며, 설령 시도한다 해도 성공할 수 없는 일이다. 그러므로 그들은 하나님께 영광을 돌리며 주님이 이방인에게도 생명 얻는 회개를 주셨다고 인정했다(18b절). 드디어 교회의 문을 이방인들에게도 열어야 할 필요성을 인정한 것이다.

이 말씀은 하나님이 하시는 일을 막을 사람은 없다고 한다. 베드로는 자신을 비난하는 사람들에게 자초지종을 말하며 이는 모두 하나님이 하시는 일이라는 것을 설득력 있게 설명했다. 그리고 마지막에 "내가 누구이기에 하나님을 능히 막겠느냐"라며 이방인 선교는 하나님이 하시는 일이라 그 누구도 막을 수 없다고 선언했다. 우리 삶에서도 하나님이 하시는 일이라면 그 어떤 일도 막아서는 안 된다. 또한 막을 수도 없다. 그저 한 걸음 옆으로 물러나 하나님이 사역하시는 것을 지켜보아야 한다.

이제 이방인은 하나님의 백성이 되기 위해 먼저 유대인이 될 필요가 없어졌다. 이제는 곧바로 예수님을 통해 하나님께 나아오면 된다. 이방인이 곧바로 하나님께 나아가는 것은 주님이 처음부터 계획하고 이루고자 하신 일이었다. 하지만 사도들과 예루살렘 교인들은 이를 깨닫지 못하다가 드디어 고넬료 일을 통해 알게 되었다.

베드로를 비난하고 이방인 선교에 문제를 제기하고자 모인 사람들이 끝에 가서는 베드로와 함께 하나님을 찬양하며 모두 하나님이 하신 일이라는 사실을 인정하는 것이 인상적이다. 우리가 속한 교회 안에 생각의 차이와 분란이 없으면 좋겠지만, 현실은 그렇지 않다. 공동체에 이슈가 생기면 서로 의논하고, 필요에 따라 토론하는 것도 좋은 일이다. 그러나 중요한 것은 그 모임을 떠날 때는 모두 한마음이 되어야 한다는 점이다. 공동체가 동의하고 결정한 사항이 자기 생각과 다르다고 해도 수긍하고 그 결론에 도달하도록 인도하신 하나님을 찬양해야 한다. 이렇게 하는 것이 믿음이다.

Ⅳ. 팔레스타인과 수리아(9:32-12:24)

C. 안디옥 교회(11:19-30)

유대인으로 구성된 예루살렘 교회가 베드로를 통해 하나님이 이방인도 구원하신다는 소식을 듣고 하나님을 찬양했다. 이방인에게도 복음이 선포되어야 한다는 것을 공식적으로 인정한 것이다. 그러므로 이제부터는 교회가 유대인으로만 구성되어서는 안 되며, 이방인도 포함해야 한다.

이때 기독교가 당면한 상황은 마치 대로가 개통되었지만 아직 교통량이 많지 않은 것과 같다(Spencer). 아직은 교회로 많은 이방인이 들어오지는 않기 때문이다. 누가는 많은 이방인이 교회로 들어온 첫 사례로 안디옥 교회를 회고한다. 처음에는 안디옥 교회도 유대인으로만 구성되었지만, 점차 많은 이방인이 들어오기 시작했다. 본 텍스트는 다음과 같이 구분된다.

A. 안디옥 교회가 세워짐(11:19-26)
B. 안디옥 교회가 예루살렘 교회를 도움(11:27-30)

Ⅳ. 팔레스타인과 수리아(9:32–12:24)
C. 안디옥 교회(11:19–30)

1. 안디옥 교회가 세워짐(11:19–26)

[19] 그 때에 스데반의 일로 일어난 환난으로 말미암아 흩어진 자들이 베니게
와 구브로와 안디옥까지 이르러 유대인에게만 말씀을 전하는데 [20] 그 중에
구브로와 구레네 몇 사람이 안디옥에 이르러 헬라인에게도 말하여 주 예수
를 전파하니 [21] 주의 손이 그들과 함께 하시매 수많은 사람들이 믿고 주께 돌
아오더라 [22] 예루살렘 교회가 이 사람들의 소문을 듣고 바나바를 안디옥까지
보내니 [23] 그가 이르러 하나님의 은혜를 보고 기뻐하여 모든 사람에게 굳건
한 마음으로 주와 함께 머물러 있으라 권하니 [24] 바나바는 착한 사람이요 성
령과 믿음이 충만한 사람이라 이에 큰 무리가 주께 더하여지더라 [25] 바나바
가 사울을 찾으러 다소에 가서 [26] 만나매 안디옥에 데리고 와서 둘이 교회에
일 년간 모여 있어 큰 무리를 가르쳤고 제자들이 안디옥에서 비로소 그리스
도인이라 일컬음을 받게 되었더라

7장에 기록된 스데반의 순교를 계기로 유대인들이 예루살렘 성도들에게 엄청난 환난과 핍박을 가했다. 많은 그리스도인이 유대인들의 핍박과 환난을 피해 뿔뿔이 흩어졌다(8:1–3). 예루살렘 성도들은 흩어진 곳곳에서 복음을 전파했다(8:4). 빌립과 베드로의 사역이 대표적인 사례다(8:5–11:18). 누가는 그 시점으로 되돌아가 베드로와 빌립의 사역에 평행을 이루는 또 하나의 새로운 이야기를 시작하고자 한다(Fernando, Longenecker). 더불어 고넬료 이야기를 통해 이방인 선교의 문이 열리고 얼마 지나지 않아 안디옥에 이방인 성도를 중심으로 교회가 세워진 것으로 읽히기를 바란다.

스데반의 순교에서 비롯된 환난으로 흩어진 예루살렘 그리스도인들이 베니게와 구브로와 안디옥까지 진출했다. 그러나 그들은 동족인 유대인에게만 말씀을 전했다(19절). 즉, 본문이 언급하는 지역들은 모두

중요한 유대인 공동체가 형성되어 있던 곳이다(Bock).

베니게(Φοινίκη, Phoenicia)는 시리아에 속한 지중해에 인접한 지역으로 갈멜산 북쪽 해안에서 내륙으로 너비 30㎞, 남북으로 길이 160㎞에 달하는 지역이었다(Le Cornu & Shulam). 이 지역의 대표적인 도시가 두로와 시돈이다.

구브로(Κύπρος, Cyprus)는 소아시아 남쪽에 있는 섬으로 지중해에 있는 섬 중 세 번째로 큰 섬이다. 시리아의 북서쪽 해변에서 100㎞ 떨어져 있다(Schnabel). 이 섬에는 큰 유대인 공동체가 있었으며(Fitzmyer), 바나바가 이곳 출신이다.

안디옥(Αντιόχεια, Antioch)은 레바논에서 북쪽으로 흘러 시리아 서북부를 흐르는 오론테스강(Orontes River)에 있었다. 예루살렘에서 500㎞ 떨어진 곳이며, 지중해의 동쪽에서 이 이름으로 불리는 16개 도시(마을) 중 가장 큰 도시였다(ABD). 다른 '안디옥들'로부터 구분하기 위해 '오론테강에 있는 안디옥'(Antioch-on-the Orontes), '다프네 옆에 있는 안디옥'(Antioch-by-Daphne) '위대한 안디옥'(Antioch the Great), '아름다운 안디옥'(Antioch the Beautiful) 등 다양하게 불렸다(Longenecker).

셀레우코스 1세(Seleucus I Nicator)가 주전 300년에 그의 아버지 안티오코스(Antiochus)를 기념해 세운 도시이며, 셀레우코스 제국의 수도였다. 로마도 시리아 지역을 다스리는 행정 도시로 삼았다. 안디옥은 한때 인구가 60만 명에 달하는 큰 도시였다(Bock). 로마 제국에서 로마와 이집트의 알렉산드리아 다음으로 큰 도시였으며, 당시 안디옥에는 2만 5,000명의 유대인이 살았다(Schnabel). 예루살렘에서 베니게와 구브로와 안디옥으로 가는 길은 다음 지도를 참조하라.

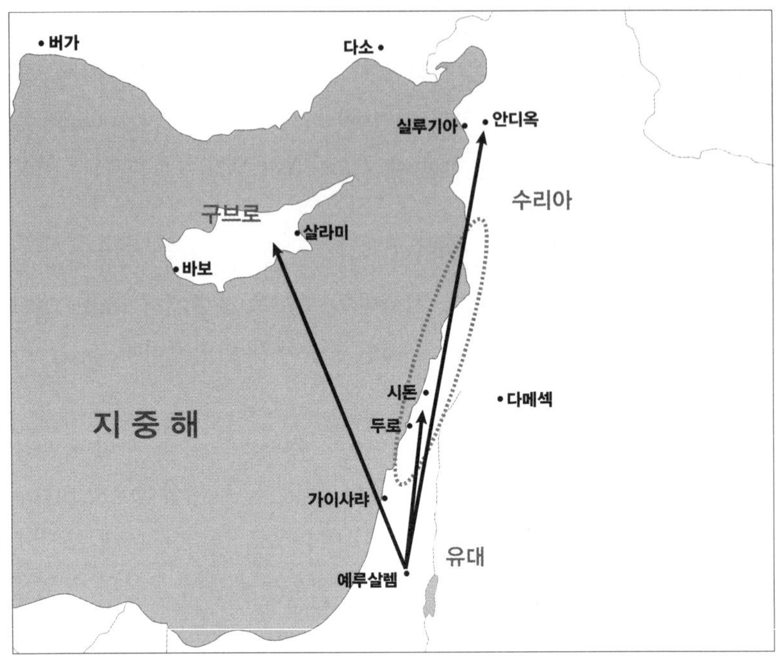

안디옥은 기독교에서 예루살렘 다음으로 중요한 도시다(Longenecker). 이방인 선교를 본격적으로 시작한 곳이며(13:2), '도를 따르는 사람들'(9:2)이 처음으로 그리스도인으로 불린 곳이다(26절). 안디옥 교회는 바울의 선교 사역 본거지(home base)였으며, 이방인 성도도 세례를 받아야 하는지에 대해 사도들에게 처음으로 질의한 공동체다(15:1-2; cf. 갈 2:11-21). 바나바와 바울과 베드로 등 초대교회를 대표하는 선생들이 이곳에서 가르쳤으며(cf. 갈 2:11-13), 2세기 교부인 이그나티우스(Ignatius)와 테오필루스(Theophilus), 3세기 교부인 루치키아누스(Lucianus), 테오도루스(Theodorus), 크리소스토무스(Chrysostomus), 데오도레투스(Theodoretus)를 배출한 교회다(Longenecker).

안디옥은 국제적인 규모의 상업 도시였으며, 도덕적으로 매우 문란한 곳이었다(Polhill). 그리스, 베니게, 유대, 아랍, 페르시아, 이집트, 인도 사람들과 그 외 헬라화된 여러 민족이 섞여 살았다(ABD). 그러므로 이방인 기독교가 시작되기에 가장 이상적인 장소라 할 수 있다(Bruce). 오늘날에는 튀르키예(Türkiye, 터키)의 일부로 안타키아(Antakya)로 불리며, 인구는 약 4만 명 정도 되는 작은 도시다(Fernando, Longenecker).

안디옥에는 갖가지 종교가 매우 활발했다. 안디옥 사람들은 제우스(Zeus), 아폴로(Apollos), 포세이돈(Posedon), 아도니스(Adonis), 티케(Tyche) 등을 숭배했다(Bock). 안디옥에서 남쪽으로 8㎞ 떨어진 곳에 있던 다프네(Daphne)라는 도시에는 아르테미스(Atemis)와 아폴로(Apollos)와 아스타르테(Astarte)를 숭배하는 신전들이 있었으며, 그중 아스타르테 신전에서는 신전 창녀들이 활동했다.

이처럼 수많은 신을 숭배하는 도시에서 기독교와 유대교는 오직 하나님만이 신이라고 주장했다(Hengel & Schwemer). 요세푸스에 따르면 안디옥에서 많은 이방인이 유대교로 개종했다. 사도들이 헬라파 과부들을 도우라며 세운 7명 중 하나인 니골라도 안디옥에서 유대교로 개종한 사람이었다(6:5).

환난을 피해 예루살렘을 떠난 성도 대부분이 유대인에게만 복음을 전했지만(19절), 구브로와 구레네 출신 헬라파 유대인 성도 몇 사람은 안디옥에서 헬라인에게도 복음을 전파했다(20절). 구레네(Cyrene)는 북아프리카에 위치한 곳으로 오늘날의 리비아에 속했다. 지성의 중심지였으며, 의학과 클래식 학교들이 있었다(Le Cornu & Shulam). 이곳에도 많은 유대인이 살았다(Schnabel).

대부분 사본은 그들이 '헬라어를 하는 이방인들[헬라인들]'(Ἕλληνας)에게 전했다고 하는데, 일부 사본은 '헬라파 유대인들'(Ἑλληνιστὰς)에게 전파했다고 한다. 누가가 이 섹션에서 말하고자 하는 것은 어떻게 해서 안디옥에 이방인을 중심으로 하는 교회가 세워지게 되었는가다. 그러므로 문맥을 고려할 때 헬라인들, 곧 그리스어를 사용하는 이방인들을 의미하는 것이 맞다(Bock, Fitzmyer, Longenecker, Wall, cf. 19-20절).

이방인에게 복음을 선포해 기독교 역사에 한 획을 그은 안디옥 교회를 세운 이들은 이름이 알려지지 않은 성도들이다. 하나님 나라의 중요한 일은 이름도 없이 빛도 없이 남들의 관심을 끌려고 하지 않으면서 자신이 처한 상황에서 묵묵하게 복음을 살아내는 사람들에 의해 실현된다(Fernando).

몇 안 되는 성도가 그리스도의 복음을 이방인에게 전하자 수많은 사람이 믿고 주께 돌아왔다(21절). '믿다'(πιστεύω)와 '돌아오다'(ἐπιστρέφω)는 죄를 고백하고 예수님을 구주로 영접하는 일을 요약하는 두 단어다. 많은 이방인이 회심한 것은 주의 손이 복음을 전하는 이들과 함께 하셨기 때문이다. '주의 손이 그들과 함께했다'(ἦν χεὶρ κυρίου μετ' αὐτῶν)는 하나님의 능력이 그들이 하는 일을 도우셨다는 뜻이다(cf. cf. 출 9:3; 삼상 5:6; 6:9; 대상 28:19; 사 59:1; 66:2; 눅 1:66; 행 4:30). 하나님이 안디옥에 이방인이 중심이 되는 교회를 세우시려고 많은 이방인이 주께 돌아오게 하신 것이다.

예루살렘 교회가 안디옥에서 많은 사람이 주께 돌아와 교회가 세워졌다는 소문을 듣고 바나바를 안디옥에 보냈다(22절). 예루살렘에 있는 그리스도인 공동체가 '교회'(ἐκκλησία)로 불리는 것을 보면 그리스도인들이 점점 유대인과 거리를 두며 고유의 정체성을 찾아 가고 있다는 것을 알 수 있다. 예루살렘 교회가 사도 중 하나를 보내지 않고 바나바를 보낸 것은 자신들이 들은 소문의 사실 여부를 검증하기 위해서가 아니라, 안디옥에 세워진 교회가 자리를 잡고 굳건히 설 수 있도록 돕기 위해서다. 그러므로 예루살렘 교회가 바나바를 안디옥 교회로 파송한 것은 '예루살렘에 있는 회복된 하나님의 백성(유대인들)과 새로운 시대를 시작하고 새로운 공동체를 형성하는 메시아의 백성(이방인들)을 연결하는 상징성'을 지닌다(Johnson).

바나바는 구브로 태생이며, 레위 사람이다. 그는 집을 팔아 가난한 성도들을 도운 경건하고 거룩한 사람이다(cf. 4:36-37). 그러므로 안디옥에 있는 성도들을 격려하는 데 가장 적합한 사람이라 할 수 있다. 바나바는 예루살렘을 떠나 500㎞나 되는 먼 길을 왔다. 안디옥에 도착한 그는 이곳에 세워진 교회에 하나님의 은혜가 함께하는 것을 보고 기뻐했다(23a절). 하나님이 그들 가운데 선한 일을 시작하셨으니 굳건한 마음으로 주와 함께 머물러 있으라고 권면했다(23b절).

바나바는 착한 사람이요 성령과 믿음이 충만한 사람이었다(24a절). '착함'은 기독교인이 지녀야 할 가장 중요한 인품이다(Harrison, Marshall). 성경은 '착함'(ἀγαθός)이 '의로움'(δίκαιος)보다 더 소중한 가치라고 한다: "의인을 위해서라도 죽을 사람은 거의 없습니다. 더욱이 선한 사람을 위해서라도 감히 죽을 사람은 드뭅니다"(롬 5:7, 새번역). 바나바는 사람들로부터 예수님을 향한 충성과 헌신을 유도하는 인격을 지녔던 것이다(Fernando). 교회에는 이런 사람이 더 많이 필요하다(Bock). 바나바는 안디옥에서 많은 사람을 주님께 인도했다(24b절).

안디옥 교회의 성도 수가 많이 늘어나자 이들을 가르치고 양육할 지도자가 필요했다. 바나바는 수년 전에 예루살렘을 찾아온 사울을 데리고 사도들에게 가서 직접 소개한 적이 있다. 그때 예루살렘 교회는 사울을 교회를 핍박하는 자로 여겨 만나기를 꺼렸다. 바나바는 그를 떠올리고는 사울을 찾아 다소로 갔다(25절). 안디옥에서 다소는 210㎞에 달하는 먼 길이며, 8일을 가야 하는 여정이었다(Schnabel). 바나바는 사울보다 신앙의 연륜이 더 깊은 사람이다. 그런데도 그가 사울에게 사람을 보내지 않고 이 먼 길을 직접 찾아가 도움을 청하는 것을 보면 그는 참으로 겸손한 사람이다(Stott).

바나바가 다소에 있는 사울을 찾아간 것은 사울이 회심한 후 예루살렘을 방문했다가 그의 생명을 노리는 자들을 피해 떠난 지(9:30) 10년 정도 지난 시점이다. 바울은 이 10년을 대부분 다소 지역에서 전도하며 보냈다(Bruce, 갈 1:21). 아마도 회당 지도자들에게 사십에서 하나 감한 매를 다섯 차례 맞은 일(고후 11:24)과 그 외 여러 가지 고난과 박해를 당한 일(고후 11:23-27)도 이 10년 동안 경험한 일일 것이다(Longenecker). 앞으로 사도행전에 기록될 그의 선교 여정에는 이러한 일에 대한 언급이 없기 때문이다. 바울이 무아지경에서 환상과 계시를 본 것도 이때 일이다(고후 12:1-4). 그는 말로 표현할 수 없는 어려움과 위기를 겪으면서 그리스도를 위해 모든 것을 버렸다(빌 3:8).

바나바는 사울을 데리고 안디옥으로 돌아와 그곳에서 함께 1년간 큰 무리의 성도를 가르쳤다(26a절). 사도행전에서 안디옥 교회는 참으로 역동적인 교회로 묘사되는데(11:27; 13:1; 14:26; 15:22, 23, 30, 35; 18:22), 이때 바나바와 사울이 말씀을 가르침으로 교회의 든든한 초석을 놓아 준 것이다. 학자들은 이 두 사람이 함께 안디옥에서 사역한 때를 주후 42-44년경으로 추정한다(cf. Bruce, Fitzmyer, Schnabel).

제자들이 안디옥에서 비로소 그리스도인이라 일컬음을 받게 되었다(26b절). 사도행전에서 그리스도인들은 '성도들'(9:13), '제자들'(6:2), '믿는 무리'(4:32), '교회'(8:1), '형제들'(1:15), '나사렛 이단'(24:5) 등 다양하게 불린다. 안디옥에서 처음으로 '그리스도인'이라고 불리기 시작했다. 세상 사람들이 성도들에게 붙여 준 이름이다(Hengel & Schwemer). '그리스도인'(Χριστιανός)은 헬라어 '그리스도'(Χριστός)에 라틴어로 '그룹'을 뜻하는 접미사 '-ianus'를 결합한 단어다(TDNT). 믿는 자들을 부르는 호칭이 새로 생겼다는 것은 그만큼 성도의 수가 많아지고 영향력도 커졌다는 의미다. 또한 유대인과 그리스도인이 이때부터 확실히 구분되기 시작했다는 뜻이기도 하다(TDNT). 예전에는 그리스도인이 거의 모두 유대인이었는데, 안디옥에서 이방인들이 교회로 유입되면서 유대인이 아닌 그리스도인이 많이 생겨났기 때문이다(Fitzmyer).

신약은 믿는 이들을 '제자', '성도', '형제' 등으로 부르는 것을 선호한다. '그리스도인'은 믿지 않는 자들이 믿는 자들을 부르는 호칭이었고(26:28), 교회를 핍박하는 자들이 사용하는 호칭이었다(벧전 4:16). 그러므로 신약 저자들은 '그리스도인'이라는 말에 다소 거부감을 느꼈던 것으로 생각된다. 교회는 2세기가 되어서야 '그리스도인'을 정식 호칭으로 사용하기 시작했다(Bruce). 그리스도인 저자 중에는 이그나티우스(Ignatius)가 처음으로 '그리스도 안에 있는 형제들'이라는 의미로 자주 사용했다(Polhill).

이 말씀은 하나님은 사람들을 통해 일하신다고 한다. 하나님은 예루살렘에서 환난을 피해 안디옥까지 온 이름 모를 소수의 성도로 하여금 이방인에게 복음을 선포하게 하셨다. 그들이 선포한 복음을 통해 이방인들을 회심시키시고 첫 이방인 교회를 세우셨다. 또한 예루살렘에 있던 바나바와 다소에 있던 사울을 불러들여 안디옥 교회를 말씀 위에 든든히 세우게 하셨다. 하나님은 조각 그림을 맞추듯 여러 사람을 사용해 한 폭의 아름다운 그림을 완성하신다. 우리 각자가 하나님이 사용하시는 한 조각이다.

사울은 바나바를 만남으로써 비로소 기독교 선교에 큰 획을 긋게 되었다. 만남은 때때로 우리가 마음껏 사역하고, 섬기고, 사랑할 여건을 마련해 주기도 한다. 그러므로 우리는 모든 만남을 주관하시는 하나님께 계속 기도해야 한다. 우리를 빛나게 할 사람들을 만나게 해 달라고 기도하고, 우리가 빛나게 해 줄 수 있는 사람들을 만나게 해 달라고 기도해야 한다. 더불어 하는 신앙생활이 가장 아름답다.

세상 사람들은 예수님을 따르는 제자가 많아지자 그들을 그리스도인이라 불렀다. '그리스도인'은 그리스도(메시아)를 섬기고 사랑하며 사는 사람들이다. 우리는 우리에게 주어진 이 영광스러운 이름에 합당한 삶을 살고 있는지 스스로 돌아보아야 한다.

2. 안디옥 교회가 예루살렘 교회를 도움(11:27-30)

27 그 때에 선지자들이 예루살렘에서 안디옥에 이르니 28 그 중에 아가보라 하는 한 사람이 일어나 성령으로 말하되 천하에 큰 흉년이 들리라 하더니 글라우디오 때에 그렇게 되니라 29 제자들이 각각 그 힘대로 유대에 사는 형제들에게 부조를 보내기로 작정하고 30 이를 실행하여 바나바와 사울의 손으로 장로들에게 보내니라

예루살렘 교회와 안디옥 교회는 교류를 이어 갔다. 아마도 예루살렘에서 온 바나바가 두 교회를 잇는 교두보 역할을 했을 것이다. 예언자들도 두 교회를 왕래하며 예언으로 하나님의 뜻을 선포한 것으로 보인다(Hengel & Schwemer).

예루살렘 교회의 선지자들이 안디옥 교회를 찾아왔다(27절). 사도행전에서 은사는 항상 선교하는 일과 연관된다(Wall). 이 책에서 '선지자'(προφήτης)가 언급되는 것은 처음이다(cf. 13:1; 15:32; 21:10). 구약과 신약의 '선지자' 개념은 어느 정도 차이를 보인다. 구약에서 선지자는 하나님이 주신 신탁을 전하는 일을 한다. 한편, 신약에서 선지자는 종종 사람의 마음을 꿰뚫어 보거나(cf. 고전 14:24-25) 본문의 아가보처럼 앞으로 일어날 일을 예언하기도 하지만, 대부분 영감을 받아 탁월한 설교를 하는 사람이다(Fitzmyer).

예루살렘에서 내려온 선지자 중 아가보라는 사람이 있었는데, 그가 천하에 큰 흉년이 들 것이라고 했다(28a절). 앞으로 아가보는 사도행전에서 한 번 더 예언할 것이다(21:10-11). '온 천하'(ὅλην τὴν οἰκουμένην)는 '온 세상, 로마 제국, 한 지역'을 의미하는 구체적이지 않은 표현이다(Schnabel, cf. Wall).

흉년에 대한 아가보의 예언은 글라우디오 때에 성취되었다(28b절).

글라우디오(Claudius)는 주후 41-54년에 로마를 다스린 황제다. 기록에 따르면 글라우디오가 다스리기 시작할 때 이집트에 흉년이 들었고, 즉위 8-9년째에는 그리스에 흉년이 들었고, 즉위 9-11년째에는 로마와 유대에 기근이 들었다(Fitzmyer). 만일 아가보가 바나바와 사울이 사역하던 때에 안디옥을 방문했다면, 그의 예언은 주후 42-44년 사이에 선포되었다. 그러므로 글라우디오가 즉위한 때에 이집트에 임한 기근 외에 다른 두 기근에 대해서는 대비할 시간이 충분한 예언이라 할 수 있다.

기근이 유대 지역을 강타하자 안디옥 성도들은 부조를 보내기로 작정하고 각각 그 힘대로 돈을 모아 바나바와 사울의 손으로 예루살렘 장로들에게 보냈다(29-30절). 개역개정이 '부조'로 번역한 단어(διακονία)는 '섬김, 봉사'라는 의미를 지니며(cf. 6:1), 교회의 '집사' 직분과 연관이 있는 단어다. 예루살렘 교회는 공동 소유를 지향하며 성도들이 재산을 털어 어려운 성도들과 나누는 일을 권장했다(cf. 4-5장). 한편, 안디옥 교회는 성도 각 개인의 재산 소유를 인정하며 모금할 때 각자 힘닿는 대로 하게 했다(cf. Bruce). 바울도 헌금할 때 이런 방법을 취하라고 했다(cf. 고전 16:1-2; 고후 9:7). 공동 소유만이 성경적인 모델은 아니다.

사도행전이 교회의 '장로들'(πρεσβυτέρους)을 언급하는 것은 이번이 처음이다. 그동안에는 유대교의 장로들만 언급했다(cf. 4:5, 8, 23; 6:12). 예루살렘 교회가 자체적인 장로들을 세웠다는 것은 기독교가 유대교로부터 벗어나 완전히 독립된 행정 체계를 갖추게 된 것을 의미한다. 사도행전에서 이후에 언급되는 장로는 바울과 바나바의 선교 여행의 열매로 세워진 교회들의 장로들을 지칭한다(14:23).

예루살렘은 안디옥에서 500㎞ 떨어져 있다. 즉, 왕복 1,000㎞에 달하는 먼 길이다. 이 먼 길을 사울과 바나바가 다녀왔다. 그들은 예루살렘 장로들에게 모금한 것을 주었다고 하는데, '장로들'(πρεσβυτέρους)이 교회 공동체의 리더십 그룹으로 언급되는 것은 이곳이 처음이다

(Wall). 장로들은 사도들과 함께 교회의 행정과 봉사를 맡았던 지도자다 (Marshall). 유대교에도 같은 명칭으로 불리는 직분이 있다는 점에서 일부 학자가 주장하는 것처럼 이 제도가 나중에 시작되었다고 할 필요는 없다. 장로들은 교회의 멤버십 관리에 주력하는 직분이다(Hengel & Schwemer, Wall).

사도행전에 기록된 바에 따르면 사울의 이번 예루살렘 방문은 회심 후 두 번째다. 그러나 이 방문이 갈라디아서 2:1-10에 기록된 방문과 같은 일인지는 확실하지 않다. 바울은 갈라디아서 2:1에서 자신이 14년 후에 예루살렘을 다시 방문했다고 한다. 만일 그가 주후 33년경에 회심했고, 3년 후(3년째 해)인 주후 35년에 예루살렘을 처음 방문했다면, 이번 방문은 주후 49년에 있었던 일이다. 그러나 예루살렘 공의회(Council of Jerusalem)가 주후 49년에 있었기 때문에 잘 어울리지 않는다.

만일 갈라디아서 2:1의 14년을 그가 회심한 지 14째 되는 해로 해석하면, 바울은 주후 46-47년경에 예루살렘을 두 번째 방문한 것이 된다 (Bruce, Longenecker, Marshall). 그가 주후 31/32년에 회심한 것으로 보는 이들은 3년 후인 주후 34년에 예루살렘을 방문했고, 이번 일은 그로부터 10년 후(회심한 지 14년째 되던 해)인 주후 44년에 방문한 것으로 본다 (Schnabel). 바울은 자신이 계시에 따라 예루살렘을 방문했다고 하는데, 아가보의 기근 예언의 결과로 간 것이라는 의미로 해석할 수 있다.

이 말씀은 교회 간의 교류가 얼마나 아름다운 일인지 생각하게 한다. 예루살렘 교회는 안디옥 교회에 바나바를 선생으로 보냈고, 안디옥 교회는 예루살렘 교회에 헌금을 보냈다. 어머니 교회(mother church)는 딸 교회(daughter church)를 가르치고, 딸 교회는 어머니 교회를 재정적으로 돕는 아름다운 모습이다(cf. Fernando). 오늘날의 교회 사이에도 이런 아름다운 교류가 더 많이, 더 자주 일어나면 좋겠다.

안디옥 교회는 조만간 이방인 선교의 바탕이 될 것이다. 성도들이 하나님 나라를 위해 헌금하고 나누려고 했기에 가능했던 일이다. 이 이야기에서도 그들은 예루살렘 성도들을 위해 헌금했다. 교회는 하나님께 받은 축복을 밖으로 흘려 보내는 공동체가 되어야 한다. 복음과 나눔은 떼어 놓을 수 없는 관계다.

Ⅳ. 팔레스타인과 수리아(9:32–12:24)

D. 예루살렘 교회에 임한 기적들(12:1–23)

[1] 그 때에 헤롯 왕이 손을 들어 교회 중에서 몇 사람을 해하려 하여 [2] 요한
의 형제 야고보를 칼로 죽이니 [3] 유대인들이 이 일을 기뻐하는 것을 보고 베
드로도 잡으려 할새 때는 무교절 기간이라 [4] 잡으매 옥에 가두어 군인 넷씩
인 네 패에게 맡겨 지키고 유월절 후에 백성 앞에 끌어 내고자 하더라 [5] 이
에 베드로는 옥에 갇혔고 교회는 그를 위하여 간절히 하나님께 기도하더라
[6] 헤롯이 잡아 내려고 하는 그 전날 밤에 베드로가 두 군인 틈에서 두 쇠사
슬에 매여 누워 자는데 파수꾼들이 문 밖에서 옥을 지키더니 [7] 홀연히 주의
사자가 나타나매 옥중에 광채가 빛나며 또 베드로의 옆구리를 쳐 깨워 이르
되 급히 일어나라 하니 쇠사슬이 그 손에서 벗어지더라 [8] 천사가 이르되 띠
를 띠고 신을 신으라 하거늘 베드로가 그대로 하니 천사가 또 이르되 겉옷
을 입고 따라오라 한대 [9] 베드로가 나와서 따라갈새 천사가 하는 것이 생시
인 줄 알지 못하고 환상을 보는가 하니라 [10] 이에 첫째와 둘째 파수를 지나
시내로 통한 쇠문에 이르니 문이 저절로 열리는지라 나와서 한 거리를 지나
매 천사가 곧 떠나더라 [11] 이에 베드로가 정신이 들어 이르되 내가 이제야 참
으로 주께서 그의 천사를 보내어 나를 헤롯의 손과 유대 백성의 모든 기대
에서 벗어나게 하신 줄 알겠노라 하여 [12] 깨닫고 마가라 하는 요한의 어머
니 마리아의 집에 가니 여러 사람이 거기에 모여 기도하고 있더라 [13] 베드로
가 대문을 두드린대 로데라 하는 여자 아이가 영접하러 나왔다가 [14] 베드로
의 음성인 줄 알고 기뻐하여 문을 미처 열지 못하고 달려 들어가 말하되 베

드로가 대문 밖에 섰더라 하니 15 그들이 말하되 네가 미쳤다 하나 여자 아
이는 힘써 말하되 참말이라 하니 그들이 말하되 그러면 그의 천사라 하더라
16 베드로가 문 두드리기를 그치지 아니하니 그들이 문을 열어 베드로를 보
고 놀라는지라 17 베드로가 그들에게 손짓하여 조용하게 하고 주께서 자기를
이끌어 옥에서 나오게 하던 일을 말하고 또 야고보와 형제들에게 이 말을
전하라 하고 떠나 다른 곳으로 가니라 18 날이 새매 군인들은 베드로가 어떻
게 되었는지 알지 못하여 적지 않게 소동하니 19 헤롯이 그를 찾아도 보지 못
하매 파수꾼들을 심문하고 죽이라 명하니라 헤롯이 유대를 떠나 가이사랴로
내려가서 머무니라 20 헤롯이 두로와 시돈 사람들을 대단히 노여워하니 그들
의 지방이 왕국에서 나는 양식을 먹는 까닭에 한마음으로 그에게 나아와 왕
의 침소 맡은 신하 블라스도를 설득하여 화목하기를 청한지라 21 헤롯이 날
을 택하여 왕복을 입고 단상에 앉아 백성에게 연설하니 22 백성들이 크게 부
르되 이것은 신의 소리요 사람의 소리가 아니라 하거늘 23 헤롯이 영광을 하
나님께로 돌리지 아니하므로 주의 사자가 곧 치니 벌레에게 먹혀 죽으니라

예루살렘 교회에 대한 자세한 이야기는 이 본문이 마지막이다. 스데반이 순교할 때 시작된 핍박에도 불구하고 아직도 예루살렘에 교회가 있는 것을 보면, 그동안 예루살렘 성도들이 유대교의 변방에서 저자세를 취하고 조용히 있었던 것으로 생각된다(Witherington). 오순절 때의 활기차고 생기가 넘치는 모습을 찾아볼 수 없게 된 것이다. 그럼에도 불구하고 하나님은 의기소침해 있는 예루살렘 교회를 사랑하셔서 기적을 베푸신다. 앞으로 활기찬 모습은 안디옥 교회에서 볼 수 있다. 어떤 이들은 바나바와 사울이 안디옥 교회의 구제 헌금을 가지고 예루살렘을 찾아가 사도들에게 전달하지 않고 장로들에게 전달한 것은 아그립바의 핍박으로 인해 사도들이 모두 예루살렘을 떠나 있었기 때문이라고 한다(Schnabel).

그때에 헤롯이 예루살렘 교회의 기세를 꺾으려고 그리스도인 중 몇

명을 해하려고 했다(1절). 이 헤롯은 아그리파 1세(Herod Agrippa I, 주전 9-주후 44년)로 헤롯 대왕의 손주다(Bock). 그는 유대인의 지지를 얻으려고 많이 노력했으며(Bruce), 유대인이 싫어한다는 이유로 그 역시 기독교를 싫어했다(Hengel & Schwemer). 헤롯은 바리새인들과 매우 각별한 사이를 유지했다(Bock).

헤롯은 주후 41년 로마 황제로부터 유대 왕으로 임명받은 후 주후 44년에 죽을 때까지 나라를 다스렸다. 그러므로 '그때'(ἐκεῖνον δὲ τὸν καιρὸν)는 아그리파가 즉위한 해를 뜻하며, 그는 권력을 잡자마자 교회를 핍박하기 시작했다(Schnabel). '해하다'(κακόω)는 학대하는 것을 의미하며(cf. BDAG), 신약에서 6차례 사용되는데 그중 5차례가 사도행전에서 사용된다(7:6-7, 19; 12:1; 14:2; 18:10; 벧전 3:13).

헤롯은 요한의 형제이자 세베대의 아들인 야고보를 칼로 죽였다(2절; cf. 눅 6:14; 행 1:13). 야고보는 사도 중 첫 순교자가 되었고, 기독교 역사에서는 스데반에 이어 두 번째 순교자가 되었다. 원래 범죄자를 처형할 권한이 로마 사람에게만 있었음에도 헤롯이 야고보를 죽인 것을 보면 로마 사람들이 그에게 이러한 권한을 부여한 것으로 보인다(Schnabel).

헤롯이 야고보를 칼로 죽였다는 것은 참수했다는 뜻이다(Longenecker). 유대인들은 참수를 가장 수치스러운 죽음으로 생각했다(Bock, Schnabel, Wall). 기독교인의 숫자가 많아지자 그들을 미워하는 유대인들의 환심을 사려고 로마에 대한 반역 등 정치적인 죄명을 뒤집어씌워 죽였을 것이다. 예수님은 세베대의 아들들인 요한과 야고보에게 그들의 순교를 예고하셨다: "너희는 내가 마시는 잔을 마시며 내가 받는 세례를 받으려니와"(막 10:39). 그러나 요한이 순교했다는 기록은 없다. 그러므로 예수님은 그들이 형제이므로 한 사람의 죽음을 이렇게 말씀하신 것이다.

사도들은 예전에 가룟 유다가 자살했을 때 그를 대체할 사도로 맛디아를 세웠다(1:15-26). 그러나 이번에는 순교한 야고보를 대체할 사도를 세우지 않았다. 시간이 지나면서 사도들은 사도직이 영구직이며, 자신들이 죽으면 사도직도 끝나는 것으로 이해했던 것으로 보인다(Fitzmyer).

유대인들은 헤롯이 야고보를 죽인 일을 기뻐했다(3a절). 사도행전에서 처음으로 '유대인들'이 부정적인 의미로 사용되고 있다(Jervell). 생명을 귀하게 여기시는 창조주 하나님을 믿는다는 자들이 타락해서 사람 죽이는 일을 기뻐한다! 기독교와 유대교의 괴리감이 극복할 수 없을 만큼 커져 가고 있다. 유대교 지도자들이 잔혹함과 살생으로 기독교를 계속 압박한 것이 둘 사이를 갈라놓았다(Bock).

헤롯은 유대인들이 자신이 저지른 만행을 기뻐하는 것을 보고 한층 더 고무되어 사도들의 리더인 베드로도 죽이려고 잡아들였다(3b절). 그러나 베드로를 잡아들인 때가 무교절 기간이라 곧바로 처형하지 못하고 절기가 끝날 때까지 기다려야 했다.

무교절은 유월절 다음 날부터 일주일간 진행되는 절기다. 이 절기에는 하나님이 이집트에서 노예 생활을 하던 이스라엘을 해방시켜 그분의 백성으로 삼으신 일을 기념한다. 유대인들은 예수님을 유월절에 죽였다(눅 22:1). 이번에는 베드로를 이 절기에 죽이려고 한다. 하나님은 이 절기 때 이집트에서 노예로 죽어 가던 그들을 살리셨는데, 그들은 살기로 가득하다.

만일 베드로가 훗날 바울이 갇히는 곳(21:34-23:30)에 갇혔다면 그는 성전 남쪽에 있는 안토니아 요새(Fortress of Antonia)에 갇혔을 것이다(Barrett, Longenecker). 혹은 도시의 서쪽에 있는 왕궁의 감옥에 갇혔을 수도 있다(Rapske). 헤롯이 예전에 베드로와 요한이 대제사장에게 잡혀 감옥에 갇혔다가 간수들도 모르는 사이에 천사의 도움으로 감옥에서 걸어 나온 일에 대해 알았는지(cf. 5:17-26) 이번에는 각각 군인 4명으로 구성된 4개 조, 즉 총 16명에게 베드로 한 사람을 감시하게 했다(4a절).

각 조는 밤에 세 시간씩 보초를 섰다(Longenecker). 이로써 절대 베드로를 놓치는 일이 없을 것이며, 무교절 절기가 끝나면 곧바로 그를 백성 앞에 끌어내 처형하겠다는 의지를 보이고 있다(4b절). 헤롯이 유대인들의 인기를 탐하여 벌인 일이다.

사도들의 대표이자 교회의 가장 중요한 지도자인 베드로가 감옥에 갇혀 처형될 위기에 처하자, 예루살렘 교회가 그를 위해 간절히 하나님께 기도했다(5절). '간절히'(ἐκτενῶς)는 누가가 누가복음에서 예수님이 겟세마네 동산에서 드린 기도, 곧 땀이 땅에 떨어지는 핏방울같이 된 기도를 드리는 장면에서 사용한 단어다(눅 22:44). 또한 '갇혔다'(ἐτηρεῖτο)와 '기도하더라'(προσευχὴ ἦν) 둘 다 미완료형이다. 군인들은 베드로를 절대 놓치지 않겠다는 일념으로 지키고 있고, 성도들은 하나님께 그를 풀어 달라며 쉬지 않고 기도하고 있다. 군인들과 성도들이 베드로를 중간에 두고 영적인 싸움을 벌이는 듯한 느낌을 준다.

드디어 절기 마지막 날, 곧 헤롯이 베드로를 사람들 앞에서 재판하려는 날 전날 밤이 되었다(6a절). 다음 날이면 베드로는 재판을 받고 그 다음 날 처형될 것이다. 만일 이 일이 주후 41년에 있었던 일이라면 이해 유월절은 4월 5일이었고, 헤롯은 베드로를 무교절 다음 날인 12일에 재판하고 13일에 처형할 계획이었다(Schnabel).

각각 네 명으로 구성된 군인들 가운데 두 명이 베드로의 양쪽에서 그의 팔을 하나씩 각자 자기 몸에 사슬로 묶고, 나머지 두 명은 옥 밖에서 보초를 섰다(6절). 이러한 방법으로 죄인을 감시하는 것은 로마 사람들의 방법이므로 베드로를 잡아들이고 감시하는 일에 로마 사람들도 연루된 것으로 보인다(Haenchen, Witherington).

베드로가 갇혀 있는 감옥에 갑자기 주의 사자가 나타나니 감옥이 그가 발하는 광채로 가득했다(7a절). 베드로는 예전에 하나님이 자신과 요한을 구원해 주신 일을 생각하며 이번에도 반드시 구원해 주실 것이라고 확신했는지(5:19-20) 당장 내일이 재판 날인데도 깊은 잠에 빠져 있었다. 양쪽 팔이 간수들에게 묶인 채로 말이다! 얼마나 깊이 잠들었는지 천사가 그를 구하러 온 것도 알아채지 못하고 계속 잠만 자자 천사가 그의 옆구리를 치며 빨리 일어나라고 깨웠다(7b절). 마치 부모가 깊이 잠든 아이를 깨우는 모습이다. 천사는 그를 묶고 있는 쇠사슬도 벗겨 주었다.

어떤 이들은 이 일을 두고 누가가 실제로 일어난 대로 기록한 것이 아니라고 한다(sc. Hengel & Schwemer). 어떤 이들은 내부에 있는 사람(들)이 매수되어 벌인 일이라 하기도 한다. 그러나 이 일로 간수 16명이 모두 처형당하는 것으로 보아 이러한 주장은 별 설득력 없는 추측에 불과하다. 헤롯이 얼마나 포악한지, 그리고 베드로를 놓치면 베드로 대신 자기들을 처형할 수 있다는 사실을 익히 아는 사람들이 돈 몇 푼 받고 이런 일을 벌였다는 것은 납득이 가지 않는다. 베드로의 양팔을 자기 몸에 묶고 함께 자고 있던 간수들이 베드로가 옥에서 나가는 것을 전혀 눈치채지 못하는 것으로 보아 이 일은 하나님이 행하신 기적이다(Stott). 사도행전에서는 천사들이 하나님의 시중을 들어 여러 가지 일을 하느라 바쁘다!

천사가 깨우자 일어나기는 했지만, 베드로가 얼마나 깊이 자고 있었는지 정신을 차리지 못해 무엇을 해야 할지 몰랐다. 천사는 이런 베드로에게 띠를 띠고 신을 신어 옥에서 나갈 준비를 하라고 했다(8a절). 베드로는 천사가 하라는 대로 했지만, 겉옷을 입어야 한다는 것까지는 생각하지 못했다. 그러므로 천사는 그에게 겉옷도 챙겨 입고 따라오라고 했다(8b절). 베드로는 지금 꿈을 꾸고 있는지, 혹은 실제 상황인지 구분하지 못한 채 비몽사몽간에 천사를 따라갔다(9절). 그는 자신이 계속 꿈을 꾸고 있다고 생각했다.

천사는 생시인지 알지 못하고 따라오는 베드로를 데리고 첫 번째와 두 번째 파수를 지나 예루살렘 시내로 통하는 쇠문의 자물쇠도 풀리게 했다(10a절). 천사가 지날 때마다 모든 문이 자동으로 열리지만(cf.

Longenecker, Polhill), 간수들은 전혀 눈치를 채지 못한다. 깊이 잠든 것일까? 본문은 사도행전에 기록된 세 개의 감옥 탈출 이야기 중 두 번째 이야기이다(cf. 5:18-20; 16:23-29).

천사는 베드로를 예루살렘 시내 거리에 두고 떠났다(10b절). 나머지는 베드로가 알아서 하라는 뜻이다. 드디어 베드로가 정신이 들었다. 지금까지 일어난 일은 환상이 아니라 하나님이 그를 헤롯의 손과 유대 백성의 모든 기대에서 벗어나게 하고자 행하신 일이라는 것을 깨달았다(11절). '유대 백성의 모든 기대'(πάσης τῆς προσδοκίας τοῦ λαοῦ τῶν Ἰουδαίων)는 다름 아닌 그의 죽음이다. 베드로는 생명을 살리는 복음을 자기 백성인 유대인에게 선포하지만, 그들은 베드로가 헤롯에 의해 처형당하기를 기대하고 있다.

베드로는 곧바로 마가라 하는 요한의 어머니 마리아의 집으로 갔다(12a절). 이 요한 마가는 앞으로 신약에 여러 차례 언급될 사람이다(12:25; 15:37, 39; 골 4:10; 딤후 4:11; 몬 1:24; 벧전 5:13). 그의 아버지 이름이 언급되지 않고 어머니가 언급되는 것으로 보아 아버지는 죽은 것으로 보인다(Bock, Schnabel). 그곳에는 여러 사람이 모여 기도하고 있었다(12b절). 마리아가 여러 사람이 모여 기도할 정도로 큰 집을 가지고 있었다는 것은 상당한 부자였다는 뜻이다. 이를 통해 예루살렘 성도 중 일부가 자기 집을 팔아 가난한 성도들에게 나누어 준 일(cf. 4장)은 원하는 사람들만 자원해서 한 일임을 알 수 있다(Bock). 베드로가 마리아의 집을 알고 있었다는 것은 이 집에서 교회가 모였다는 것을 의미한다.

베드로가 마리아의 집 대문을 두드리자 로데라 하는 여자아이가 영접하러 나왔다(13절). '대문'(θύρα)은 집의 뜰과 거리를 구분하는 곳에 있으며, 집 안으로 들어가는 '문'(πυλών)과는 다르다(Schnabel, cf. TDNT). 이 집은 건물과 길 사이에 정원 같은 공간이 있었다는 뜻이다. '로데'(Ῥόδη)는 '장미 봉우리'라는 뜻을 지닌 여자 이름이며, 대문을 열어 주러 나오는 것을 보면 이 아이는 아마도 이 집의 종(노예)이었을 것이다. 이러한 세부적인 디테일이 이 이야기가 실제로 있었던 일이라는 것을 암시한다(Bruce).

로데는 평소에 베드로를 잘 알고 있었기 때문에 이 밤에 문을 두드리는 자의 목소리가 베드로의 것이라는 사실을 곧바로 알아차렸다(14a절). 여러 사람이 집 안에 모여 함께 베드로를 위해 기도하다가 베드로의 음성을 듣게 되었으니 얼마나 흥분되고 감동적인 일인가! 너무나도 기쁜 나머지 로데는 베드로에게 문을 열어 주는 일을 잊고 곧바로 집 안으로 달려가 베드로를 위해 기도하고 있는 사람들에게 그가 대문 밖에 서 있다고 알렸다(14절)!

이어지는 이야기는 아이러니(irony)하다기보다는 유머러스하다. 그토록 베드로를 위해 기도한 사람들이 정작 베드로가 나타났다는 로데의 말을 믿지 않는다! 그들은 로데가 미쳤다고 말했다(15a절). 로데가 베드로에게 무슨 일이 없기를 바라며 간절히 기도하다가 정신이 이상해졌다고 생각한 것이다(Bock). 로데가 대문 밖에서 들려오는 베드로의 음성을 분명히 들었다며 주장을 굽히지 않자, 다른 사람들은 베드로의 천사가 찾아온 것이라 했다(15b절). 유대인들은 모든 사람이 수호천사의 보호를 받는다고 생각했다(Fitzmyer). 그러므로 베드로의 수호천사가 찾아온 것으로 생각한 것이다. 혹은 베드로가 이미 죽어 그의 영혼이 온 것으로 생각했다(Polhill).

이 사람들이 함께 모여 베드로를 위해 기도하고 있음에도 베드로가 찾아오리라고 전혀 생각하지 못하는 것으로 보아 아마도 베드로가 재판에서 좋은 판결을 받거나, 벌을 받아도 혹독한 벌을 받지 않게 해 달라고 기도한 것으로 보인다(Bock, Schnabel). 하나님은 베드로를 옥에서 풀려나게 하심으로써 예루살렘 성도들의 바람을 초월하는 은혜를 베푸셨다. 베드로의 감옥 탈출은 유대 백성의 모든 기대를 꺾는 일이었지만(11절), 예루살렘 성도들에게는 그들의 기대를 뛰어넘은 일이었다. 집 안에 모인 사람들이 로데가 누구의 목소리를 들었는지 논하는 동안 베드로는 계속 대문 밖에 서 있다!

베드로가 계속 문을 두드리자 모두 나와 문을 열어 베드로가 서 있는 것을 보고 놀랐다(16절). 그들은 한순간도 베드로가 감옥에서 무사히 나오는 일을 상상하지 못했다. 도저히 믿기지 않는 일이 벌어진 것이다! 베드로는 그들에게 손짓해 조용히 하게 했다(17a절). 그가 감옥에서 탈출한 일을 이웃들이 알아채지 못하게 하려는 것이다. 베드로는 하나님이 천사를 보내 그를 감옥에서 나오게 하신 일을 그들에게 알려주었다(17b절). 그러고는 야고보와 형제들에게 자기가 어떻게 감옥을 나오게 되었는지 알려 주라고 이른 뒤 그곳을 떠나 다른 곳으로 갔다(17c절). 당분간 그의 목숨을 노리는 자들에게서 멀리 떨어져 있을 생각이다.

베드로가 자기 일을 알리라는 야고보는 예수님의 동생이다(cf. 1:14; 15:13; 21:18). 그는 이때 이미 예루살렘 교회의 지도자였으며(cf. 갈 2:1-10), 베드로와 요한과 함께 예루살렘 교회의 기둥으로 여겨졌다(갈 2:9). 야고보는 주후 62년에 대제사장 안나스(Annas Ⅱ)의 손에 순교했다. 당시 유대인들은 로마 사람들만 죄인을 사형에 처할 수 있는 권한을 가졌음에도 안나스가 자기 권세를 벗어난 일을 했다며 걱정했다. 그들이 우려한 대로 로마는 안나스가 야고보를 죽인 일을 문제 삼아 그를 대제사장직에서 파면했다(Josephus, cf. Bock).

베드로는 이때부터 그를 노리는 자들로부터 이른바 '잠수를 탔다.' 그러나 그가 어디로 갔는지 아무도 모른다(Bruce). 한때 가톨릭교회는 위경들을 바탕으로 베드로가 주후 42년에 로마로 가서 그곳에서 25년간 지냈다고 주장했다(cf. Longenecker). 그러나 가톨릭 학자들마저도 이러한 주장에 문제를 제기하며 더는 이 입장을 고수하지 않는다. 어떤 이들은 베드로가 안디옥으로 갔을 것이라고 한다(Longenecker, Polhill). 그가 이때 갈라디아(cf. 갈 2:14), 혹은 고린도(cf. 고전 1:12; 9:5)에 잠깐 머물렀을 수도 있다. 그러나 아마도 한곳에 머물지 않고 여기저기 다니며 선교 사역을 이어 갔을 가능성이 가장 크다(Barrett, Fitzmyer).

날이 새자 군인들은 베드로가 사라진 것을 알아차리고 적지 않게 소동했다(18절). 로마법은 군인(간수)이 포로(죄인)를 놓칠 경우, 그 포로(죄인)가 받을 벌을 대신 받게 했다(Longenecker). 헤롯이 베드로를 죽일 계획이었으므로, 만일 그를 감시하던 군인들이 베드로를 다시 잡아들이지 못하면 모두 죽게 된다. 그러므로 이날 감옥 안에 엄청난 소동이 있었다.

헤롯이 아무리 찾아도 베드로를 찾지 못했다(19a절). 헤롯은 명령을 내려 파수꾼들을 심문했지만, 그들 역시 아무것도 알지 못하기 때문에 얻어 낸 것이 아무것도 없었다. 베드로를 죽여 유대인 사이에 인기를 누리려 했던 헤롯은 화가 머리끝까지 치밀어 올라 베드로를 지키던 군인 16명(=각각 4명으로 구성된 4개 조)을 모두 죽이도록 명령했다(19b절). '죽이라 명하다'(ἐκέλευσεν ἀπαχθῆναι)를 직역하면 '데리고 나가라고 명하다'이다. 이 표현은 사형에 처하라는 의미를 지닌 숙어다(Longenecker).

이 같은 폭력성은 인기를 탐하다가 실패한 자들의 특징이다(Fernando). 헤롯은 예전에 베드로와 요한이 기적을 통해 감옥에서 풀려난 일을 알고 있다. 그래서 더 철저하게 감시하도록 군인 16명에게 베드로 한 명을 감시하게 했다. 헤롯은 군인들을 심문하면서 이번 일 역시 사람이 막을 수 없는 불가사의한 일이라는 것을 알아차렸을 것이다. 그러나 그는 기적을 행하신 하나님을 믿지 않는다. 오히려 하나님이 하시는 일을 막을 수 없는 애꿎은 군인들만 죽인다. 그러고는 유대를 떠나 가이사랴로 가서 그곳에 머물렀다(19c절). 베드로 일로 참으로 '열을 받아' 예루살렘에 더 머물 수 없었던 것이다(Longenecker). 하나님은 곧 이 악한 왕을 심판하실 것이다(cf. 23절).

헤롯이 가이사랴에 머무는 동안 어떤 일로 인해 두로와 시돈 사람들을 대단히 노여워했다(20a절). 그러므로 그는 이 도시들에 식량과 연관된 어떤 경제적 제재를 가했다(Jervell). 두로와 시돈은 갈멜산 북쪽 지중해 해안에 있는 베니게(Phoenicia) 지역의 대표적인 도시이며(cf. 11:19), 유대의 오랜 교역 파트너였다(cf. 왕상 5:10-12; 겔 27:17). 이 두 도시 사람들은 헤롯이 다스리는 지역에서 생산된 양식을 수입해 먹고 사는 상황이었기 때문에 그의 침소 맡은 신하 블라스도를 설득해 헤롯과 화목하기를 청했다(20b절). '왕의 침소를 맡은 신하'(τὸν ἐπὶ τοῦ κοιτῶνος τοῦ βασιλέως)는 왕의 개인적인 일을 도맡아 하는 보좌관(personal chief of staff)을 뜻한다(Le Cornu & Shulam). 접견을 거부하는 왕을 만나야 할 일이 있을 때 부탁하기에 가장 좋은 위치에 있는 사람이다.

개인 보좌관 블라스도의 주선으로 헤롯이 두로와 시돈 사람들을 만나기로 했다. 헤롯이 그들을 만난 날, 그는 왕복을 입고 단상에 앉아 백성에게 연설했다(21절). 요세푸스는 그가 이날 은으로 만든 옷을 입고 나갔다가 그 옷에 반사된 햇빛으로 인해 상당히 당황해했다고 한다(cf. Bock). 헤롯에게 잘 보여 곡식을 계속 공급받아야 하는 두로와 시돈 사람들이 헤롯의 소리가 인간의 소리가 아니라 신의 소리라며 아첨을 떨었다(22절).

헤롯이 영광을 하나님께 돌려야 하는데 그렇게 하지 않자 주의 사자가 그를 쳐 벌레에게 먹혀 죽게 했다(23절; cf. 삼하 12:15; 왕하 19:35). 요세푸스는 헤롯이 신의 음성을 들었다는 사람들을 나무라거나 그들의 거짓 칭찬을 거부하지 않았기 때문에 두로와 시돈 사람들을 만난 후 심한 복통을 앓다가 5일 후에 죽었다고 한다(cf. Bock, Longenecker).

이 말씀은 하나님의 뜻이 아니면 복음을 선포하는 주의 자녀들은 절대 죽지 않을 것이라 한다. 헤롯은 베드로를 죽이고자 했다. 그러나 죽일 수 없었다. 하나님이 천사를 보내 그를 살리셨기 때문이다. 베드로는 아직 곳곳에 복음을 전하며 하나님 나라를 위해 해야 할 일이 많은 사람이다. 하나님은 베드로가 맡은 사명을 다할 때까지 앞으로도 그를 보호하고 보존하실 것이다. 하나님은 언제든 기적을 베푸셔서 자기 백성을 구하실 수 있다.

우리가 누구를 위해 기도할 때 되도록 하나님이 큰 은혜를 그에게 베푸시기를 기도해야 한다. 예루살렘 성도들은 베드로를 위해 계속 기도했으면서도 정작 그가 풀려나 찾아오자 믿으려 하지 않았다. 그들은 베드로가 아무런 해를 받지 않고 풀려날 수는 없다는 것을 기정사실로 받아들이고, 다만 재판에서 좋은 판결을 받거나 심한 처벌을 받지 않도록 기도했기 때문이다. 만일 그들이 하나님이 기적을 베푸셔서 베드로가 아무런 해를 받지 않고 감옥에서 걸어 나오게 해 달라고 기도했다면 찾아오자마자 그를 반겼을 것이다. 우리는 이웃을 위해 기도할 때 더 큰 은총을 사모하며 그들을 축복해야 한다.

하나님은 베드로를 죽이려 했던 헤롯을 죽이셨다. 복음을 전파하는 베드로는 자유를 누리고 복음을 방해하는 헤롯은 죽음을 맞이하는 하나님의 은혜와 심판이 동시에 일어났다고 할 수 있다. 하나님을 모독하고 자신이 신인 것처럼 행세하는 자는 분명히 심판받을 것이다. 또한 복음 선포와 하나님 일을 방해하는 어떠한 권세도 하나님 앞에서 안전할 수 없다. 하나님의 때가 되면 모두 심판받아 망한다.

Ⅳ. 팔레스타인과 수리아(9:32-12:24)

E. 요약: 하나님의 말씀이 계속 선포됨(12:24)

[24] 하나님의 말씀은 흥왕하여 더하더라

누가는 유대인들과 헤롯이 그리스도인들을 상대로 일삼은 폭력과 살생에도 불구하고 하나님의 말씀이 흥왕했다고 한다. '흥왕하다'(αὐξάνω)는 계속 자란다는 뜻이다. 하나님의 말씀이 점점 더 널리 퍼지고, 믿는 사람이 많아진 것이다(새번역). 그 누구도 하나님이 하시는 일을 막을 수 없다. 하나님은 복음을 통해 구원하시는 일을 세상 끝 날까지 이어

가실 것이다.

누가는 이 요약적 회고를 통해 예루살렘 교회 이야기를 끝내고 안디옥 교회 이야기로 이어 가고자 한다(cf. 13장). 또한 사도행전의 중심인물이 베드로에서 바나바와 바울로 넘어가는 시점이기도 하다. 기독교 교회의 이야기가 다음 단계로 넘어가고 있다.

이 말씀은 헤롯이 죽이려 했던 베드로와 하나님이 죽이신 헤롯의 대조되는 운명을 생각하게 한다. 복음을 전하던 베드로는 계속 왕성하게 사역했다. 반면에 복음 선포를 반대하던 헤롯은 하나님의 손에 죽었다. 사람은 하나님의 일을 반대할 수 없다. 하나님의 일을 반대하는 자는 자폭하는 운명을 맞을 뿐이다.

Ⅴ. 아나톨리아
(12:25-15:35)

이 섹션에서는 복음이 오늘날 튀르키예(터키)에 속한 소아시아 지역까지 전파된다. 고넬료 이야기를 통해 이방인 성도가 교회에 들어오기 시작했다면, 이 섹션에서는 이방인이 주축이 된 안디옥 교회가 이방인들에게 선교사들을 파송한다. 안디옥 교회는 바나바와 사울을 선교사로 세워 소아시아에 복음을 전파하게 했다. 복음이 점점 세상 끝을 향해 가고 있다. 본 텍스트는 다음과 같이 두 섹션으로 구성된다.

A. 첫 번째 선교 여행(12:25-14:28)
B. 예루살렘 공의회(15:1-35)

Ⅴ. 아나톨리아(12:25-15:35)

A. 첫 번째 선교 여행(12:25-14:28)

안디옥 교회에 의해 이방인 선교가 본격적으로 시작된다. 안디옥 교회에서 파송된 바나바와 사울은 한 팀을 이루어 아나톨리아 지역(소아시

아) 곳곳을 돌며 복음을 선포했다. 이들이 갈라디아와 구브로까지 갔다는 것은 복음이 '땅끝'에 한 걸음 더 다가갔다는 뜻이다. 선교를 통해 이방인이 대거 교회로 들어오게 되었다.

이제 사울이 바울이 되며(13:9) 사도행전의 중심인물이 된다. 학자들은 이 섹션에 기록된 여정을 '바울의 1차 선교 여행'이라고 한다. 그의 2차 선교 여행은 마게도냐와 아가야 여정이며(16-18장), 3차 선교 여행은 에베소에서 전도하고 예루살렘으로 돌아오는 길에 다시 마게도냐와 아가야를 거치는 여정이다(19-20장).

다음은 사도행전뿐 아니라 바울 서신에 기록된 내용을 종합해 정리한 것으로, 바울이 방문한 선교지들이다(Schnabel). 연대와 순서는 학자에 따라 조금씩 다를 수 있다.

순서	장소	본문	연대
1	다메섹 Damascus	행 9:19-25; 갈 1:17	32/33년
2	아라비아 Arabia, Nabatia	갈 1:17; 고후 11:32	32-33년
3	예루살렘 Jerusalem	행 9:26-29; 롬 1:16	33/34년
4	수리아/길리기아, 다소 Syria/Cilicia, Tarsus	행 9:30; 11:25-26; 갈 1:21	34-42년
5	수리아 안디옥(Syria Antioch)	행 11:26-30; 13:1	42-44년
6	구브로 Cyprus(Salamis, Paphos)	행 13:4-12	45년
7	갈라디아 Galatia(Psidian Antioch, Iconium, Lystra, Derbe) 밤빌리아 Pamphylia(Perge)	행 13:14-14:23 행 14:24-26	45-47년 47년
8	마게도냐 Macedonia(Phillipi, Thessalonica, Berea)	행 16:6-17:15	49-50년

9	아가야 Achaia(Athens; Corinth)	행 17:16-18:28	50-51년
10	아시아 Asia(Ephesus)	행 19:1-41	52-55년
11	일루리곤 Illyricum	롬 15:19	56년
12	유대 Judea(Caesarea)	행 21:27-26:32	57-59년
13	로마 Rome	행 28:17-28	60-62년
14	스페인 Spain	제1클레멘서 5:5-7	63-64년(?)
15	그레데 Crete	딛 1:5	64-65년(?)

첫 번째 선교 여행에서 바나바와 바울은 한곳에서 오래 머물지 않고 계속 이동한다(Marshall). 그들은 이 여정을 완성하기 위해 거의 1,500㎞를 걸었다(Schnabel). 본 텍스트는 다음과 같이 구분된다.

A. 바나바와 사울이 선교사로 파송됨(12:25-13:3)
B. 구브로 선교(13:4-12)
C. 비시디아 안디옥 선교(13:13-52)
D. 이고니온 선교(14:1-7)
E. 루스드라와 더베 선교(14:8-21a)
F. 안디옥으로 돌아옴(14:21b-28)

Ⅴ. 아나톨리아(12:25-15:35)
A. 첫 번째 선교 여행(12:25-14:28)

1. 바나바와 사울이 선교사로 파송됨(12:25-13:3)

25 바나바와 사울이 부조하는 일을 마치고 마가라 하는 요한을 데리고 예루

살렘에서 돌아오니라 13:1안디옥 교회에 선지자들과 교사들이 있으니 곧 바나바와 니게르라 하는 시므온과 구레네 사람 루기오와 분봉 왕 헤롯의 젖동생 마나엔과 및 사울이라 2 주를 섬겨 금식할 때에 성령이 이르시되 내가 불러 시키는 일을 위하여 바나바와 사울을 따로 세우라 하시니 3 이에 금식하며 기도하고 두 사람에게 안수하여 보내니라

이제부터는 베드로가 아니라 바나바와 사울이 사도행전의 중심인물이다. 그러다가 바나바와 사울이 '마가라 하는 요한' 때문에 심하게 다투고 갈라서서 각자 사역의 길을 갈 때 바울이 홀로 중심인물이 된다. 저자인 누가가 바울과 함께 할 것이기 때문이다.

바나바와 사울이 기근을 겪은 예루살렘 성도들을 위해 안디옥 성도들이 모은 구제 헌금을 장로들에게 전하고 돌아왔다(25a절; cf. 11:30). 베드로가 예루살렘을 떠난 때는 주후 41년, 바나바와 사울이 예루살렘을 방문한 때는 주후 44년이다(Schnabel). 이때 베드로와 사도들은 헤롯의 박해를 피해 예루살렘을 떠나 있었기 때문에 그들은 사도들이 아니라 장로들에게 헌금을 전했다(Schnabel).

'예루살렘에서 돌아왔다'(εἰς Ἰερουσαλὴμ)를 직역하면 '예루살렘으로 돌아왔다'이다(cf. NRS). 대부분 사본이 이렇게 표기한다. 마치 이때 바나바와 사울이 헌금을 가지고 예루살렘에 도착한 것처럼 말이다. 그러나 우리가 그들을 마지막으로 보았을 때(11:30), 그들은 이미 헌금을 가지고 예루살렘에 도착했다. 몇몇 사본은 이 문제를 해결하기 위해 전치사 '…으로/에'(εἰς)를 '…으로부터'(ἀπὸ, ἐξ)로 바꾸었다. 문맥을 고려할 때 바나바와 사울이 예루살렘에서 헌금을 전달하고 안디옥으로 돌아온 것이 맞다.

바나바와 사울은 예루살렘에서 안디옥으로 돌아오는 길에 마가라 하는 요한을 데려왔다. 마가라 하는 요한은 예루살렘 교회가 모이던 집의 주인 마리아의 아들이다(12:12). 골로새서 4:10은 그를 바나바의 '생질', 곧 누이의 아들이라고 하는데(그러므로 바나바와 마가의 어머니 마리아는 남매), 이 단어(ἀνεψιός)는 조카뿐 아니라 사촌을 뜻할 수도 있다(cf. BDAG). 사도행전에서 이 마가는 그의 유대인 이름인 '요한'으로 불리고(13:5, 13), 로마 이름인 '마가'(12:25; 15:39)로도 불린다. 또한 본문에서처럼 '요한이라 하는 마가'로 불리기도 한다(12:12, 15:37). 그는 바울의 첫 번째 선교 여행에 함께 가지만(13:5), 끝까지 함께하지 못하고 도중에 예루살렘에 있는 어머니 마리아에게 돌아간다(13:13). 훗날 바나바가 다시 마가를 선교 여행에 데려가려고 하자 바울이 반대한다. 이 일로 바울과 바나바는 크게 다투고 각자의 길을 가는데, 이때 바나바가 마가를 데려간다(15:37-39).

안디옥 교회에는 선지자와 교사가 여럿 있었다(1a절). 사도행전에서 '교사'(διδάσκαλος)는 이곳에만 유일하게 사용되지만, 연관된 동사 '가르치다'(διδάσκω)는 16차례 사용된다(Bock). 바나바, 시므온, 루기오, 마나엔, 사울 등 다섯 사람이 대표적인 지도자였다. 이들 중 처음 세 사람은 선지자이며, 나머지 두 사람(마나엔과 사울)은 선생이라고 추측하는 이도 있다(Longenecker). 그러나 예언하는 일과 가르치는 일은 서로 겹치기 때문에 다섯 사람 중 일부를 선지자로, 나머지를 교사로 구분하는 것은 쉽지 않을 뿐 아니라 별 의미가 없다(cf. Bock, Fernando, Harrison). 교회는 선지자도 필요하고, 선생도 필요하다.

선지자는 하나님이 말씀을 주실 때마다 받은 것을 즉흥적으로 선포하며, 선생은 사전에 준비한 것을 차분하게 선포한다(Schnabel, Williams). 그러나 선지자와 선생의 구분이 항상 뚜렷한 것은 아니며, 한 사람이 두 가지 역할을 하는 것도 흔한 일이다. 베드로와 바울과 바나바 모두 사도(보냄받은 자)이며, 선지자이며, 선생이다(Schnabel).

이곳에 언급된 사람들과 그들의 출신지를 보면 안디옥과 그 안에 있는 교회는 이미 여러 인종과 문화권에서 온 사람으로 구성된 코즈모폴리턴(cosmopolitan)이다(Stott). 안디옥 교회의 가장 중요한 리더라 할 수 있는 바나바가 가장 먼저 언급된다(cf. 11:23-26). 그는 예루살렘 교회가 안디옥 교회로 파견한 유대인 그리스도인이지만, 원래 지중해에 있는 섬 구브로(Cyprus) 출신이다(4:36).

두 번째로 언급되는 시므온(Συμεὼν)은 유대인이 가질 만한 히브리어 이름이지만, 누가는 그를 '니게르'(Νίγερ)라 한다. 흑인이라는 뜻이다. 아마도 그는 아프리카에서 온 사람이었을 것이다(Bruce, Jervell). 그가 예수님의 십자가를 지고 간 사람(눅 23:26)이라고 주장하는 이도 있지만(Longenecker) 확실하지는 않다.

세 번째로 언급되는 루기오(Λούκιος)는 구레네(Κυρήνη, Cyrene), 곧 오늘날 북아프리카에 위치한 리비아 출신이다. 어떤 이들은 누가복음-사도행전을 저작한 누가가 이 사람이라고 하기도 하지만, 별 설득력 없는 추측이다(cf. Bock, Longenecker, Schnabel).

네 번째로 언급되는 마나엔은 분봉 왕 헤롯의 젖동생이다. 분봉 왕 헤롯은 세례 요한을 죽이고(막 6:14-29), 예수님의 재판에도 관여한 사람이다(눅 23:6-12). '마나엔'(Μαναήν)은 히브리어 '므나헴'(מְנַחֵם)에서 유래한 유대인 이름이다. '젖동생'(σύντροφος)은 '함께 자라난 사람'(NAS, NIV)으로 어릴 적부터 친구라는 뜻이다(Longenecker, cf. 새번역). 혹은 왕궁에서 왕자와 함께 자라난 아이들에게 주어진 타이틀이거나 헤롯의 최측근이라는 뜻이다(Bruce, cf. ESV, NRS). 마나엔은 귀족(상류층) 출신 유대인이며(Schnabel), 그가 누가에게 헤롯에 대한 정보를 제공했을 수도 있다(Williams).

마지막으로 언급되는 사울은 다소에서 태어난 디아스포라 유대인으로 예루살렘으로 유학을 가 바리새인 선생 가말리엘에게 배웠다. 구약을 꿰뚫고 있다는 뜻이다. 그는 교회를 핍박하다가 다메섹으로 가는 길에 예수님을 만나 선교사가 되었다(cf. 9:1-19). 그는 안디옥에 오기 전에 다메섹, 아라비아와 나바타에아(Arabia & Nabataea), 길리기아(Cilicia) 등에서 선교했다(cf. 7:58; 9:20-22, 30; 11:25-26).

주를 섬겨 금식한 사람들이 누구인지 확실하지는 않지만(2a절), 안디옥 교회의 모든 성도로 보인다(Bock, Fernando, Schnabel). 안디옥 교회에는 많은 인재(선생들과 선지자들)가 있었고, 예루살렘 성도들을 돕기 위해 헌금을 거둘 정도로 형편도 괜찮았다. 그리스도의 복음을 통해 하나님의 백성이 되고 보니 너무나도 행복했던 그들은 이 좋은 복음을 자신들만 누릴 것이 아니라, 세상 사람들과 나누어야 한다는 거룩한 부담감을 가지고 있었다. 모든 것이 그들로 하여금 하나님의 새로운 일을 할 때가 무르익었다는 생각을 하게 했다. 그래서 그들은 금식하며 하나님의 말씀을 구했다.

드디어 성령이 말씀하셨다(2a절). 아마도 교회에 세운 예언자 중 하나를 통해 말씀하셨을 것이다. 성령은 자신이 시키는 일을 위해 바나바와 사울을 따로 세우라고 하셨다(2b절). 성령이 시키시는 '일'(τὸ ἔργον)은 선교다(Schnabel). 바나바와 사울에게 선교의 사명을 줄 터이니 그들을 따로 세우라고 하신 것이다. 온 교회가 금식하며 예배하는 중에 있었던 일이다(Bock, Schnabel). 예수님은 10여 년 전에 다메섹에 사는 아나니아에게 일시적으로 앞을 보지 못하게 된 사울을 찾아가 안수하라고 하시며 이미 사울을 유대인들과 이방인들과 임금들에게 주의 이름을 전하는 자로 세우셨다고 말씀하셨다(9:15; cf. 22:15; 26:16-18; 갈 1:15-16). 10여 년 만에 사울이 드디어 예수님의 계획을 실현할 때가 되었다.

성령이 바나바와 사울을 따로 세우라고 하시는 것은 안디옥 교회에서 전도에 대한 열정과 은사가 가장 확실한 사람들을 선교사로 세우는 것을 의미한다. 그들은 리더십과 가르침에서도 가장 뛰어난 사람들이다(Bruce). 또한 안디옥 교회에서 1년 이상 함께 사역하며 각별한 호흡(일명 '케미', chemistry)을 보여 주었다(11:26). 성령은 안디옥 교회에 그들 가운데 최고(cream of the crop)를 보내라고 하신다. 교회는 원래 이런 사람들을 선교사로 파견해야 한다. 선교는 참으로 뛰어난 사람들이 해도 쉽지 않기 때문이다.

성령의 말씀에 따라 바나바와 사울을 따로 세운 안디옥 교회는 그들을 위해 금식하며 기도하고 두 사람에게 안수해 선교사들로 떠나보냈다(3절). '금식'은 간절함과 갈급함의 표현이다(Harrison). '안수'는 교회가 앞으로도 그들과 계속 관계를 유지하며 돕겠지만, 하나님의 은혜에 그들을 전적으로 맡긴다는 의미를 지닌 상징적인 행동이다(Marshall). 안디옥 교회는 바나바와 사울에게 직책을 맡기기 위해 안수한 것이 아니라 구체적인 사역, 곧 선교를 위해 안수한 것이다(Fernando).

선교를 위해 파송받아 안디옥 교회를 떠나는 바나바와 사울은 앞으로 여러 교회를 돌며 "각 교회에서 장로들을 택하여 금식 기도 하며 그들이 믿는 주께 그들을 위탁"할 것이다(14:23). 가는 곳마다 선교해 교회를 세우고, 이미 교회가 세워져 있다면 그 교회가 주님 안에서 더욱 더 강건하게 설 수 있도록 가르치고 양육할 것이다.

이 말씀은 하나님이 따로 세워 쓰시고자 할 때, 교회의 최고 인재라 해도 기꺼이 드려야 한다고 한다. 하나님은 안디옥 교회에서 가장 뛰어난 선생이자 리더인 바나바와 사울을 교회 밖으로 보내고자 지명하셨고, 교회는 하나님의 선택에 순종했다. 교회로서는 붙잡아 두고 싶고, 계속 교회 사역을 맡기고 싶은 참으로 아까운 인재들을 교회 밖으로 내보내는 일이다. 그러나 안디옥 교회는 하나님이 이 사람들만 할 수 있는 일을 맡기기 위해 그들을 택하신 것을 믿었다. 그러므로 순종했다. 우리도 하나님이 들어 쓰시고자 할 때, 아쉽지만 기쁜 마음으로 가장 훌륭한 사람들을 보낼 수 있어야 한다. 하나님 나라의 관점에서는 우리의 손해가 수십 배의 축복으로 바뀌어 하나님을 영화롭게 하기 때문이다.

안디옥 교회는 바나바와 사울에게 안수할 때 그들에게 선교사 직분을 주지 않았다. 그들이 선교할 수 있도록 안수해 하나님께 그들을 따로 구분해 드렸다. 직분 없이도 얼마든지 사역할 수 있으며, 직분을 받은 사람들보다 훨씬 더 귀하고 큰 사역을 하는 무직분자가 얼마나 많은가! 직분이 없어서 사역하지 못하는 일은 없어야 한다.

V. 아나톨리아(12:25-15:35)
A. 첫 번째 선교 여행(12:25-14:28)

2. 구브로 선교(13:4-12)

4 두 사람이 성령의 보내심을 받아 실루기아에 내려가 거기서 배 타고 구브
로에 가서 5 살라미에 이르러 하나님의 말씀을 유대인의 여러 회당에서 전할
새 요한을 수행원으로 두었더라 6 온 섬 가운데로 지나서 바보에 이르러 바
예수라 하는 유대인 거짓 선지자인 마술사를 만나니 7 그가 총독 서기오 바
울과 함께 있으니 서기오 바울은 지혜 있는 사람이라 바나바와 사울을 불러
하나님의 말씀을 듣고자 하더라 8 이 마술사 엘루마는 (이 이름을 번역하면 마술
사라) 그들을 대적하여 총독으로 믿지 못하게 힘쓰니 9 바울이라고 하는 사울
이 성령이 충만하여 그를 주목하고 10 이르되 모든 거짓과 악행이 가득한 자
요 마귀의 자식이요 모든 의의 원수여 주의 바른 길을 굽게 하기를 그치지
아니하겠느냐 11 보라 이제 주의 손이 네 위에 있으니 네가 맹인이 되어 얼마
동안 해를 보지 못하리라 하니 즉시 안개와 어둠이 그를 덮어 인도할 사람
을 두루 구하는지라 12 이에 총독이 그렇게 된 것을 보고 믿으며 주의 가르치
심을 놀랍게 여기니라

누가는 바울의 설교를 12개나 기록한다. 이 섹션에 기록된 첫 스피치를 시작으로 바울이 책의 중심인물로 부상한다. 누가가 기록한 바울의 설교는 모두 요약본으로, 그가 한 스피치를 원본 그대로 기록한 것은 아니다. 가장 긴 설교도 불과 3분이면 읽을 수 있을 정도로 짧기 때문이다. 또한 길이에 상관없이 내용이 비슷하다. 그러므로 바울은 어디에서 설교하든지 같은 내용을 선포했다고 할 수 있다(Longenecker). 바울이 선포한 스피치의 대상과 장소와 지역은 다음과 같다(Schnabel). 성

경 본문은 모두 사도행전 말씀이다.

	본문	대상	장소	지역
1	13:6–11	유대인: '바예수' Jew: Bar-Jesus	총독 관저(?) Governor's praetorium(?)	바보(구브로) Paphos (Cyprus)
2	13:16–41	유대인들, 유대교로 개종한 자들, 경건한 자들 Jews, proselytes, God-fearers	회당	안디옥 (비시디아) Antioch (Pisidia)
3	14:15–18	이방인: 다신주의자들 Gentiles: polytheists	제우스 신전 앞에서 In front of temple of Zeus	루스드라 (갈라디아) Lystria(Galatia)
4	17:22–31	이방인: 귀족들 Gentiles: aristocrats	아레오바고 Areopagus	아덴(아가야) Athens (Achaia)
5	20:17–38	그리스도인: 장로들 Christians: elders	교회가 모인 곳 Meeting place of church	밀레도(아시아) Miletus(Asia)
6	22:1–21	유대인 Jews	성전 바깥 뜰 Outer court of the temple	예루살렘(유대) Jerusalem (Judea)
7	23:1–6	유대인: 귀족들 Jews: aristocrats	공회 Sanhedrin	예루살렘(유대) Jerusalem (Judea)
8	24:10–21	이방인: 벨릭스 총독 Gentles: Governor Felix	총독 관저 Governor's praetorium	가이사랴(유대) Caesarea (Judea)
9	25:8–11	이방인: 베스도 총독 Gentiles: Governor Festus	총독 관저 Governor's praetorium	가이사랴(유대) Caesarea (Judea)
10	26:1–23	이방인, 유대인: 베스도, 아그립바 Gentiles, Jews: Festus, Agrippa	총독 관저 Governor's praetorium	가이사랴(유대) Caesarea (Judea)

11	28:17-20	유대인: 유대교 지도자들 Jews: Jewish leaders	감옥 Prison	로마 (이달리야) Rome(Italy)
12	28:25-28	유대인: 유대교 지도자들 Jews: Jewish leaders	감옥 Prison	로마 (이달리야) Rome(Italy)

안디옥 교회가 금식하고 기도하며 바나바와 사울을 파송했지만, 실상은 성령이 그들을 보내셨다(4a절; cf. 4:31; 8:29, 39; 10:44; 16:6). 교회가 성령의 말씀에 따라 두 사람을 구별해 선교사로 세우고 보냈기 때문이다. 바나바와 사울은 실루기아로 내려가 거기서 배를 타고 구브로로 갔다(4b절).

'실루기아'(Σελεύκεια, Seleucia)는 내륙에 있는 항구이며, 안디옥에서 서쪽으로 25km 떨어진 지중해 해안에 있었다(Polhill). '구브로'(Κύπρος, Cyprus)는 지중해에 있는 섬 중 세 번째로 큰 섬으로 길이가 230km, 너비는 100km에 달했다. 실루기아에서 구브로까지는 직거리 100km였지만(Schnabel), 배가 다니는 항로는 210km나 되었다(Longenecker).

로마는 지배하던 나라와 지역 중 10곳을 평화로운 주(州)로 구분해 군대를 주둔시키지 않고 원로원이 직접 관리하게 했다(Fernando). 원로원이 직접 관리하는 주(senatorial province)에는 '총독'(ἡγεμών, governor, consul)을 두지 않고 '총독 대행'(ἀνθύπατος, proconsul='in the place of consul'이라는 의미를 지님, cf. TDNT)을 두었다(그러나 우리말 번역본은 둘 다 '총독'으로 번역함). 로마는 주전 22년에 구브로를 원로원이 총독 대행을 통해 직접 관리하는 곳(senatorial province)으로 지정했다(Ferguson). 반면, 유대는 상당한 규모의 정규군이 상시 주둔해야 하는 위험한 곳으로 분류되어 로마 제국이 직접 관리하는 주(imperial province)였다.

이집트, 유대, 페니키아, 그리스, 아시리아, 페르시아 등에서 온 사람들이 사는 구브로는 지중해 주변에서 모여든 여러 민족의 집합체였다(Bock). 목재와 구리를 주로 수출했으며, 건조한 날씨를 유지했다.

구브로는 바나바의 고향이며, 이곳에 복음이 전파된 것은 이번이 처음이 아니다. 예루살렘 혹은 안디옥에서 넘어온 사람들이 이미 이곳에 복음을 전했다(cf. 11:19). 그러므로 바나바와 사울의 이번 여정은 이미 세워진 교회를 방문해 격려하는 일을 포함했다(Schnabel).

구브로에 도착한 바나바와 사울은 섬의 동쪽에 있는 살라미(Σαλαμίς, Salamis)에서 선교를 시작했다(5a절). 살라미는 구브로의 중요한 도시였으며, 상업의 중심지였다. 구브로에서 유대인이 가장 많이 모여 사는 곳이었다(Bock). 바나바와 사울은 '유대인의 여러 회당'(ταῖς συναγωγαῖς τῶν Ἰουδαίων)에서 말씀을 전했는데, 누가가 복수형인 '회당들'(ταῖς συναγωγαῖς)로 표기하는 것은 이곳에 유대인이 많이 살았음을 의미한다(Schnabel).

그들이 먼저 유대인 회당을 찾은 것은 그리스도인은 먼저 유대인에게 복음을 전해야 한다는 원칙을 따랐기 때문이다(롬 1:16; cf. 행 6:9; 9:2, 20; 13:5, 14, 43; 14:1; 15:21; 17:1, 10, 17; 18:4, 7, 19, 26; 19:8; 22:19; 24:12; 26:11). 그러나 잠시 후면 유대인에게 먼저 가지 않고 곧바로 이방인에게 복음을 선포하는 일도 잦아질 것이다(cf. 7절).

바나바와 사울은 이 선교 여행에 요한(마가)을 수행원으로 데려갔다(5b절). '수행원'(ὑπηρέτης)의 의미를 회당에서 성경을 관리하는 사람(cf. 눅 4:20)으로 제한적으로 해석해 마가가 바나바와 사울이 전도하며 사용할 구약과 예수님의 말씀이 기록된 두루마리를 관리하는 일만 했다고 하는 이들도 있다. 그러나 누가는 이 단어(ὑπηρέτης)를 넓고 포괄적인 의미에서 '도우미'를 뜻하는 단어로 쓰기도 한다(Longenecker, cf. 눅 1:2; 행 5:22, 25; 26:16). 그러므로 마가는 이때 아마도 두 사람을 수시로 도우며 사역을 익히는 '수습'(intern, apprentice)으로 합류했던 것으로 보인다(Bock, Schnabel).

어떤 이들은 성령이 마가는 선교하는 일로 세우지 않았다고 하는데, 별 설득력이 없다(Marshall). 성령은 선교 팀의 지도자를 세우지, 팀의 모든 멤버를 세우지는 않으시기 때문이다. 마가가 예루살렘에서 어머니와 함께 살았던 것으로 보아 그는 아마도 예수님이 십자가에 달리시기 전 예루살렘에서 하신 사역과 가르침을 직접 목격했을 것이다(Bruce). 그가 보조하는 바나바와 사울이 경험하지 못한 일을 그는 경험한 것이다.

일행은 살라미에서의 사역을 마치고 온 섬 가운데로 지나 바보에 이르렀다(6a절). '섬 가운데로 지나다'(Διελθόντες δὲ ὅλην τὴν νῆσον)는 가는 길에 이곳저곳 들려 선교했다는 뜻이다(Longenecker, Schnabel, cf. ESV, NAS, NIV, NRS). 섬의 동북쪽에 있는 살라미에서 서남쪽에 있는 바보까지는 180㎞ 거리다(Schnabel). '바보'(Πάφος, Paphos)는 시리아 사람들의 여신 파피아(Paphia, =그리스 신 Aphrodite) 외에도 아르테미스(Artemis), 레토(Leto), 제우스(Zeus) 등 다양한 신을 숭배하는 도시였다(Bock). 살라미가 주전 15년에 일어난 지진으로 심하게 파괴되자 로마 사람들은 살라미를 대신해 바보를 구브로의 수도로 삼았다(Schnabel). 바나바와 사울이 안디옥을 출발한 후 바보에 이르기까지의 여정은 다음과 같다.

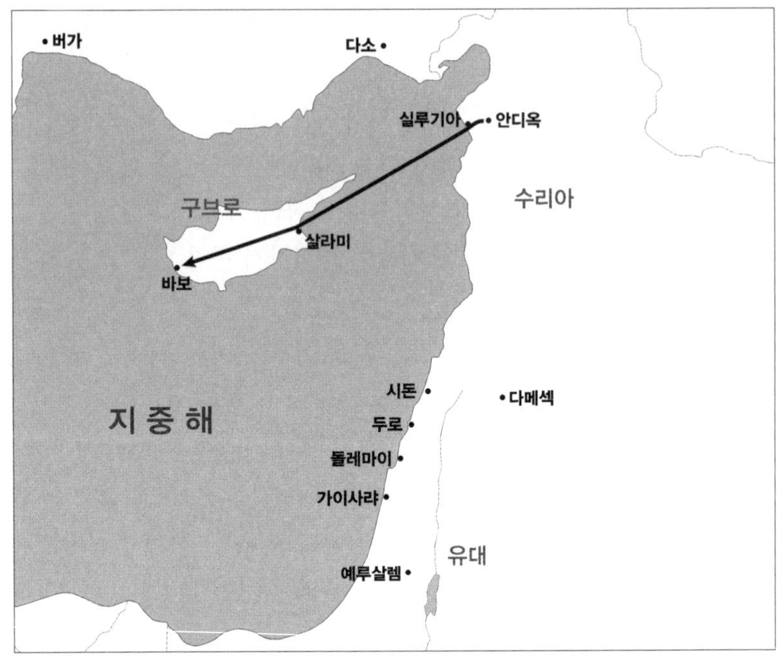

바나바와 사울은 바보에서 바예수라는 유대인 거짓 선지자이자 마술사를 만났다(6b절). '바예수'(Βαριησοῦς, Barrett-Jesus)는 '예수의 아들'이라는 의미를 지닌 아람어 이름이다. 주님의 이름이기도 한 '예수'는 당시 흔한 이름이었다. 바나바와 사울이 접하는 첫 대적이 하필이면 예수님의 이름과 연관된 자다!

바예수는 유대인이면서 마술사다. 아마도 별의 움직임을 보고 점을 치는 점성술사(astrologist)였을 것이다(Haenchen). 게다가 그는 거짓 선지자다. 사도행전에서 '거짓 선지자'(ψευδοπροφήτης)로 불리는 자는 이 사람이 유일하다. 그러나 신약 다른 곳에서는 종종 등장하는 용어다(cf. 마 7:15; 24:11, 24; 막 13:22; 눅 6:26; 벧후 2:1; 요일 4:1; 계 16:13; 19:20; 20:10). 그렇다면 바예수는 유대인이 해서는 안 될 짓만 골라서 하고 있다. 율법이 거짓 선지자를 돌로 치고, 마술사는 죽이라고 하기 때문이다. 당시에 이런 짓을 하는 유대인이 있었다는 점이 잘 이해되지 않을 수도 있지만, 실제로 있었다(Longenecker, cf. 눅 11:19; 행 19:13-16).

바예수는 '엘루마'(Ἐλύμας, Elymas)라는 이름으로 불리기도 했는데(8절), 누가는 '엘루마'는 '마술사라는 의미를 지닌 이름'(ὁ μάγος, οὕτως γὰρ μεθερμηνεύεται τὸ ὄνομα αὐτου)이라고 한다. 이 이름이 어느 언어에서 비롯된 것인지 확실히 알 수는 없지만, 대체로 학자들은 '지혜로운 자'라는 의미를 지닌 것으로 추측한다(Bruce, Polhill, Schneider, Witherington). 그러나 그가 이 이야기에서 하는 짓은 절대 지혜롭지 않다. 스스로 망하는 길을 택하고 있다.

바예수는 구브로의 총독(총독 대행) 서기오 바울과 함께 있었다(7a절). '서기오 바울'(Σεργίῳ Παύλῳ, Sergius Paulus)은 주후 46-48년 당시 이 섬의 총독이었다(Wall, cf. Schnabel). 바예수가 섬을 다스리는 총독과 함께 있었다는 것은 서기오가 그를 수행원 중 하나로 삼아 옆에 두고 수시로 상의하며 조언도 구했다는 뜻이다(Johnson, Schnabel). 그러므로 바예수가 서기오에게 행한 영향이 상당했다는 것을 짐작할 수 있다.

서기오 바울은 지혜가 있는 사람이라 바나바와 사울을 불러 하나님의 말씀을 듣고자 했다(7b절). 그는 상황을 판단할 지혜가 있고, 새로운 가르침에 마음이 열려 있는 사람이었다는 의미다. 그러므로 그는 바나바와 사울이 전에 들어보지 못한 메시지(복음)를 들고 그가 있는 바보를 방문했다는 소식을 듣고 그들을 청한 것이다. 또한 바나바와 사울이 가는 곳마다 유대인 사이에 센세이션을 일으키고 있다는 첩보를 입수하고 총독으로서 그들을 만나 보고 싶었을 것이다.

바예수(엘루마)는 총독이 바나바와 사울을 만나 그리스도의 복음을 받아들이면 자기의 영향력을 벗어날 것으로 생각해 총독이 믿지 못하도록 총공세를 펼쳤다(8절). 어떻게 생각하면 엘루마는 베드로와 요한과 빌립이 사마리아에서 만난 마술사 시몬과 비슷한 사람이다(cf. 8:6-24). 그러나 시몬은 하나님의 능력을 돈으로 사려고 한 어리석은 사람이지만, 엘루마는 악한 의도로 하나님이 하시는 일을 방해하는 자다. 그러므로 이 사건은 하나님을 대표하는 바나바와 사울이 마귀의 하수인인 바예수와 영적인 싸움을 벌인 일이라 할 수 있다.

바울이라고 하는 사울이 성령으로 충만해 그를 주목했다(9절). '바울이라고 하는 사울'(Σαῦλος δέ, ὁ καὶ Παῦλος)은 그동안 히브리어 이름 '사울'(Σαῦλος)로만 불리던 바울이 드디어 로마식(라틴어) 이름 '바울'(Παῦλος)로 불리기 시작했다는 신호탄이다. 앞으로 주로 이방인을 상대로 사역할 것이기 때문에 히브리어 이름보다는 로마식 이름이 적합하다. 다메섹으로 가는 길에 경험한 회심이 그의 이름을 바꾼 것이 아니라, 이방인 선교를 위해 이름이 바뀌었다(Schnabel). 앞으로 바울은 다메섹으로 가는 길에 주님을 만난 일을 회고할 때만 사울이란 이름을 사용할 것이다. '바울'(Παῦλος)은 '작은'(little)이라는 의미를 지닌다.

바울이 성령으로 충만해 바예수를 주시했다는 것은 이 일이 바울의 개인적인 감정에 따른 일이 아니라 하나님이 그를 통해 하신 일이라는 사실을 강조한다. 엘루마는 바나바와 바울을 방해한 것이 아니라, 그들을 통해 복음을 선포하시는 하나님과 하나님이 하시는 일을 훼방하는 자다(Fernando).

성령으로 충만한 바울은 바예수를 세 가지로 정죄했다: (1)모든 거짓과 악행이 가득한 자, (2)마귀의 자식, (3)모든 의의 원수(10a절). 엘루마가 거짓과 악행으로 가득하다는 것은 성령으로 가득한 바울과 극명한 대조를 이룬다. 바예수를 마귀의 자식이라고 하는 것은 마귀에게 영감을 받아 마귀가 하라는 대로 하는 '마귀 추종자'라는 뜻이다. 하나님을 사랑해 주님을 따르는 사람들에게서 가장 멀리 있는 자다. 엘루마가 모든 의의 원수라는 것은 그가 의의 근원이자 의로 세상을 구원하고자 하시는 하나님의 일을 방해하며, 불의하고 악한 일들을 하라고 사람들을 부추긴다는 뜻이다.

이 같은 '재능'을 겸비한 바예수는 하나님이 하시는 일을 반대하기 위해 사탄이 세울 가장 적합한 자라 할 수 있다. 그래서 그는 이러한 '재능'을 가지고 주의 바른길을 굽게 하기를 그치지 않고 있다(10b절). '주의 바른길'(τὰς ὁδοὺς κυρίου τὰς εὐθείας)은 사람이 예수님을 통해서 구원에 이르는 길을 뜻한다. 하나님이 총독 서기오를 구원하시려고 예수님을 통해 구원에 이르는 길을 바나바와 바울을 통해 선포하고 계시는데 그가 자꾸 왜곡하고 방해한다는 뜻이다.

바예수를 마귀의 자식이라며 맹렬하게 비난한 바울이 그에게 심판을 선언했다(11절). 이 심판 또한 바울이 스스로 하는 일이 아니라, '주의 손'(χεὶρ κυρίου)이 하시는 일이다. 엘루마는 얼마 동안 맹인이 되어 아무것도 보지 못할 것이다. 이 심판은 그가 반성하고 회개하며 진정한 능력이 누구에게 있는지 생각하게 하기 위해서다.

바울이 이렇게 선포하자 즉시 안개와 어둠이 바예수를 덮어 그가 인도할 사람을 두루 구했다. 그는 이 심판을 선언한 바울이 예전에 다메섹으로 가는 길에 경험한 일과 비슷한 상황에 처했다(cf. 9:1-19). 바울도 앞을 볼 수 없어 인도해 주는 사람의 손을 붙잡고 겨우 다메섹성 안에 있는 숙소로 갈 수 있었다. 그러므로 사울은 엘루마를 통해 옛적 자기 자신을 보고 있다(Bock). 그러나 지금 상황은 그때와 전혀 다르다. 사울은 진리로 가득한 반면, 바예수는 어둠으로 가득하다.

총독 서기오가 자기 눈앞에서 벌어지는 일을 보고 믿으며 주의 가르침을 놀랍게 여겼다(12절). 사도행전에서 '놀라다'(ἐκπλήσσω)는 이곳에만 사용된다(cf. 눅 2:48; 4:32; 9:43). 서기오는 바울이 행한 기적과 말씀에 대해 놀랍다는 반응을 보이고 있다(Bock).

어떤 이들은 총독 서기오의 회심이 확실하지 않다고 한다(Ramsay, Witherington). 바울이 행한 기적을 보고 믿었지만, 복음을 영접했다는 말이 없기 때문이다. 그러나 정황을 고려할 때 그가 회심했다는 것이 대부분 학자의 결론이다(Bock, Cadbury, Fitzmyer, Schnabel, Wall).

이 말씀은 전도와 선교를 하면서 두 가지 종류의 사람을 만날 수 있다고 한다. 첫 번째는 바예수처럼 노골적으로 복음을 거부하며 훼방하는 사람들이다. 이런 사람을 만나면 시간 낭비하지 말고 다른 사람을 찾아 이동하는 것이 좋다. 그렇지 않으면 그와 영적 전쟁을 할 각오를 해야 한다.

두 번째는 서기오 총독처럼 지혜가 있어 진리에 관심이 많은 사람이다. 이런 사람은 복음을 전하면 쉽게 영접한다. 하나님 나라에 그들이 찾고 있는 진리가 있기 때문이다. 이런 사람을 만나면 그들이 주님을 영접한 후에도 한동안 그들과 머물며 진리를 가르쳐 주어야 한다. 진리에 대한 그들의 굶주림을 채워 주어야 하기 때문이다.

V. 아나톨리아(12:25-15:35)
A. 첫 번째 선교 여행(12:25-14:28)

3. 비시디아 안디옥 선교(13:13-52)

바나바와 바울은 구브로 사역을 마치고 다음 목적지로 이동했다. 그들이 향한 곳은 비시디아 안디옥이다. 이곳에도 많은 유대인이 살고 있다. 바나바와 바울은 회당에서 먼저 복음을 전하고, 이후 이방인에게 복음을 전한다. 본 텍스트는 다음과 같이 구분된다.

A. 비시디아 안디옥으로(13:13-15)
B. 바울의 회당 설교(13:16-41)
C. 바울의 설교에 대한 반응(13:42-45)
D. 먼저 유대인에게, 그다음 이방인에게(13:46-52)

V. 아나톨리아(12:25-15:35)
A. 첫 번째 선교 여행(12:25-14:28)
3. 비시디아 안디옥 선교(13:13-52)

(1) 비시디아 안디옥으로(13:13-15)

13 바울과 및 동행하는 사람들이 바보에서 배 타고 밤빌리아에 있는 버가에
이르니 요한은 그들에게서 떠나 예루살렘으로 돌아가고 14 그들은 버가에
서 더 나아가 비시디아 안디옥에 이르러 안식일에 회당에 들어가 앉으니라
15 율법과 선지자의 글을 읽은 후에 회당장들이 사람을 보내어 물어 이르되
형제들아 만일 백성을 권할 말이 있거든 말하라 하니

누가가 '바울과 및 동행하는 사람들'로 이 섹션을 시작하는 것으로 보아 나머지 선교 여행과 사도행전에서 바울이 중심인물로 부상한 것이 확실하다. 이때까지 누가는 이 두 사람을 함께 언급할 때 항상 바나바를 먼저 언급했다(11:30; 12:25; 13:1, 2, 7). 이제부터 바나바는 바울과 '동행하는 사람' 중 하나다. 누가는 앞으로 두 사람을 함께 언급할 때 항상 '바울과 바나바'로 칭할 것이다(13:43, 46, 50; 15:2, 22, 35). 예외는 예루살렘 공의회 진행 과정(15:12)과 공의회가 교회에게 보낸 편지에서다(15:25).

바울 일행은 바보에서 배를 타고 밤빌리아에 있는 버가에 이르렀다(13a절). 버가(Πέργη, Perga)는 바보에서 뱃길로 280㎞ 떨어져 있었다(Schnabel). 버가가 있는 밤빌리아(Παμφυλία, Pamphylia)는 소아시아 남쪽 지중해 연안 지역으로, 작고 가난한 주(州)였다(Longenecker). 예루살렘에서 약 700㎞ 떨어진 곳이다(Schnabel).

먼 뱃길 여정 끝에 버가에 도착하자 요한(마가)이 그들에게서 떠나 그의 어머니 마리아의 집이 있는 예루살렘으로 돌아갔다(13b절; cf. 12:25). 그가 왜 떠났는지는 알 수 없다. 어떤 이들은 집에 대한 그리움, 힘든 선교 여정, 구브로에서 너무 짧게 머문 것에 대한 불만, 사촌(삼촌)인 바나바가 아니라 바울이 선교 팀을 주도하게 된 것에 대한 불만 등 다양한 가능성에 대해 말하지만, 모두 추측일 뿐 뒷받침할 만한 증거는 그 어디에도 없다. 훗날 바울은 이 일을 회고하며 요한이 그들을 버리고 떠났다고 한다(15:38). 좋은 감정으로 한 작별은 아니었다.

버가는 지중해 해안에서 내륙으로 20㎞ 지점에 있는 도시였으며, 여러 신을 숭배했지만 그중에 아르테미스(Artemis)가 주요 신이었다. 본문에는 바울 일행이 이곳에서 복음을 전파했다는 말이 없다. 누가는 훗날 그들이 모교회인 안디옥으로 돌아가는 길에 이곳에서 복음을 전했다고 한다(14:25).

바울 일행은 버가를 떠나 비시디아 안디옥으로 갔다(14a절). 비시디아 안디옥(Ἀντιόχειαν τὴν Πισιδίαν, Pisidian Antioch)은 남갈라디아의 도시로 해발 1,100m의 고산 지대에 있었으며, 로마 제국의 주요 도시였다(Longenecker). 원래는 갈라디아주(Phrygia Galatia)에 속했지만, 비시디아 지역을 바라보고 있어서 이런 이름이 주어진 것으로 보인다(Polhill). 또한 갈라디아에는 다른 안디옥(Phrygian Antioch)이 있어서 이 안디옥과 구분하기 위해 이런 이름으로 불렸다(Schnabel). 버가에서 비시디아 안디옥까지 거리는 160㎞였다(Longenecker). 아마도 그들은 로마 사람들이 닦아 놓은 '세바스테 도로'(Via Sebaste)를 따라 이동했을 것이다(Bock, Fernando). 다음 지도를 참조하라.

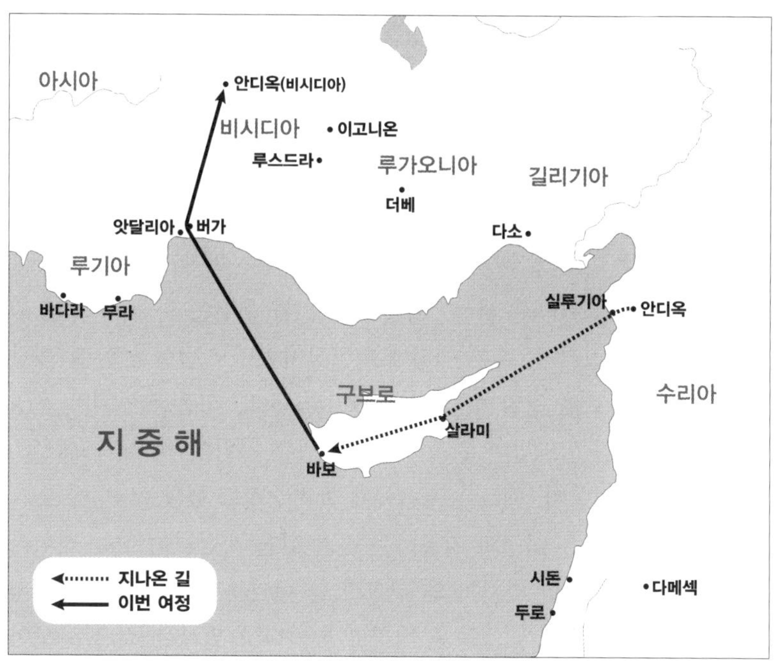

바울은 자신이 병을 앓게 된 이유로 인해 이곳에서 처음으로 복음을 전파했다고 한다(갈 4:13). 그래서 학자들은 바울이 해안가 낮은 지역에서 말라리아에 걸렸다가 회복하기 위해 고산 지대에 있는 비시디아 안디옥으로 이동한 것으로 추측한다(Ramsay, cf. Bock). 비시디아 안디옥의 큰 부자 중 하나는 바울과 바나바가 바로 앞 이야기에서 회심시킨 구브로의 총독 서기오 바울이었다(13:5-12). 그러므로 서기오가 다음 목적지로 자기 고향인 비시디아 안디옥을 제안하고, 자기 친척들을 찾아가라며 그들을 소개하는 편지까지 써 주었을 것으로 추측하는 이들도 있다(Mitchell, cf. Bock, Fernando, Schnabel).

바울 일행은 안식일이 되자 회당에 들어가 예배를 드렸다(14b절). 살라미에서 했던 것처럼 비시디아 안디옥에서도 먼저 회당을 찾은 것이다(cf. 13:5). 당시 유대인의 회당 예배는 '셰마 암송(신 6:4-9)-기도/축복–율법서 낭독–선지서 낭독–예배 참석자 중 격려의 말을 하고자 하는 사람들의 발언' 등의 순서로 진행되었다(Longenecker).

예배 중 회당장들이 도시의 방문자로 보이는 바울 일행에게 사람을 보내 백성을 권할 말이 있거든 말하라고 했다(15절). 설교나 권면의 말이 있으면 하라는 뜻이다(Schnabel). 예배 순서의 마지막 단계에 이른 것이다. 원래 각 회당의 회당장은 한 사람인데 본문이 복수형인 '회당장들'(ἀρχισυνάγωγοι)이라고 하는 것으로 보아 이 회당은 규모가 커서 회당장을 여럿 두었거나, 혹은 예전에 회당장이었던 사람들을 함께 '회당장들'이라고 부르는 것일 수 있다(Barrett, Marshall). 회당장은 회당 운영에 관한 모든 일을 도맡아 관리하고 유지하는 사람이다(Longenecker, cf. 18:8, 17). 평생직이며, 때로는 자식에게 물려주기도 했다.

이 말씀은 사역은 비전과 지향하는 바가 같은 사람들이 하는 것이라고 한다. 우리는 요한 마가가 왜 선교 팀을 떠났는지 알 수 없다. 그러나 훗날 바울이 요한이 그들을 버리고 떠났다고 말하는 것으로 보아(15:38), 갈등을 빚고 떠난 것이 확실하다. 그렇다고 요한을 비난해서는 안 된다. 요한은 바울 일행과 잘 어울리지(compatible) 않았을 뿐이다.

누군가와 함께 사역하다 보면 계속 함께 사역하기 어렵겠다는 생각이 들게 하는 이들이 종종 있다. 이런 상황이 닥칠 때 그들과 끝까지 함께하겠다며 소모적이고 무모한 노력을 할 필요는 없다. 오히려 헤어져 각자 사역함으로써 하나님 나라를 위한 시너지(synergy) 효과가 날 수도 있다. 우리 삶에서 하나님의 인도하심을 가장 확실하게 구해야 할 영역 중 하나가 만남과 헤어짐이다. 헤어짐도 만남만큼이나 중요하기 때문이다.

(2) 바울의 회당 설교(13:16–41)

16 바울이 일어나 손짓하며 말하되 이스라엘 사람들과 및 하나님을 경외하
는 사람들아 들으라 17 이 이스라엘 백성의 하나님이 우리 조상들을 택하시
고 애굽 땅에서 나그네 된 그 백성을 높여 큰 권능으로 인도하여 내사 18 광
야에서 약 사십 년간 그들의 소행을 참으시고 19 가나안 땅 일곱 족속을 멸
하사 그 땅을 기업으로 주시기까지 약 사백오십 년간이라 20 그 후에 선지자
사무엘 때까지 사사를 주셨더니 21 그 후에 그들이 왕을 구하거늘 하나님이
베냐민 지파 사람 기스의 아들 사울을 사십 년간 주셨다가 22 폐하시고 다윗
을 왕으로 세우시고 증언하여 이르시되

내가 이새의 아들 다윗을 만나니
내 마음에 맞는 사람이라
내 뜻을 다 이루리라

하시더니 23 하나님이 약속하신 대로 이 사람의 후손에서 이스라엘을 위하여
구주를 세우셨으니 곧 예수라 24 그가 오시기에 앞서 요한이 먼저 회개의 세
례를 이스라엘 모든 백성에게 전파하니라 25 요한이 그 달려갈 길을 마칠 때
에 말하되 너희가 나를 누구로 생각하느냐 나는 그리스도가 아니라 내 뒤에
오시는 이가 있으니 나는 그 발의 신발끈을 풀기도 감당하지 못하리라 하였
으니 26 형제들아 아브라함의 후손과 너희 중 하나님을 경외하는 사람들아
이 구원의 말씀을 우리에게 보내셨거늘 27 예루살렘에 사는 자들과 그들 관
리들이 예수와 및 안식일마다 외우는 바 선지자들의 말을 알지 못하므로 예
수를 정죄하여 선지자들의 말을 응하게 하였도다 28 죽일 죄를 하나도 찾지
못하였으나 빌라도에게 죽여 달라 하였으니 29 성경에 그를 가리켜 기록한
말씀을 다 응하게 한 것이라 후에 나무에서 내려다가 무덤에 두었으나 30 하
나님이 죽은 자 가운데서 그를 살리신지라 31 갈릴리로부터 예루살렘에 함께

올라간 사람들에게 여러 날 보이셨으니 그들이 이제 백성 앞에서 그의 증인이라 [32] 우리도 조상들에게 주신 약속을 너희에게 전파하노니 [33] 곧 하나님이 예수를 일으키사 우리 자녀들에게 이 약속을 이루게 하셨다 함이라 시편 둘째 편에 기록한 바와 같이

너는 내 아들이라
오늘 너를 낳았다

하셨고 [34] 또 하나님께서 죽은 자 가운데서 그를 일으키사 다시 썩음을 당하지 않게 하실 것을 가르쳐 이르시되

내가 다윗의 거룩하고 미쁜 은사를
너희에게 주리라

하셨으며 [35] 또 다른 시편에 일렀으되

주의 거룩한 자로
썩음을 당하지 않게 하시리라

하셨느니라 [36] 다윗은 당시에 하나님의 뜻을 따라 섬기다가 잠들어 그 조상들과 함께 묻혀 썩음을 당하였으되 [37] 하나님께서 살리신 이는 썩음을 당하지 아니하였나니 [38] 그러므로 형제들아 너희가 알 것은 이 사람을 힘입어 죄 사함을 너희에게 전하는 이것이며 [39] 또 모세의 율법으로 너희가 의롭다 하심을 얻지 못하던 모든 일에도 이 사람을 힘입어 믿는 자마다 의롭다 하심을 얻는 이것이라 [40] 그런즉 너희는 선지자들을 통하여 말씀하신 것이 너희에게 미칠까 삼가라 [41] 일렀으되

보라 멸시하는 사람들아
너희는 놀라고 멸망하라
내가 너희 때를 당하여 한 일을 행할 것이니
사람이 너희에게 일러줄지라도
도무지 믿지 못할 일이라
하였느니라 하니라

회당장들의 초청에 응한 바울은 사도행전에 기록된 그의 회당 스피치 중 가장 발전된 설교를 한다(Bock). 또한 이 스피치는 바울이 한 세 개의 전도 설교(13:16-41; 14:15-17; 17:22-31) 중 첫 번째이자 가장 긴 설교다. 학자들은 이 섹션에 기록된 바울의 스피치를 베드로의 오순절 스피치(2:20-44)와 스데반의 스피치(7:1-53)에 비교하기도 한다.

바울은 이스라엘의 역사에 대해 스데반과 비슷하게 평가한다. 차이점이 있다면 스데반은 성전과 율법을 중심으로 하는 옛 시대는 끝나고 메시아이신 예수님을 중심으로 새로운 시대가 시작되었다고 하는 것에 반해, 바울은 하나님이 이스라엘 역사에서 하신 일이 예수 그리스도의 오심으로 절정에 이르렀다고 하는 것이다. 그러므로 바울은 이스라엘의 역사를 선조 때부터 다윗까지 간략하게 정리한 후 1,000년을 뛰어넘어 세례 요한과 예수님의 오심으로 이어 간다. 예수님은 하나님이 이스라엘을 구원하시는 일의 절정이 되시며, 이스라엘이 대대로 다윗의 후손으로 오실 것으로 기다렸던 메시아이시기 때문이다.

회당장들의 초청에 바울은 주저하지 않고 곧바로 일어나 손짓하며 말을 시작했다(16a절). 손짓은 할 말이 있으니 조용히 하고 들어 달라는 의사 표현이다. 말할 기회를 주지 않으면 바울은 일부러 기회를 만들어서라도 전도해야 하는데, 회당장들이 '멍석을 깔아 줬으니' 얼마나 좋은 일인가!

그런데 예수님은 회당에서 말씀하실 때 성경 말씀을 읽은 다음 앉아서 말씀하셨는데(눅 4:16, 20) 바울은 왜 일어서서 말하는가? 예수님은 회당 사람들이 함께 읽은 이사야 61장을 강론하기 위해, 곧 가르침을 주는 선생으로서 당시 풍습대로 앉아서 가르치셨다. 반면에 비시디아 안디옥 회당을 방문한 바울은 그날 예배에서 유대인들이 함께 읽은 성경 말씀을 강론하는 것이 아니라 그 말씀과 상관없는 권면을 하고자 했기 때문에 일어섰다(Longenecker).

바울은 이스라엘 사람들과 하나님을 경외하는 사람들을 향해 "들으라"라는 말로 스피치를 시작한다(16b절). '이스라엘 사람들'(ἄνδρες Ἰσραηλῖται)은 회당에 모여 예배드리는 유대인들을, '하나님을 경외하는 자들'(οἱ φοβούμενοι τὸν θεόν)은 고넬료(cf. 10장)처럼 경건한 이방인들을 뜻한다(Barrett, Jervell, Wall, cf.13:43).

이어지는 스피치는 이스라엘의 역사를 선조 시대(17a절), 이집트 시절과 출애굽 시대(17b절), 광야 시대(18절), 가나안 정착 시대(19절), 사사 시대(20절), 사울 시대(21절), 다윗과 그의 후손 예수 시대(22–23절) 등 일곱 시대로 정리한다. 바울은 다윗에서 예수님까지 1,000년을 건너뛰면서도 예수님을 다윗과 연결 지어 말한다. 예수님이 다윗의 후손으로 오신 메시아, 곧 이스라엘이 그토록 기다리던 구세주라는 사실을 선포하는 것이 이 설교의 핵심이기 때문이다.

이스라엘의 선조들은 다른 사람들보다 착해서, 혹은 영성이 깊어서 선택받은 것이 아니다(17a절). 그들은 하나님의 무조건적이고 일방적인 은총으로 인해 주의 백성으로 택함받았다. 이방인 선교에 열정을 가진 바울이 이 말을 할 때 창세기 12:3에서 하나님이 아브라함에게 '열방에게 축복의 통로가 되라'라고 권면하신 말씀을 떠올렸을 것이다(Schnabel). 곧 아무런 전제 조건 없이 하나님의 은혜를 입어 주의 백성이 된 이스라엘은 그 은혜를 이방인들에게도 흘려 보내는 사명을 받은 것이다(cf. 13:47).

선조들과 관계를 맺고 그들을 자기 백성 삼으신 하나님은 그들의 후손도 보호하고 인도하셨다(17b절). 그들이 이집트에서 나그네 되었을 때, 곧 노예가 되어 온갖 고난과 억압으로 인해 혹독한 시간을 보낼 때도 그들이 한 백성을 이루도록 번성하고 강성하게 하셨다.

드디어 이스라엘이 한 백성이 되자 큰 권능으로 그들을 이집트에서 인도해 내셨다. 이스라엘 역사에서 가장 위대한 사건이라 할 수 있는 출애굽을 이루어 내신 것이다(출 6:1, 6; 32:11; 신 3:24; 4:34; 시 136:11–12). '큰 권능으로'(μετὰ βραχίονος ὑψηλοῦ)를 직역하면 '높이 든 팔'(with uplifted arm, cf. NAS)이라는 뜻이다. 하나님의 팔은 주님의 무한한 능력을 상징하며(cf. NIV), 사도행전에서 하나님의 팔이 언급되는 것은 이곳이 유일하다. 하나님은 온전히 자기 능력으로 이스라엘을 이집트에서 구원해 내셨다. 이집트 종살이와 출애굽은 이스라엘이 예배 중에 자주 고백하는 일들이었다(Bruce, cf. 신 26:5-10; 수 24:2-13; 17:18; 시 78:67-72; 89:3-4).

이어진 광야 40년은 하나님의 인내심을 시험하는 시간이었다. 하나님이 40년 동안 그들의 소행을 참으셨기 때문이다(18절). '그들의 소행을 참다'(ἐτροποφόρησεν αὐτοὺς)는 온갖 고난과 역경에도 불구하고 견디어 낸다(to bear)는 뜻이다(BDAG). 이스라엘의 광야 시절은 그들에게 어려운 시간이었지만, 하나님께는 더 혹독한 시간이었다. 이스라엘이 광야에서 참으로 많은 죄를 지어 하나님을 괴롭게 했기 때문이다.

하나님은 원래 출애굽한 이스라엘을 곧바로 약속의 땅으로 인도하고자 하셨지만, 이스라엘의 끊임없는 반역과 불신과 불만으로 인해 그렇게 하실 수 없었다. 대표적인 예가 가데스 바네아에서 정탐꾼 12명을 파견한 일이다. 이 일로 인해 불신과 불순종의 죗값으로 출애굽 1세대는 40년에 걸쳐 광야에서 죽었고 그들의 자녀들, 곧 출애굽 2세대가 가나안에 입성했다.

나머지 설교에서도 조상들을 택하시고, 이집트에서 노예로 사는 자들을 높이시고, 그들을 출애굽시키시고, 광야에서 40년 동안 그들의 소행을 참으신 주체는 하나님이시다. 이는 이 모든 일이 하나님이 하신 일이며, 이스라엘은 하나님의 은혜 없이는 결코 존재할 수 없었다는 사실을 강조한다.

이스라엘의 출애굽과 광야 생활이 하나님의 높이 들린 팔이 이루어 내신 일이라면, 가나안 정복과 정착은 더욱더 그렇다(19a절; cf. 신 7:1; 삿 2:16). 하나님은 가나안 땅에 사는 일곱 족속을 멸하시고 그들의 땅을 이스라엘에 기업으로 주셨다. 여호수아가 지휘한 가나안 정복 전쟁도 하나님이 하신 일이다. 신명기 7:1은 하나님이 내쫓으신 일곱 가나안 족속이 헷 족속, 기르가스 족속, 아모리 족속, 가나안 족속, 브리스 족속, 히위 족속, 여부스 족속이라고 한다. 이들의 공통점은 모두 이스라엘보다 더 크고 힘이 센 족속이라는 사실이다(신 7:1). 이스라엘의 가나안 정복과 정착도 하나님의 은혜가 이루어 낸 기적이었다.

'약 450년'(19b절)이 앞의 내용과 연결해 읽혀야 하는지, 혹은 뒤의 내용과 연결해 읽혀야 하는지 확실하지 않다(cf. Fitzmyer, Marshall, Polhill, Schnabel, Schneider, Witherington). 만일 앞의 내용과 연결해 읽는다면 하나님이 아브라함에게 가나안 땅을 그의 후손에게 주겠다고 약속하신 지 약 450년 만에 그의 후손 이스라엘에 땅을 주셨다는 의미가 된다(개역개정, NAS). 만일 뒤따르는 내용(cf. 20절)과 연결하면 이스라엘이 가나안에 정착한 때부터 사무엘 시대까지가 약 450년이라는 뜻이 된다(새번역, 공동, 아가페, KJV). 한편, 450년을 어느 쪽과 연결해 읽어야 할지 확실하지 않다며 아예 따로 구분하는 번역본도 있다(ESV, NIV). 사사기에 따르면 사사 시대는 약 300여 년간 지속된 것으로 보인다(cf. 『엑스포지멘터리 사사기』). 그러므로 바울은 아브라함이 하나님께 가나안 땅을 약속으로 받은 후 그의 후손이 가나안에 정착하기까지 약 450년(=이집트 생활 400년, 광야 40년, 정착 전쟁 10년)이 걸렸다고 하는 듯하다.

사무엘과 그의 아들들은 이스라엘의 마지막 사사였다. 사무엘의 아들들이 좋은 리더십을 발휘하지 못하자 이스라엘은 장로들을 대표로 보내 사무엘에게 왕을 세워 달라고 했다(21a절; cf. 삼상 8:1-5). 하나님은 그들의 청을 들어주셔서(삼상 8:22), 베냐민 지파 사람 기스의 아들 사울을 40년간 왕으로 세우셨다(21b절; cf. 삼상 9:1-2; 10:1, 20-21, 24; 11:15; 13:1). 이 설교를 하는 바울은 이스라엘의 초대 왕 사울과 이름을 공유했고, 그도 베냐민 지파 사람이었다(빌 3:5).

바울은 이스라엘의 초대 왕 사울이 40년간 나라를 다스렸다고 하는데, 정확하지는 않다. 사울이 얼마 동안 통치했는지를 기록하는 사무엘상 13:1의 마소라 사본은 "사울이 왕이 될 때에 나이가…세였다. 그는…( )2년 동안 이스라엘을 다스렸다"라고 한다. 사울이 몇 살에 왕이 되었다는 부분이 없으며, 통치 기간 중 10단위 부분이 누락되어 '__2'년을 다스렸다고 한다. 사본이 잘 보존되지 못한 것이다. 칠십인역(LXX)은 이 구절이 문제가 많다는 이유로 아예 삭제했다. 그래서 번역본마다 상당한 차이를 보이고 있다. 각 번역본이 사울이 왕위에 오른 나이와 통치 햇수를 나름대로 추측하지만, 현저한 차이를 보인다. 다음을 참조하라.

번역본	왕이 된 나이	다스린 햇수	각주
개역개정	40	2	
새번역 아가페 NIV	30	42	히브리어 본문의 '둘(두)'은 앞의 10 단위가 빠져 있는 것임. 그가 대략 40년 동안 왕위에 있었던 점에 근거해(행 13:21), 최근의 역본들을 따라 '마흔두 해'라고 함
공동	1	2	히브리 원전에는 있으나 맞지 않음
ESV	–	2	
NAS	40	32	

사울의 통치는 하나님을 참으로 분노하게 했다. 그러므로 하나님은 그를 왕에서 폐하시고 다윗을 왕으로 세우셨다(22a절; cf. 삼상 16:1): "사울이 죽은 것은 여호와께 범죄하였기 때문이라 그가 여호와의 말씀을 지키지 아니하고 또 신접한 자에게 가르치기를 청하고 여호와께 묻지 아니하였으므로 여호와께서 그를 죽이시고 그 나라를 이새의 아들 다윗에게 넘겨 주셨더라"(대상 10:13-14).

하나님이 사울 대신 다윗을 이스라엘의 왕으로 세우셨다(22b절). '세우다'(ἐγείρω)가 30절과 37절에서는 하나님이 예수님을 죽은 자 가운데서 '살리신'(세우신) 일을 묘사하며 사용된다. 그러므로 언어유희가 형성되고 있다(Bock). 하나님은 다윗을 왕으로 '세우신' 것처럼, 죄인들을 위해 죽으신 예수님을 죽은 자들 가운데서 '세우셔서' 온 세상의 구주가 되게 하셨다. 하나님이 다윗과 그의 후손으로 오신 메시아에게 은혜를 베푸신 것이다.

다윗은 하나님의 마음에 맞는 사람이었으므로 하나님은 다윗이 주님의 뜻을 다 이룰 것이라고 확신하셨다(22c절). 바울은 마치 구약에 기록된 하나님의 말씀(성구)처럼 직접 인용하는 형식을 취하지만, 이렇게 표현된 구약 말씀은 없다. 이 말씀의 배경은 사무엘상 13:14이며 사무엘이 하나님이 불순종한 사울을 버리셨다며 한 말 중 일부다: "지금은 왕의 나라가 길지 못할 것이라 여호와께서 왕에게 명령하신 바를 왕이 지키지 아니하였으므로 여호와께서 그의 마음에 맞는 사람을 구하여 여호와께서 그를 그의 백성의 지도자로 삼으셨느니라."

바울은 하나님의 마음에 맞는 사람 다윗에서 예수님으로 1,000년의 세월을 뛰어넘어 이야기를 이어 간다. 예수님은 하나님이 다윗에게 약속하신 후손이다(23a절). 이 말씀은 일명 '다윗 언약'으로 불리는 사무엘하 7장을 요약한 것이라 할 수 있다(삼하 7:6-16; cf. 시 89:29, 36-37; 132:11-12, 17; 사 9-11장; 렘 23:5; 33:14-22; 겔 21:27; 34:23). 하나님은 다윗에게 하신 이 약속(언약)에 따라 그의 후손인 예수님을 이스라엘의 구주로 세우셨다(23b절; cf. 마 1:1; 눅 3:23; 막 12:35; 행 2:30-36; 롬 1:3; 딤후 2:8). 하나님이 하신 약속에 따르면 이스라엘의 구세주(메시아)는 반드시 다윗의 후손이어야 하며, 예수님은 이러한 요구 사항을 충족하신 분이다.

'구주'(σωτήρ)는 사도행전에서 단 두 차례 사용되는 흔치 않은 단어다(5:31; cf. 눅 2:11; 요 4:42). 칠십인역은 여호와를 묘사하는 단어로 흔히 사용한다(사 45:15, 21; 43:3; 60:16; 호 13:4). 이 단어가 당시 사회의 유지나 유명한 사람들에게 적용되기도 했지만, 신약에서는 항상 하나님과 예수님에게만 사용된다(Bock).

다윗의 후손 예수님이 이스라엘의 구주로 오실 때, 주님이 오시기 전에 세례 요한이 먼저 와서 주의 길을 예비했다(24절). 바울은 세례 요한을 계주에서 먼저 달리는 선두 주자로 생각한다(Fitzmyer). 요한은 회개의 세례를 이스라엘 모든 백성에게 전파했다(cf. 눅 3:3). 요한이 베푼 '회개의 세례'(βάπτισμα μετανοίας)는 받는 사람이 여러 사람 앞에서 죄를 고백하고 마음을 새롭게 하여 하나님의 뜻에 따라 살겠다고 선언하는 행위였다(Schnabel). 요한은 '이스라엘 모든 백성'(παντὶ τῷ λαῷ Ἰσραήλ), 곧 사회적-경제적 지위에 상관없이 모든 사람을 대상으로 세례를 베풀었다. 경건하고 율법을 지키는 사람뿐 아니라, 하나님의 일에 관심이 없고 율법도 잘 지키지 않는 사람들에게도 세례를 받고 새로운 각오로 살 것을 호소했다(Schnabel). 그러므로 학자들은 세례 요한의 세례를 하나님의 메시아 약속과 실현을 이어 주는 다리라 하기도 하고(Bock), 이스라엘 역사에서 메시아가 오시기 전 시대와 오신 후 시대를 이어 주는 마지막 연결 고리라 하기도 한다(Jervell).

요한은 메시아의 길을 예비하는 사람으로서 참으로 귀하고 훌륭한 사역을 했지만, 사람들이 오해할 수 있는 만큼 자신이 메시아가 아니라는 사실을 분명히 했다(25a절). 그는 자기 뒤에 오시는 이가 바로 이스라엘 백성이 오래 기다려 온 메시아(그리스도)라고 했다. 세례 요한이 자신은 메시아가 아님을 분명히 밝힌 것은 유대교 지도자들이 보낸 사람들과 나눈 대화에서 확실하게 드러난다.

> 유대인들이 예루살렘에서 제사장들과 레위인들을 요한에게 보내어 네가 누구냐 물을 때에 요한의 증언이 이러하니라 요한이 드러내어 말하고 숨기지 아니하니 드러내어 하는 말이 나는 그리스도가 아니라 한대 또 묻되 그러면 누구냐 네가 엘리야냐 이르되 나는 아니라 또 묻되 네가 그 선지자냐 대답하되 아니라 또 말하되 누구냐 우리를 보낸 이들에게 대답하게 하라 너는 네게 대하여 무엇이라 하느냐 이르되 나는 선지자 이사야의 말과 같이 주의 길을 곧게 하라고 광야에서 외치는 자의 소리로라 하니라 (요 1:19-23; cf. 마 3:11; 막 1:7; 눅 3:16).

또한 요한은 그의 뒤에 오시는 메시아가 얼마나 위대한 분인지 자기는 그분과 비교조차 할 수 없다고 했다. 요한은 겨우 물로 세례를 베풀지만, 곧 오실 메시아는 성령으로 세례를 베푸실 것이라며 자신은 곧 오실 메시아의 신발 끈을 풀기도 감당하지 못한다고 했다(25b절; cf. 요 1:27). 샌들을 신고 다니는 문화에서 발은 온갖 먼지와 흙으로 인해 항상 더러운 부위다. 당시에는 집안에서 가장 낮은 노예가 손님의 발을 씻겨 주었다. 그러나 유대인 노예에게는 발 씻기는 일을 시키지 않았다. 그러므로 요한이 자신은 곧 오실 메시아의 신발 끈을 풀 수도 없다고 한 것은 예수님은 하나님의 아들이시며, 자기는 하나님 집에서 가장 낮은 종보다도 못한 사람이라는 의미다. 요한의 이러한 비유는 그가 베푼 물세례와 예수님이 행하신 성령 세례의 차이에도 적용된다(cf. 눅 3:16).

더불어 요한은 자기 사역은 곧 시작될 메시아의 새 시대를 준비하는 것뿐이라는 사실을 분명히 했다. 그러므로 바울은 세례 요한이 유대인들에게 많은 존경을 받은 것이 사실이고 마땅히 존경받아야 하지만, 그가 하나님 구속사의 절정은 아니었다고 한다. 하나님 구속사의 절정은 바로 예수 그리스도이시며, 요한은 예수님의 오심을 준비하기 위해 온 사람에 불과하다.

바울은 스피치를 시작할 때 이스라엘 사람들과 하나님을 경외하는 사람들에게 귀를 기울이라고 했는데, 이번에는 그들을 '형제들'(Ἄνδρες ἀδελφοί)이라 부르며 친밀한 관계적 측면을 더한다(Schnabel, 26a절). 하나님이 예수 그리스도를 통한 '구원의 말씀'(ὁ λόγος τῆς σωτηρίας)을 유대인에게만, 혹은 하나님을 경외하는 이방인에게만 보내신 것이 아니라 '우리'(ἡμῖν) 모두에게 보내셨으며(26b절), 복음을 영접하는 사람은 하나님 안에서 형제가 될 수 있다는 것을 암시하기 위해서다.

하나님은 예수님을 통해 구원의 말씀을 유대인과 이방인 중 하나님을 경외하는 모든 경건한 사람에게 보내셨지만, 정작 예루살렘에 사는 자들과 그들의 관리들이 예수님을 정죄했다(27절). 관리들은 대제사장, 제사장, 산헤드린 멤버 등 유대교의 모든 지도자를 뜻한다(Marshall, cf. 4:5, 8, 23). 그들은 예수님이 자기 자신에 대해 하신 말씀을 부인하고, 또한 안식일마다 회당에 모여 읽고 묵상했던 메시아에 대한 선지자들의 예언이 예수님에 관한 것이라는 사실을 알지(깨닫지) 못해서 예수님을 하나님께 망언하는 자라고 정죄했다(27a절). 유대인들은 매주 회당에 모여 선지자들의 글을 읽고 묵상하면서도 정작 그들이 남긴 예언의 의미를 깨닫지 못했다. 무지함이 하나님이 보내신 메시아를 죽음으로 내몬 것이다.

공교롭게도 그들이 예수님을 정죄한 것도 메시아가 오시면 이스라엘이 그분을 어떻게 대할 것인가에 대해 선지자들이 남긴 예언을 성취하는 일이었다(27b절). 선지자들은 하나님의 구원의 말씀이 예수님을 통해 올 것과 이스라엘이 예수님을 영접하지 않고 오히려 정죄할 것도 예언했으므로, 모든 것(메시아의 오심과 유대인들의 부인)이 선지자들의 예언을 성취하는 일이었던 것이다.

유대인들이 정죄한 예수님은 죄가 없으셨다. 그러므로 유대교 지도자들은 예수님에게서 죽일 죄를 하나도 찾지 못했다(28a절). 그러나 이권과 대중적 인기에 영혼을 판 그들에게 예수님의 무죄·유죄 여부는 중요하지 않았다. 항상 그렇듯 악인들은 죄와 명분을 언제든지 만들어내기 때문이다. 그러므로 그들은 예수님이 죄가 없다는 것을 알면서도 로마인 총독 빌라도에게 예수님을 죽여 달라고 했다(28b절). 이 또한 구약이 예수님에 관해 기록한 말씀을 다 응하게 하는 일이었다(29a절).

누가는 빌라도 역시 예수님이 죄가 없다는 사실을 알았지만(눅 23:4, 14-15, 22), 유대인들이 워낙 강경하게 예수님의 죽음을 요구했기 때문에 폭동이 일어날까 봐 두려워 어쩔 수 없이 예수님을 십자가에 처형하도록 군인들에게 넘겨주었다고 한다(눅 23:23-25). 그러나 결국 빌라도도 예수님을 죽이고자 한 유대인들의 음모에 가담한 자다(4:25-27).

예수님에게 아무 죄가 없다는 사실을 알면서도 폭동이 두려워 주님을 죽였기 때문이다. 최종 권력자인 빌라도가 공의와 정의를 실천했다면 예수님을 죽였다는 오명은 받지 않았을 것이다.

예수님은 아무런 죄가 없었지만 십자가에 매달려 죽으셨고, 사람들은 주님의 시신을 가져다가 무덤에 두었다(29b절; cf. 눅 23:53; 요 19:41-42; 행 3:15; 4:10; 10:40). 아리마대의 부자 요셉이 빌라도의 허락을 받아 주님의 시신을 자기의 새 무덤에 장사한 일을 요약하고 있다(cf. 마 27:57-60). 하나님은 모든 선지자의 입을 통해 그리스도께서 고난받으실 일을 미리 알게 하신 것을 이와 같이 이루셨다(3:18).

하나님은 죽은 자 가운데서 예수님을 살리셨다(30절). 하나님이 예수님을 살리신 것은 그에게 아무 죄가 없다는 것을 인정하시는 일이었다(Longenecker). 십자가와 부활은 죽이는 사람들과 살리시는 하나님 사이의 가장 극명한 대조라 할 수 있다. 또한 이때까지 인간의 손에 메시아를 맡기셨던 하나님이 예수님을 대신해서 사역하기 시작하셨다(Fitzmyer, cf. 2:25; 3:15; 4:10; 5:30; 10:39-40; 17:31)

부활하신 예수님은 갈릴리로부터 예루살렘에 함께 올라간 사람들에게 여러 날 보이셨다(31a절). 예수님이 승천하시기 전에 40일 동안 사도들과 제자들에게 자신을 보이신 일을 의미한다(cf. 1:3). 사도들은 하나님이 예수님을 통해 하신 일을 직접 보았으므로 이스라엘 백성을 대표하는 증인이다(31b절; cf. 눅 24:48; 행 1:8). 또한 바울이 선포하는 메시지가 모두 사실이라는 것을 확인해 줄 수 있는 사람들이다(cf. Jervell, Wall).

예수님의 사역과 부활에 대해 사도들과 제자들만 증언하는 것이 아니라, 성경도 증언한다. 하나님이 예수 그리스도를 살리신 것은 주님이 오래전에 이스라엘 조상들에게 주신 약속을 실현하시는 일이기 때문이다(32-33a절). 바울은 이러한 사실을 입증하기 위해 세 가지 구약 말씀이 예수님을 통해 성취되었다고 한다. 그중 첫 번째는 “너는 내 아들이라 오늘 너를 낳았다”이다. 시편 2:7을 인용한 것이며, 히브리서

1:5과 5:5도 하나님의 이 말씀이 예수님을 통해 이루어졌다고 한다.

학자들은 시편 2편을 제왕시(왕족시, Royal Psalm)라고 하며, 왕으로 오실 메시아에 대한 예언을 담고 있다고 한다. 누가는 다른 곳에서 시편 2편을 인용하지만(눅 3:22; 행 4:26), 7절이 아니라 1-2절을 인용한다. 반면에 바울이 이곳에서 7절을 인용하는 것은 예수님이 하나님의 아들이시라는 것이 스피치의 핵심 포인트이기 때문이다(Marshall). 하나님은 예수님을 통해 이스라엘의 조상들에게 자기 아들을 주겠다고 하신 약속을 이미 이루셨다. 누가가 사도행전에서 예수님에 대해 '아들'(υἱός) 이라는 호칭을 사용하는 일은 흔치 않다(Bock). 하나님이 아들을 보내겠다는 약속을 이미 이루셨다는 것은 이제는 성취된 이 약속에 저마다 어떻게 반응하는지가 중요하다는 뜻이다.

하나님은 예수님을 죽은 자 가운데서 일으키사 다시 썩음을 당하지 않게 하실 것도 미리 말씀하셨다(34a절). 어떤 이들은 '일으키다'(ἀνίστημι)를 '역사적 인물로 서게 하다'라는 의미로 해석하지만(Barrett, cf. 3:22, 26; 7:37), 대부분 학자는 바울이 예수님의 부활에 대해 말하고 있다는 점과 본문이 '썩음을 당하지 않게 하실 것'을 포함하고 있는 정황과 문맥을 근거로 부활을 의미하는 것으로 해석한다(Bock, cf. 2:24, 32; 10:41; 17:3, 31).

부활은 하나님이 이미 다윗을 통해 약속하신 것, 곧 메시아가 썩음을 당하지 않게 하실 것이라는 예언을 성취하는 일이다(cf. 2:25-30). 누구든지 예수님을 다윗의 아들 메시아로 영접하면 하나님이 이스라엘에 약속하신 다윗의 거룩하고 미쁜 은사를 누리게 된다(34b절). 이 말씀은 "내가 너희를 위하여 영원한 언약을 맺으리니 곧 다윗에게 허락한 확실한 은혜이니라"라는 이사야 55:3을 인용한 것이다. 바울은 이 말씀을 인용하면서 예수님이 바로 하나님이 다윗에게 주겠다고 하신 거룩하고 미쁜 은사(은혜)라고 한다. 예수님은 하나님이 다윗에게 약속하신 언약(일명 '다윗 언약, cf. 삼하 7장)의 실현으로 오신 것이다.

다윗의 후손으로 오신 메시아는 영원히 살아 계셔야 한다. 그래야 다윗의 나라가 영원히 설 수 있다. 그러므로 하나님은 다른 시편을 통해 하나님의 거룩하신 이로 오신 예수님이 썩음을 당하지 않을 것이라고 하셨다(35절). 이 말씀은 시편 16:10을 부분적으로 인용한 것이다: "주께서 내 영혼을 스올에 버리지 아니하시며 주의 거룩한 자를 멸망시키지 않으실 것임이니이다." 바울은 하나님의 '거룩한 자'이신 예수님이 죽으신 후 몸이 썩기 전에 부활하신 일이 이미 오래전에 이 시편 말씀을 통해 예언되었다고 한다. 베드로도 이 시편 말씀을 예수님의 부활에 대한 예언으로 인용했다(2:27).

하나님께로부터 언젠가 메시아가 그의 후손으로 올 것이라는 약속을 받은 다윗은 죽었다(36절). 그는 하나님의 뜻을 따라 주님을 섬기다가 죽어 조상들과 함께 묻혔고, 그의 몸은 썩었다. 그러나 하나님이 부활하게 하신 예수님의 몸은 썩음을 당하지 않았다(37절). 다윗은 죽고 몸이 썩었는데 예수님은 사셨다는 것은 주님이 다윗과 전혀 다른 분이심을 뜻한다.

하나님이 다윗은 죽었지만 그의 후손 예수님은 죽지 않게 하신 것은 사람들이 예수님을 힘입어 죄 사함을 입게 하기 위해서다(38절). 예수님은 하나님이 온 인류의 구세주로 세우신 분이다. 그러므로 누구든 예수님을 힘입으면(의지하면) 모세의 율법으로 의롭다 하심을 얻지 못하던 모든 일에서 의롭다 하심을 얻는다(39절). 사람은 하나님의 자비로운 판결을 통해서만 의롭다 함을 얻을 수 있다(롬 2:13; 3:20, 24, 28; 4:2, 5; 5:1, 9; 8:30, 33; 고전 6:11; 갈 2:16; 3:11, 24).

어떤 이들은 이 말씀을 율법을 통해 일부 죄는 용서받을 수 있다는 의미로 해석하지만(Witherington), 그렇지 않다. 율법에는 그 누구의 그 어떠한 죄도 용서하는 능력이 없다(Bruce, Fitzmyer). 오직 예수님만이 사람의 죄를 용서하실 수 있다. 그러므로 이 말씀은 죄 사함을 받고 싶은 사람은 반드시 예수님을 영접하라는 권면이다. 그들은 예루살렘 사람들과 유대교 지도자들처럼 예수님을 부인하지 않아야 한다(cf. 27절).

그러므로 바울은 그의 설교를 듣고 있는 사람들에게 선지자들을 통해 말씀하신 것이 그들에게 미치지 않게 하라고 한다(40절). 예수님을 영접하지 않으면 메시아를 믿지 않는 사람들이 받을 벌에 대해 선지자들이 예언한 것이 그들에게 임할 것이라는 경고다. 메시아 예수를 통해 얻는 구원뿐 아니라, 그를 부인하면 받는 벌도 선지자들이 남긴 예언을 성취하는 일이다.

바울은 하박국 1:5을 인용하며 불신에 대한 경고로 스피치를 마무리한다(41절). 하박국 선지자는 때가 되면 하나님이 '한 일'(ἔργον)을 행하실 것이라고 한다. 사람들이 '이 일'(ἔργον)을 멸망할 자들에게 알려 주어도 그들은 도무지 믿지 못한다. '일'이 두 차례 모두 단수로 사용되는 것으로 보아 예수님을 영접하는 것을 뜻한다(Bock). 그들은 자신들이 보고 들은 것, 곧 예수님을 영접해 죄를 용서받고 의롭다 함을 받으라는 하나님의 말씀을 도무지 믿을 수 없다며 멸망한다. 하나님의 말씀을 멸시했으니 대가를 치르는 것이 당연하다.

이 말씀은 이스라엘 선조들도 언젠가는 구세주가 오실 것을 알았고, 하나님이 다윗에게 주신 언약(약속)을 통해 메시아가 그의 후손으로 오실 것이 구체화되었다고 한다. 예수님은 어느 날 문득 오신 구세주가 아니다. 하나님이 1,000년 전에 다윗에게 약속하신 것을 이룰 때가 되자 그 약속을 이루기 위해 예수님이 오셨다. 선지자들은 이러한 사실에 대해 많은 예언을 남겼다. 심지어 메시아가 오시기 전에 세례 요한이 와서 그분의 길을 예비할 것도 예언했다.

다윗의 후손으로 오신 예수님은 유대인뿐 아니라 세상 모든 사람에게 죄 사함을 주고 하나님께 의롭다 함을 얻게 하는 구세주이시다. 예수님이 구원하실 수 없는 죄인은 없다. 안타깝게도 유대인들은 메시아에 대한 선지자들의 말씀을 매일 읽고 묵상하면서도 예수님이 바로 그 메시아라는 사실을 알지 못했다. 결국 그들의 무지가 예수님을 십자가에 매달아 죽였지만, 하나님은 예수님의 몸이 썩기 전에 살리셨다.

만일 유대인들이 몰라서 주님을 영접하지 않았다면, 지금이라도 예수님을 통해 죄 사함을 받고 의롭다 함을 얻으면 된다. 그러나 그들은 하나님이 예수님을 통해 모든 사람을 구원하신다는 말씀을 도무지 믿지 못하겠다며 하나님과 말씀을 멸시하고, 그 결과 멸망할 것이다. 그런 점에서 이 말씀은 하나님이 복음을 이방인에게 보내실 것이라는 경고이기도 하다(Polhill, cf. 46절).

V. 아나톨리아(12:25-15:35)
A. 첫 번째 선교 여행(12:25-14:28)
3. 비시디아 안디옥 선교(13:13-52)

(3) 바울의 설교에 대한 반응(13:42-45)

42 그들이 나갈새 사람들이 청하되 다음 안식일에도 이 말씀을 하라 하더라
43 회당의 모임이 끝난 후에 유대인과 유대교에 입교한 경건한 사람들이 많이 바울과 바나바를 따르니 두 사도가 더불어 말하고 항상 하나님의 은혜 가운데 있으라 권하니라 44 그 다음 안식일에는 온 시민이 거의 다 하나님의 말씀을 듣고자 하여 모이니 45 유대인들이 그 무리를 보고 시기가 가득하여 바울이 말한 것을 반박하고 비방하거늘

바울과 바나바가 회당 모임을 마치고 나가려고 할 때 사람들이 다음 안식일에도 말씀을 전해 달라고 부탁했다(42절). 예배 중 누가 말할 수 있는지를 정하는 회당 지도자들이 부탁한 것으로 보인다(Schnabel). 또한 회당 모임이 끝난 후 많은 유대인과 유대교에 입교한 경건한 사람들이 바울과 바나바를 따라갔다(43a절). 그들이 선포한 복음을 더 듣고 싶어서였다. 바울과 바나바는 다음 안식일까지 일주일 동안 도시에 머물며 이 사람들을 만나 복음을 전했다(Fernando).

바울과 바나바는 그들에게 항상 하나님의 은혜 가운데 있으라고 권면했다(43b절; cf. 11:22-24). 어떤 이들은 이 권면이 기독교로 개종한 사람들을 위한 것이 아니라고 하지만(Fernando), 그들이 이렇게 권면한 사람들은 기독교로 개종한 사람들이다(Bock, Longenecker, Schnabel). 그러므로 바울과 바나바는 비시디아 안디옥에 새로 형성된 믿음 공동체를 권면하며 이렇게 말했다.

다음 안식일에는 온 시민이 거의 다 하나님의 말씀을 듣고자 모였다(44절). 누가는 과장법을 자주 사용하는데, 이것도 과장법이다(Longenecker). 바울이 설교할 것이라는 소문이 나자 유대인뿐 아니라 수많은 이방인까지 몰려와 회당 안팎으로 대성황을 이뤘다는 뜻이다. 그들이 듣고자 한 '하나님의 말씀'은 예수님이 바로 다윗의 후손으로 오신 그리스도이시며, 하나님이 오직 예수님을 통해서 죄 사함과 의로움을 주신다는 복음이다.

유대인들은 이방인들이 회당으로 몰려온 것을 보고 시기로 가득했다(45a절). 수많은 이방인이 바울이 선포한 복음을 듣고 기독교로 회심한 것에 대한 질투였다(Schnabel). 그들은 바울이 말한 것을 반박하고 비방했다(45b절). '비방하다'(βλασφημέω)가 하나님께 사용될 때는 망언(blasphemy)을 의미한다(Bock, cf. 왕하 19:6, 22; 눅 12:10). 예전에 유대인들은 예수님에게 이러한 반응을 보였다(눅 22:65). 이제 바울과 바나바가 그들의 주님을 대신해서 사람들에게 비방받고 있다. 그들이 그리스도의 고난에 동참하게 된 것이다.

이 말씀은 복음을 전파하는 데 가장 큰 방해는 시기와 질투라고 한다. 사람들이 자기만 가지고 싶어 하는 것이 있는가 하면, 자기가 갖는 것도 싫지만 남이 갖는 것은 더 싫은 것이 있다. 어떤 사람들에게는 복음이 이렇다. 유대인들은 바울이 전한 복음을 받아들이고 싶지 않다. 그렇다고 해서 이방인들에게 그 복음을 넘겨주고 싶지도 않다. 그들이 복음을 영접하는 것은 더 싫다. 그러므로 그들은 악의적인 목적으로 바울과 바나바를 반대하고 비방하느라 분주하다. 우리가 가장 성화되기 어려운 부분이 시기와 질투다.

V. 아나톨리아(12:25–15:35) A. 첫 번째 선교 여행(12:25–14:28) 3. 비시디아 안디옥 선교(13:13–52)

(4) 먼저 유대인에게, 그다음 이방인에게(13:46–52)

46 바울과 바나바가 담대히 말하여 이르되 하나님의 말씀을 마땅히 먼저 너희에게 전할 것이로되 너희가 그것을 버리고 영생을 얻기에 합당하지 않은 자로 자처하기로 우리가 이방인에게로 향하노라 47 주께서 이같이 우리에게 명하시되

내가 너를 이방의 빛으로 삼아
너로 땅 끝까지 구원하게 하리라

하셨느니라 하니 48 이방인들이 듣고 기뻐하여 하나님의 말씀을 찬송하며 영생을 주시기로 작정된 자는 다 믿더라 49 주의 말씀이 그 지방에 두루 퍼지니라 50 이에 유대인들이 경건한 귀부인들과 그 시내 유력자들을 선동하여 바울과 바나바를 박해하게 하여 그 지역에서 쫓아내니 51 두 사람이 그들을 향하여 발의 티끌을 떨어 버리고 이고니온으로 가거늘 52 제자들은 기쁨과 성령이 충만하니라

유대인들은 바울과 바나바가 전하는 복음을 이성과 논리로 평가하고 판단하기보다는 그들의 인기를 시기하는 감정에 치우쳐 비방하고 있다(cf. 13:45). 이런 사람들과는 대화를 시도해 봤자 감정적인 다툼밖에 되지 않는다. 그러므로 바울과 바나바는 앞으로 복음을 전파하면서 기준으로 삼을 원리를 알려 준 다음 더는 이 도시에서 유대인들에게 복음을 전하지 않는다. 그들과 소모적인 논쟁을 벌이기에는 시간이 너무 아갔기 때문이다. 논쟁할 시간에 많은 이방인을 주님께 인도할 수 있다.

바울과 바나바가 어느 도시를 가든 준수할 원칙은 '먼저 유대인에게, 그다음 이방인에게'다(46-47절; cf. 14:1; 18:4-6, 19; 19:8-9; 28:28). 바울은 이 같은 결정을 하게 된 것에 대해 유대인에게 책임이 있다고 한다. 첫째, 그들은 바울과 바나바가 전한 하나님의 말씀을 버렸다(46a절). 그들이 전한 하나님의 말씀은 그리스도를 통해 죄 사함과 의롭다 함을 받으라는 복음이다. 복음을 영접한 사람에게는 성령이 평생 함께하시며 그를 영생으로 인도하신다. 이 얼마나 좋은 일인가! 그러나 유대인들은 이 놀라운 복음을 반박하고 비방하기에 급급하다. 그들의 이러한 행동은 하나님의 말씀을 버린 것이나 다름없다. 세상에서 하나님을 가장 사랑한다고 자부하는 사람들이 하나님의 말씀을 버렸다.

둘째, 유대인들은 하나님의 말씀을 버림으로써 영생을 얻기에 합당하지 않은 자가 되기를 자청했다(46c절). 복음은 사람이 살면서 지은 죄 문제를 해결하고 하나님께 의롭다 함을 받는 일로 끝나지 않는다. 사람이 하나님과 영원히 살 수 있는 영생도 준다. 유대인들은 사람의 영생을 보장하는 복음을 거부했다. 그러므로 그들은 복음을 거부함으로써 그들 자신이 하나님의 구원을 받을 만한 사람이 못 된다고 스스로 인정한 셈이다(Bock).

셋째, 그러므로 유대인들이 거부한 복음은 이방인에게 선포될 것이다(46d절). 당연한 일이다. 복음은 하나님이 인류에게 주신 가장 아름다운 선물이다. 그런 선물을 유대인이 거부했으니 이방인에게 주기로 하신 것이다. 유대인이 거부했다는 이유로 썩히기에는 너무나도 놀라운 하나님의 은혜다.

앞으로 바울은 많은 회당에서 복음을 전하다가 유대인들의 폭력적인 반발과 핍박을 경험하게 될 것이다(cf. 고후 11:24). 그럴 때마다 그는 절망하지 않고 하나님을 모르는 이방인들에게 가서 복음을 전할 것이다. 이러한 상황은 오른뺨을 치는 자에게 왼뺨을 내미는 일(마 5:39)과 비슷하다(Bock). 유대인들이 필요 없다며 거부하는 그리스도의 복음이 이방인들에게는 전에 모르던 하나님의 은혜이며 삶의 이유와 목표가 된다.

바울과 바나바는 자신들이 복음을 들고 이방인에게 가야 하는 이유로 성경 말씀을 인용한다(47절). 이 말씀은 이사야의 '종의 노래'(사 42:1-9; 49:1-13; 50:4-11; 52:13-53:12) 가운데 한 구절인 이사야 49:6을 인용한 것이다(cf. 사 9:2; 42:6). 이사야는 이 노래를 통해 장차 오실 메시아가 어떤 분이고, 어떤 사역을 하실 것인지 예언했다(cf. 마 12:17-21; 눅 1:78-79; 22:37; 고후 4:3-6). 그러므로 "내가 너를 이방의 빛으로 삼아 너로 땅 끝까지 구원하게 하리라"는 예수님에게 적용되는 말씀이다.

바울이 이 말씀을 이방인 선교에 앞장선 자신과 바나바에 적용하는 것은 그들 자신이 열방을 구원하는 메시아라고 말하기 위해서가 아니다. 이 두 선교사는 그리스도의 복음을 들고 이방인들을 찾아갈 것이다. 그러므로 그들이 하는 일은 예수님이 이미 시작하신 일, 곧 '주님이 이방인의 빛이 되시는 일'을 이어 가는 것이다. 두 선교사는 이방인에게 복음을 선포하는 것을 그들을 복음 전파자로 보내신 예수님의 일을 하는 것으로 해석한 것이다. 우리도 복음을 전파할 때마다 그리스도의 구원하시는 빛이 된다.

바울이 유대인들이 거부한 복음을 들고 이방인들을 찾아가지만, 그렇다고 해서 유대인들을 미워하거나 포기한 것은 아니다. 바울은 유대인들이 복음을 거부한 일을 매우 안타까워하며 어떻게 해서든 그들이 하나님의 구원에 이르기를 간절히 기도한다(롬 9:1-3; 10:1). 우리는 누군가 우리가 전한 복음을 부인했다고 해서 그를 미워하면 안 된다. 계속 그를 위해 간절히 기도해야 한다. 하나님이 그를 불쌍히 여겨 굳게 닫힌 그의 마음을 열어 주실 때를 기대하며 기도해야 한다.

바울과 바나바가 복음을 전하자 이방인들이 듣고 기뻐했다(48a절). 처음 접하는 복음에 감격하고 매료된 것이다. 비시디아 안디옥은 로마 황제를 신으로 숭배하는 '제국 종교'(imperial cult)가 매우 강한 곳이었다

(Fernando, cf. ABD). 이 도시는 아우구스투스 황제(Caesar Augustus)를 신으로 숭배했다. 그러므로 이런 풍토에서 이 사람들이 복음에 열광했다는 것은 참으로 감격스러운 일이다.

우리도 복음을 전하면서 종종 이런 일을 경험한다. 예수님을 믿지는 않지만 하나님과 기독교에 대해 안다는 사람들은 쉽게 복음을 영접하지 않는다. 복음에 대해 알지 못했던 사람들이 오히려 더 적극적으로 반응하고 영접한다. 하나님이 그들에게 옥토 같은 마음을 주셨기 때문이다.

바울과 바나바를 통해 복음을 영접한 이방인들은 하나님의 말씀을 찬송했다(48b절). '하나님[주]의 말씀'(τὸν λόγον τοῦ κυρίου)은 그들이 선교사들을 통해 들은 그리스도의 복음이다. '찬송했다'(ἐδόξαζον)는 '드높이다, 영화롭게 하다'라는 뜻을 지니며, 미완료형이다. 이방인들이 복음을 들은 순간부터 참으로 기뻐하며, 그들을 구원하신 주님께 계속 영광을 돌린 것이다(cf. Barrett).

복음을 들은 이방인들이 모두 구원에 이른 것은 아니다. 오직 영생을 주시기로 작정된 자들만 믿었다(48c절). '작정된 자들'(τεταγμένοι)은 수동태(passive)다. 오직 하나님이 구원하시기로 택하신 이들만 바울과 바나바의 메시지를 믿고 영생을 얻은 것이다. 한 학자는 이 본문을 두고 신약에서 발견되는 예정론에 대한 가장 확실한 텍스트라고 한다(Barrett, cf. Haenchen).

구약은 하나님이 구원하시기로 한 사람들의 이름이 기록된 '생명의 책'에 대해 언급한다(출 32:32-33; 시 69:28; 단 12:1). 즉, 하나님의 택하시는 은혜와 자비가 사람을 구원하지, 사람이 스스로 하는 일이 아니다. 영원히 하나님과 사는 것을 뜻하는 '영생'(ζωὴν αἰώνιον)은 사도행전에서는 흔히 사용되는 개념이 아니다. 비시디아 안디옥 사람들이 이 귀한 영생을 얻게 되었으니 얼마나 기뻤을까! 이방인들은 자신이 영접한 복음이 너무 좋아서 가만히 있을 수 없었다. 그러므로 아는 사람들에게 자신이 받은 복음을 전했다. 이렇게 해서 주의 말씀이 그 지방에 두루 퍼졌다(49절).

유대인들은 바울과 바나바가 전한 복음을 부인했을 뿐 아니라, 그들이 이방인들에게 하나님의 말씀을 전하지 못하도록 방해했다. 경건한 귀부인들과 시내 유력자들을 선동해 바울과 바나바를 박해하고 그 지역에서 쫓아내게 한 것이다(50절). '경건한 여인들'(σεβομένας)은 유대교로 개종한 것은 아니지만 하나님을 경외하는 사람들로, 종종 회당을 찾는 이방인이었다(Longenecker). 당시 유대교로 회심한 사람들의 50%와 경건한 사람들의 80%가 여성이었다고 한다(Le Cornu & Shulam). 유대인들은 동원할 수 있는 모든 방법과 영향력을 행사해 비시디아 안디옥의 유지들과 지도자들이 바울과 바나바를 핍박하고 도시에서 몰아내게 한 것이다. 이 유대인들은 기독교에 아무런 해를 가하지 말고 내버려 두자는 가말리엘의 제안과는 사뭇 다르게 행동했다(cf. 5:34-39). 이 악한 사람들은 복음에 매우 강하게 반발했다.

도시 유지들과 지도자들은 왜 유대인들의 청을 들어주었을까? 아마도 그들은 기독교가 이 도시에서 성행하고 있는 황제 숭배(imperial cult)를 위협한다고 생각했을 것이다(Schnabel). 게다가 비시디아 안디옥에 사는 유대인들이 바울과 바나바가 전하는 복음으로 인해 동요하는 것도 이 도시가 지향하는 '로마의 평화'(Pax Romana)를 위반하므로 그들이 복음 전파하는 것을 정당한 종교 활동으로 인정할 수 없다고 생각했을 것이다(Longenecker).

바울과 바나바가 도시에서 쫓겨나고 있다. 앞으로도 그들은 복음을 전하다가 쫓겨나는 일을 계속 경험할 것이다. 대부분 유대인 폭도에 의해 쫓겨나는 것과 달리, 이곳에서는 도시 지도자들에 의해 쫓겨나고 있다. 복음을 전파하는 일은 절대 쉬운 일이 아니다. 특히 하나님을 잘 안다고 자부하는 유대인들의 저항이 거세다.

바울과 바나바는 유대인들과 그들의 말을 들어준 도시 유지들을 향해 발의 티끌을 털어 버리고 이고니온으로 갔다(51절). 이고니온과 그들이 다음 섹션에서 지나가게 될 루스드라, 그리고 이번 선교의 최종 목적지인 더베의 위치는 다음 지도를 참조하라.

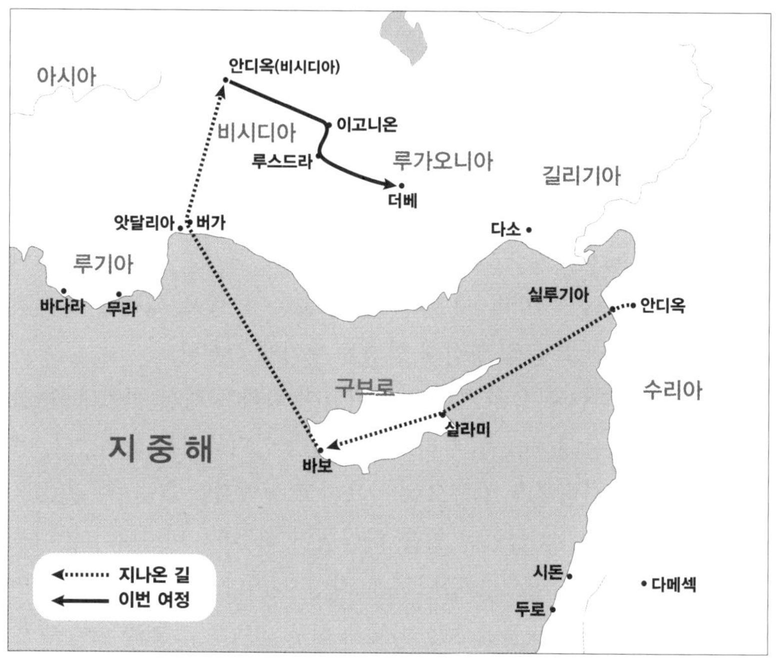

그들이 발의 티끌을 터는 행동은 일이 이렇게 된 것(복음을 전파하지 못하게 방해하고 쫓아낸 것)에 대한 책임이 유대인들과 도시 지도자들에게 있다는 것을 상징한다(Cadbury, cf. 마 10:14; 막 6:11; 눅 9:5; 10:10-11). 정통파 유대인들은 타국을 다녀와 약속의 땅에 진입할 때 이방인들의 부정함을 발에 묻힌 채 약속의 땅에 들어가지 않겠다는 의미에서 이런 행동을 취했다(Williams). 바울과 바나바는 비시디아 안디옥에 사는 유대인들이 이방인들보다 나을 것이 하나도 없으며 그들도 부정하기가 이방인들과 마찬가지여서 더는 '참 이스라엘'에 속한 자들이 아니라는

의미에서 발의 티끌을 털고 떠났다(Williams).

비록 바울과 바나바는 쫓겨났지만, 그들을 통해 복음을 영접한 제자들(그리스도인들)은 기쁨과 성령이 충만했다(52절). 하나님이 핍박과 박해에도 불구하고 예수님을 영접한 사람들에게 그 누구도 빼앗아 갈 수 없는 기쁨을 주시고 성령으로 충만하게 하신 것이다. 그러므로 선교사들은 아쉬움을 접고 편안한 마음으로 다음 지역으로 떠날 수 있었다.

이 말씀은 복음이 항상 엇갈리는 반응을 유발한다고 한다. 참으로 기뻐하며 곧바로 영접하는 이들이 있는가 하면, 매우 강경하게 부인하고 심지어 복음 전파하는 자들을 해하려는 자들도 있다. 이런 사람을 만나면 시간 낭비하지 말고 다음 대상을 찾아 나서는 것이 바람직하다. 하나님은 모든 사람을 구원하시지는 않는다. 오직 영생을 주시기로 정한 사람들만 복음을 영접해 영생을 누리게 하신다.

선교사들이 뿌린 복음의 씨앗은 하나님이 자라게 하실 것이다. 바울과 바나바는 복음의 씨앗을 뿌리고 비시디아 안디옥에서 쫓겨났다. 예수님을 영접한 사람들을 말씀으로 양육하고 싶었지만 그럴 수 없었다. 그러나 그들이 할 수 없었던 일을 하나님이 하셨다. 비시디아 안디옥 성도들을 기쁨과 성령으로 충만하게 하신 것이다. 선교를 하다 보면 여건이 되지 않아 성도들을 보살피지 못하고 곧바로 그들을 떠나야 할 때가 있다. 이럴 때는 하나님이 직접 그들을 보살피시도록 하나님께 맡기고 떠나면 된다.